L'Histoire de la Rédemption

Ellen G. White

2021

LS Company

ISBN:978-1-0879-7848-2

Copyright©2021

Table des matières

Le triomphe final de l'amour de Dieu x
Chapitre 1 — La chute de Lucifer 12
    La guerre dans le ciel 15
Chapitre 2 — La création 18
    Adam et Eve dans le jardin d'Eden 19
Chapitre 3 — Conséquences de la rébellion 21
    Satan cherche à être réintégré 22
    Conspiration contre la famille humaine 24
    Adam et Eve sont avertis 25
Chapitre 4 — La tentation et la chute 28
    Eve devient la tentatrice 30
    Le libre arbitre de l'homme 32
    La malédiction 34
Chapitre 5 — Le plan du salut 36
    L'unique voie de salut 37
    La loi immuable de Dieu 39
    Un regard sur l'avenir 41
    Les sacrifices 42
Chapitre 6 — Les offrandes de Caïn et d'Abel 44
    Le premier meurtre 45
Chapitre 7 — Seth et Hénok 48
    La translation d'Hénok 49
Chapitre 8 — Le déluge 52
    La construction de l'arche 53
    Les animaux entrent dans l'arche 54
    La tempête se déchaîne 55
    Le sacrifice de Noé et la promesse de Dieu 58
Chapitre 9 — La tour de Babel 60
Chapitre 10 — Abraham et la postérité promise 62
    Incrédulié à l'égard des promesses divines 63
    L'arrogance d'Agar 64
    Le fils promis 65
    L'épreuve suprême de la foi 66

Le message de l'ange 68
Chapitre 11 — Le mariage d'Isaac 69
Un exemple d'obéissance filiale 70
Chapitre 12 — Jacob et Esaü 72
Les années d'exil 73
Le retour en Canaan 75
Chapitre 13 — Jacob et l'ange 78
La victoire de la foi 79
Un enseignement pour le peuple de Dieu 80
Chapitre 14 — Les enfants d'Israël 83
Joseph en Egypte 84
Jours de prospérité 86
L'oppression 87
Moïse 88
La préparation d'un chef 90
Chapitre 15 — La puissance divine se révèle 93
Israël influencé par son entourage 94
Les plaies 96
Chapitre 16 — Israël délivré de la servitude 99
La colonne de feu 100
Libérés de la mer Rouge 102
Chapitre 17 — Les pérégrinations d'Israël 105
Une leçon pour notre époque 107
La manne 108
L'eau du rocher 109
Délivrés d'Amalec 111
La visite de Jéthro 112
Chapitre 18 — La loi de Dieu 114
Préparatifs pour rencontrer Dieu 115
Dieu manifeste sa majesté redoutable 115
L'Eternel proclame sa loi 116
Les dangers de l'idolâtrie 118
La loi éternelle de Dieu 120
La loi écrite sur des tablettes de pierre 123
Les ordonnances et les statuts 124
Chapitre 19 — Le sanctuaire 126
Un avertissement pour les générations à venir 127
"D'après le modèle" 127

Les deux appartements 128
  Guidés par une nuée 130
Chapitre 20 — Le compte rendu des espions 132
  Nouvelles plaintes du peuple d'Israël 133
  Moïse intercède en faveur de son peuple 134
  Retour au désert 135
Chapitre 21 — La faute de Moïse 137
  Moïse cède à l'impatience 138
  Un châtiment exemplaire 139
Chapitre 22 — La mort de Moïse 142
  Dernières directives données à Israël 142
  Mort et résurrection de Moïse 144
Chapitre 23 — L'entrée dans la terre promise 146
  La traversée du Jourdain 147
  Le chef de l'armée du Seigneur 148
  La prise de Jéricho 149
  Un chef sage et consacré 151
Chapitre 24 — L'arche de Dieu et les vicissitudes d'Israël ... 153
  Faiblesse d'Héli et ses conséquences 154
  Le coffre sacré aux mains des Philistins 156
  L'arche de Dieu au pays des Philistins 157
  Le coffre sacré renvoyé en Israël 158
  La présomption punie 159
  Dans le temple de Salomon 161
  Israël en captivité 162
Chapitre 25 — La première venue du Christ 164
  Le baptême de Jésus 164
  Le ministère de Jean-Baptiste 164
  La tentation 166
  Le tentateur réprimandé 168
Chapitre 26 — Le ministère du Christ 169
  Soulager ceux qui souffrent 170
  Opposition inefficace 171
  La transfiguration 172
Chapitre 27 — Jésus trahi par l'un des siens 174
  Dans le jardin de Gethsémané 175
  La trahison 176
Chapitre 28 — Le procès de Jésus 178

Le reniement de Pierre	178
Dans la salle d'audience du tribunal	179
Une confession tardive	180
Jésus devant Pilate	181
Le Seigneur devant Hérode	182

Chapitre 29 — La crucifixion du Christ ... 184
Cloué sur la croix	185
Une leçon d'amour filial	187
C'est accompli	189
La sépulture	189

Chapitre 30 — La résurrection du Christ ... 192
"Ton Père t'appelle !"	192
Le compte rendu de la garde romaine	193
Les prémices de la rédemption	194
Les saintes femmes viennent au sépulcre	195
"Ne me touche pas"	196
Thomas l'incrédule	197
Angoisse et désespoir de Pilate	197
Quarante jours avec les disciples	198

Chapitre 31 — L'ascension du Christ ... 200
La promesse du retour	200
La colère de Satan	201

Chapitre 32 — La Pentecôte ... 202
L'effusion du Saint-Esprit	202
Une manifestation de puissance	203
Le sermon de Pierre	204
Un enseignement pour notre époque	206

Chapitre 33 — La guérison du paralytique ... 208
Les apôtres sont arrêtés et jugés	209
La courageuse défense de Pierre	210

Chapitre 34 — Fidèles malgré la persécution ... 213
Délivrés par un ange	213
Deuxième comparution devant le sanhédrin	215

Chapitre 35 — L'Eglise s'organise ... 218

Chapitre 36 — Le martyre d'Etienne ... 220
La défense d'Etienne	221
La lapidation	222

Chapitre 37 — La conversion de Saul ... 225

    La vision du Christ 226
    Prise de contact avec l'Eglise. 227
    Le persécuteur devient apôtre 229
    Se préparer à servir 230
Chapitre 38 — Les débuts du ministère de Paul 232
    La rencontre avec Pierre et Jacques. 233
    Paul quitte Jérusalem 234
Chapitre 39 — Le ministère de Pierre 236
    La conversion d'un officier romain 237
    L'ange rend visite à Corneille 238
    La vision de Pierre 238
    Pierre chez Corneille. 241
    Le Saint-Esprit accordé aux Gentils 242
    La vision de l'Eglise s'élargit 243
Chapitre 40 — Pierre libéré de prison 245
    Libéré par un ange 247
    Les prières sont exaucées 248
    Le châtiment d'Hérode 249
Chapitre 41 — Dans les régions lointaines 252
    Paul et Barnabas consacrés au ministère. 253
    La première Conférence Générale 255
    La conversion de Corneille : une référence 256
    La décision du concile 257
Chapitre 42 — Le ministère de Paul 259
    Paul récapitule son expérience religieuse 260
    Un homme capable de s'adapter aux circonstances. 261
    Paul dans les chaînes. 262
Chapitre 43 — Le martyre de Paul et de Pierre 263
    Le dernier témoignage de Paul 264
Chapitre 44 — La grande apostasie. 267
    Mélange de christianisme et de paganisme. 268
    Les fidèles se séparent 270
Chapitre 45 — Le mystère de l'iniquité 272
    Les temps et la loi sont changés 273
    Le moyen âge 276
    Le règne de la peur 277
Chapitre 46 — Les premiers réformateurs 280
    L'étoile du matin de la Réforme 281

La Réforme s'étend 282
Chapitre 47 — Luther et la grande Réforme 284
    Un chef de file des réformes 285
    Luther se sépare de l'Eglise romaine 286
Chapitre 48 — Les progrès de la Réforme 289
    Luther devant la diète de Worms 289
    La lumière répandue en Angleterre et en Ecosse 292
Chapitre 49 — La Réforme reste en suspens 294
Chapitre 50 — Le message du premier ange 296
    Un grand réveil religieux 298
    L'opposition 299
    "Prépare-toi à rencontrer ton Dieu" 301
Chapitre 51 — Le message du deuxième ange 303
    "Comme l'époux tardait" 305
Chapitre 52 — Le cri de minuit 307
    Désappointés, mais non abandonnés 309
Chapitre 53 — Le sanctuaire céleste 312
    Le sanctuaire terrestre et le sanctuaire céleste .. 313
    La purification du sanctuaire 314
Chapitre 54 — Le message du troisième ange 316
    La bête et son image 318
    Un message solennel 319
Chapitre 55 — Un fondement solide 321
    L'expérience des juifs se répète 322
Chapitre 56 — Les tromperies de Satan 324
    Les Écritures, notre sauvegarde 326
Chapitre 57 — Le spiritisme 328
    La sorcellerie sous sa forme actuelle 329
    Résister à la séduction du spiritisme 330
Chapitre 58 — Le grand cri 333
Chapitre 59 — La fin du temps d'épreuve 336
    Trop tard ! 337
Chapitre 60 — Le temps de détresse de Jacob 339
    Les saints crient pour être délivrés 340
Chapitre 61 — La délivrance des saints 342
    Le retour de Jésus 343
    La première résurrection 344
Chapitre 62 — La récompense des saints 345

Chapitre 63 — Le millénium 347
Chapitre 64 — La seconde résurrection 349
Chapitre 65 — Le couronnement du Christ 351
   Un panorama du grand conflit 352
   A la barre du tribunal 354
Chapitre 66 — La seconde mort 356
   Le feu du ciel 357
Chapitre 67 — La nouvelle terre 359
   La nouvelle Jérusalem 360

Le triomphe final de l'amour de Dieu

Plusieurs politiciens et scientifiques de premier plan nous permettent de garder espoir, mais la plupart des philosophes, des hommes d'état et des ecclésiastiques sont beaucoup moins optimistes.

Existe-t-il des motifs de réconfort et de certitudes ? Oui, pour ceux qui, refusant de sombrer dans le désespoir, croient que Dieu connaît certainement la situation difficile dans laquelle se débat notre monde et qu'il changera de façon spectaculaire le cours des événements. Pour de telles personnes, il existe une issue à la conjoncture actuelle. Mais le lecteur trouvera dans ce livre plus que des raisonnements humains pour justifier cette vue optimiste des choses. La foi naîtra dans son cœur à mesure qu'il lira le récit éclairant et puissant de la lutte acharnée que l'humanité mène contre les forces du mal. Ce récit est fondé sur le thème biblique du conflit millénaire qui oppose les forces divines aux armées sataniques dans le but de contrôler la volonté et le destin de l'homme. Cet ouvrage rappelle également l'histoire de la création du genre humain, du péché originel, du pouvoir démoniaque qui a inspiré les guerres, les crimes, les souffrances dont la terre entière a été affligée. Au cœur du livre, la rédemption de l'homme obtenue par Jésus sur la croix est particulièrement mise en lumière.

Chaque page offre une vision de l'histoire que bien peu d'auteurs ont égalée, parmi lesquels il faut mentionner les écrivains sacrés de la Bible. *L'histoire de la rédemption* est une véritable histoire de guerre — celle d'un conflit dans lequel Dieu, les démons et l'homme sont impliqués. Elle s'achève par un dénouement glorieux, par la paix et la réhabilitation de tous ceux qui ont suivi Jésus-Christ, le Roi des rois, qui revient triomphant sur la terre.

Les compilateurs de cet ouvrage ont extrait des passages choisis de quatre livres dus à la plume d'Ellen G. White et relatifs à ce thème important. Ces extraits ont été disposés selon l'ordre chronologique des faits qu'ils mentionnent. Le récit couvre tout le champ

Chapitre 1 — La chute de Lucifer

Avant sa rébellion, Lucifer était un ange de haut rang dont le niveau hiérarchique venait aussitôt après celui du Fils bien-aimé de Dieu. Son expression, comme celle des autres anges, était paisible et exprimait le bonheur. Son front haut et large était la marque d'une grande intelligence. Sa forme était parfaite ; son attitude noble et majestueuse. Une lumière spéciale émanait de son visage et rayonnait autour de lui, plus vive et plus belle que la lumière des autres anges ; de plus, Jésus, le Fils bien-aimé de Dieu, avait la primauté sur tous les anges. Lucifer était jaloux du Christ et peu à peu il assuma le commandement qui revenait à Jésus seul.

Le souverain Créateur convoqua tous les habitants du ciel, afin d'honorer tout particulièrement son Fils en présence de tous les anges. Le Fils était assis sur le trône avec le Père, la multitude céleste des saints anges étant rasssemblée autour d'eux. Le Père fit alors savoir qu'il avait lui-même ordonné que Jésus, son Fils, soit son égal ; ainsi, où que son Fils soit présent, le Père était lui-même présent. Il fallait obéir à la parole du Fils comme on obéissait à celle du Père. Il avait conféré à son Fils l'autorité requise pour qu'il prenne la tête des habitants du ciel. Son Fils devait notamment réaliser avec lui la création de la terre et de toute chose vivante qui existerait ici-bas, conformément aux plans de la Providence. Son Fils exécuterait sa volonté et ses desseins, mais ne ferait rien de sa propre initiative. La volonté du Père serait accomplie en Jésus.

[12]

Lucifer était jaloux de Jésus-Christ ; il l'enviait. Cependant, quand tous les anges se prosternèrent devant Jésus pour reconnaître sa suprématie et son autorité légitime, il s'inclina avec eux ; mais son cœur était rempli de haine et d'envie. Le Christ faisait partie du conseil spécial de Dieu concernant ses plans, tandis que Lucifer ne les connaissait pas. Il ne comprenait pas et il ne lui était pas permis de connaître les desseins du Très-Haut. Mais Jésus était le souverain reconnu du ciel ; son pouvoir et son autorité étaient comparables au pouvoir et à l'autorité de Dieu lui-même. Lucifer se croyait le de l'existence humaine et présente le sujet de façon complète et éclairante.

Chaque minute est précieuse. Le temps passe vite et nous rapproche à grands pas de l'éternité. Quoi qu'il en soit, le lecteur découvrira qu'un brillant avenir est devant nous, car Dieu et les forces du bien remporteront la victoire finale.

Les Editeurs

rien l'honneur dont Lucifer était entouré jusqu'à présent. Les anges pleurèrent. Ils firent l'impossible pour le convaincre de renoncer à ses mauvais desseins et de se soumettre à leur Créateur. Puisque la paix et l'harmonie avaient régné jusqu'alors, pourquoi la discorde éclaterait-elle maintenant ?

Lucifer refusa d'écouter. Il s'éloigna alors des anges restés fidèles en les accusant de se conduire en esclaves. Ceux-ci furent surpris en voyant que Satan réussissait dans ses efforts pour inciter les habitants du ciel à la rébellion. Il leur promit un gouvernement nouveau et meilleur, qui garantirait à chacun sa liberté. De nombreux anges déclarèrent qu'ils étaient décidés à l'accepter pour guide et commandant en chef. Flatté de la faveur avec laquelle ses avances étaient reçues, Lucifer caressa l'espoir que tous les anges se rallieraient à lui, qu'il deviendrait l'égal de Dieu et que sa voix impérieuse se ferait entendre quand il commanderait toute l'armée céleste. Une fois de plus, les anges demeurés fidèles le conjurèrent et lui firent comprendre quelles seraient les conséquences de son entêtement. Celui qui a créé les anges pouvait leur enlever leur autorité et punir sévèrement leur audacieuse et redoutable sédition. Comment imaginer qu'un ange puisse résister à la loi de Dieu qui est aussi sacrée que Dieu lui-même ? Les anges fidèles exhortèrent les rebelles à ne pas prêter l'oreille aux arguments trompeurs de Lucifer ; ils engagèrent ce dernier et ses partisans à venir en présence de Dieu pour lui confesser leur erreur d'avoir eu seulement l'idée de contester son autorité.

Un grand nombre de dissidents furent disposés à écouter le conseil des anges fidèles ; ils devaient se repentir de leur ressentiment et demander à rentrer de nouveau dans la faveur de Dieu et de son Fils. Mais Satan déclara qu'il connaissait bien la loi divine, et que, s'il s'y soumettait d'une manière servile, il serait déshonoré et sa haute mission ne lui serait jamais rendue. Il déclara que lui-même et les anges restés sous sa coupe étaient allés trop loin et qu'il devait en subir les conséquences, car il ne s'inclinerait jamais plus inconditionnellement devant l'autorité du Fils de Dieu. Le Très-Haut ne leur pardonnerait jamais, déclara-t-il, et ils devaient maintenant préféré parmi les habitants du ciel. Il avait été grandement exalté, mais cela n'avait suscité chez lui ni la reconnaissance ni la louange envers le Créateur. Il aspirait au rang de Dieu lui-même. Il se glorifiait de sa position élevée. Il se savait honoré des anges et avait une mission spéciale à remplir. Ayant été très proche du Tout-Puissant, les rayons incessants de la lumière glorieuse qui entourait le Dieu éternel avaient brillé sur lui. C'est avec plaisir qu'il se rappelait comment les anges avaient obéi à sa parole. Ses vêtements n'étaient-ils pas magnifiques ? Pourquoi fallait-il qu'on rende hommage à Jésus plus qu'à lui ?

Il quitta la présence immédiate du Père, mécontent et rempli d'envie à l'égard de Jésus-Christ. Dissimulant ses véritables desseins, il rassembla les anges et exposa son sujet : lui-même. Se faisant passer pour une victime, il dit que Dieu lui avait préféré Jésus et l'avait laissé de côté. Satan affirma que c'en était fini désormais de la belle liberté dont les anges avaient joui jusque-là. En effet, un chef n'avait-il pas été nommé pour les diriger et ne faudrait-il pas honorer servilement celui-ci ? Il déclara qu'il les avait réunis pour les assurer qu'il ne supporterait plus cette aliénation de ses droits et des leurs, qu'il ne se prosternerait jamais plus devant Jésus, qu'il s'attribuerait l'honneur qui lui revenait et prendrait la tête de tous ceux qui étaient disposés à le suivre et à lui obéir.

[13]

Un conflit éclata parmi les anges. Lucifer et ses disciples cherchaient à réformer le gouvernement de Dieu. Ils étaient mécontents et irrités de ce qu'ils ne pouvaient pas pénétrer la sagesse insondable de Dieu ni deviner les desseins qu'il avait formés en exaltant son Fils et en lui conférant un pouvoir illimité. Ils se révoltèrent contre l'autorité de Jésus.

Les anges restés fidèles s'efforcèrent de rallier l'ange puissant et rebelle à la cause de son Créateur. Ils justifièrent la décision de Dieu qui avait conféré les honneurs à Jésus, et, avec force arguments, ils essayèrent de convaincre Lucifer qu'il ne jouissait pas d'un honneur inférieur à celui dont il bénéficiait auparavant. Ils montrèrent clairement que Jéus était le Fils de Dieu, et qu'il avait toujours siégé à la droite du Père. Sa suprématie n'avait jamais encore été mise en doute, et tous les ordres qu'il donnait étaient exécutés avec joie par les anges. Ils déclarèrent que si Jésus recevait un hommage particulier du Père, en présence des anges, cela ne diminuait en revendiquer leur liberté et s'emparer par la force des droits qu'on ne leur avait pas accordés de bon gré*.

Les anges fidèles s'empressèrent d'aller trouver le Fils de Dieu et l'informèrent de ce qui se passait parmi les anges. Ils trouvèrent le Père en train de conférer avec son Fils bien-aimé pour déterminer les moyens qu'ils emploieraient afin d'ôter définitivement à Satan l'autorité qu'il s'était attribuée. Ils voulaient cela pour le bien des anges restés fidèles. Le Très-Haut aurait pu expulser immédiatement du ciel le grand séducteur, mais tel n'était pas son but. Il voulait donner aux rebelles une occasion de mesurer leur force à celle de son propre Fils et à celle des anges fidèles. Lors de ce combat, chaque ange pourrait ainsi choisir son camp et manifester sa décision devant tous. Il n'était pas sage de permettre à ceux qui avaient fait sécession avec Satan de demeurer dans le ciel. Ils avaient appris ce qu'il en coûte de se révolter contre la loi immuable de Dieu, ce qui était irréparable. Si Dieu avait usé de son pouvoir pour châtier ce chef rebelle, les anges infidèles n'auraient pas eu l'occasion de se manifester sous leur vrai jour. C'est pourquoi le Seigneur décida d'agir d'une autre manière afin de donner à tous les habitants du ciel une preuve évidente de sa justice et de son jugement.

La guerre dans le ciel

Se révolter contre le gouvernement de Dieu était un crime de haute trahison. Le ciel tout entier paraissait bouleversé. Les anges étaient répartis en formations distinctes, chaque section ayant à sa tête un ange. Satan s'opposait à la loi de Dieu parce qu'il aspirait à se glorifier et qu'il refusait l'autorité du Fils de Dieu, le commandant en chef du ciel.

Toute l'armée angélique fut convoquée devant le Père, afin que chaque cas fût examiné. Satan exprima avec audace son mécontentement parce qu'on lui avait préféré Jésus. Il se leva avec arrogance et déclara qu'il devait être égal à Dieu et qu'il devait participer à ses conseils afin de comprendre ses desseins. Le Seigneur informa Satan qu'il ne révélerait ses desseins secrets qu'à son Fils et qu'il s'atten-

---

*. C'est ainsi que Lucifer, le "porte-lumière", celui qui avait été rendu participant de la gloire de Dieu et même attaché à son trône, devint Satan, "l'adversaire" — Patriarches et prophètes, 16.

dait à ce que toute la famille du ciel, y compris Satan, se soumette sans condition à son autorité et lui obéisse. Satan s'était montré indigne d'occuper une place au ciel. Le grand séducteur montrant alors avec un air de triomphe ses sympathisants, qui représentaient presque la moitié des anges, s'exclama : "Ils sont avec moi ! Si tu les chasses aussi, le ciel restera presque vide !" Puis il affirma qu'il était prêt à résister à l'autorité de Jésus et à défendre sa place au ciel par sa propre puissance, en mesurant ses forces aux autres forces en présence.

Les bons anges pleurèrent en entendant Satan prononcer ces mots et faire part de ses prétentions inouïes. Le Très-Haut déclara que les rebelles ne pouvaient plus rester au ciel. Ils occupaient leur position élevée et heureuse à condition qu'ils obéissent à la loi que Dieu avait établie pour gouverner les êtres doués d'une intelligence supérieure. Mais rien n'avait été prévu pour ceux qui oseraient la transgresser. Satan s'était enhardi dans sa révolte et avait affiché son mépris pour la loi du Créateur. Elle lui était devenue insupportable. Il prétendait que les anges n'avaient pas besoin de loi, mais qu'il devaient se sentir libres de suivre leur propre volonté, qui les conduirait toujours avec sûreté. La loi mettait un frein à leur liberté et son but principal était de l'abolir. Selon lui, la condition des anges avait besoin d'être améliorée. Telle n'était pas la pensée de Dieu, qui avait promulgué ces lois et les avait rendues égales à lui-même. Le bonheur des habitants du ciel dépendait de leur parfaite obéissance à ces lois. Chacun d'eux avait un rôle particulier à jouer, et jusqu'au jour où Lucifer s'était révolté, l'ordre parfait et l'harmonie régnaient dans le ciel.

Alors, il y eu guerre dans le ciel. Le Fils de Dieu, le Prince du ciel et ses anges fidèles s'engagèrent dans le conflit contre le chef de file des rebelles et ceux qui s'étaient ralliés à lui. Le Fils de Dieu et les bons anges prévalurent et Satan fut chassé du ciel avec sa suite. Tous les habitants du ciel reconnurent le Dieu juste et l'adorèrent. Le ciel ne garda pas la moindre trace de la rébellion. Tout fut de nouveau paisible et harmonieux. Les anges fidèles déplorèrent le sort de ceux qui avaient partagé jusque-là leur bonheur et leur félicité. Leur perte fut vivement ressentie dans le ciel.

Le Père consulta son Fils au sujet de la création de l'homme qui vivrait sur la terre. Le Très-Haut mettrait celui-ci à l'épreuve pour tester sa fidélité avant que l'on puisse le considérer comme définitivement hors de danger. S'il passait avec succès l'épreuve à laquelle le Seigneur jugeait bon de le soumettre, il deviendrait finalement l'égal des anges. Il jouirait de la faveur de Dieu, s'entretiendrait avec eux, et eux avec lui. Le Créateur ne jugea pas à propos de mettre l'homme dans l'impossibilité de désobéir. [18]

Chapitre 2 — La création

Ce chapitre est basé sur Genèse 1.

Le Père et le Fils entreprirent l'œuvre grandiose et admirable qu'ils avaient projetée : la création du monde. Lorsqu'elle sortit des mains de son Créateur, la terre était d'une éclatante beauté. Sa surface était ondulée de montagnes et de collines, parsemée de rivières et de lacs. La terre n'était pas une immense plaine ; la monotonie du paysage était rompue par des collines et des montagnes, non pas escarpées et déchiquetées comme de nos jours, mais avec des formes belles et régulières. On n'apercevait pas de rocs saillants et rugueux ; ils se trouvaient sous la surface du globe, servant de charpente à la terre. Les eaux étaient convenablement réparties. Les collines, les montagnes et les plaines magnifiques étaient couvertes de plantes, de fleurs et d'arbres majestueux de toute espèce, d'une taille et d'une beauté bien supérieures à celle des arbres que nous voyons aujourd'hui. L'air était pur et sain, et la terre ressemblait à un merveilleux palais. Les anges se réjouissaient en contemplant les œuvres admirables du Seigneur.

Dès que la terre fut créée et peuplée d'animaux, le Père et le Fils mirent à exécution le dessein qu'ils avaient conçu avant la chute de Lucifer : créer l'homme à leur image. Ils avaient collaboré dans la création de la terre et de toute créature vivante. Alors Dieu dit à son Fils : "Faisons l'homme à notre image".

[19] Quand Adam sortit des mains de son Créateur, il avait une taille élancée et des formes tout à fait harmonieuses. Sa stature était deux fois plus élevée que celle des hommes de la génération actuelle. Ses traits étaient d'une beauté parfaite. Son teint, ni blanc ni livide, était frais et resplendissant de santé. Eve, qui était moins grande qu'Adam, dépassait de peu la hauteur de ses épaules. Elle aussi était belle ; ses formes étaient parfaitement harmonieuses et pleines de charme.

Le couple innocent ne portait aucun vêtement artificiel. L'homme et sa femme étaient nimbés comme les anges d'un voile de lumière et de gloire qu'ils conservèrent aussi longtemps qu'ils furent obéissants. Tout ce que Dieu avait fait n'était que beauté et perfection, et rien ne semblait manquer au bonheur du premier couple humain. Mais Dieu voulut donner à Adam et Eve une autre preuve de son grand amour en préparant un jardin qui fût leur demeure particulière. Ils devaient passer une partie de leur temps à cultiver ce jardin avec joie, à recevoir la visite des anges, à écouter leurs instructions et à méditer toujours avec joie. Leur travail n'était pas fatigant mais plaisant et stimulant. Ce jardin magnifique était leur demeure.

Ce paradis contenait des arbres de toutes espèces, beaux et utiles. Certains portaient une grande quantité de fruits succulents, au parfum délicieux. Différente de ce que l'on a pu voir après la chute, la vigne poussait en hauteur et était chargée de fruits aux teintes les plus riches et les plus variées : noirâtre, violet, rouge, rose et vert clair. Ces fruits sur les sarments de vigne furent appelés raisins. Bien qu'ils n'étaient supportés par aucun treillis, et que le poids des grappes faisaient courber les sarments, les fruits ne touchaient pas le sol. La tâche d'Adam et d'Eve consistait à disposer ces sarments en [20] arcades pour en faire des tonnelles, véritables maisons de feuillage chargé de fruits au parfum délicieux.

La terre était recouverte d'un superbe manteau de verdure, et des milliers de fleurs odoriférantes de toutes couleurs poussaient à profusion. Tout respirait le bon goût et la beauté. Au milieu du jardin se dressait l'arbre de vie, dont la gloire éclipsait tous les autres. Son fruit, qui ressemblait à des pommes d'or et d'argent, était destiné à perpétuer l'immortalité. Ses feuilles avaient des vertus curatives.

Adam et Eve dans le jardin d'Eden

En Eden, le saint couple vivait un bonheur sans nuages. Il possédait un pouvoir sans limites sur tous les êtres vivants. Le lion et l'agneau jouaient paisiblement autour d'Adam et Eve ou sommeillaient à leurs pieds. Des oiseaux au plumage de toutes les couleurs voletaient parmi les arbres et les fleurs, en faisant entendre leurs chants mélodieux pour louer leur Créateur.

L'homme et sa femme étaient enchantés des beautés de leur demeure édénique. Ils étaient ravis à l'ouïe des petits chanteurs qui les entouraient, parés de leur plumage brillant et délicat, et qui faisaient retentir leur gazouillis joyeux. Nos premiers parents unissaient leur voix à la leur et faisaient monter des chants d'amour, de gratitude et d'adoration vers le Père et son Fils bien-aimé pour les preuves de bonté dont ils jouissaient. Ils appréciaient l'ordre et l'harmonie de la création qui témoignaient d'une science et d'une sagesse infinies. Dans le paradis où ils vivaient, ils découvraient constamment des beautés et des gloires nouvelles qui remplissaient leur cœur d'un amour toujours plus profond et les poussaient à exprimer leur reconnaissance et leur révérence envers le Créateur.

Chapitre 3 — Conséquences de la rébellion

Au milieu du jardin, à proximité de l'arbre de vie, il y avait l'arbre de la connaissance du bien et du mal, qui devait servir à éprouver l'obéissance, la foi et l'amour de nos premiers parents. Le Seigneur leur ordonna de ne pas en manger ni de le toucher, sinon ils mourraient, Il leur dit qu'ils pouvaient manger librement du fruit de tous les autres, mais qu'ils ne pouvaient, sous peine de mort, goûter du fruit de cet arbre-là.

Lorsque Adam et Eve furent placés dans le paradis terrestre, ils avaient tout ce qu'ils désiraient pour être heureux. Mais selon ses desseins pleins de sagesse, le Très-Haut voulut mettre leur fidélité à l'épreuve avant qu'ils puissent être considérés comme définitivement hors de danger. Ils pouvaient jouir de sa faveur, ils s'entretenaient avec lui et lui avec eux. Cependant, le Seigneur ne mit pas le mal hors de leur portée. S'ils passaient cette épreuve avec succès, ils bénéficieraient en permanence de la faveur de Dieu et des anges du ciel.

Satan fut surpris de la nouvelle condition dans laquelle il se trouvait. Son bonheur avait disparu. Il considéra les anges qui, jusque-là, avaient été heureux comme lui, mais qui avaient été chassés du ciel à sa suite. Avant leur chute, aucune ombre de mécontentement ne venait assombrir leur parfait bonheur. Maintenant, tout semblait avoir changé. Les visages qui reflétaient auparavant l'image de leur Créateur étaient aujourd'hui marqués par la tristesse et le désespoir. Un esprit de discorde et de contestation régnait parmi eux. Avant leur révolte, il n'y avait rien de tout cela dans le ciel. Désormais, Satan pouvait constater les terribles résultats de sa rébellion. Il frémit à la pensée de devoir affronter l'avenir et la fin de ces choses.

Il avait connu le temps où de joyeux chants de louange étaient adressés à Dieu et à son Fils bien-aimé. Lucifer donnait le ton, et tous les habitants du ciel s'unissaient à lui. Alors, le ciel tout entier retentissait de glorieux accords en l'honneur de Dieu et de son Fils. Mais maintenant, au lieu de ces doux accords, des paroles de colère et de dispute parvenaient aux oreilles du grand chef rebelle. Que lui était-il arrivé ? N'était-ce qu'un horrible cauchemar ? Avait-il été réellement expulsé du ciel ? Ses portes ne s'ouvriraient-elles jamais plus devant lui ? L'heure du culte d'adoration s'approche, et les saints anges resplendissants de lumière se prosternent devant le Père. Mais jamais plus Satan ne pourra unir sa voix aux chœurs célestes. Jamais plus il ne pourra s'incliner avec crainte et respect en présence du Dieu éternel.

S'il pouvait être à nouveau pur, fidèle et loyal, il renoncerait volontiers à ses prétentions au pouvoir. Mais il était perdu, désespérément perdu, à cause de son orgueilleuse rébellion. Bien plus, il avait incité d'autres anges à se révolter et les avait entraînés avec lui dans sa chute, eux qui n'avaient jamais mis en doute la volonté du ciel, ni refusé d'obéir à la loi de Dieu jusqu'à ce qu'il les y ait poussés, en leur promettant qu'ils obtiendraient ainsi un plus grand nombre d'avantages, une liberté plus grande et plus glorieuse. C'est en recourant à de tels sophismes qu'il les avait trompés. Il portait désormais une responsabilité à laquelle il aurait bien voulu échapper.

Voyant leurs espoirs anéantis, ces êtres célestes furent bouleversés. En effet, au lieu d'obtenir de plus grands bienfaits, ils souffraient des tristes conséquences de leur désobéissance et du mépris de la loi. Jamais plus ces pauvres êtres ne seraient sous la bienveillante houlette de Jésus-Christ. Jamais plus ils ne pourraient être touchés par l'amour profond et fervent, par la paix et la joie que la présence du Seigneur leur procurait, et ils ne pourraient plus lui obéir de bon cœur et avec respect.

Satan cherche à être réintégré

Satan tremblait en considérant son œuvre. Seul, il méditait sur le passé, sur le présent, et il réfléchissait aux plans qu'il envisageait pour l'avenir. Si solide fût-il, son être tout entier était ébranlé comme par une tempête. Un ange du ciel passa devant lui. Satan l'appela et le supplia d'obtenir en sa faveur une entrevue avec Jésus. Celle-ci lui fut accordée. Il dit alors au Fils de Dieu qu'il se repentait de sa révolte et souhaitait obtenir de nouveau la faveur divine. Il voulait reprendre la place que le Très-Haut lui avait assignée auparavant, et se soumettre à son autorité empreinte de sagesse. Voyant le désespoir de Satan, Jésus pleura. Cependant, il lui fit part de la volonté du Père, à savoir qu'il ne serait jamais plus admis au ciel, car sa présence serait un danger pour ses habitants. Si on lui permettait d'y entrer à nouveau, l'atmosphère du ciel tout entier serait troublée car c'était lui qui était à l'origine du péché et de la rébellion, et il portait encore en lui les germes de la révolte. Il n'avait eu aucun motif valable d'agir comme il l'avait fait, et il avait entraîné dans une ruine définitive non seulement lui-même, mais une multitude d'anges qui auraient continué à jouir du bonheur céleste s'il était resté fidèle. La loi de Dieu pouvait condamner, mais elle ne pouvait pas pardonner.

S'il s'était repenti de sa rébellion, ce n'était pas parce qu'il avait compris la bonté de Dieu dont il avait abusé. Il était inconcevable que son amour pour Dieu ait grandi au point que, depuis sa chute, il était prêt à se soumettre volontiers et avec joie à la loi qu'il avait foulée aux pieds. Sa tristesse provenait du fait qu'il se voyait privé de la douce lumière du ciel, qu'il se sentait accablé par un sentiment de culpabilité et qu'il était déçu de voir que ses espérances ne s'étaient pas réalisées. Se trouver dans la position d'un chef exclu du ciel était tout autre chose que d'être honoré du ciel. La perte de tous les privilèges célestes lui paraissait trop lourde à supporter. C'est pour cela qu'il désirait que ces privilèges lui soient rendus.

En réalité, ce renversement complet de situation n'avait pas renforcé son amour pour le Très-Haut, ni pour sa loi sage et juste. Quand Satan fut pleinement convaincu qu'il lui était impossible de rentrer à nouveau dans la faveur de Dieu, il fit preuve d'une méchanceté et d'une haine plus farouches que jamais.

Le Seigneur savait qu'une telle rébellion ne resterait pas sans lendemain. Il savait que l'adversaire trouverait le moyen de nuire aux habitants du ciel et de montrer son mépris envers l'autorité divine. Puisqu'il lui était interdit de franchir les portes du ciel, il se tiendrait sur le seuil même pour provoquer les anges et leur chercher querelle tandis qu'ils entraient et sortaient. De plus, il s'efforcerait de détruire le bonheur d'Adam et d'Eve. Il ferait tout pour les pousser à se révolter, sachant que cela causerait beaucoup de tristesse parmi les êtres célestes.

Conspiration contre la famille humaine

Les acolytes de Satan cherchaient leur chef ; celui-ci, sur un air de défi, leur révéla son plan : arracher à Dieu le noble Adam — et Eve, sa compagne. S'il pouvait les inciter, d'une manière ou d'une autre, à désobéir, Dieu prendrait des mesures pour leur pardonner, et par conséquent, lui-même et tous les anges déchus seraient en droit de bénéficier comme eux de la miséricorde divine. Mais si son plan échouait, Satan et ses suppôts s'uniraient à Adam et Eve, car, ayant transgressé la loi de Dieu, ceux-ci seraient, comme eux, l'objet de sa colère. Leur transgression les placerait ainsi en état de révolte, et les anges déchus pourraient, avec Adam et Eve, prendre possession du jardin d'Eden et y élire domicile. Si nos premiers parents pouvaient avoir de nouveau accès à l'arbre de vie, leur force deviendrait égale à celle des saints anges, pensaient-ils, et le Seigneur lui-même ne pourrait plus les en chasser.

Satan conféra avec ses anges, mais tous ne furent pas immédiatement d'accord pour mettre à exécution ce plan hasardeux et terrible. Il leur dit qu'il ne confierait à aucun d'entre eux le soin d'assurer sa réalisation, parce qu'il se croyait être le seul à posséder la sagesse nécessaire pour mener à bien pareille entreprise. Le chef rebelle voulait qu'ils réfléchissent à la question tandis que de son côté, il se retirerait pour mettre au point son plan. Il essaya de les persuader qu'il n'y avait pas d'autre issue. S'ils échouaient, tout espoir de réintégrer le ciel et toute autre partie de la création de Dieu serait définitivement perdu.

Satan resta seul pour élaborer les plans qui devaient provoquer la chute d'Adam et d'Eve. Il craignait que ses desseins ne puissent se réaliser. Même s'il arrivait à pousser Adam et Eve à désobéir au commandement de Dieu et à devenir ainsi des transgresseurs de sa loi, mais qu'en retour il n'en obtienne aucun avantage, sa condition n'en serait nullement améliorée et sa culpabilité serait accrue.

Il frémit en pensant qu'il plongerait le saint et heureux couple dans la détresse et le remords dont il souffrait lui-même maintenant. Satan paraissait indécis, tantôt déterminé, tantôt hésitant. Quant à ses anges, ils le cherchaient, lui, leur chef, car ils voulaient lui faire part de leur décision. Ils étaient prêts à faire cause commune avec lui pour exécuter son plan, dont ils assumeraient les conséquences et la responsabilité.

Satan réagit contre ses sentiments de désespoir et de faiblesse, et, en tant que chef, il s'arma de courage afin d'affronter la situation et de faire tout ce qui était en son pouvoir pour défier l'autorité de Dieu et de son Fils. Il mit ses anges au courant de son plan. S'il s'approchait ouvertement d'Adam et d'Eve et formulait des griefs contre le Fils de Dieu, ils ne l'écouteraient pas et seraient prêts à réfuter ses accusations. S'il essayait de leur en imposer par son pouvoir, lui, un ange occupant de fraîche date un poste d'autorité, il ne réussirait pas davantage. Aussi jugea-t-il que la ruse et la supercherie accompliraient ce que ni la force ni la puissance ne pourraient obtenir.

Adam et Eve sont avertis

Dieu convoqua les habitants du ciel pour prendre des mesures afin de conjurer le mal qui menaçait. Il fut décidé que les anges se rendraient dans le jardin d'Eden et mettraient Adam en garde contre l'ennemi. Deux anges furent donc dépêchés auprès de nos premiers parents. Le saint couple les reçut avec une joie candide, exprimant sa reconnaissance envers le Créateur qui lui avait si généreusement prodigué sa bonté. L'homme et sa femme pouvaient jouir de tout ce qui était beau et agréable, et toutes choses semblaient parfaitement adaptées à leurs besoins. Ils appréciaient par-dessus tout la compagnie du Fils de Dieu et des anges, car ils avaient tant à leur dire sur les splendeurs de la nature qu'ils découvraient mieux chaque jour dans leur merveilleuse demeure édénique, tant de questions à leur poser concernant certains points qu'ils ne pouvaient pas comprendre pleinement.

[27]

Avec bonté et amour, les anges leur dispensèrent les enseignements dont ils avaient besoin. Ils leur firent également le triste récit de la révolte de Lucifer dans le ciel et de sa chute. Ils leur indiquèrent clairement que l'arbre de la connaissance du bien et du mal, qui était au milieu du jardin, devait servir de preuve de leur obéissance et de leur amour envers Dieu. Les saints anges pouvaient conserver leurs privilèges et leur bonheur, à condition qu'ils obéissent, et il en était de même pour eux. Adam et Eve pouvaient soit obéir à la loi de Dieu et jouir d'un bonheur ineffable, soit désobéir, et en conséquence perdre leurs privilèges et être plongés dans le désespoir.

Les anges fidèles dirent à Adam et Eve que Dieu ne les forcerait pas à obéir, qu'il leur laisserait la possibilité d'agir contre sa volonté, qu'ils étaient des êtres dotés d'une nature morale, donc libres d'obéir ou de désobéir. Présentement, le Seigneur avait estimé devoir leur imposer une seule interdiction. S'ils désobéissaient à cet ordre, ils mourraient certainement. Les êtres célestes dirent aussi à nos premiers parents que le chef des anges — celui qui venait immédiatement après Jésus — avait refusé d'obéir à la loi destinée à gouverner les habitants du ciel. Cette révolte avait fait éclater une guerre dans le ciel, et les rebelles en avaient été expulsés. Tout ange qui s'était rallié à Satan en doutant de l'autorité du Très-Haut avait été chassé du ciel, et l'adversaire déchu était désormais opposé à tout ce qui intéressait la cause de Dieu et celle de son Fils bien-aimé.

[28] Ils dirent à Adam et Eve que Satan avait l'intention de leur faire du mal et qu'ils devaient être sur leurs gardes, car ils risquaient de rencontrer le grand adversaire. Tant qu'ils obéiraient aux ordres divins, l'ennemi ne pourrait pas leur nuire, et, s'il le fallait, tous les anges du ciel viendraient à leur secours pour les préserver du danger. Mais s'ils désobéissaient aux ordres du Créateur, Satan aurait le pouvoir de les tourmenter, de les troubler et de les confondre. S'ils demeuraient fermes devant les insinuations du diable, ils étaient en sécurité comme les anges du ciel. Mais s'il cédaient au tentateur, Dieu, qui n'avait pas épargné les anges malgré leur position élevée, ne les épargnerait pas non plus. Ils devraient subir la peine de leur faute, car la loi divine est aussi sacrée que Dieu lui-même, et il exige de tous les habitants du ciel et de la terre une obéissance sans réserve.

Les anges avertirent Eve du danger auquel elle s'exposait si, tandis qu'elle vaquait à ses occupations, elle se séparait de son mari et rencontrait l'adversaire. Séparés l'un de l'autre, l'homme et sa femme couraient plus de danger que s'ils restaient ensemble. Les anges leur recommandèrent de suivre fidèlement les instructions divines concernant l'arbre de la connaissance, car leur sécurité résidait dans une obéissance parfaite, et l'ennemi ne pourrait alors nullement les tromper. Dieu ne permettrait pas que Satan assaille constamment le saint couple de ses tentations. Ce n'est qu'auprès de l'arbre de la connaissance du bien et du mal que le grand adversaire pouvait s'approcher d'eux.

Adam et Eve assurèrent les anges qu'ils ne désobéiraient jamais à l'ordre explicite de Dieu, car ils éprouvaient le plus grand plaisir à faire sa volonté. Les anges se joignirent à eux pour faire entendre les saintes harmonies d'une musique mélodieuse, et tandis que leurs hymnes s'élevaient au-dessus du paradis de Dieu, Satan entendait ces accents de joyeuse adoration destinée au Père et à son Fils. A l'ouïe de ces chants, sa jalousie, sa haine et sa méchanceté furent plus vives que jamais, et il suggéra à ses suppôts d'inciter Adam et Eve à désobéir afin que la colère de Dieu atteigne ceux-ci et que leurs hymnes de louanges se changent en paroles de révolte et de malédiction envers le Créateur. [29]

Chapitre 4 — La tentation et la chute

Ce chapitre est basé sur Genèse 3.

Satan prit la forme d'un serpent et entra dans le jardin d'Eden. Cet animal était une merveilleuse créature qui avait des ailes et qui, en plein vol, avait l'éclat de l'or poli. Il ne rampait pas sur le sol, mais volait çà et là et mangeait des fruits comme l'homme. Satan entra dans le serpent, prit position dans l'arbre de la connaissance, et commença à manger tranquillement de son fruit.

Sans s'en rendre compte, Eve s'était éloignée de son mari au cours de leurs occupations. S'apercevant tout à coup qu'elle était seule, elle éprouva d'abord un sentiment d'effroi, mais elle ne tarda pas à se sentir en sécurité, bien que son mari ne fusse pas à ses côtés. Elle se dit qu'elle était assez sage et forte pour reconnaître le malin et pour l'affronter. Oubliant les recommandations de l'ange, elle se trouva bientôt en face de l'arbre défendu, qu'elle regarda avec un mélange de curiosité et d'admiration. Voyant que son fruit était très beau, elle se demanda pourquoi Dieu leur avait interdit d'y toucher et d'en manger. Satan profita de l'occasion pour intervenir. Comme s'il pouvait deviner ses pensées, il dit à la femme : "Est-ce vrai que Dieu vous a dit : 'Vous ne devez manger aucun fruit du jardin' ?" Genèse 3 : 1 **. C'est ainsi qu'avec une voix mélodieuse et caressante, le diable s'adressa à Eve qui fut surprise et trouva étrange qu'un serpent puisse parler. Il la complimenta pour sa beauté incomparable, ce qu'elle écouta non sans plaisir. Quoi qu'il en soit, elle fut saisie d'étonnement, car elle savait que Dieu n'avait pas donné au serpent la faculté de parler.

La curiosité d'Eve fut éveillée et, au lieu de s'enfuir, elle s'attarda, émerveillée d'entendre parler un serpent. Il ne lui vint pas à l'esprit que ce séduisant animal pouvait être un ange déchu. En fait, ce n'était pas le serpent qui avait parlé, mais Satan lui-même.

**. Sauf indication contraire, les textes bibliques cités dans ce livre sont empruntés à *La Bible en Français Courant* (1983).

Eve fut charmée, séduite, et perdit la tête. Si elle avait rencontré un personnage imposant, possédant une forme comparable à celle des anges, elle aurait été sur ses gardes. En tout cas, cette voix étrange aurait dû la pousser à retourner auprès de son mari et à lui demander pourquoi un autre que lui pouvait s'adresser à elle aussi librement. Au lieu de cela, elle commença à discuter avec le serpent et répondit à sa question : "Nous pouvons manger les fruits du jardin. Mais quant aux fruits de l'arbre qui est au centre du jardin, Dieu nous a dit : 'Vous ne devez pas en manger, pas même y toucher, de peur d'en mourir'. Le serpent répliqua : Pas du tout, vous ne mourrez pas. Mais Dieu le sait bien ; dès que vous en aurez mangé, vous verrez les choses telles qu'elles sont, vous serez comme lui, capables de savoir ce qui est bien ou mal." Genèse 3 :2-5.

Le tentateur voulait faire croire à Eve qu'en mangeant du fruit de cet arbre, elle et son mari accéderaient à une sphère de connaissances plus élevées que celle qu'ils avaient atteinte jusque-là. Depuis sa chute, la tactique particulièrement efficace de Satan a été la même : inciter les humains à pénétrer les secrets du Très-Haut, à se montrer insatisfaits de ce qu'il leur a révélé, et à ne pas obéir implicitement à ses commandements. L'adversaire pousse les hommes à la désobéissance en leur suggérant que le terrain défendu va leur dévoiler de merveilleux secrets, Mais ce n'est là qu'illusion et vile tromperie. N'arrivant pas à comprendre ce que Dieu a révélé, les hommes négligent ses ordres explicites, et cherchent à sonder ce qu'il a voulu cacher aux mortels. Grisés par leurs idées de progrès et séduits par leurs vaines philosophies, ils tâtonnent dans les ténèbres au lieu d'obtenir la véritable connaissance. Toujours en train d'apprendre, ils ne parviennent jamais à la connaissance de la vérité.

[31]

Dieu ne voulait pas que ce couple innocent eût la moindre connaissance du mal. Il leur avait généreusement dispensé le bien, et les avait protégés du mal. Eve pensa que les paroles du serpent étaient sages, et elle crut à son audacieuse déclaration : "Pas du tout, vous ne mourrez pas. Mais Dieu le sait bien : dès que vous en aurez mangé, vous verrez les choses telles qu'elles sont, vous serez comme lui, capables de savoir ce qui est bien ou mal". Cela équivalait à dire que le Créateur avait menti. Le diable alla jusqu'à insinuer que le Seigneur avait trompé nos premiers parents pour les empêcher d'atteindre un niveau de connaissance égal au sien. Dieu avait dit :

"Vous ne devez pas en manger, pas même y toucher, de peur d'en mourir". Mais le serpent rétorqua : "Pas du tout, vous ne mourrez pas".

S'adressant à Eve, le tentateur affirma qu'aussitôt qu'elle mangerait le fruit, elle parviendrait à une sphère de connaissance plus élevée, ce qui la placerait sur un pied d'égalité avec Dieu. Attirant son attention sur lui-même, le serpent déclara qu'il mangeait librement du fruit de l'arbre, et que celui-ci était non seulement inoffensif, mais délicieux et stimulant. Il ajouta que c'était justement à cause de ses merveilleuses propriétés qui donnaient sagesse et puissance que le Seigneur leur avait interdit d'en manger, et même d'y toucher, car il en connaissait bien les vertus. Satan déclara que c'est après avoir mangé du fruit défendu qu'il avait acquis la faculté de parler. Selon lui, Dieu ne tiendrait pas parole. Ce n'était de sa part rien de plus qu'une menace destinée à les intimider et à les empêcher d'atteindre un niveau de bonheur plus élevé et une joie plus parfaite. Le diable cueillit alors un fruit, et le tendit à Eve qui le prit. "Eh bien, lui dit-il, ne vous avait-on pas interdit de le toucher, de peur que vous ne mourriez ?" Il s'empressa d'ajouter qu'elle ne serait pas plus affectée par le mal et la mort pour l'avoir mangé qu'elle ne l'avait été pour l'avoir touché de sa main. Eve s'enhardit parce qu'elle ne sentit pas immédiatement les signes du déplaisir divin. Trouvant que les paroles du tentateur étaient justes et sensées, elle mangea du fruit. Son goût lui parut excellent, et elle crut en ressentir déjà les effets merveilleux.

Eve devient la tentatrice

Eve cueilla alors elle-même un fruit, et elle en mangea. Elle crut de nouveau ressentir en elle une force vivifiante et s'imagina entrer dans une sphère plus élevée, résultat direct de la vertu du fruit interdit. Sous l'empire d'une étrange fascination, elle alla trouver son mari, le fruit défendu dans les mains. Elle lui rapporta les paroles perspicaces du serpent, et voulut le conduire immédiatement auprès de l'arbre de la connaissance. Elle lui dit avoir goûté du fruit et que, loin de s'être sentie envahie par la mort, elle avait éprouvé une sensation agréable et stimulante. Aussitôt qu'Eve eut désobéi, elle devint un instrument puissant pour entraîner son mari dans sa chute.

Je vis que le visage d'Adam était couvert de tristesse. Il était visiblement étonné et rempli de crainte. Son esprit était en proie à un terrible combat. Il dit à Eve qu'elle avait certainement eu affaire à l'ennemi contre lequel on les avait mis en garde, et qu'elle allait mourir. Mais elle affirma qu'elle ne ressentait aucun malaise, qu'elle éprouvait au contraire une sensation délicieuse, et elle l'engagea à manger du fruit.

[33]

Adam comprit aussitôt que sa femme avait passé outre à la seule défense qui leur avait été imposée pour éprouver leur fidélité et leur amour. Eve insista en disant que le serpent lui avait donné l'assurance qu'ils ne mourraient pas. A son avis, ce qu'il avait dit devait être vrai, puisqu'elle ne sentait aucun signe du déplaisir de Dieu, mais plutôt une sensation agréable, comme celle que les anges éprouvaient sans doute.

Adam regretta qu'Eve se fût éloignée de lui, mais l'acte ayant été accompli, il serait forcément séparé de celle dont la compagnie faisait sa joie. Qu'allait-il advenir maintenant ? Son amour pour elle était très grand. Profondément découragé, il décida de partager le sort qui était réservé à sa femme. Il se dit qu'Eve était une partie de son être, et que, si elle devait mourir, il mourrait avec elle, car il ne pouvait supporter l'idée de s'en séparer. En cela, Adam manqua de foi envers son généreux et bienveillant Créateur. Il ne lui vint pas à l'esprit que Dieu, qui l'avait formé de la poussière de la terre et avait fait de lui un être vivant, aux formes merveilleuses, qui avait créé Eve, sa compagne, pouvait aussi la remplacer. Eve était là, devant lui, aussi ravissante et apparemment aussi innocente qu'avant sa désobéissance. Elle lui manifesta même un amour plus profond que jamais, comme sous l'effet du fruit qu'elle avait mangé, et il ne vit aucun signe de mort sur ses traits. Elle lui avait parlé des vertus bienfaisantes de ce fruit, de son grand amour pour lui, son mari, et il décida d'assumer les conséquences de la situation, quelles qu'elles soient. Il prit donc le fruit, s'empressa de le manger, et il n'en ressentit pas immédiatement les effets nocifs.

[34]

Eve croyait pouvoir discerner entre le bien et le mal. L'espérance trompeuse d'accéder à un niveau plus élevé de connaissance l'avait conduite à penser que le serpent était son ami, et qu'il s'intéressait à son bien-être. Si elle avait au préalable consulté son mari et s'ils avaient rapporté au Créateur les paroles du serpent, ils auraient échappé à cette tentation subtile. Le Seigneur ne voulait pas qu'ils s'approchent de l'arbre de la connaissance, car ils seraient par là même exposés aux pièges de Satan. Dieu savait que, s'ils ne touchaient pas le fruit défendu, ils seraient parfaitement en sécurité.

Le libre arbitre de l'homme

Le Très-Haut avait instruit nos premiers parents au sujet de l'arbre de la connaissance ; ils étaient pleinement informés de la chute de Satan et du danger qu'ils couraient en prêtant l'oreille à ses suggestions. Cependant, il ne les mit pas dans l'impossibilité de manger du fruit interdit. En tant qu'êtres libres, ils pouvaient ou bien croire en sa parole, obéir à ses commandements et vivre, ou bien faire confiance au tentateur, désobéir et périr. Or, tous deux mangèrent du fruit, et la seule grande sagesse qu'ils obtinrent fut la connaissance du péché et un sentiment de culpabilité. Leur vêtement de lumière ne tarda pas à disparaître, et, remplis de remords pour avoir perdu ce vêtement divin, ils commencèrent à trembler et essayèrent de couvrir leur nudité.

Ainsi, nos premiers parents avaient décidé d'écouter les paroles d'un serpent, qui ne leur avait donné aucune preuve de son amour. Alors que Dieu leur avait accordé tout ce qui est bon à manger et agréable à la vue, Satan n'avait nullement contribué à leur bonheur et à leur bien-être. Partout les yeux pouvaient contempler l'abondance et la beauté, et, cependant, Eve fut trompée par le serpent, parce qu'elle avait cru qu'on les avait privés de quelque chose qui pouvait les rendre aussi intelligents que le Très-Haut. Au lieu de faire confiance à Dieu, elle se méfia de sa bonté et se plut à écouter les paroles de Satan.

Une fois qu'Adam eut transgressé l'ordre divin, il eut tout d'abord l'impression d'accéder à une sphère nouvelle et plus élevée. Mais bientôt, la pensée de sa faute le remplit de terreur. L'atmosphère, qui avait toujours été douce et uniforme, parut glaciale à l'homme et à sa femme. Le couple désobéissant ployait sous le fardeau de son péché. Ils avaient peur de l'avenir et éprouvaient un sentiment de vide. L'amour, la douce paix et le bonheur qu'ils avaient connus jusqu'alors firent place à un sentiment de dénuement qu'ils n'avaient jamais ressenti auparavant. Puis, pour la première fois, ils remarquèrent leur apparence extérieure. Jusqu'à ce jour, ils ne portaient pas de vêtements ; ils étaient couverts d'habits de lumière, comme les anges du ciel. Mais cette lumière dont ils étaient entourés avait disparu. Pour dissiper leur impression de dénuement, ils cherchèrent de quoi se couvrir, car comment oseraient-ils se présenter nus devant Dieu et devant les anges ?

Leur faute apparut alors à leurs yeux sous son vrai jour. Leur transgression du commandement explicite de Dieu prit un relief plus précis. Adam reprocha à Eve la folie dont elle avait fait preuve en s'éloignant de lui, et de s'être laissée séduire par le serpent. Néanmoins, l'un et l'autre se rassurèrent à l'idée que celui qui les avait comblés jusque-là de tant de bontés, pardonnerait sans doute leur désobéissance à cause de son grand amour, et que leur châtiment ne serait peut-être pas aussi sévère qu'ils pouvaient le penser.

[36]

De son côté, Satan se réjouit de son succès : il avait poussé Eve à manquer de confiance en Dieu, à douter de sa sagesse, à essayer de pénétrer ses desseins. Par elle, il avait provoqué la chute d'Adam qui, par amour pour sa femme, avait désobéi à l'ordre du Créateur et péché avec elle.

La nouvelle de la chute de l'homme se répandit à travers le ciel. Toutes les harpes se turent. Les anges ôtèrent leur couronnes en signe de tristesse. Tout le ciel fut bouleversé. Les anges furent affligés de voir l'ingratitude inqualifiable de l'homme comparée aux riches bénédictions que le Seigneur lui avait accordées. Un conseil fut réuni pour décider ce qu'il convenait de faire à l'égard des coupables. Les anges craignaient que ceux-ci n'avancent la main, ne mangent du fruit de l'arbre de vie, et ne deviennent des pécheurs immortels.

Le Seigneur s'adressa à Adam et Eve, et leur fit connaître les conséquences de leur désobéissance. A l'approche de la majesté du Très-Haut, ils cherchèrent à se cacher, alors qu'auparavant, dans leur innocence et leur sainteté, ils se réjouissaient de pouvoir rencontrer Dieu. "Le Seigneur Dieu appela l'homme et lui demanda : Où es-tu ? L'homme répondit : Je t'ai entendu dans le jardin. J'ai eu peur, car je suis nu, et je me suis caché. Qui t'a appris que tu étais nu, demanda le Seigneur Dieu ; aurais-tu goûté au fruit que je t'avais défendu de manger ?" Genèse 3 :9-11. Le Seigneur posa cette question, non parce qu'il avait besoin d'être informé, mais pour convaincre le couple de sa culpabilité : Qu'est-ce qui vous fait éprouver de la honte, et pourquoi avez-vous peur ? Si Adam reconnut sa transgression, ce ne fut pas parce qu'il se repentit de sa désobéissance, mais pour en rejeter la responsabilité sur Dieu : "C'est la femme que tu m'as donnée pour compagne ; c'est elle qui m'a donné ce fruit, et j'en ai mangé. Le Seigneur Dieu dit alors à la femme : Pourquoi as-tu fait cela ? Elle répondit : Le serpent m'a trompée, et j'ai mangé du fruit" Genèse 3 :12, 13.

La malédiction

Le Seigneur prononça alors la condamnation du serpent : "Puisque tu as fait cela, je te maudis. Seul de tous les animaux tu devras ramper sur ton ventre et manger de la poussière tous les jours de ta vie" Genèse 3 :14. Après avoir été la plus admirée des créatures des champs, il allait devenir la plus rampante de toutes et la plus détestée des humains, puisque le serpent avait été l'instrument de Satan. "Il (le Seigneur Dieu) dit enfin à l'homme : Tu as écouté la suggestion de ta femme et tu as mangé le fruit que je t'avais défendu. Eh bien, par ta faute, le sol est maintenant maudit. Tu auras beaucoup de peine à en tirer ta nourriture pendant toute ta vie ; il produira pour toi épines et chardons. Tu devras manger ce qui pousse dans les champs ; tu gagneras ton pain à la sueur de ton front, jusqu'à ce que tu retournes à la terre dont tu as été tiré" Genèse 3 :17-19.

Dieu maudit la terre à cause du péché commis par Adam et Eve qui avaient mangé de l'arbre de la connaissance, et il dit : "Tu auras beaucoup de peine à en tirer ta nourriture pendant toute ta vie". Il leur avait prodigué le bien et voilé le mal. Désormais, ils allaient continuer à en manger, c'est-à-dire à côtoyer le mal tous les jours de leur vie.

Dès lors, la race humaine allait être harcelée par les tentations de Satan. Aux occupations paisibles qui lui avaient été assignées, allaient succéder les soucis et le labeur quotidien, les déceptions, les chagrins, la souffrance, et finalement la mort. L'homme et la femme avaient été faits avec la poussière de la terre, et ils retourneraient à la poussière.

Adam et Eve furent informés qu'ils ne pourraient plus résider dans le jardin d'Eden. Ils étaient tombés dans les pièges de Satan et avaient cru en ses paroles selon lesquelles Dieu leur avait menti.

En transgressant l'ordre du Créateur, ils avaient ouvert la voie à l'adversaire qui pourrait alors entrer plus facilement en contact avec eux. Aussi n'était-il pas prudent pour eux de rester dans le jardin d'Eden où ils auraient accès à l'arbre de vie et risqueraient ainsi de perpétuer une vie de péché. Tout en reconnaissant qu'ils avaient perdu le droit d'occuper ce merveilleux paradis, ils supplièrent Dieu de leur permettre d'y rester. Ils promirent de se conformer désormais strictement aux ordres du Très-Haut. Il leur fut répondu que par suite de leur chute de l'état d'innocence dans la condition de pécheurs, non seulement ils ne s'étaient pas fortifiés, mais qu'il s'étaient grandement affaiblis. Etant donné qu'ils n'avaient pu conserver leur intégrité alors qu'ils possédaient l'innocence et la sainteté, ils seraient bien moins à même de rester fidèles, maintenant qu'ils avaient une nature pécheresse. Prenant alors conscience que le châtiment du péché, c'est la mort, Adam et Eve furent envahis par un profond sentiment d'angoisse et de remords.

Des anges reçurent l'ordre de garder le chemin conduisant à l'arbre de vie. Satan avait espéré que nos premiers parents désobéiraient à Dieu, encourraient sa réprobation, puis qu'ils mangeraient de l'arbre de vie, et qu'ils pourraient ainsi vivre pour toujours dans le péché. Mais de saints anges furent envoyés pour leur barrer l'accès de l'arbre de vie. La lumière qui rayonnait autour de ces anges avait l'apparence d'une épée flamboyante.

Chapitre 5 — Le plan du salut

Le ciel se remplit de douleur lorsqu'on sut que l'homme était perdu et que ce monde créé par Dieu serait peuplé d'êtres condamnés à la souffrance, à la maladie et à la mort, sans espoir de salut. Toute la famille d'Adam devait périr. Je vis sur le visage de Jésus une expression de sympathie et de douleur. Il s'approcha bientôt de la lumière éblouissante dont le Père était environné. L'ange qui était à mes côtés me dit : "Il a un entretien privé avec son Père". Les anges semblaient très préoccupés pendant que Jésus s'entretenait ainsi avec le Très-Haut. Trois fois il pénétra dans la lumière éclatante qui l'entourait ; la troisième fois, il quitta le Père, et la personne du Fils de Dieu fut visible. Il paraissait calme, exempt de toute perplexité, rayonnant d'une bienveillance et d'une beauté indicibles.

Il fit savoir à l'armée céleste qu'un moyen de salut avait été trouvé pour l'homme perdu, et comment il avait intercédé auprès du Père, offrant sa vie en rançon, acceptant de subir la mort afin que les humains puissent obtenir le pardon. Par les mérites de son sang et par l'obéissance à la loi divine, ils rentreraient dans la faveur de Dieu, seraient réintégrés dans le merveilleux jardin, et pourraient manger du fruit de l'arbre de vie.

[40] De prime abord, les anges ne purent se réjouir, car leur Chef ne leur cacha rien, mais leur fit connaître le plan du salut. Jésus leur dit qu'il devrait s'interposer entre la colère de son Père et l'homme coupable, supporter l'iniquité et le mépris, et qu'un petit nombre seulement le reconnaîtrait comme Fils de Dieu. Presque tous le haïraient et le rejetteraient. Il abandonnerait totalement la gloire céleste, s'incarnerait sur la terre, s'humilierait en tant qu'homme, serait tenté comme un homme, afin de pouvoir secourir ceux qui sont tentés. Enfin, après avoir accompli sa mission d'enseignant, il serait livré entre les mains des hommes qui lui feraient subir tous les tourments et toutes les souffrances que Satan et ses anges puissent inspirer à des êtres méchants. Puis il mourrait de la mort la plus cruelle, suspendu entre ciel et terre comme un coupable. Il

souffrirait pendant des heures une agonie si atroce que les anges mêmes ne pourraient en supporter la vue, et se voileraient la face. Jésus souffrirait non seulement dans son corps, mais traverserait une agonie mentale pire que les souffrances physiques. Le poids des péchés du monde reposerait sur lui. Il dit aux anges qu'il devrait mourir et ressusciter le troisième jour; puis que le Fils de Dieu monterait au ciel pour intercéder en faveur de l'homme coupable.

L'unique voie de salut

Les anges se prosternèrent devant lui. Ils proposèrent de donner leur vie. Mais Jésus leur dit que par sa mort il sauverait un grand nombre de pécheurs dont la dette ne pourrait être payée par la vie d'un ange. Seule la vie du Fils bien-aimé pouvait être acccepté du Père en rançon pour l'homme. Jésus leur dit aussi qu'ils auraient un rôle à jouer dans ce plan : ils seraient appelés à l'assister en différentes occasions. Il allait revêtir la nature de l'homme déchu, et sa force n'égalerait pas même la leur. Les anges seraient témoins de son humiliation, de ses souffrances et de la haine des humains à son égard, ce qui plongerait les anges dans une profonde affliction. Par amour pour lui, ils désireraient le secourir et le délivrer de ses meurtriers. Mais ils ne devaient rien faire pour empêcher le déroulement des faits auxquels ils allaient assister. Ils devaient également jouer un rôle lors de sa résurrection. Le plan du salut avait été fixé, et son Père l'avait approuvé.

Animé d'une sainte tristesse, Jésus réconforta les anges ; il leur dit que plus tard, les humains qu'il allait racheter seraient avec lui. Par sa mort, il en sauverait un grand nombre, et détruirait celui qui avait le pouvoir de la mort. Son Père lui remettrait le royaume, et il posséderait pour toujours la grandeur de tous les royaumes qui sont sous les cieux. Satan et les pécheurs seraient détruits ; plus jamais ils ne troubleraient le ciel ni la nouvelle terre purifiée. Jésus invita les armées célestes à adopter ce plan de salut que son Père avait approuvé, et à se réjouir de la mort du Christ, grâce à laquelle le pécheur pourrait obtenir de nouveau la faveur divine et jouir des bienfaits du ciel.

Alors une joie inexprimable remplit le ciel. L'armée angélique entonna un chant de louange et d'adoration. Les messagers célestes touchèrent de leurs harpes et chantèrent sur un ton plus élevé qu'auparavant, pour célébrer la miséricorde et la magnanimité de Dieu qui avait donné son Fils bien-aimé afin qu'il mourût en faveur d'une race rebelle. Cette louange et cette adoration furent une expression de reconnaissance pour le renoncement et le sacrifice que Jésus avait consentis en quittant le sein du Père, en acceptant de vivre une vie de souffrance et d'angoisse, et de mourir d'une mort infamante afin de donner la vie à ses semblables.

L'ange me dit : "Penses-tu que le Père ait consenti à donner son Fils bien-aimé de gaîté de cœur ? Loin de là ! Ce n'est pas sans luttes que Dieu dut choisir entre deux alternatives : soit laisser périr l'humanité coupable, soit donner son Fils bien-aimé afin qu'il meure pour elle." L'intérêt des anges pour le salut de l'humanité était tel que certains d'entre eux auraient été disposés à renoncer à leur gloire et à sacrifier leur vie pour l'homme perdu. L'ange qui était à mes côtés ajouta : "C'eût été un sacrifice inutile, car la transgression était si grave que la vie d'un ange n'aurait pu en payer la dette. Seules la mort et l'intercession du Fils de Dieu pouvaient payer cette dette et sauver l'homme perdu de son profond désespoir et de sa détresse."

L'œuvre assignée aux anges consistait à procurer au Fils de Dieu un baume céleste pour adoucir ses souffrances et à le servir. Ils avaient aussi pour mission de préserver les bénéficiaires de la grâce divine de l'influence des mauvais anges et de dissiper les ténèbres dont Satan s'efforçait constamment de les entourer. J'ai vu qu'il était impossible que Dieu modifie sa loi afin de sauver l'homme perdu. C'est pourquoi il a permis que son Fils bien-aimé meure pour leurs péchés.

Satan se réjouit de nouveau avec ses anges à l'idée qu'en provoquant la chute de l'homme, le Fils de Dieu serait conduit à abandonner le rang éminent qu'il occupait au ciel. Il leur dit qu'il réussirait à faire succomber Jésus lorsque celui-ci aurait revêtu la nature humaine, et qu'ainsi, il ferait échouer le plan de la rédemption.

Il me fut montré que Satan avait été un ange heureux, qui jouissait d'un rang élevé. Puis je le vis tel qu'il est maintenant. Il a conservé un aspect royal. Ses traits sont encore nobles, car c'est un ange déchu. Mais l'expression de son visage est chargée d'anxiété, de tristesse, de malice, de haine, de fausseté et de toute sorte de défauts. Je remarquai particulièrement son front, autrefois si noble. Il était devenu fuyant.

Depuis le temps qu'il s'applique à mal faire, ses qualités se sont détériorées, et toute sorte de mauvais traits de caractère se sont développés en lui. Ses yeux sont rusés, sournois, scrutateurs. Il est d'une forte corpulence, mais la peau de ses mains et de son visage est distendue. Quand je le vis, il avait le menton appuyé sur la main gauche. Il semblait profondément absorbé dans ses pensées. Son visage laissait transparaître un sourire si plein de malice et de ruse diaboliques que j'en tremblai. C'est ainsi qu'il sourit lorsqu'il est sur le point de se jeter sur sa victime. Et quand il l'a prise dans ses pièges, son sourire devient terrible.

Humiliés, accablés d'une tristesse inexprimable, Adam et Eve dirent adieu à leur ravissante demeure où ils avaient vécu si heureux jusqu'au jour où ils avaient désobéi au commandement du Très Haut. L'atmosphère avait changé ; elle n'était plus uniforme comme c'était le cas avant le péché. Pour les protéger contre les variations de température, Dieu leur procura des vêtements faits de peaux d'animaux.

La loi immuable de Dieu

Tout le ciel déplora la désobéissance et la chute d'Adam et d'Eve, qui avaient attiré la colère de Dieu sur toute la race humaine. Ils ne pouvaient plus entrer en communion directe avec le Créateur, et ils étaient plongés dans une profonde détresse. La loi divine ne pouvait être changée pour être adaptée aux besoins de l'homme, car selon le plan de Dieu, elle ne devait jamais perdre de sa force ni la moindre de ses exigences.

Les anges de Dieu furent chargés de se rendre auprès du couple déchu et de faire comprendre à nos premiers parents que si, à cause de leur désobéissance à la loi divine, ils ne pouvaient retrouver la condition de sainteté dont ils jouissaient dans le jardin d'Eden, cependant, leur cas n'était pas totalement désespéré. Adam et Eve apprirent qu'ému de pitié devant leur profonde tristesse. le Fils de Dieu — qui avait conversé avec eux dans le jardin d'Eden — s'était offert pour assumer lui-même le châtiment qui devait leur être infligé. Ainsi, il mourrait afin que l'homme puisse vivre, si ce dernier avait foi en l'expiation que le Christ se proposait d'accomplir en sa faveur. Grâce à Jésus, la porte de l'espoir était ouverte afin que, malgré la gravité de son péché, l'homme ne soit pas livré au pouvoir de Satan. La foi dans les mérites du Fils de Dieu élèverait l'homme de telle manière qu'il puisse échapper aux pièges du diable. Un temps d'épreuve lui serait accordé, afin que, par une vie de repentir et de foi en l'expiation du Fils de Dieu, il puisse être racheté de son péché, et parvenir à un niveau où ses efforts pour observer la loi seraient acceptés.

Les anges dirent à nos premiers parents la tristesse que le ciel avait ressentie en apprenant qu'ils avaient transgressé la loi de Dieu, ce qui avait amené Jésus à offrir le sacrifice de sa propre vie.

Quand Adam et Eve comprirent le caractère sacré de la loi divine, et que leur transgression exigeait un tel sacrifice pour les sauver de la perdition, eux et leur postérité, ils demandèrent à mourir eux-mêmes, ou bien qu'eux et leurs descendants recoivent le châtiment de leurs transgressions, au lieu que le Fils bien-aimé de Dieu offre sa vie. L'angoisse d'Adam s'était accrue. Il prit conscience de son péché et de ses terribles conséquences. Etait-il concevable que le Chef respecté et vénéré des armées du ciel, qui avait marché et parlé avec lui lorsqu'il était dans son état d'innocence, fût dessaisi de sa position élevée et mourût à cause de son péché ?

[45] Adam apprit que la vie d'un ange ne pourrait pas payer la dette. La loi de l'Eternel, sur laquelle est fondé son gouvernement céleste et terrestre, est aussi sacrée que Dieu lui-même. C'est pourquoi le Très-Haut ne pouvait pas accepter la vie d'un ange comme sacrifice pour sa transgression. La loi de Dieu a plus de valeur à ses yeux que les saints anges qui entourent son trône. Le Père ne pouvait ni abolir ni changer un seul précepte de sa loi pour l'adapter à la condition de l'homme déchu. Mais le Fils de Dieu qui, en accord avec le Père, avait créé le genre humain, pouvait expier valablement les péchés de l'homme et donner sa vie en sacrifice, devenant lui-même l'objet de la colère divine. Les anges dirent à Adam que, de même que son péché avait entraîné la mort et le malheur, de même, la vie et l'immortalité seraient mises en lumière par le sacrifice de Jésus-Christ.

Un regard sur l'avenir

A Adam furent révélés d'importants événements à venir, portant sur son expulsion du jardin d'Eden, sur le déluge et la première venue du Christ sur la terre. Dans son amour pour Adam et sa postérité, le Fils de Dieu consentirait à revêtir la nature humaine et, par son humiliation, il élèverait tous ceux qui croiraient en lui. Ce sacrifice admirable était suffisant pour sauver le monde entier, mais seuls quelques-uns tireraient profit de la rédemption obtenue à ce prix. Un grand nombre ne rempliraient pas les conditions requises pour bénéficier de ce grand salut. Ils préféreraient le péché et la transgression de la loi divine au lieu de se repentir et d'obéir, en se reposant sur la foi et les mérites du sacrifice offert. Ce sacrifice avait une valeur telle que, pour l'homme qui l'accepterait, il était plus précieux que l'or fin, que l'or d'Ophir.

Adam fut transporté en esprit à travers les générations successives pour qu'il puisse voir l'accumulation de crimes, de délits et d'impuretés qui résulteraient du fait que l'homme cède à la force de ses inclinations naturelles qui le poussent à violer la sainte loi de Dieu. Il vit que la malédiction du Seigneur frapperait toujours plus la race humaine, le règne animal et la terre, à cause des transgressions continuelles de l'homme. Il lui fut montré que l'iniquité et la violence iraient en s'accroissant. Cependant, malgré cette marée de détresse et de misère humaines, il y aurait toujours quelques personnes qui resteraient attachées à la connaissance de Dieu et qui demeureraient sans tache en dépit de la grande dégénérescence morale. Adam devait comprendre ce qu'était le péché : la transgression de la loi. Il vit que le genre humain serait affligé d'une déchéance morale, mentale et physique consécutive au péché, jusqu'à ce que le monde soit rempli d'une multitude de souffrances.

L'homme ayant violé la sainte loi de Dieu à cause de sa perversité, les jours de sa vie furent abrégés. La race humaine tomba si bas que finalement elle donna l'impression d'être méprisable et presque totalement dépourvue de valeur. Parce qu'ils obéissent à leurs instincts charnels, la plupart des humains se montrent incapables d'apprécier le mystère du calvaire, les faits sublimes de l'expiation et le plan de la rédemption. Mais, malgré cet affaiblissement des facultés mentales, morales et physiques, Jésus, fidèle à l'objectif pour lequel il a quitté le ciel, n'a cessé de témoigner son intérêt envers ces êtres faibles et dégénérés. Il invite hommes et femmes à cacher en lui leurs faiblesses et leurs grandes déficiences. S'ils viennent à lui, il suppléera à leurs besoins.

Les sacrifices

[47] Lorsque, selon les instructions qu'il avait reçues de Dieu, Adam présenta une offrande pour son péché, ce fut pour lui une expérience douloureuse. De sa propre main, il dut ôter à un être vivant une vie que Dieu seul pouvait donner, et offrir un holocauste pour sa faute. Pour la première fois, il était confronté à la mort. En regardant l'innocente victime égorgée, souffrant les douleurs de l'agonie, il devait voir par la foi le Fils de Dieu, que cette victime préfigurait, et qui mourrait en sacrifice pour l'homme.

Cette offrande rituelle, prescrite par Dieu, devait rappeler constamment à Adam le souvenir de son péché et la nécessité de s'en repentir. En tuant l'animal, Adam éprouva un sentiment plus vif et plus profond de la gravité d'une faute qui ne pouvait être expiée que par la mort du bien-aimé Fils de Dieu. Il était émerveillé de la bonté infinie et de l'amour incomparable de celui qui consentait à offrir une telle rançon pour sauver le pécheur. En égorgeant l'innocente victime, il avait l'impression de verser de sa propre main le sang du Christ. Il savait que s'il était resté fidèle au Seigneur et à sa sainte loi, aucun animal ni aucun homme n'aurait dû mourir. Quoi qu'il en soit, ces sacrifices, en préfigurant la grande et parfaite offrande du Fils de Dieu, permettaient à Adam d'apercevoir une lumière d'espérance qui dissipait les ténèbres de son avenir incertain, et lui procurait un encouragement au milieu de sa détresse et de son désespoir.

Aux origines, le chef de chaque famille était considéré comme le responsable et le sacrificateur de son propre foyer. Puis, à mesure que la race humaine se multipliait sur la terre, certains hommes furent désignés par Dieu pour accomplir ce rite solennel des sacrifices en faveur du peuple. Le sang de l'animal devait représenter dans l'esprit des pécheurs le sang de Jésus. La mort de la victime devait être pour tous une preuve que le salaire du péché, c'est la mort. Par [48] ce sacrifice, le pécheur reconnaissait sa faute et manifestait sa foi, dans la perspective du grand et parfait sacrifice du Fils bien-aimé de Dieu que les offrandes d'animaux préfiguraient. Sans l'expiation accomplie par le Christ, l'homme ne pourrait pas recevoir de Dieu la bénédiction et le salut. L'Eternel défendait jalousement l'honneur de sa loi. La transgression de cette loi avait causé une redoutable séparation entre Dieu et l'humanité. Lorsqu'il était dans son état d'innocence, Adam avait joui d'une communion étroite, libre et heureuse avec son Créateur. Après le péché, Dieu devait entrer en contact avec l'homme par le moyen de Jésus et de ses anges. [49]

Chapitre 6 — Les offrandes de Caïn et d'Abel

Ce chapitre est basé sur Genèse 4 :1-15.

Les fils d'Adam, Caïn et Abel, avaient un caractère très différent l'un de l'autre. Abel craignait Dieu. Caïn nourrissait des pensées de révolte et murmurait contre Dieu en raison de la malédiction qui avait été prononcée sur Adam et sur le sol à cause de son péché. Ces deux frères avaient été informés des dispositions qui avaient été prises pour le salut de la race humaine. Il leur avait été prescrit de se conformer humblement à un rituel qui devait montrer leur foi et leur dépendance à l'égard du Sauveur promis ; ce rituel consistait à sacrifier les premiers-nés du troupeau et à les offrir solennellement à Dieu avec le sang, en holocauste. Grâce à ces sacrifices, ils se souviendraient continuellement de leur péché et du Rédempteur qui devait venir et qui constituerait la suprême offrande faite pour l'homme.

Caïn apporta son offrande au Seigneur en murmurant et le cœur incrédule envers le grand sacrifice promis. Il n'était pas disposé à suivre fidèlement ce qui leur avait été prescrit : se procurer un agneau pour l'offrir avec des fruits de la terre. Sans tenir compte de ce que Dieu avait demandé, il se contenta d'apporter des produits du sol. Pourtant, l'Eternel Dieu avait fait savoir à Adam que sans effusion de sang, il n'y aurait pas de rémission des péchés. Caïn ne jugea même pas utile d'offrir ses meilleurs fruits. Abel conseilla à son frère de ne pas se présenter devant le Seigneur sans le sang d'un sacrifice. Mais comme Caïn était l'aîné, il ne voulut pas écouter ce que lui disait son frère. Repoussant le conseil qui lui avait été donné, Caïn, sceptique et mécontent de devoir présenter des sacrifices, apporta son offrande. Mais Dieu n'accepta pas cette offrande.

De son côté, Abel apporta les premiers-nés, les meilleurs de son troupeau, comme l'Eternel l'avait prescrit. Avec une foi totale dans le Messie à venir et un respect mêlé d'humilité, il présenta son offrande que Dieu accepta. Une flamme jaillit du ciel et consuma l'offrande d'Abel. Mais Caïn ne vit aucun signe indiquant que la sienne avait été agréée, et il s'irrita contre Dieu et contre son frère. Cependant, le Seigneur envoya un ange auprès de Caïn pour qu'il s'entretienne avec lui.

L'ange lui demanda la raison de sa colère et lui dit que s'il se conformait aux instructions que Dieu avait données, l'Eternel l'accepterait, lui et son offrande, mais que s'il ne se soumettait pas aux directives du Très-Haut, s'il ne lui faisait pas confiance et ne lui obéissait pas, Dieu ne pourrait pas agréer son offrande. Le messager céleste dit à Caïn que ce n'était pas là une injustice ni un parti pris de la part de Dieu à son égard, et que si son offrande ne pouvait pas être honorée, c'était uniquement à cause de son péché et de sa désobéissance à l'ordre explicite du Créateur. Si en revanche Caïn se montrait bien disposé, Dieu l'accueillerait favorablement, et il serait à la tête puisqu'il était l'aîné.

Mais même après avoir reçu ces éclaircissements, Caïn ne se repentit pas. Au lieu de reconnaître sa culpabilité et son incrédulité, il continua à se plaindre de l'injustice et du favoritisme de Dieu. Poussé par l'envie et la haine, il prit Abel à partie et lui adressa des reproches. Son frère cadet lui fit alors humblement remarquer qu'il avait commis une erreur et lui montra qu'il avait tort. En fait, la haine de Ca?n à l'égard de son frère remontait au jour où le Seigneur avait agréé l'offrande de ve dernier. Abel tenta de calmer la colère de son frère en lui rappelant la bonté que Dieu avait témoignée envers leurs parents en leur épargnant la vie, alors qu'il aurait pu les faire mourir sur-le-champ. Il dit à son aîné que le Seigneur les aimait, sinon, il n'aurait pas donné son Fils, innovent et saint, pour qu'il subisse le châtiment que l'homme aurait mérité par sa désobéissance.

[51]

Le premier meurtre

Tandis qu'Abel justifie le plan de Dieu, Ca?n devient furieux et une rage aveugle s'empare de lui au point qu'il frappe mortellement son frère. Et quand le Seigneur demande à Ca?n où est son frère, celui-ci profère un odieux mensonge : " Je n'en sais rien. Est-ce à moi de surveiller mon frère ? " (Genèse 4 :9). Mais Dieu lui répond qu'il connaît sa faute, qu'il est au courant de toutes ses actions et qu'il pénètre même les pensées de son cœur : "La voix du sang de ton frère crie de l terre jusqu'à moi. Maintenant, tu seras maudit de la terre qui a ouvert sa bouche pour recevoir de ta main le sang de ton frère. Quand tu cultiveras le sol, il ne te donnera plus sa richesse. Tu seras errant et vagabond sur lat terre " (Genèse 4 :10-12, Segond).

Au début, la malédiction prononcée sur la terre fut très légère ; mais dès lors, elle fut deux fois plus sévère. Ca ?n et Abel représentent deux catégories d'humains : les justes et les méchants, les croyants et les incroyants, qui devaient vivre depuis la chute d'Adam jusqu'à la seconde venue du Christ. Le meurtre d'Abel représente la jalousie des méchants à l'égard des justes qu'ils ha ?ssent parce que ceux-ci sont meilleurs qu'eux. Ils seront jaloux des justes, les persécuteront et les tueront parce que leurs bonnes actions condamnent leur mauvaise conduite.

[52]

La vie d'Adam fut marquée par le regret, l'humilité et le repentir continuels. Lorsqu'il enseignait à ses enfants et à ses petits-enfants la crainte de l'Eternel, on lui reprocha souvent sa faute qui avait attiré tant de souffrances sur sa postérité. Quand il avait dû quitter le magnifique jardin d'Eden, la pensée qu'il devait mourir l'avait terrifié, car il considérait la mort comme une redoutable calamité. Lorsque son propre fils Abel fut tué par son frère Caïn,il fut, pour la première fois, confronté avec la réalité de la mort qui frappait le genre humain. Plein de remords pour sa propre transgression, privé de son fils Abel dont Caïn était le meurtrier, et sachant quelle malédiction le Seigneur avait prononcée sur ce dernier, Adam était accablé de tristesse. Il se faisait de vifs reproches pour son premier grand péché. Il sollicita le pardon divin grâce au suprême sacrifice. Il avait profondément ressenti la colère de Dieu pour la faute qu'il avait commise dans le paradis. De plus, le Seigneur lui révéla de corruption généralisée qui l'amènerait à détruire les habitants de la terre par le déluge. Après qu'Adam eut vécu plusieurs centaines d'années, la sentence de mort prononcée sur lui par le Créateur, qui lui avait semblé si terrible de prime abord, lui parut juste et miséricordieuse, car elle mettait un terme à une vie de souffrances.

Quand Adam constata les premiers signes de la dégénérescence de la nature en voyant que les feuilles tombaient et que les fleurs se fanaient, il éprouva une tristesse plus grande que celle que les humains ressentent devant la mort de leurs semblables. Ce qui l'attristait, ce n'était pas tant la flétrissure des fleurs, car il les savait fragiles et délicates, mais le fait que les grands et puissants arbres perdaient leurs feuilles et dépérissaient, témoignant ainsi de la dégénérescence de cette nature magnifique, que Dieu avait créée pour le bien-être de l'homme.

A ses enfants et à leurs descendants, jusqu'à la neuvième génération, Adam décrivit les beautés du jardin d'Eden, parla de sa faute et de ses terribles conséquences, et du chagrin que lui avait causé la mort d'Abel, laquelle avait creusé un vide dans sa famille. Il leur parla aussi des épreuves auxquelles le Seigneur l'avait soumis, pour lui enseigner la nécessité de se conformer fidèlement à sa loi. Il leur déclara que, sous quelque forme qu'il se présente, le péché serait sanctionné. Il les exhorta à obéir au Très-Haut, qui serait miséricordieux envers eux s'ils l'aimaient et le craignaient.

Les anges s'entretinrent avec Adam après sa faute, lui révélèrent le plan de la rédemption, lui faisant comprendre que la race humaine n'était donc pas dans une situation désespérée. Malgré la terrible séparation qui s'était produite entre Dieu et l'homme, celui-ci pouvait être sauvé grâce à l'offrande de son Fils bien-aimé. Mais le seul espoir des humains résidait dans une vie d'humble repentir et de foi dans le plan établi par le Créateur. Tous ceux qui accepteraient ainsi Jésus comme leur unique Sauveur jouiraient à nouveau de la faveur de Dieu grâce aux mérites de son Fils.

Chapitre 7 — Seth et Hénok

Ce chapitre est basé sur Genèse 4 :25, 26 ; 5 :3-8, 18-24 ; Jude 1 :14, 15.

Seth était un homme respectable qui devait succéder à Abel dans la voie du bien. Cependant, c'était un fils d'Adam, tout comme le méchant Caïn ; il avait donc hérité de son père une nature qui n'était pas meilleure que celle de Caïn. Seth était né dans le péché, mais avec l'aide de Dieu et grâce aux fidèles instructions qu'il avait reçues d'Adam, il honora Dieu en faisant sa volonté. Il se tint à l'écart des enfants corrompus de Caïn et, comme l'aurait fait Abel s'il avait survécu, Seth eut à cœur d'exhorter les pécheurs à respecter le Seigneur et à lui obéir.

Hénok était un homme saint. Il servait Dieu avec sincérité de cœur. Constatant à quel point la famille humaine était dépravée, il renonça lui aussi à fréquenter les descendants de Caïn et leur reprocha leur perversité. Certes, il y avait sur la terre des humains qui connaissaient Dieu, qui le craignaient et l'adoraient. Mais le juste Hénok était tellement attristé par la méchanceté grandissante des impies qu'il s'abstenait de les fréquenter quotidiennement, craignant d'être influencé par leur infidélité et que ses pensées ne soient détournées du Seigneur et qu'il cesse de le vénérer comme l'exige sa majesté souveraine. Son âme était choquée de voir que les impies foulaient aux pieds l'autorité du Très-Haut. Il décida donc de ne plus avoir de relations avec eux, et de passer la plus grande partie de son temps [55] dans la solitude afin de pouvoir méditer et prier. Il s'appuyait sur le Seigneur et priait pour connaître plus parfaitement sa volonté, afin de pouvoir l'accomplir. Dieu entrait en communication avec Hénok par l'intermédiaire de ses anges et lui donnait ses instructions. L'Eternel lui dit qu'il ne supporterait pas toujours la rébellion des humains, et qu'il envisageait de les détruire par un déluge qui inonderait le globe.

Le jardin d'Eden, ravissant et immaculé, d'où nos premiers parents avaient été chassés, demeura intact jusqu'à ce que Dieu décidât de détruire la terre par un déluge. Il avait planté ce jardin et l'avait béni d'une manière particulière. Mais dans sa grande sagesse, il le retira de ce monde et l'y ramènera, plus magnifique encore que lorsqu'il l'en avait enlevé. Ainsi fut conservé un échantillon de son œuvre parfaite de création, exempt de la malédiction qu'il avait prononcée sur la terre.

Le Seigneur fit connaître plus pleinement à Hénok le plan de la rédemption, et grâce à l'Esprit de prophétie, il lui fit voir les générations qui devaient vivre après le déluge, et les grands événements relatifs à la seconde venue du Christ et à la fin du monde Jude 1:14.

Hénok était préoccupé par la mort. Il lui semblait que les justes comme les méchants retourneraient définitivement dans la poussière. Il pouvait difficilement concevoir que les justes puissent vivre au-delà de la tombe. Au cours d'une vision prophétique, il fut instruit au sujet du Fils de Dieu, qui devait mourir en sacrifice pour les humains, et il vit le retour de Jésus sur les nuées du ciel, escorté de l'armée des anges, ressuscitant les justes morts et les libérant de leurs tombeaux. Il vit aussi quel serait l'état de corruption qui régnerait dans le monde lors de la seconde apparition du Christ; que les hommes de cette génération seraient arrogants, présomptueux et têtus, qu'ils se révolteraient contre la loi divine et renieraient le seul vrai Dieu et notre Seigneur Jésus-Christ, n'ayant que mépris pour son sang et son expiation. Il vit les justes couronnés de gloire et d'honneur, tandis les méchants étaient éloignés de la présence de Dieu et consumés par le feu.

Hénok transmit fidèlement au peuple tout ce que le Seigneur lui avait révélé par l'Esprit de prophétie. Plusieurs crurent en ses paroles, et après s'être détournés de leurs iniquités, ils craignirent l'Eternel et l'adorèrent.

La translation d'Hénok

Hénok continua de croître spirituellement grâce à sa communion avec Dieu. Tandis qu'il instruisait ceux qui écoutaient ses paroles de sagesse, une sainte lumière rayonnait de son visage. A la vue de son aspect plein d'une dignité céleste, ses auditeurs étaient remplis de crainte. Le Seigneur aimait Hénok parce qu'il lui obéissait fidèlement, qu'il détestait l'iniquité, et qu'il recherchait sincèrement la connaissance d'en haut afin d'accomplir parfaitement sa volonté. Il désirait tisser des liens plus étroits avec le Très-Haut, qu'il craignait, respectait et adorait. Dieu ne voulait pas que ce saint homme mourût comme les autres humains. Aussi envoya-t-il des anges pour qu'il fût enlevé au ciel sans passer par la mort. En présence des justes et des méchants, Hénok fut donc enlevé du milieu d'eux. Croyant que le Seigneur l'avait laissé dans l'un de ses lieux de retraite, ceux qui l'aimaient allèrent à sa recherche ; mais après l'avoir vainement recherché, ils firent savoir qu'il n'était plus, car Dieu l'avait pris.

[57] Par la translation d'Hénok, Dieu entendait donner un enseignement de la plus haute importance : bien que descendants d'Adam, lequel avait péché, tous ceux qui acceptaient par la foi le sacrifice promis et obéissaient fidèlement à ses commandements seraient récompensés. Il est ici question de deux catégories de personnes qui devaient exister jusqu'à la seconde venue du Christ : les justes et les méchants, les rebelles et les fidèles. Dieu se souviendra des justes, qui le craignent. Au nom de son Fils bien-aimé, il les honorera et leur accordera la vie éternelle. Mais les méchants, qui méprisent son autorité, seront détruits et retranchés de la terre ; il en sera d'eux comme s'ils n'avaient jamais existé.

Puisque Adam avait perdu la condition de bonheur parfait qu'il avait connu, et qu'il était tombé dans le péché et le malheur, les humains risquaient de se décourager et de dire : "Il est inutile de servir Dieu. Nous avons obéi à ses ordres et nous avons participé à des cérémonies de deuil pour obtenir la faveur du Seigneur de l'univers, mais nous n'en avons tiré aucun profit" (Malachie 3 :14), car une grande malédiction pèse sur la race humaine et nous sommes tous voués à la mort. Mais les enseignements que le Seigneur donna à Adam, qui furent transmis par Seth et pleinement mis en lumière par Hénok, dissipèrent les ténèbres et redonnèrent espoir aux hommes, car, de même que la mort est venue par Adam, de même, la vie et l'immortalité seraient obtenues par Jésus, le Rédempteur promis.

Au temps d'Hénok, on fit savoir aux fidèles découragés que, bien que vivant dans un milieu corrompu qui affichait ouvertement sa rébellion contre le Créateur, ceux qui lui obéiraient et qui mettraient leur confiance dans le Sauveur promis, agissant avec droiture comme le saint homme Hénok, seraient approuvés de Dieu et finalement élevés jusqu'à son trône céleste.

En se séparant du monde et en passant la majeure partie de son temps dans la prière et la communion avec le Seigneur, Hénok représentait le peuple de Dieu fidèle des derniers jours qui se tiendra à l'écart du monde. L'iniquité des humains atteindra alors un degré effrayant. Ils se livreront à tous les penchants de leurs cœurs pervers et adopteront une philosophie trompeuse et hostile à l'autorité d'en haut. [58]

Les membres du peuple de Dieu renonceront aux coutumes impies de ceux qui les entourent et rechercheront la pureté des pensées et la conformité à sa sainte volonté jusqu'à ce que son image se reflète en eux. Comme Hénok, ils seront dans les conditions requises pour être transmués au ciel. Soucieux d'enseigner et d'avertir le monde, ils ne se conformeront pas à l'esprit et aux habitudes des incroyants, mais ils les condamneront par la sainteté de leur conduite et par l'exemple de leur piété. La translation d'Hénoc qui précéda de peu la destruction de l'humanité par le déluge préfigurait l'enlèvement de tous les justes vivants qui aura lieu avant la destruction de la terre par le feu. Alors, les saints seront glorifiés aux yeux de ceux qui les ont haïs à cause de leur obéissance fidèle aux saints commandements de Dieu. [59]

Chapitre 8 — Le déluge

Ce chapitre est basé sur Genèse 6 :7 ; 8 ; 9 :8-17.

Les descendants de Seth furent appelés les fils de Dieu, et les descendants de Caïn furent appelés les fils des hommes. Quand les fils de Dieu se mêlèrent aux filles des hommes, ils se corrompirent, et l'influence des femmes qu'ils choisirent pour épouses parmi eux leur fit perdre leur caractère saint et particulier, au point qu'ils se joignirent aux fils de Caïn pour se livrer à l'idolâtrie. Nombreux furent ceux qui abandonnèrent la crainte de l'Eternel et qui foulèrent aux pieds ses commandements. Cependant, une minorité d'entre eux pratiquèrent la justice, craignirent Dieu et le glorifièrent. Noé et sa famille étaient de ce nombre.

La perversité du genre humain était si profonde et si répandue que le Seigneur se repentit d'avoir créé l'homme sur la terre : "L'Eternel vit que la méchanceté des hommes était grande sur la terre, et que toutes les pensées de leur cœur se portaient chaque jour uniquement vers le mal" Genèse 6 :5, Segond.

Plus d'un siècle avant le déluge, Dieu envoya un ange auprès de Noé, le juste, pour lui faire savoir qu'il n'accorderait plus sa miséricorde à cette race corrompue. Le Seigneur ne voulait pas que les humains ignorent quel était son plan. Il donnerait ses instructions à Noé et ferait de lui un porte parole fidèle dont la mission serait d'avertir le monde de son imminente destruction, afin que les habitants de la terre soient sans excuse. Noé devait donc s'adresser au peuple, et par ailleurs, construire, selon les directives divines, une arche dans laquelle lui-même et sa famille trouveraient refuge. Il ne devait pas se contenter de prêcher : le fait qu'il était occupé à construire l'arche était destiné à convaincre les humains qu'il croyait ce qu'il prêchait.

Noé et sa famille n'étaient pas les seuls qui craignaient Dieu et obéissaient à sa parole. Mais Noé était l'homme le plus saint et le plus pieux de toute la terre. L'Eternel lui avait préservé la vie afin

[60]

qu'il exécute sa volonté en construisant l'arche et qu'il avertisse le monde du destin qui l'attendait. Matusalem, grand-père de Noé, vécut jusqu'à la dernière année qui précéda le déluge. D'autres personnes, qui acceptèrent le message de Noé et l'aidèrent à la construction de l'arche, moururent avant que les eaux du déluge ne recouvrent la terre. Par sa prédication et par l'exemple qu'il donna en construisant l'arche, Noé condamna le monde.

Dieu donna à tous les humains l'occasion de se repentir et de revenir à lui. Mais ils ne crurent pas au message de Noé. Ils se moquèrent de ses avertissements et tournèrent en ridicule la construction de cet énorme navire sur la terre sèche. Les efforts de cet homme de Dieu pour que ses contemporains changent de conduite aboutirent à un échec. Mais durant plus d'un siècle, il ne cessa de les exhorter à se repentir et à revenir à l'Eternel. Chaque coup de marteau qui retentissait sur le bois de l'arche était un appel adressé au peuple. Noé dirigeait les travaux, prêchait, travaillait, tandis que les gens regardaient avec étonnement et le considéraient comme un fanatique. [61]

La construction de l'arche

Dieu indiqua à Noé les dimensions exactes de l'arche et lui donna des directives précises touchant sa construction jusque dans les moindres détails. Comparable à un navire quant à sa carène, de manière à pouvoir flotter sur l'eau, il ressemblait à d'autres égards à une maison d'habitation. Les côtés de l'arche ne comportaient pas de fenêtres. Elle avait trois étages et la lumière y pénétrait par une fenêtre située à son sommet. La porte d'accès était sur l'un des côtés. Les compartiments du vaisseau destinés à abriter différents animaux étaient disposés de manière à être tous éclairés par la fenêtre du haut. Le matériau employé pour sa construction était le cyprès ou bois de gopher, capable de résister à l'usure du temps pendant des siècles. La sagesse humaine eût été incapable de concevoir un bâtiment d'une telle solidité. Dieu en fut l'architecte et Noé le maître d'œuvre.

Bien que Noé eût fait de son mieux pour exécuter le travail dans tous ses détails, il était inconcevable que l'arche puisse affronter le déchaînement de la colère de Dieu qui allait frapper la terre. La construction de l'arche fut un travail de longue haleine ; chaque pièce de bois fut soigneusement ajustée et tous les joints furent enduits de poix. Tout ce que les hommes avaient pu faire pour que l'œuvre réalisée soit parfaite avait été accompli. Mais seul — par sa puissance miraculeuse — le Très-Haut pouvait préserver le vaisseau des éléments en furie.

[62] Au début, nombreux furent ceux qui semblèrent prêter l'oreille aux avertissements de Noé, mais ils ne revinrent pas totalement à Dieu et ne se repentirent pas sincèrement. Le temps qui s'écoula avant le déluge mit leur foi à l'épreuve ; mais celle-ci ne résista pas à l'épreuve. Finalement, ils se laissèrent entraîner par la corruption générale et se joignirent aux êtres pervertis qui tournaient en dérision le saint homme Noé. Ils n'étaient pas décidés à abandonner leurs péchés, et continuèrent à pratiquer la polygamie et à se complaire dans leurs passions dégradantes.

Les jours de grâce étaient sur le point d'arriver à leur terme. Mais auparavant, les incrédules et les moqueurs devaient être témoins d'une manifestation particulière de la puissance divine. Noé s'étant strictement conformé aux instructions du Seigneur, la construction de l'arche fut terminée en plein accord avec ses directives et chargée d'une énorme provision de nourriture pour les hommes et les animaux. Après quoi, l'Eternel donna cet ordre au patriarche : "Entre dans l'arche, toi et toute ta famille, car j'ai constaté que tu es le seul parmi tes contemporains à m'être fidèle" Genèse 7 :1.

Les animaux entrent dans l'arche

Des anges furent envoyés dans les forêts et dans les champs pour rassembler les animaux que Dieu avait créés. On vit donc défiler, sous la conduite des anges, une foule d'animaux avançant deux par deux — mâles et femelles — ou par groupes de sept pour les animaux purs. Tous — depuis les plus féroces jusqu'aux plus inoffensifs — entrèrent paisiblement dans l'arche. Rempli d'oiseaux de toute espèce, le ciel s'obscurcit. Ces volatiles pénétrèrent dans l'arche, deux par deux, par couples, les oiseaux purs par groupes de sept. Les humains assistèrent à ce spectacle avec admiration, d'autres avec crainte ; mais la rébellion les avait tellement endurcis que cette éclatante manifestation de la puissance divine ne produisit [63] sur eux qu'une impression passagère. Sept jours durant, ces animaux continuèrent à entrer dans l'arche, où Noé les répartit dans les places qui leur avaient été réservées.

Pendant ce temps, l'humanité condamnée regarde avec admiration le soleil resplendissant de tous ses feux et la terre revêtue de sa beauté quasi-édénique. Alors, comme pour braver la colère divine, hommes et femmes cherchent à dissiper leurs craintes en se livrant à leurs divertissements tapageurs et à leurs actions de violence.

Tout était prêt pour que l'arche soit fermée, ce que Noé n'aurait pu faire de l'intérieur du vaisseau. La multitude des moqueurs aperçut bientôt un ange qui descendait du ciel, entouré d'une lumière aussi éblouissante que l'éclair. Après avoir fermé la lourde porte, l'ange reprit le chemin du ciel.

Sept jours durant, Noé et sa famille restèrent dans l'arche avant que la pluie ne commence à tomber. Ils en profitèrent pour préparer leur long séjour tandis que les eaux couvriraient la terre. Pendant ce temps, la multitude des incrédules se livraient avec joie à des blasphèmes. La prédiction de Noé ne s'étant pas réalisée aussitôt après son entrée dans l'arche, ils pensaient que celui-ci s'était trompé et que, de toute façon, il était impossible que le monde fût détruit par un déluge. D'ailleurs, il n'avait jamais plu jusque-là sur la terre ; une vapeur s'élevait au-dessus des eaux, que Dieu faisait redescendre pendant la nuit sous forme de rosée, qui redonnait vie à la végétation et la faisait croître.

Malgré l'intervention extraordinaire de la puissance divine — le défilé spectaculaire des animaux venus des forêts et des champs et pénétrant dans l'arche, et l'ange de Dieu revêtu de lumière et rayonnant d'une majesté redoutable venu du ciel pour en fermer la porte — les humains endurcirent leur cœur et continuèrent de plus belle à se divertir au mépris des manifestations de la Providence.

[64]

La tempête se déchaîne

Cependant, au huitième jour, le ciel s'obscurcit. Le tonnerre gronda et des éclairs sillonnèrent le ciel, terrifiant les hommes et les animaux. Les nuages commencèrent à répandre la pluie sur la terre. A ce spectacle sans précédent, ils ne tardèrent pas à être saisis de crainte. En proie à une folle terreur, les bêtes erraient en tous sens et, par leurs cris discordants, paraissaient gémir sur le sort qui les attendait, eux et les hommes. L'orage devint d'une violence telle que la pluie tombait du ciel comme de véritables cataractes. Les rivières débordèrent au point d'inonder les vallées. "Les sources du grand abîme jaillirent" Genèse 7 :11, Segond. Des trombes d'eau sortant du sein de la terre avec une force indescriptible projetèrent à cent et deux cents mètres de hauteur d'énormes rochers qui, en retombant, s'enfoncèrent dans le sol.

Les hommes constatèrent tout d'abord la destruction de l'ouvrage de leurs mains. Leurs somptueuses demeures, les jardins et les bosquets magnifiquement plantés, où ils avaient érigé leurs idoles, furent anéantis par la foudre qui en dispersa les débris. Ils avaient élevé des autels dans leurs parcs de verdure et les avaient consacrés à leurs idoles sur lesquels ils avaient offert des sacrifices humains. Ces autels que le Seigneur réprouvait furent renversés par sa colère sous leurs yeux, et ces adorateurs se mirent à trembler devant le pouvoir du Dieu vivant, qui a fait les cieux et la terre. Ils comprirent que c'étaient leurs abominations et leurs odieux sacrifices qui avaient causé leur destruction.

[65] La violence de l'orage grandit, et le bruit des éléments en furie s'unit aux lamentations des humains qui avaient méprisé l'autorité du Très-Haut. Arbres, constructions, rochers et bancs de terre étaient projetés dans toutes les directions. La frayeur des hommes et des bêtes était indescriptible. Satan lui-même, qui n'avait pu échapper aux éléments déchaînés, tremblait pour sa vie. Après s'être réjoui de pouvoir tenir sous sa coupe une race aussi puissante, et désiré voir les hommes se livrer à leurs abominations et se révolter toujours plus contre le Dieu du ciel, il se répandit en imprécations contre lui, l'accusant d'injustice et de cruauté. Parmi le peuple, nombreux furent ceux qui, comme Satan, blasphémèrent le Très-Haut, et, s'ils avaient pu faire aboutir leur révolte, l'auraient volontiers chassé de son trône d'équité.

Tandis que les uns maudissaient et blasphémaient leur Créateur, d'autres, fous de peur, tendaient les mains vers l'arche, en suppliant qu'on leur permette d'y entrer. Mais c'était impossible. Dieu en avait fermé la porte, qui était la seule voie d'accès. Noé était à l'intérieur de l'arche ; les impies étaient dehors, et le Seigneur seul pouvait ouvrir la porte. Leur angoisse et leur repentir se manifestaient trop tard. Ils étaient contraints de reconnaître l'existence d'un Dieu vivant et plus puissant que l'homme, d'un Dieu qu'ils avaient méprisé et blasphémé. Ils faisaient monter vers lui leurs supplications, mais ses oreilles étaient fermées à leurs cris. Dans leur désespoir, certains essayèrent de pénétrer de force dans l'arche, mais la solidité du vaisseau résistait à tous leurs efforts. D'autres se cramponnèrent à la coque jusqu'à ce qu'ils soient emportés par les flots en furie ou sous le choc des rochers et des arbres projetés en tous sens.

Ceux qui avaient pris à la légère le message de Noé et qui s'étaient moqué de ce prédicateur de la justice regrettèrent trop tard leur incrédulité. L'arche était secouée et ballottée par les vagues. A l'intérieur, les animaux manifestaient leur grande frayeur par toutes sortes de cris. Cependant, le vaisseau n'en continuait pas moins sa route au milieu des éléments déchaînés, de la force des vagues et en dépit des arbres et des rochers bousculés par les eaux. Des anges puissants avaient mission de guider l'arche et de la protéger. Pendant les quarante jours et les quarante nuits que dura cette violente tempête, le vaisseau fut constamment préservé par un miracle de la toute-puissance.

[66]

Menacés par la tempête, les animaux accouraient auprès des humains, comme pour chercher refuge auprès d'eux. Plusieurs, parmi le peuple, s'attachèrent, eux et leurs enfants, sur certains animaux particulièrement robustes, dotés d'un grand instinct de conservation, dans l'espoir qu'ils atteindraient certains points élevés du globe, et qu'ils échapperaient ainsi à la montée des eaux. Mais, loin de se calmer, la tempête continua de plus belle et les eaux montèrent plus vite que jamais. D'autres escaladèrent les hauteurs, croyant trouver refuge au sommet des arbres de haute taille. Mais ces arbres furent déracinés et projetés, avec des pierres et de la terre, au milieu des vagues écumantes. Sur des points particulièrement élevés, hommes et bêtes se disputaient une parcelle de terre ferme jusqu'à ce qu'ils soient emportés par les vagues déferlantes, qui atteignaient presque les plus hautes cimes. Finalement, ces cimes elles-mêmes furent atteintes par les eaux du déluge qui engloutirent les hommes et les bêtes.

Noé et sa famille étaient impatients de voir la décrue des eaux. Ils désiraient vivement se retrouver sur la terre ferme. Noé lâcha un corbeau qui se contenta de voler autour de l'arche. N'ayant pas obtenu l'information souhaitée, le patriarche lâcha une colombe qui, n'ayant pas trouvé de quoi se poser, revint à son point de départ. Sept jours plus tard, la colombe fut lâchée de nouveau, et quand elle revint, portant dans son bec une feuille d'olivier, les huit passagers qui étaient restés si longtemps dans l'arche se réjouirent.

[67]

Puis un ange descendit du ciel et ouvrit la porte du vaisseau. Noé pouvait ouvrir la fenêtre qui se trouvait sur le toit, mais il ne pouvait pas ouvrir la porte, que Dieu avait fermée. L'Eternel s'adressa à Noé par l'intermédiaire de l'ange qui avait ouvert la porte, et l'invita, lui et sa famille, à quitter l'arche, et à faire sortir avec eux tous les animaux qui s'y trouvaient.

Le sacrifice de Noé et la promesse de Dieu

Noé n'oublia pas le Très-Haut qui, dans sa bonté, les avait protégés. Désireux de lui témoigner sa gratitude pour sa merveilleuse sollicitude, il bâtit l'autel sur lequel il offrit en holocauste toute espèce d'animaux et d'oiseaux purs, montrant ainsi sa foi dans le grand sacrifice du Christ. L'offrande de Noé fut en agréable odeur à l'Eternel qui agréa cet holocauste et le bénit, lui et les siens. Le patriarche donna ainsi une leçon destinée à toutes les générations futures : chaque manifestation de la miséricorde et de l'amour de Dieu à l'égard des humains devrait les inciter avant tout à lui rendre grâces et à l'adorer dans l'humilité.

Afin que les humains ne soient pas terrorisés à la vue de l'amoncellement des nuages et de la pluie, et qu'ils ne redoutent pas un autre déluge, le Seigneur fit à la famille de Noé cette promesse encourageante : "Voici à quoi je m'engage : Jamais plus la grande inondation ne supprimera la vie sur terre. Et Dieu ajouta : 'Voici le signe que je m'y engage envers vous et envers tout être vivant, aussi longtemps qu'il y aura des hommes : Je place mon arc dans les nuages; il sera le signe qui rappellera l'engagement que j'ai pris à l'égard de la terre. Chaque fois que j'accumulerai des nuages au-dessus de la terre et que l'arc-en-ciel apparaîtra, je penserai à

[68]

l'engagement que j'ai pris envers vous et envers toutes les espèces d'animaux : il n'y aura jamais plus de grande inondation pour anéantir la vie. Je ferai paraître l'arc-en-ciel, et je penserai à l'engagement éternel que j'ai pris à l'égard de toutes les espèces vivantes de la terre'" Genèse 9 :11-16.

Quelle sollicitude de la part de Dieu ! Quelle compassion envers l'homme pécheur d'avoir ainsi prévu de faire apparaître au milieu des nuages ce magnifique arc-en-ciel multicolore, signe de son alliance avec les humains ! Cet arc-en-ciel devait aussi rappeler aux générations successives que l'Eternel détruisit les habitants de la terre par un déluge, à cause de leur grande perversité. Il entrait dans ses desseins que lorsque les enfants des générations à venir interrogeraient leurs parents sur la signification de ce glorieux arc-en-ciel, ceux-ci puissent leur dire que l'ancien monde fut exterminé par un déluge parce que les hommes se livrèrent à toute sorte de méchanceté, et que le Tout-Puissant a placé cet arc dans les cieux pour rappeler que la terre entière ne serait jamais plus envahie par les eaux.

Ce signe dans le ciel est destiné à affermir la foi de tous et à fortifier leur confiance en Dieu. C'est une marque de sa miséricorde et de sa bonté envers ses créatures. Si le Seigneur a été amené à détruire l'humanité par le déluge, sa sollicitude n'en continue pas moins à englober la terre. Selon sa parole, lorsqu'il voit l'arc dans la nue, il se souvient de l'homme. Cela ne signifie pas qu'il risquerait sans cela d'oublier ses promesses, mais il utilise notre propre langage pour que nous puissions mieux le comprendre. [69]

Chapitre 9 — La tour de Babel

Ce chapitre est basé sur Genèse 11 :1-9.

Certains des descendants de Noé commencèrent à se détourner de Dieu. Plusieurs suivirent l'exemple du patriarche et obéirent aux commandements de l'Eternel ; d'autres, qui se montrèrent incrédules et rebelles, étaient par ailleurs en désaccord sur la signification du déluge. Les uns niaient l'existence de Dieu et attribuaient le déluge à des causes naturelles. Les autres croyaient que Dieu avait détruit les antédiluviens par le déluge, et ils se révoltaient contre lui à cause de cette extermination, et parce que la terre avait été maudite pour la troisième fois par ce cataclysme.

Les ennemis de Dieu se sentaient journellement condamnés par la bonne conduite et la vie sainte de ceux qui l'aimaient, lui obéissaient et le glorifiaient. Après s'être concertés, les incrédules décidèrent de se séparer des fidèles, dont la vie de droiture était incompatible avec leur conduite relâchée. Ils s'en éloignèrent donc à une distance respectable et choisirent une vaste plaine où ils s'installèrent. Après avoir construit une ville, ils eurent l'idée d'édifier une grande tour dont le sommet atteindrait le ciel, afin de pouvoir habiter dans la ville et dans la tour, et de ne plus être dispersés.

[70] Désireux de se prémunir contre un autre cataclysme, ils voulaient édifier une tour dont la hauteur dépasserait de beaucoup le niveau que les eaux avaient atteint lors du déluge, si bien que le monde les honorerait comme s'ils étaient des dieux et qu'ils auraient la haute main sur le peuple. Cette construction fut réalisée de manière à glorifier ceux qui l'avaient conçue, détournant ainsi du Créateur les habitants de la terre et les incitant à se livrer à l'idolâtrie. Avant même que l'édifice ne soit achevé, la tour fut habitée. Elle comportait des pièces richement meublées et ornées qui étaient dédiées aux idoles. Ceux qui ne croyaient pas en l'Eternel s'imaginaient que si la tour pouvait atteindre jusqu'au ciel, ils pourraient connaître ainsi la cause du déluge.

Ces incrédules étaient en révolte contre Dieu. Mais le Seigneur ne permettrait pas que ces hommes achèvent leur ouvrage. La tour avait déjà atteint une hauteur impressionnante quand le Seigneur envoya deux anges pour faire obstacle à leurs travaux. Les choses avaient été organisées de telle sorte que les ouvriers qui travaillaient au sommet transmettaient leur demande de matériel à d'autres qui se trouvaient à l'étage au-dessous, lesquels la transmettaient à ceux qui se tenaient à l'étage inférieur, et ainsi de suite, jusqu'à ce que la demande parvienne à ceux qui étaient au niveau du sol. Or, c'est au moment où ce genre de message était transmis d'un étage à l'autre que les anges confondirent leur langage, de sorte que, parvenu aux ouvriers qui étaient postés au sol, la demande ne correspondait pas du tout à celle qui avait été formulée par ceux qui étaient au sommet de l'édifice. Mécontents et irrités, ces ouvriers se mirent à accuser ceux qu'ils croyaient responsables d'un tel malentendu.

Sur ce, leur travail fut complètement désorganisé. Furieux les uns contre les autres, et incapables d'expliquer pourquoi ils n'arrivaient plus à se comprendre, ces hommes se séparèrent et se dispersèrent sur la face de la terre. Jusque-là, les humains n'avaient parlé qu'une seule et même langue. [71]

Finalement, pour manifester la colère divine, la foudre tomba sur le sommet de la tour et la précipita sur le sol. Ainsi, l'Eternel montra sa souveraineté à l'homme rebelle. [72]

Chapitre 10 — Abraham et la postérité promise

Ce chapitre est basé sur Genèse 12 :1-5 ; 13 ; 15 ; 16 ; 17 ; 21 ; 22 :1-19.

Le Seigneur choisit Abraham pour qu'il accomplisse sa volonté. Il lui ordonna de quitter le pays idolâtre qu'il habitait et de se séparer de sa famille. Il s'était révélé à Abraham dans sa jeunesse et l'avait instruit de manière à le préserver de l'idolâtrie. Le Très-Haut désirait faire de lui un modèle de foi et de piété pour son peuple qui devait vivre ici-bas. Cet homme était intègre, généreux et hospitalier. Comme un prince puissant au milieu de ses sujets, il inspirait le respect. Sa révérence et son amour envers Dieu, ainsi que sa fidèle obéissance à sa volonté lui attiraient l'estime de ses serviteurs et de ses voisins. L'exemple de piété et de droiture et les instructions qu'il donnait à ses gens de maison et à toute sa famille les incitaient à craindre le Dieu d'Abraham, à l'aimer et à le respecter.

Le Seigneur apparut à Abraham et lui promit que sa postérité serait aussi nombreuse que les étoiles du ciel. Il lui fit aussi savoir, au moyen d'une profonde et terrible obscurité dans laquelle il fut plongé, quel long et pénible esclavage ses descendants souffriraient en Egypte.

Aux origines, Dieu donna à Adam une seule femme, lui montrant ainsi quel était son plan. Il n'entrait nullement dans ses desseins que [73] l'homme ait plusieurs femmes. Lémek fut le premier à s'écarter de cette disposition divine empreinte de sagesse. Cet homme eut deux femmes, ce qui fut une cause de discorde dans sa famille. L'envie et la jalousie de ces deux épouses le rendit vraiment malheureux. Quand les humains commencèrent à se multiplier sur la face de la terre et que des filles virent le jour, ils en prirent pour femmes parmi toutes celles qu'ils choisirent. Tel fut l'un des grands péchés des antédiluviens qui attirèrent sur eux la colère divine. Cette coutume se perpétua après le déluge et devint si courante que même des hommes justes l'adoptèrent : ils eurent, eux aussi, plusieurs femmes. Mais ce n'en était pas moins un péché, car ces hommes se corrompirent et s'écartèrent en cela du plan de Dieu.

Le Seigneur dit à Noé et à sa famille qui trouvèrent refuge dans l'arche : "J'ai constaté que tu es le seul parmi tes contemporains à m'être fidèle" Genèse 7 :1. Noé n'avait qu'une seule épouse, et la discipline de leur unité familiale était bénie par Dieu. C'est parce que les fils de Noé étaient justes qu'ils furent admis dans l'arche au même titre que leur père. L'Eternel n'a jamais approuvé la polygamie. Elle est contraire à sa volonté, et il savait qu'une telle pratique détruirait le bonheur de l'homme. La paix d'Abraham fut grandement troublée à cause de son union avec Agar.

Incrédulié à l'égard des promesses divines

Après qu'Abraham se fut séparé de Lot, le Seigneur lui dit : "Porte ton regard depuis le lieu où tu es, vers le nord et vers le sud, vers l'est et vers l'ouest. Tout le pays que tu vois, je le donnerai à toi et à tes descendants pour toujours. Je rendrai tes descendants si nombreux que personne ne pourra les compter, pas plus qu'on ne peut compter les grains de poussière sur le sol. ... Le Seigneur apparut à Abram et lui dit : N'aie pas peur, Abram ! Je suis ton protecteur et je te donnerai une grande récompense. Abram répondit : Seigneur mon Dieu, à quoi bon me donner quelque chose ? Je suis sans enfant, tu ne m'as pas accordé de descendant. Mon héritier, celui qui recevra mes biens, c'est Eliézer de Damas, un de mes domestiques" Genèse 13 :14-16 ; 15 :1-3.

Puisque Abraham n'avait pas de fils, il avait tout d'abord pensé qu'Eliézer, son fidèle serviteur, deviendrait son fils adoptif et son héritier. Le Seigneur fit alors savoir à Abraham que ce serviteur ne serait pas son fils ni son héritier, mais qu'il aurait un fils de sa propre chair. "Puis il (le Seigneur) fit sortir Abram de sa tente et lui dit : Regarde le ciel et compte les étoiles si tu le peux. Et il ajouta : Comme elles, tes descendants seront innombrables." Genèse 15 :5.

Si Abraham et Sara avaient attendu avec confiance que la promesse d'avoir un fils se réalise, ils se seraient évité bien des soucis. Ils croyaient que la promesse divine était certaine, mais ils ne pouvaient pas croire que Sara, vu son âge, puisse avoir un fils. Sara suggéra alors à son mari de recourir à un moyen qui, selon elle, permettrait à la promesse de Dieu de se réaliser, et elle supplia Abraham de prendre Agar comme épouse. En cela, ils manquèrent l'un et l'autre de totale confiance en la puissance de Dieu. Du fait qu'il écouta Sara et qu'il prit Agar comme épouse, Abraham échoua dans l'épreuve de foi en la puissance illimitée du Seigneur à laquelle il avait été soumis, et il en résulta pour lui et pour Sara bien des souffrances morales. Dieu voulait éprouver la confiance du patriarche dans les promesses qui lui avaient été faites.

[75]

L'arrogance d'Agar

Agar devint hautaine, présomptueuse, et traita sa maîtresse avec mépris. Elle était fière à l'idée de devenir la mère du peuple nombreux que Dieu avait promis à Abraham. Celui-ci dut écouter les plaintes de Sara au sujet du comportement d'Agar, et il se vit reprocher d'avoir mal agi. Attristé, Abraham dit à Sara qu'Agar étant sa servante, elle était en son pouvoir, mais que pour sa part, il refusait de la renvoyer, car elle devait donner le jour à son enfant, celui par qui la promesse devait s'accomplir. Et il ajouta qu'il n'aurait pas pris Agar pour épouse si Sara elle-même ne le lui avait pas instamment demandé.

Abraham dut à nouveau écouter les récriminations de Sara à propos de l'attitude de dénigrement de sa servante, ce qui le plongea dans la perplexité. S'il essayait de corriger les fautes d'Agar, il ne ferait qu'augmenter la jalousie et le mécontentement de Sara, sa première épouse, qu'il aimait profondément. De son coté, Agar décida de s'enfuir loin de sa maîtresse. Mais un ange de l'Eternel lui apparut d'abord pour la réconforter, ensuite pour lui reprocher son arrogance et pour l'engager à retourner auprès de sa maîtresse et à se soumettre à elle.

Après la naissance d'Ismaël, le Seigneur se révéla de nouveau à Abraham, et lui dit : "Je maintiendrai mon alliance avec toi, puis, après toi, avec tes descendants, de génération en génération, pour toujours" Genèse 17 :7. Ainsi, l'Eternel réitéra, par l'intermédiaire de son ange, la promesse selon laquelle Sara aurait un fils, et qu'elle deviendrait la mère de beaucoup de nations verset 6. Mais Abraham ne comprenait pas encore le sens de cette promesse divine. Pour l'heure, sa pensée était fixée sur Ismaël, comme si, de ce dernier, naîtraient les nombreuses nations promises. Le patriarche s'écria, dans un élan d'affection pour ce fils : "Pourvu qu'Ismaël vive et que tu t'intéresses à lui, je n'en demande pas plus" Genèse 17 :18.

Cependant, la promesse fut rappelée de manière formelle à Abraham : "Certainement Sara, ta femme, t'enfantera un fils ; et tu l'appelleras du nom d'Isaac. J'établirai mon alliance avec lui comme une alliance perpétuelle" Genèse 17 :19, Segond. Des anges furent envoyés une deuxième fois auprès d'Abraham, tandis qu'ils se rendaient à Sodome pour détruire cette ville, et ils rappelèrent de façon plus précise encore la promesse selon laquelle Sara aurait un fils.

Le fils promis

La naissance d'Isaac, qui remplit de joie Abraham et Sara, rendit Agar profondément jalouse. Ismaël avait appris par sa mère qu'il serait particulièrement béni de Dieu, en tant que fils d'Abraham, et qu'il deviendrait l'héritier promis. Ismaël partagea les sentiments de sa mère et fut irrité de voir la joie manifestée lors de la naissance d'Isaac. Il le méprisa, car il crut qu'on lui préférait Isaac. En voyant les sentiments qu'Ismaël manifestait à l'égard de son fils Isaac, Sara fut douloureusement affectée. Elle fit part à Abraham de l'attitude méprisante d'Ismaël à son égard et à l'égard d'Isaac, et lui dit : "Chasse cette esclave et son fils. Celui-ci ne doit pas hériter avec mon fils Isaac" Genèse 21 :10.

Le patriarche fut profondément affligé par cette demande. Après tout, Ismaël était son fils ; il l'aimait. Comment pourrait-il s'en séparer ? Totalement désemparé, il implora l'aide de Dieu. Et le Seigneur lui dit, par l'intermédiaire de ses anges, d'accéder à la demande de Sara, sa femme, et de ne pas permettre que ses sentiments pour son fils ou pour Agar l'en empêchent. C'était du reste le seul moyen de rétablir l'harmonie et le bonheur dans sa famille. L'ange ajoutait une promesse réconfortante : bien que séparé de la maison de son père, Ismaël ne mourrait pas et ne serait pas abandonné de Dieu ; il serait protégé parce qu'il était fils d'Abraham, et il deviendrait le père d'une grande nation.

Abraham fit preuve de grandeur d'âme et de bienveillance lorsqu'il intercéda avec ardeur en faveur des habitants de Sodome. Son caractère fort souffrit beaucoup. Il fut accablé de tristesse et ses sentiments de père furent profondément affectés lorsqu'il dut renvoyer Agar et son fils Ismaël désormais condamnés à errer comme des étrangers en terre inconnue.

Si Dieu avait approuvé la polygamie, il n'aurait pas dit à Abraham de renvoyer Agar et son fils. Le Seigneur nous enseigne par là une leçon, à savoir que les droits et le bonheur conjugaux doivent toujours être respectés et sauvegardés, fût-ce au prix d'un grand sacrifice. Sara étant la première — et donc la seule femme légitime — d'Abraham, elle possédait des droits exclusifs d'épouse et de mère au sein de sa famille. Elle respectait son mari, l'appelait son seigneur, mais se refusait à partager ses affections avec Agar. Dieu ne la blâma pas de son comportement. En revanche, les anges reprochèrent à Abraham d'avoir douté de la puissance de Dieu, d'avoir pris Agar pour femme et d'avoir espéré que par elle la promesse divine s'accomplirait.

L'épreuve suprême de la foi

[78] Puis le Seigneur jugea bon de tester la foi d'Abraham en le soumettant à une redoutable épreuve. S'il avait passé avec succès le premier test, en attendant patiemment que la promesse soit accomplie en faveur de Sara, et s'il n'était pas allé auprès d'Agar, il n'aurait pas été nécessaire qu'il soit soumis à l'épreuve la plus sévère qui ait jamais été imposée à l'homme. Dieu dit à Abraham : "Prends ton fils Isaac, ton fils unique que tu aimes tant, va dans le pays de Moria, sur une montagne que je t'indiquerai, et là offre-le moi en sacrifice" Genèse 22 :2.

Abraham ne douta pas et n'hésita pas ; de bon matin, il prit deux de ses serviteurs et Isaac, son fils, se munit de bois pour l'holocauste, et se dirigea vers l'endroit que le Seigneur lui avait indiqué. Sachant que l'affection de Sara pour son fils la conduirait à douter de Dieu et à retenir Isaac, Abraham ne révéla pas à son épouse le véritable motif de son voyage. De son côté, le patriarche ne permit pas à ses sentiments paternels de le dominer et de le conduire à se révolter contre Dieu. Pourtant, l'ordre divin fut formulé en des termes qui étaient de nature à le troubler au plus profond de son âme. "Prends ton fils". Puis, comme pour sensibiliser son cœur un peu plus, le Seigneur ajouta : "Ton fils unique que tu aimes tant, Isaac" ; autrement dit, le seul fils de la promesse, "et offre-le moi en sacrifice".

Trois jours durant, ce père marcha avec son fils ; il eut donc suffisamment de temps pour réfléchir et pour douter finalement de Dieu s'il y avait été enclin. Mais la foi du patriarche ne faiblit pas. Il ne lui vint pas à l'esprit que la promesse pourrait être accomplie par Ismaël, car l'Eternel lui avait dit clairement qu'elle le serait par Isaac.

Abraham croyait qu'Isaac était le fils de la promesse. Par ailleurs, il savait que Dieu avait été très explicite lorsqu'il lui avait dit de l'offrir en holocauste. Il ne douta pas de la promesse divine, mais il crut que le Seigneur qui, dans sa providence, avait donné un fils à Sara dans sa vieillesse, et qui lui demandait maintenant de sacrifier la vie de ce fils, pouvait redonner vie à Isaac et le ramener d'entre les morts.

Abraham laissa les serviteurs au bord du chemin, car il se proposait de s'éloigner à quelque distance pour adorer avec son fils. Il ne voulait pas que ces serviteurs les accompagnent de peur que, par affection pour Isaac, ils ne s'opposent à ce que l'Eternel avait ordonné de faire. Il prit donc le bois de leurs mains, et le chargea sur les épaules de son fils. Il prit aussi le feu et le couteau. Le saint homme s'apprêtait donc à accomplir la terrible mission que Dieu lui avait confiée. Père et fils marchèrent tous deux ensemble.

"Isaac s'adressa à son père, Abraham. Celui-ci répondit : Oui, je t'écoute, mon fils. Nous avons le feu et le bois, dit Isaac, mais où est l'agneau pour le sacrifice ? Abraham répondit : Mon fils, Dieu veillera lui-même à procurer l'agneau. Ils continuèrent d'avancer ensemble" Genèse 22 :7, 8.

A la fois décidé, grave, aimant et affligé, le père avançait aux côtés de son fils. Lorsqu'ils arrivèrent à l'endroit que Dieu avait indiqué, Abraham construisit un autel, et y disposa le bois pour le sacrifice. Alors, il fit part à Isaac de l'ordre que l'Eternel lui avait donné : l'offrir en holocauste. Il lui rappela la promesse que le Seigneur lui avait faite à plusieurs reprises, à savoir qu'Isaac deviendrait une grande nation, et que si le patriarche obéissait à l'ordre divin de sacrifier son fils, le Très-Haut accomplirait sa promesse, car il avait le pouvoir de le ressusciter des morts.

Le message de l'ange

[80] Isaac crut en Dieu. Dès son enfance, il avait appris à obéir aveuglément à son père ; de plus, il aimait et révérait le Dieu de son père. En la circonstance, il aurait pu, s'il l'avait voulu, s'opposer à la volonté d'Abraham. Mais après l'avoir embrassé affectueusement, le jeune homme accepta d'être attaché sur le bois. "Il (Abraham) saisit alors le couteau pour égorger son fils, mais l'ange du Seigneur l'appela du ciel : Abraham, Abraham ! Oui, répondit Abraham, je t'écoute. Le Seigneur reprit : Epargne l'enfant, ne lui fais aucun mal. Je sais maintenant que tu respectes mon autorité ; tu ne m'as pas refusé ton fils unique. Abraham aperçut alors un bélier retenu par les cornes dans un buisson. Il alla le prendre et l'offrit en sacrifice à la place de son fils" Genèse 22 :10-13.

Ainsi, Abraham avait passé victorieusement l'épreuve, et sa fidélité avait réparé son manque de foi totale en Dieu, ce qui l'avait poussé à prendre Agar comme épouse. Après cette manifestation de foi et de confiance, le Seigneur lui réitéra une fois encore sa promesse : "Du ciel l'ange du Seigneur appela Abraham une seconde fois et lui dit : Le Seigneur déclare ceci : Parce que tu as agi ainsi et que tu ne m'as pas refusé ton fils unique, je jure de te bénir en rendant tes descendants aussi nombreux que les étoiles dans le ciel ou les grains de sable au bord de la mer. Tes descendants s'empareront des cités de leurs ennemis. A travers eux je bénirai toutes les nations

[81] de la terre parce que tu as obéi à mes ordres." Genèse 22 :15-18.

Chapitre 11 — Le mariage d'Isaac

Ce chapitre est basé sur Genèse 24.

Les habitants de Canaan étaient des idolâtres ; aussi le Seigneur avait-il défendu à son peuple de contracter mariage avec eux, de peur qu'il ne soit entraîné dans l'idolâtrie. Abraham était âgé, et il s'attendait à mourir sous peu. Quant à Isaac, il n'était pas encore marié. Abraham était inquiet à cause du milieu corrompu dans lequel Isaac vivait, et il était désireux de lui choisir une épouse qui ne l'éloignerait pas de Dieu. Il en confia le soin à son fidèle et expérimenté serviteur qui administrait tous ses biens.

Abraham demanda donc à ce serviteur de lui promettre solennellement devant le Seigneur qu'il ne choisirait pas pour Isaac une épouse parmi les Cananéens, mais qu'il dirigerait ses recherches parmi la parenté d'Abraham dont les membres croyaient au vrai Dieu. Il lui dit de prendre garde de ne pas conduire Isaac dans le pays d'où il venait, car les habitants s'adonnaient presque tous à l'idolâtrie. S'il ne pouvait pas trouver pour Isaac une jeune fille qui consente à quitter sa famille et à venir habiter là où Isaac et les siens résidaient, le serviteur serait délié de sa promesse.

Cette importante question ne fut pas laissée au loisir d'Isaac, sans que son père soit consulté. Abraham dit à son serviteur que le Seigneur enverrait un ange devant lui pour le diriger dans son choix. Chargé de cette mission, le serviteur partit pour un long voyage. Tandis qu'il entrait dans la ville où habitait la parenté d'Abraham, il pria Dieu avec ferveur pour qu'il l'inspire dans le choix d'une épouse pour Isaac, et il demanda un signe, afin qu'il ne commette pas d'erreur. Il s'était arrêté pour se reposer près d'un puits, qui était un endroit où l'on rencontrait un grand nombre de personnes. Là, son attention fut attirée par l'amabilité et l'empressement d'une jeune fille nommée Rébecca. Et il vit aussitôt en elle le signe qu'il avait demandé à Dieu : c'était manifestement elle que l'Eternel destinait comme épouse pour Isaac. Puis Rébecca invita le serviteur dans la

[82]

maison de son père. Et le serviteur raconta au père et au frère de Rébecca comment le Seigneur lui avait montré que celle-ci était destinée à devenir l'épouse d'Isaac, le fils de son maître.

Le serviteur d'Abraham leur dit : "Maintenant, dites-moi si vous êtes disposés à agir avec bienveillance et fidélité envers mon maître. Sinon je m'en irai ailleurs. Laban et Betouel répondirent : C'est le Seigneur qui a dirigé ces événements. Nous n'avons pas à en discuter. Rébecca est là, devant toi. Emmène-la avec toi. Qu'elle devienne la femme du fils de ton maître, comme le Seigneur l'a dit. Quand le serviteur d'Abraham entendit ces paroles, il remercia le Seigneur en s'inclinant jusqu'à terre" Genèse 24 :49-52.

Après que tout fut arrangé, et que le consentement du père et du frère fut obtenu, on demanda à Rébecca si elle était disposée à partir avec le serviteur d'Abraham dans une contrée éloignée pour devenir le femme d'Isaac. "Oui, répondit-elle".

A cette époque, les questions matrimoniales étaient généralement réglées par les parents. Cependant, on ne contraignait pas les intéressés à épouser une personne qu'ils n'aimaient pas. Mais les affections des jeunes étaient dirigées par le jugement mûri des parents. Ils suivaient leurs conseils et portaient leur affection sur celui ou celle que leurs parents, qui craignaient Dieu et avaient de l'expérience, avaient choisi pour eux. Refuser de tenir compte de leur avis était considéré comme un délit.

Un exemple d'obéissance filiale

Isaac avait été élevé dans la crainte de l'Eternel et avait appris à vivre dans l'obéissance. Agé de quarante ans, il consentit à ce que le serviteur de son père, qui craignait Dieu et avait de l'expérience, choisisse pour lui. Isaac croyait que le Seigneur dirigerait ce serviteur pour qu'il trouve la femme qui lui était destinée.

L'histoire d'Isaac nous a été rapportée à titre d'exemple, pour que les enfants des générations à venir le suive, notamment ceux qui professent craindre l'Eternel.

L'éducation qu'Abraham donna à son fils Isaac, et qui permit à celui-ci de pratiquer une vie d'obéissance inspirée par des sentiments nobles, a été consignée dans les Ecritures à l'intention des parents, qui doivent diriger leur famille de manière que leur exemple soit suivi. Ils doivent apprendre à leurs enfants à respecter leur autorité et à s'y soumettre. Ils doivent prendre conscience de la responsabilité qui repose sur eux et qui consiste à diriger les affections de leurs enfants, afin qu'éclairées par leur jugement, celles-ci se portent sur des personnes susceptibles de devenir de bons conjoints pour leurs fils et leurs filles.

[84]

Chapitre 12 — Jacob et Esaü

Ce chapitre est basé sur Genèse 25 :19-34 ; 27 :1-32.

Dieu connaît la fin dès le commencement. Il savait donc, avant même leur naissance, quel serait le caractère de Jacob et d'Esaü. Il savait qu'Esaü n'aurait pas un cœur enclin à lui obéir. Le Seigneur répondit à la prière angoissée de Rébecca et lui annonça qu'elle aurait deux enfants, dont l'aîné serait assujetti au plus jeune. Il lui prédit l'avenir de ses deux fils, à savoir qu'ils seraient à l'origine de deux peuples, dont l'un serait plus fort que l'autre, et que le plus grand serait dominé par le plus petit. Le premier-né bénéficiait d'avantages et de privilèges particuliers dont ne jouissaient pas les autres membres de la famille.

Isaac aimait Esaü plus que Jacob, parce qu'Esaü lui procurait du gibier. Il admirait le courage et l'audace avec lesquels ce fils chassait les animaux sauvages. Jacob, lui, était le préféré de sa mère, parce que sa douceur convenait mieux à son cœur de femme. Elle avait appris à Jacob ce que Dieu lui avait fait savoir : que l'aîné de ses deux fils serait soumis au plus jeune. Or, dans l'esprit du jeune Jacob, cela signifiait que cette promesse ne pouvait pas se réaliser aussi longtemps qu'Esaü possédait les privilèges qui appartenaient de droit au premier-né. Un jour qu'Esaü revenait des champs, très affamé, Jacob profita de l'occasion pour en tirer avantage : il consentirait à lui offrir du potage aux lentilles qu'il avait préparé à condition qu'Esaü renonce totalement à ses droits. C'est ainsi qu'Esaü vendit son droit d'aînesse à Jacob.

Esaü épousa deux femmes idolâtres, ce qui fut une cause de profonde tristesse pour Isaac et Rébecca. Malgré cela, Jacob préférait Esaü à Jacob. Quand il vit sa fin approcher, il demanda à Esaü de lui préparer un plat de viande, afin qu'il puisse le bénir avant de mourir. Esaü n'avait pas dit à son père qu'il avait vendu sous serment son droit d'aînesse à Jacob. De son côté, Rébecca avait entendu ce qu'Isaac avait demandé à Esaü, et elle se souvint des paroles du

Seigneur : "L'aîné servira le plus jeune" Genèse 25 :23. Par ailleurs, elle savait qu'Esaü avait fait bon marché de son droit d'aînesse et qu'il l'avait vendu à Jacob. Elle persuada celui-ci de tromper son père et, en usant de supercherie, de recevoir la bénédiction de son père qu'elle ne croyait pas pouvoir obtenir par un autre moyen. Jacob se montra tout d'abord réticent à l'idée de commettre cette tromperie. Mais finalement, il accepta le plan de sa mère.

Rébecca connaissait bien les préférences d'Isaac pour Esaü, et elle savait qu'aucun raisonnement n'y changerait rien. Loin de se confier en Dieu, qui dirige les événements, elle montra son manque de foi en persuadant Jacob de tromper son père. Sur ce point, le Seigneur n'approuva pas Jacob. Rébecca et Jacob auraient dû attendre que Dieu accomplisse ses desseins à sa manière et au moment qu'il jugeait opportun, au lieu de forcer le cours des événements en recourant à une tromperie.

Si Esaü avait reçu la bénédiction de son père, qui était accordée au premier-né, sa prospérité serait venue de Dieu seul, et le ciel aurait pu lui donner soit la prospérité, soit l'adversité, selon sa conduite. S'il avait aimé et respecté Dieu, comme Abel, le juste, il aurait été agréé et béni du Seigneur. Mais si, comme le méchant Caïn, il n'avait pas respecté Dieu ni ses commandements, et s'il avait suivi ses mauvaises voies, il n'aurait pas été béni du Très-Haut et aurait été rejeté de lui, comme Caïn. Si la conduite de Jacob était digne, s'il aimait et craignait Dieu, il serait béni, et la sollicitude divine lui serait assurée, même s'il n'avait pas obtenu les bénédictions et les privilèges habituellement réservés au premier-né.

Les années d'exil

Rébecca se repentit amèrement du mauvais conseil qu'elle avait donné à Jacob, car, à la suite de cela, elle fut séparée de lui pour toujours. En effet, celui-ci fut obligé de fuir pour sauver sa vie, à cause de la colère de son frère, et sa mère ne devait jamais plus revoir son fils préféré. Isaac vécut de nombreuses années après avoir accordé sa bénédiction à Jacob, et, en comparant la conduite de ses deux fils, le patriarche acquit la conviction que cette bénédiction revenait de droit à Jacob.

Bien que ses deux épouses fussent sœurs, Jacob n'était pas heureux en ménage. Il avait passé un contrat de mariage avec Laban pour pouvoir épouser sa fille Rachel, qu'il aimait. Après que Jacob eut travaillé pendant sept ans à son service pour obtenir la main de Rachel, Laban usa de supercherie à son égard et lui donna Léa comme épouse. Quand Jacob se rendit compte de la tromperie dont il avait été victime, et que de plus Léa avait été complice de cette ruse, il ne lui fut pas possible de l'aimer. En fait, Laban, oncle de Jacob, voulait profiter le plus longtemps possible des services de son neveu ; c'est pourquoi il le trompa et lui donna Léa à la place de Rachel. Jacob reprocha à Laban de n'avoir tenu aucun compte de ses sentiments et de lui avoir donné Léa, qu'il n'aimait pas. Néanmoins, Laban supplia Jacob de ne pas la répudier, car à l'époque, un tel geste était considéré comme un grand déshonneur, non seulement pour l'épouse, mais pour la famille tout entière. Jacob se trouva donc dans une situation très délicate, mais il décida de garder Léa, et d'épouser aussi Rachel. Mais Léa fut beaucoup moins aimée que sa sœur.

[87]

Laban se comportait en égoïste à l'égard de Jacob. Il cherchait uniquement à tirer profit des fidèles services de Jacob. Ce dernier aurait quitté depuis longtemps son oncle rusé s'il n'avait craint de rencontrer Esaü. Un jour, Jacob "apprit que les fils de Laban disaient : 'Jacob s'est emparé de tout ce qui appartenait à notre père ; c'est de cette façon qu'il s'est constitué toute sa richesse.' Il s'aperçut aussi que Laban n'avait plus à son égard la même attitude qu'auparavant" Genèse 31 :1, 2.

Jacob fut attristé et désemparé. Il présenta son cas au Seigneur et lui demanda de le diriger. Dans sa bonté, l'Eternel répondit à ses appels de détresse : "Retourne au pays de tes parents, auprès de ta famille. Je serai avec toi. Jacob fit venir Rachel et Léa aux champs, où étaient ses troupeaux, pour leur dire : Je m'aperçois que votre père n'a plus à mon égard la même attitude qu'auparavant, mais le Dieu de mon père a été avec moi. Vous savez bien que j'ai servi votre père de toutes mes forces ; pourtant il a changé dix fois mon salaire. Mais Dieu ne l'a pas laissé me faire du tort" Genèse 31 :3-7. Jacob raconta à ses deux femmes le songe qu'il avait reçu de Dieu, d'après lequel il devait quitter Laban et retourner dans sa famille. Rachel et Léa lui dirent qu'elles n'approuvaient pas les agissements de leur père. Et après que Jacob eut rappelé les torts de son oncle à leur égard et qu'il leur eut proposé de quitter Laban, Rachel et Léa répondirent : "Nous n'avons plus de part d'héritage dans la maison de notre père. Ne nous a-t-il pas considérées comme des étrangères, puisqu'il nous a vendues et qu'il a ensuite dépensé l'argent qui devait nous revenir ? Par conséquent tous les biens que Dieu a enlevés à notre père nous appartiennent, à nous et à nos enfants. Fais donc tout ce que Dieu t'a ordonné" Genèse 31 :14-16.

Le retour en Canaan

En l'absence de Laban, Jacob prit sa famille et tous ses biens, et partit. Après que celui-ci eut voyagé pendant trois jours, Laban apprit qu'il l'avait quitté, et il entra dans une grande colère. Il se mit alors à sa poursuite, bien décidé à le ramener chez lui de force. Mais le Seigneur eut pitié de Jacob et, tandis que Laban était sur le point de le rattraper, Dieu lui parla en songe et lui dit : "Garde-toi de faire quoi que ce soit à Jacob" Genèse 31 :24. Autrement dit, il ne devait ni l'obliger à revenir chez lui, ni lui faire des promesses mirifiques.

Quand Laban se trouva devant Jacob, il lui demanda pourquoi il était parti comme un voleur, en emmenant ses filles comme des captives prises par l'épée, et il ajouta : "Ma main est assez forte pour vous faire du mal ; mais le Dieu de votre père m'a dit hier : Garde-toi de parler à Jacob ni en bien ni en mal !" Jacob rappela alors à Laban la mesquinerie dont il avait fait preuve à son égard, ne cherchant toujours que son avantage. Puis il dit à son oncle qu'il avait agi avec droiture envers lui : "Jamais je ne t'ai rapporté une bête tuée par les animaux sauvages, j'en ai suppporté moi-même la perte. Tu me réclamais les bêtes volées, qu'elles aient été dérobées le jour ou la nuit. Le jour je souffrais de la chaleur et la nuit du froid, au point de ne pouvoir trouver le sommeil" Genèse 31 :39, 40.

Jacob ajouta : "J'ai accepté de passer vingt ans chez toi ; j'ai travaillé chez toi quatorze ans pour épouser tes deux filles et six ans pour acquérir du bétail, mais toi, tu as changé dix fois mon salaire. Si le Dieu de mon grand-père Abraham, le Dieu qui faisait trembler mon père Isaac, ne m'avait pas aidé, tu m'aurais laissé repartir les mains vides" Genèse 31 :41, 42.

Sur ce, Laban donna à son neveu l'assurance qu'il avait de l'affection pour ses filles et pour leurs enfants, et que par conséquent, il ne leur ferait pas de mal. Il proposa même de conclure une alliance avec Jacob : "Allons, concluons tous les deux un accord, et qu'il y ait un témoin entre nous. Jacob prit alors une pierre et la dressa. Ensuite il dit à ses gens de ramasser des pierres. Ils en ramassèrent et en firent un tas. Puis tous mangèrent sur ce tas" Genèse 31 :44-46.

Et Laban dit encore : "Que le Seigneur nous surveille quand nous serons hors de vue l'un de l'autre. Si tu fais souffrir mes filles, si tu prends d'autres femmes pour épouses, fais bien attention, ce n'est pas un homme qui est témoin entre nous, mais Dieu lui-même" Genèse 31 :49, 50.

De son côté, Jacob fit devant Dieu la promesse solennelle qu'il ne prendrait pas d'autres femmes. "Laban dit à Jacob : Regarde ce tas de pierres que j'ai placé entre nous, regarde cette pierre dressée. Ce tas et cette pierre sont pour nous des témoins : je ne dois pas les dépasser dans ta direction avec de mauvaises intentions, ni toi non plus dans ma direction. Que le Dieu d'Abraham et le Dieu de Nahor soient juges entre nous. Alors Jacob prêta serment par le Dieu qui faisait trembler son père Isaac" Genèse 31 :51-53.

Tandis que Jacob poursuivait son chemin, les anges de Dieu le rencontrèrent. Quand il les vit, il dit : "C'est le camp de Dieu !" Genèse 32 :2, Segond. Il vit en songe les anges du Seigneur qui se tenaient autour de lui, et il envoya un message empreint d'humilité et d'esprit de conciliation à son frère Esaü.

[90]

"Les messagers revinrent dire à Jacob : Nous sommes allés trouver ton frère Esaü. Il marche à ta rencontre avec quatre cents hommes. Jacob fut saisi d'une très grande peur. Il sépara en deux groupes les gens qui étaient avec lui, ainsi que les moutons et les chèvres, les bœufs et les chameaux. Il se disait : 'Si Esaü s'attaque à un groupe, l'autre pourra échapper.'

"Ensuite, Jacob pria : O Dieu de mon grand-père Abraham, de mon père Isaac, tu m'as dit : 'Retourne dans ton pays, auprès de ta famille. J'agirai et tout ira bien pour toi.' Seigneur, je ne suis pas digne de toutes les faveurs que tu m'as accordées avec tant de fidélité, à moi ton serviteur. Je n'avais que mon bâton quand j'ai traversé le Jourdain, et maintenant je reviens avec ces deux groupes. Délivre-moi de mon frère Esaü, car j'ai peur de lui, je crains qu'il vienne me tuer avec les femmes et les enfants. Souviens-toi que tu m'as dit : 'J'agirai et tout ira très bien pour toi. Je rendrai tes descendants innombrables, comme les grains de sable au bord de la mer'" Genèse 32 :6-12.

Chapitre 13 — Jacob et l'ange

Ce chapitre est basé sur Genèse 32 :24-33 :11.

La faute dont Jacob s'était rendu coupable en obtenant par une tromperie la bénédiction destinée à son frère lui revint en mémoire avec force, et il eut peur que Dieu ne permette à Esaü de lui ôter la vie. Dans son angoisse, il pria Dieu toute la nuit. Je vis qu'un ange se présenta devant Jacob pour lui révéler sa faute sous son vrai jour. Mais au moment où l'ange s'apprêtait à le quitter, Jacob s'accrocha à lui, et le supplia avec larmes de ne pas s'en aller. Il affirma qu'il s'était profondément repenti de ses péchés et des torts qu'il avait causés à son frère, et il dit qu'à la suite de cela, il avait dû rester éloigné de la maison de son père pendant vingt ans. Jacob alla jusqu'à mentionner les promesses de Dieu et les signes de sa faveur dont il avait été l'objet de temps à autre depuis qu'il avait quitté sa famille.

Toute la nuit, Jacob lutta avec l'ange, le suppliant de le bénir. L'ange semblait vouloir repousser sa prière, en lui rappelant constamment ses péchés, tout en essayant de se détacher de lui. Jacob était bien décidé à retenir l'ange, non par la force physique, mais par celle d'une foi vivante. Dans sa détresse, Jacob mentionna le repentir de son âme, et la honte qu'il éprouvait à cause de ses fautes. L'ange considérait sa prière avec une apparente indifférence, cherchant continuellement à se dégager de son étreinte. Il aurait pu faire appel à sa puissance surnaturelle pour s'en libérer, mais préféra s'en abstenir.

[92]

Quand l'ange se rendit compte qu'il ne parvenait pas à persuader Jacob de son pouvoir surnaturel, il le frappa à l'articulation de la hanche, qui se déboîta aussitôt. Mais malgré la douleur ainsi causée, Jacob n'était pas disposé à abandonner la partie. Son but était d'obtenir une bénédiction, et la souffrance physique ne suffit pas à détourner son esprit de cet objectif. Dans les derniers instants du combat, il fut encore plus déterminé qu'au début. Sa foi persista et grandit jusqu'au dernier moment — jusqu'au lever du jour. Il ne laissa pas l'ange partir jusqu'à ce que celui-ci l'ait béni. "Il (l'ange) dit alors : Laisse-moi partir, car voici l'aurore. Je ne te laisserai pas partir si tu ne me bénis pas, répliqua Jacob" Genèse 32 :26, 27. Alors l'ange lui demanda : "Comment t'appelles-tu ? Jacob, répondit-il. L'autre reprit : On ne t'appellera plus Jacob mais Israël, car tu as lutté avec Dieu et contre les hommes, et tu as été le plus fort" Genèse 32 :28, 29.

La victoire de la foi

La foi persévérante de Jacob remporta la victoire. Il se cramponna à l'ange jusqu'à ce qu'il ait obtenu la bénédiction qu'il désirait, et l'assurance que ses péchés étaient pardonnés. Son nom : Jacob, le supplanteur, fut changé en celui d'Israël, qui signifie un prince de Dieu. S'adressant à l'ange, il lui demanda : "Dis-moi donc quel est ton nom. Pourquoi me demandes-tu mon nom ? répondit-il. Alors il bénit Jacob. Celui-ci déclara : J'ai vu Dieu face à face et je suis encore en vie" Genèse 32 :30, 31. C'est le Christ qui avait lutté toute cette nuit-là avec Jacob, et qu'il avait retenu auprès de lui jusqu'à ce qu'il l'ait béni.

Le Seigneur entendit les supplications de Jacob et changea les dispositions du cœur d'Esaü. Cependant, il n'approuva aucune des mauvaises actions que Jacob avait commises. La vie de celui-ci avait été marquée par le doute, la perplexité et le remords, à cause de son péché, jusqu'à ce qu'il ait lutté de toute son âme avec l'ange et qu'il ait acquis la certitude que le Seigneur avait pardonné ses fautes.

"Il (Jacob) combattit contre un ange, celui-ci fut vainqueur. Jacob pleura et demanda grâce. A Béthel il rencontra Dieu, et Dieu lui parla" Osée 12 :4, 5.

Esaü allait à la rencontre de Jacob avec une armée, dans l'intention de tuer son frère. Mais tandis que Jacob luttait avec l'ange, un autre ange était envoyé pour agir sur le cœur d'Esaü durant son sommeil. En songe, celui-ci vit son frère en exil depuis vingt ans loin de la maison de son père, parce qu'il craignait pour sa vie. Il le vit marqué par le chagrin à cause de la mort de sa mère. Il le vit plein d'humilité et entouré des anges de Dieu. Esaü rêva qu'en le retrouvant, il n'éprouvait aucune envie de lui faire du mal. Lorsqu'il sortit de son sommeil, il raconta le songe qu'il avait eu à ses quatre cents hommes, et leur dit de ne pas faire de mal à Jacob, parce que le Dieu de son père était avec lui. Quand ils rencontreraient Jacob, nul d'entre eux ne devait porter la main sur lui.

"Jacob vit Esaü qui arrivait avec quatre cents hommes. Il répartit les enfants entre Léa, Rachel et les deux servantes. Il plaça en tête les deux servantes avec leurs enfants, puis derrière eux Léa et ses enfants, enfin Rachel et Joseph. Lui-même s'avança le premier. Il s'inclina sept fois jusqu'à terre avant d'arriver près de son frère. Alors Esaü courut à sa rencontre, se jeta à son cou et l'embrassa" Genèse 33 :1-4. Jacob pria Esaü de bien vouloir accepter de sa part une offrande de paix, que son frère refusa. Jacob lui dit : "Accepte donc, je t'en prie, le cadeau que je t'ai envoyé, car Dieu m'a été favorable, et j'ai tout ce qu'il me faut. Jacob insista. Esaü finit par accepter" Genèse 33 :11.

Un enseignement pour le peuple de Dieu

Jacob et Esaü représentent deux catégories de personnes : Jacob représente les justes, et Esaü les méchants. La détresse que Jacob éprouva en apprenant que son frère marchait à sa rencontre avec quatre cents hommes représente l'angoisse des justes lorsqu'un décret de mort sera promulgué contre eux aussitôt avant le retour du Seigneur. Quand ils seront encerclés par les méchants, ils seront saisis de frayeur, car, comme Jacob, ils ne verront aucun moyen de sauver leur vie. L'ange se tint devant Jacob qui s'accrocha à lui, le retint et lutta avec lui toute la nuit. Il en sera de même des justes, au temps de trouble et d'angoisse : ils lutteront avec Dieu dans la prière comme Jacob a lutté avec l'ange. Dans sa détresse, Jacob pria toute la nuit, afin d'être délivré de la main d'Esaü. Les justes, effrayés, crieront eux aussi à Dieu jour et nuit pour qu'il les délivre de la main des méchants qui les assailliront de toutes parts.

Jacob reconnut son indignité : "Seigneur, je ne suis pas digne de toutes les faveurs que tu m'as accordées avec tant de fidélité, à moi ton serviteur" Genèse 32 :10. Dans leur détresse, les justes auront le sentiment de leur totale indignité, la confesseront avec larmes et, à l'exemple de Jacob, se réclameront des promesses de Dieu par

Jésus-Christ, destinées à de tels pécheurs dépendants, impuissants et repentants.

Jacob se raccrocha désespérément à l'ange, refusant de le laisser aller. Comme il le suppliait avec larmes, l'ange lui rappela ses fautes passées et, pour l'éprouver, il essaya de lui échapper. Ainsi, aux jours d'angoisse, les justes seront éprouvés et passés au crible, pour que soient manifestées la force de leur foi, leur endurance et leur confiance inébranlable en la puissance de Dieu qui peut les délivrer.

Jacob ne lâcha pas prise. Connaissant la bonté de Dieu, il fit appel à sa miséricorde. Il confessa ses erreurs passées, rappela qu'il s'en était repenti, et supplia le Seigneur de le délivrer de la main d'Esaü. Ses supplications se prolongèrent toute la nuit. Le souvenir de ses fautes le conduisit presque au désespoir. Jacob savait qu'il lui fallait recevoir l'aide de Dieu, ou périr. Il se cramponna donc à l'ange et formula sa requête avec ardeur et angoisse, jusqu'à ce qu'il eut obtenu gain de cause.

Il en sera de même des justes. En se remémorant les faits de leur vie passée, ils perdront presque tout espoir. Mais, comprenant qu'il s'agit d'une question de vie ou de mort, ils crieront à Dieu de toute leur âme, le supplieront de prendre en compte leurs regrets et leur humble repentir à cause de leurs nombreux péchés; puis ils se réclameront de sa promesse : "Celui qui me prendra pour rempart avec moi fera la paix, il fera la paix avec moi" (Ésaïe 27:5), Traduction Oecuménique de la Bible. Ainsi, leurs ardentes requêtes monteront vers Dieu jour et nuit. L'Eternel n'aurait pas exaucé la prière de Jacob et il n'aurait pas sauvé sa vie dans sa bonté s'il ne s'était pas repenti au préalable des fautes qu'il avait commises en obtenant la bénédiction de son père par une supercherie.

Les justes, comme Jacob, manifesteront une foi inlassable et une détermination à toute épreuve. Ils auront le sentiment de leur indignité, mais n'auront pas de fautes cachées. S'ils n'avaient pas confessé certains de leurs péchés et s'ils ne s'en étaient pas repenti, et que ces péchés leur reviennent à l'esprit tandis qu'ils sont torturés par la peur et l'angoisse et éprouvent le vif sentiment de leur indignité, ils seraient totalement vaincus. Leur foi serait anéantie par le désespoir, ils seraient incapables de supplier Dieu de les délivrer, et ils perdraient leur temps à confesser des péchés cachés et à se lamenter sur leur condition désespérée.

Le temps de grâce est celui qui est accordé à tous pour qu'ils se préparent au jour du Seigneur. Ceux qui négligent la préparation requise et n'écoutent pas les avertissements qui sont donnés, seront sans excuse. La lutte ardente, persévérante de Jacob avec l'ange est un exemple pour les chrétiens : Jacob a été vainqueur parce qu'il s'est montré persévérant et déterminé.

Tous ceux qui, à l'instar de Jacob, désirent obtenir la bénédiction de Dieu, se réclament de ses promesses, qui font preuve de la même sincérité et de la même persévérance que lui, vaincront comme il a vaincu. Parce qu'ils sont indolents dans les choses spirituelles, de nombreux soi-disant croyants manifestent peu de foi réelle et reflètent bien faiblement la vérité divine. Ils ne sont pas disposés à faire des efforts, à renoncer au moi, à souffrir pour Dieu, à prier longuement et avec ferveur pour obtenir sa bénédiction — et en conséquence, ils ne l'obtiennent pas. La foi qui survivra au temps de trouble doit être exercée maintenant chaque jour. Ceux qui, actuellement, ne font pas de grands efforts pour développer leur foi, seront incapables d'exercer la foi qui leur permettrait de rester fermes pendant le temps de trouble.

Chapitre 14 — Les enfants d'Israël

Ce chapitre est basé sur Genèse 37 ; 39 ; 41-48 ; Exode 11 :1-4.

Joseph prêtait l'oreille aux instructions de son père et craignait l'Eternel. Il obéissait plus que tous ses frères aux bons enseignements de son père. Il les appréciait et, intègre de cœur, il aimait Dieu et obéissait à sa parole. Il était attristé par la mauvaise conduite de quelques-uns de ses frères et les exhortait avec douceur à suivre la voie droite et à renoncer à leurs mauvaises actions. Mais cela ne faisait que les irriter contre lui. Sa haine du péché était telle qu'il ne pouvait supporter de voir ses frères pécher contre Dieu. Il en fit part à son père, dans l'espoir que son autorité parviendrait à les réformer. Mais ayant appris que leurs fautes avaient été ainsi dévoilées, ils devinrent furieux contre Joseph. Par ailleurs, ils avaient remarqué que leur père aimait beaucoup celui-ci, et ils en étaient jaloux. Cette jalousie se transforma en haine et aboutit finalement à un meurtre.

L'ange du Seigneur se révéla à Joseph par des songes qu'il raconta innocemment à ses frères : "Ecoutez mon rêve, leur dit-il : Nous étions tous à la moisson, en train de lier des gerbes de blé. Soudain ma gerbe se dressa et resta debout ; toutes vos gerbes vinrent alors l'entourer et s'incliner devant elle. Est-ce que tu prétendrais devenir notre roi et dominer sur nous ? lui demandèrent ses frères. Ils le détestèrent davantage, à cause de ses rêves et des récits qu'il en faisait.

[98]

"Joseph fit un autre rêve et le raconta également à ses frères. J'ai de nouveau rêvé, dit-il : le soleil, la lune et onze étoiles venaient s'incliner devant moi. Il raconta aussi ce rêve à son père. Celui-ci le réprimanda : Qu'as-tu rêvé là ? lui demanda-t-il. Devrons-nous, tes frères, ta mère et moi-même, venir nous incliner jusqu'à terre devant toi ? Ses frères étaient jaloux de lui, mais son père repensait souvent à ces rêves" Genèse 37 :6-11.

Joseph en Egypte

Les frères de Joseph se proposaient de le tuer, mais finalement, ils décidèrent de le vendre comme esclave, afin de l'empêcher de devenir plus grand qu'eux. De cette façon, ils pensaient le mettre dans une situation où il ne les troublerait plus avec ses songes et où ceux-ci ne pourraient pas se réaliser. Mais Dieu fit échouer leur plan qui était destiné à empêcher que Joseph ne les domine.

Le Seigneur ne permit pas que Joseph parte seul en Egypte. Des anges lui préparèrent la voie dans ce pays. Potifar, officier de Pharaon, chef des gardes, acheta le jeune captif à des Ismaélites. Et Dieu fut avec Joseph, le fit prospérer et trouver faveur auprès de son maître, au point que celui-ci avait l'administration de tous ses biens. "C'est pourquoi Potifar remit tout ce qu'il possédait aux soins de Joseph et ne s'occupa plus de rien, excepté de sa propre nourriture" Genèse 39 :6. Car le fait qu'un Hébreu prépare de la nourriture pour un Egyptien était considéré comme une abomination.

[99] Lorsque Joseph fut tenté de se détourner du droit chemin, de transgresser la loi de Dieu et d'être infidèle à son maître, il fit preuve de fermeté dans la manière dont il répondit à la femme de Potifar et montra le pouvoir ennoblissant de la crainte de l'Eternel. Après avoir mentionné la grande confiance dont il jouissait auprès de son maître, au point qu'il administrait tous ses biens, il s'exclama : "Comment pourrais-je commettre un acte aussi abominable et pécher contre Dieu lui-même ?" Genèse 39 :9. Aucune tentation ni aucune menace ne pouvaient le faire dévier du sentier de la justice et fouler aux pieds la loi divine.

Ainsi, quand Joseph fut accusé d'avoir commis un grave délit, il ne sombra pas dans le désespoir. Sachant qu'il était innocent et honnête, il se confia en Dieu. Et le Seigneur — qui l'avait soutenu jusque-là — ne l'abandonna pas. Il fut enfermé dans une prison obscure et on le mit aux fers. Cependant, l'Eternel changea son épreuve en bénédiction. En effet, il lui fit trouver grâce auprès du chef de la prison, si bien que Joseph ne tarda pas à être chargé de surveiller tous les prisonniers.

Nous avons ici un exemple destiné à toutes les générations qui devaient se succéder sur la terre. Bien que les humains soient exposés aux tentations, ils doivent toujours se souvenir qu'ils ont un moyen de défense à leur disposition, et que s'ils ne sont pas protégés, ce sera leur faute. Dieu est un secours permanent, et son Esprit est un bouclier. Hommes et femmes ont beau être assaillis de tous côtés par les plus fortes tentations, ils ont à leur disposition une source de force grâce à laquelle ils peuvent y résister.

La moralité de Joseph fut soumise à de redoutables assauts. La tentation venait d'une personne influente, qui pouvait facilement le faire dévier du droit chemin. Mais il réagit sur-le-champ et avec fermeté. Quoi qu'il en soit, il eut à souffrir à cause de sa vertu et de son intégrité, car celle qui aurait voulu le faire succomber se vengea de la loyauté dont elle n'avait pu triompher, et usa de son influence pour le faire jeter en prison, en l'accusant d'une faute abominable. [100] Là, Joseph souffrit pour ne pas s'être départi de sa fidélité. Quant à sa réputation et à ses intérêts, il s'en était remis à Dieu. Bien que son épreuve durât un temps assez long — ce qui permit de le préparer en vue d'une importante mission — le Seigneur veilla sur sa réputation qui avait été entachée par une cruelle accusatrice, réputation qui, au moment voulu, devait être blanchie. Dieu se servit même de la prison pour que Joseph accède à une position plus élevée. La vertu recevrait sa récompense à point nommé. Le bouclier qui protégeait le cœur de Joseph n'était autre que la crainte de Dieu, qui le poussait à être fidèle et juste envers son maître et loyal envers le Seigneur.

Bien que Joseph fût élevé au rang de gouverneur de tout le pays, il n'oublia pas son Dieu. Il se savait étranger vivant en terre étrangère, loin de son père et de ses frères, ce qui le rendait souvent triste. Mais il croyait de toute son âme que la main de Dieu avait dirigé sa vie de telle sorte qu'il occupait maintenant un poste de haut rang. S'appuyant continuellement sur le Seigneur, il accomplissait fidèlement tous les devoirs de sa charge, en tant que gouverneur général du pays d'Egypte.

Joseph marcha avec Dieu. Il ne permit pas qu'on le détourne du chemin de la justice et qu'on l'amène à transgresser la loi de Dieu par des appâts ou des menaces. La maîtrise de soi et la patience dont il fit preuve dans l'adversité et sa fidélité constante ont été consignées dans la Bible pour le bien de tous ceux qui devaient vivre sur la terre. Et quand les frères de Joseph reconnurent devant lui leur péché, il leur pardonna spontanément, et il montra, par ses actes de bienveillance et d'amour, qu'il ne cultivait aucun ressentiment pour la cruauté dont ils avaient fait preuve autrefois à son égard.

Jours de prospérité

Les enfants d'Israël n'avaient jamais été esclaves. Il ne leur était jamais arrivé de vendre leur bétail, leurs terres, ni de se vendre eux-mêmes à Pharaon pour obtenir de la nourriture, comme de nombreux Egyptiens l'avaient fait. A cause des services que Joseph avait rendus à l'Egypte, on avait mis à la disposition des Israélites une partie du pays où ils étaient autorisés à résider, eux et leur bétail. Pharaon appréciait la sagesse dont Joseph témoignait dans l'administration de tout ce qui concernait son royaume, et notamment les prévisions qu'il avait faites en vue de la famine qui devait sévir en Egypte. Il estimait que la prospérité de tout le royaume était due à la bonne administration de Joseph, et pour lui exprimer sa gratitude, il lui dit : "Toute l'Egypte est à ta disposition. Choisis le meilleur endroit du pays pour les y installer (les Hébreux). Ils peuvent très bien s'installer dans la région de Gochen. Et si tu estimes qu'il y a parmi eux des hommes compétents, désigne-les comme responsables de mes propres troupeaux" Genèse 47 :6.

"Joseph installa son père et ses frères dans le meilleur endroit d'Egypte, dans les environs de Ramsès, conformément à l'ordre du Pharaon. Il leur donna des terres en propriété. Il fournit des vivres à son père, à ses frères et à toutes leurs familles, selon le nombre des bouches à nourrir" Genèse 47 :11, 12.

Le roi d'Egypte ne demanda aucun impôt au père et aux frères de Joseph, qui, de plus, fut autorisé à leur fournir toute la nourriture dont ils auraient besoin. Le roi dit à ses gouverneurs : Ne sommes-nous pas redevables envers le Dieu de Joseph, et envers lui-même, pour cette abondante provision de nourriture ? N'est-ce pas à cause de sa sagesse que nous jouissons d'une telle abondance ? Tandis que d'autres pays meurent de faim, nous avons le nécessaire ! Sous son administration, le royaume s'est grandement enrichi.

"Joseph mourut, ainsi que tous ses frères et toute cette génération-là. Les enfants d'Israël furent féconds et multiplièrent, ils s'accrurent et devinrent de plus en plus puissants. Et le pays en fut rempli. Il s'éleva sur l'Egypte un nouveau roi, qui n'avait point connu Joseph.

Il dit à son peuple : Voilà les enfants d'Israël qui forment un peuple plus nombreux et plus puissant que nous. Allons ! montrons-nous habiles à son égard ; empêchons qu'il ne s'accroisse, et que, s'il survient une guerre, il ne se joigne à nos ennemis, pour nous combattre et sortir ensuite du pays" Exode 1 :6-10, Segond.

L'oppression

Le nouveau roi d'Egypte apprit que les enfants d'Israël rendaient de grands services au royaume. Nombre d'entre eux étaient des ouvriers habiles et intelligents ; aussi ne voulait-il pas perdre le fruit de leur labeur. Ce nouveau roi avait ravalé les Israélites au rang des esclaves qui avaient vendu leurs troupeaux, leurs vêtements, leurs terres, et qui s'étaient vendus eux-mêmes au royaume. "Les Egyptiens désignèrent alors des chefs de corvées pour accabler le peuple d'Israël en lui imposant certains travaux. C'est ainsi que les Israélites durent construire les villes de Pitom et Ramsès pour y entreposer les réserves du Pharaon. Mais plus on les opprimait, plus ils devenaient nombreux et plus ils prenaient de place, si bien qu'on les redoutait. Les Egyptiens les traitèrent durement, comme des esclaves ; ils leur rendirent la vie insupportable par un travail pénible" Exode 1 :11-14.

Ils obligèrent aussi les femmes israéalites à travailler dans les champs, comme des esclaves. Cependant, leur nombre ne diminuait pas. Quand le roi et ses gouverneurs virent que ce nombre allait croissant, ils décidèrent de les contraindre à accomplir chaque jour une certaine somme de travail. Ils espéraient ainsi les briser par la dureté de la tâche ; mais ils constatèrent avec colère qu'il n'avaient réussi ni à en diminuer le nombre, ni à venir à bout de leur esprit d'indépendance.

Ayant échoué dans leurs plans, ils continuèrent à endurcir leur cœur. Alors, le roi ordonna que les enfants mâles soient tués dès leur naissance. Satan lui-même avait inspiré une telle décision, car il savait qu'un libérateur serait suscité parmi les Hébreux pour les affranchir de l'esclavage. Si donc il réussissait à pousser le roi à exterminer les enfants mâles, le dessein de Dieu serait voué à l'échec. Mais les sages-femmes craignaient l'Eternel, et, loin d'obéir à l'ordre du roi, elles épargnèrent les enfants mâles.

[103]

Les sages-femmes n'osèrent pas porter la main sur les enfants hébreux ; et parce qu'elles n'obéirent pas à l'ordre du roi, le Seigneur leur fit du bien. Lorsque Pharaon apprit que ses ordres n'avaient pas été exécutés, il entra dans une violente colère, et donna une injonction plus sévère et de portée plus générale. Il ordonna à son peuple de se mettre aux aguets et dit : "Jetez dans le Nil tout garçon hébreu nouveau-né ! Ne laissez en vie que les filles !" Exode 1 :22.

Moïse

Moïse naquit lorsque ce cruel décret était pleinement en vigueur. Après l'avoir caché aussi longtemps qu'elle le put, sa mère confectionna un petit panier en osier qu'elle rendit imperméable en l'enduisant de bitume et de poix. Elle mit le petit enfant dans ce panier et déposa celui-ci sur le bord du fleuve. La sœur du nourrisson se tenait à proximité, feignant l'indifférence. En fait, elle observait avec inquiétude pour voir ce qu'il adviendrait de son petit frère. Des anges, eux aussi, veillaient, afin qu'aucun mal ne soit fait à l'innocent petit Moïse. Celui-ci avait été placé là par une mère pleine d'affection qui l'avait confié à la garde du Seigneur par des prières ferventes mêlées de larmes.

[104]

Ces anges dirigèrent les pas de la fille de Pharaon vers le fleuve, près de l'endroit où avait été déposé l'innocent enfant étranger. L'attention de la jeune fille fut attirée par le curieux petit panier, et elle envoya une de ses servantes pour le prendre et le lui apporter. Quand elle eut soulevé le couvercle de cet étrange petit navire, elle vit un magnifique bébé. "Elle en eut pitié et s'écria : C'est un enfant des Hébreux !" Exode 2 :6. Et elle comprit qu'une mère affectueuse d'entre les Hébreux avait usé de ce moyen singulier pour préserver la vie de son enfant chéri, et elle décida immédiatement de l'adopter. Alors "la sœur de l'enfant demanda à la princesse : Dois-je aller te chercher une nourrice chez les Hébreux pour qu'elle allaite l'enfant ? Oui, répondit-elle" Exode 2 :6-8.

La sœur du petit enfant courut avec joie auprès de sa mère pour lui faire part de la bonne nouvelle, et la conduisit sur-le-champ auprès de la fille de Pharaon. Et le nourrisson fut confié à sa mère qui l'allaita. De plus, elle fut généreusement rétribuée pour avoir servi de nourrice à son propre fils. Cette tâche, elle l'accomplit le cœur débordant de reconnaissance et de joie. Elle croyait que le Seigneur avait protégé la vie de son enfant, et elle profita de la merveilleuse occasion qui lui était offerte pour éduquer son fils en vue d'une vie d'efficacité. Elle l'instruisit avec plus de soin que pour ses autres enfants, car elle croyait que Moïse avait été protégé à cause de l'importante mission à laquelle il était appelé. Par son fidèle enseignement, elle inculqua à son jeune esprit la crainte de Dieu et l'amour de la vérité et de la justice. [105]

La mère de Moïse n'arrêta pas là ses efforts, mais elle pria Dieu avec ferveur afin que son fils soit préservé de toute influence mauvaise. Elle lui apprit à s'incliner devant l'Eternel, à le prier, lui, le Dieu vivant, car lui seul pouvait l'entendre et venir à son aide en cas de besoin. Elle chercha à lui faire comprendre les dangers de l'idolâtrie, car elle savait qu'il allait être bientôt privé de son influence et laissé à sa royale mère adoptive, et que par conséquent il serait soumis à une foule d'autres influences destinées à le faire douter de l'existence du Créateur des cieux et de la terre.

Les instructions que Moïse reçut de ses parents étaient de nature à fortifier son esprit et à le protéger de la vanité, de la corruption du péché et de l'orgueil qu'il aurait pu éprouver au milieu des splendeurs et du luxe de la cour royale. Il avait un esprit lucide et un cœur intelligent, et l'influence religieuse dont il a bénéficié pendant son enfance ne s'effaça jamais. Sa mère le garda auprès d'elle aussi longtemps qu'elle le put, mais elle dut s'en séparer quand il eut atteint l'âge de douze ans; il devint alors le fils de la princesse d'Egypte.

Les plans de Satan avaient échoué. En poussant Pharaon à exterminer les enfants mâles, il croyait pouvoir réduire à néant le dessein de Dieu et faire mourir celui que le Seigneur voulait susciter pour délivrer son peuple. Mais Dieu se servit du décret même qui condamnait à mort les enfants hébreux pour introduire Moïse dans la cour du roi, là où il put devenir un homme instruit et éminemment qualifié pour faire sortir son peuple d'Egypte.

Pharaon espérait bien faire monter sur le trône son petit-fils adoptif. Il l'avait formé de manière qu'il prenne le commandement des armées d'Egypte et les mène au combat. Moïse était très estimé [106] des armées de Pharaon; son prestige venait de ce qu'il faisait la guerre de main de maître. "Moïse fut instruit dans toute la sagesse des Egyptiens, et il était puissant en paroles et en œuvres" Actes

7:22, Segond. Les Egyptiens considéraient Moïse comme un homme remarquable.

La préparation d'un chef

Des anges firent savoir à Moïse que Dieu l'avait choisi pour qu'il délivre les enfants d'Israël. Ils informèrent également les anciens d'Israël que le jour de leur libération était proche, et que le Seigneur se servirait de Moïse pour accomplir cette œuvre. Moïse croyait que les enfants d'Israël seraient libérés par la force des armes, que lui-même prendrait la tête de l'armée des Hébreux pour faire la guerre aux armées de l'Egypte, et qu'il libérerait ainsi ses frères de l'esclavage. Dans cette perspective, il mit un frein à ses affections, pour qu'il se s'attache pas trop à sa mère adoptive et à Pharaon, et afin qu'il se sente plus libre d'accomplir la volonté divine.

Le Seigneur préserva Moïse des influences corruptrices qui l'entouraient. Jamais il n'oublia les principes de vérité que ses parents pieux lui avaient enseigné dans sa jeunesse. Et lorsqu'il avait particulièrement besoin d'être protégé des influences perverses qui se faisaient sentir à la cour du roi, les enseignements qui lui avaient été inculqués dans son enfance portaient leur fruit. Il craignait Dieu. Son amour pour ses frères était si grand et il respectait tellement la foi hébraïque qu'il ne cachait pas ses origines pour avoir l'honneur d'être un héritier de la famille royale.

[107] Quand Moïse fut âgé de quarante ans, il "alla voir ses frères de race. Il fut témoin des corvées qui leur étaient imposées. Soudain il aperçut un Egyptien en train de frapper un de ses frères hébreux. Moïse regarda tout autour de lui et ne vit personne ; alors il tua l'Egyptien et enfouit le corps dans le sable. Il revint le lendemain et trouva deux Hébreux en train de se battre. Il demanda à celui qui avait tort : Pourquoi frappes-tu ton compatriote ? Qui t'a nommé chef pour juger nos querelles ? répliqua l'homme. As-tu l'intention de me tuer come tu as tué l'Egyptien ? Voyant que l'affaire était connue, Moïse eut peur. Le Pharaon lui-même en entendit parler et chercha à le faire mourir. Alors Moïse s'enfuit et alla se réfugier dans le pays de Madian" Exode 2:11-15. Le Seigneur dirigea ses pas, et il fut accueilli dans la maison d'un homme qui adorait Dieu et se nommait Jéthro. Cet homme était berger et sacrificateur à Madian.

Ses filles surveillaient les troupeaux. Mais bientôt, Jéthro confia la garde de ses troupeaux à Moïse, qui devait épouser l'une de ses filles et qui resta quarante ans dans le pays de Madian. Moïse avait anticipé sur les événe- ments lorsqu'il avait tué l'Egyptien. Il croyait que le peuple d'Israël avait compris que par décision spéciale de la Providence, il avait été suscité pour les délivrer. Mais il n'entrait pas dans le plan de Dieu que les enfants d'Israël soient libérés par les armes, comme Moïse le pensait, mais par sa force toute-puissante, afin qu'à lui seul revienne toute la gloire. Cependant, le Seigneur se servit de l'homicide commis par Moïse contre l'Egyptien pour l'accomplissement de ses desseins. Il avait permis que Moïse fût admis au sein de la famille royale d'Egypte afin d'y recevoir une bonne éducation ; toutefois, le futur libérateur d'Israël n'avait pas encore acquis les qualifications requises pour que lui soit confiée l'importante mission à laquelle il était appelé. Par ailleurs, Moïse ne pouvait pas quitter du jour au lendemain la cour du roi d'Egypte pour accomplir l'œuvre spéciale du Seigneur et renier les avantages dont il avait joui en tant que petit-fils du roi. Il devait au préalable acquérir de l'expérience et être formé à l'école de l'adversité et de la pauvreté. Quand il vécut dans la solitude, Dieu envoya ses anges pour l'instruire tout particulièrement au sujet de l'avenir. C'est là qu'il apprit les grandes leçons de la maîtrise de soi et de l'humilité. Il garda les troupeaux de Jéthro, et tandis qu'il remplissait les humbles tâches d'un berger, le Seigneur préparait cet homme à devenir le berger spirituel de son propre troupeau, c'est-à-dire du peuple d'Israël.

[108]

Un jour que Moïse conduisait le troupeau au désert à la montagne de Dieu, à Horeb, "l'ange du Seigneur lui apparut dans une flamme, au milieu d'un buisson". Le Seigneur lui dit : "J'ai vu comment on maltraite mon peuple en Egypte ; j'ai entendu les Israélites crier sous les coups de leurs oppresseurs. Oui, je connais leurs souffrances. Je suis donc venu pour les délivrer du pouvoir des Egyptiens, et pour les conduire d'Egypte vers un pays qui regorge de lait et de miel... Puisque les cris des Israélites sont montés jusqu'à moi et que j'ai même vu de quelle manière les Egyptiens les oppriment, je t'envoie maintenant vers le Pharaon. Va, et fais sortir d'Egypte Israël, mon peuple" Exode 3 :2, 7-10.

L'heure était venue où le Seigneur voulait que Moïse échangeât son bâton de berger contre la verge de Dieu, qui lui permettrait d'accomplir des signes et des prodiges puissants pour délivrer son peuple de l'esclavage et le protéger lorsqu'il serait poursuivi par ses ennemis.

[109]
[110] Moïse accepta de remplir sa mission. Il alla d'abord voir son beau-père et obtint son consentement pour que lui-même et sa famille retournent en Egypte. Il n'osa pas dire à Jéthro quelle requête il devait présenter à Pharaon, de peur qu'il ne refuse de laisser sa fille et ses petits-enfants l'accompagner pour une aussi dangereuse mission. Quoi qu'il en soit, l'Eternel fortifia Moïse et dissipa ses craintes en lui disant : "Oui, retourne en Egypte, car tous ceux qui en voulaient à ta vie sont morts" Exode 4 :19.

Chapitre 15 — La puissance divine se révèle

Ce chapitre est basé sur Exode 5 :1-12 :28.

L'esclavage des enfants d'Israël en Egypte dura de nombreuses années. Au départ, seules quelques familles étaient descendues en Egypte ; mais par la suite, elles étaient devenues une multitude. Entourés qu'ils étaient par l'idolâtrie, beaucoup d'Israélites avaient perdu la connaissance du vrai Dieu et oublié sa loi. Ils se joignaient aux Egyptiens pour adorer le soleil, la lune et les étoiles, des animaux et des statues, œuvres des mains humaines.

Tout ce qui entourait les enfants d'Israël était calculé pour leur faire oublier le Dieu vivant. Cependant, parmi les Hébreux, certains avaient conservé la connaissance du vrai Dieu, Créateur des cieux et de la terre. Ils étaient attristés de constater que leurs enfants étaient chaque jour témoins des abominations auxquelles se livrait le peuple idolâtre qu'ils côtoyaient, et auxquelles ils participaient eux-mêmes en se prosternant devant les dieux égyptiens, faits de bois et de pierre et en offrant des sacrifices à ces objets inanimés. Affligés de cet état de choses, les croyants fidèles supplièrent l'Eternel de les délivrer du joug égyptien, de les faire sortir du pays d'Egypte et de les affranchir de l'idolâtrie et des influences néfastes dont ils étaient environnés.

Mais de nombreux Israélites préféraient vivre dans l'esclavage plutôt que de devoir partir dans un nouveau pays et affronter les difficultés d'un tel voyage. C'est pourquoi le Seigneur ne les délivra pas immédiatement après la première manifestation de signes et de prodiges qui eut lieu devant Pharaon. Le Très-Haut dirigea les événements de telle sorte que l'esprit tyrannique de Pharaon se révèle de façon plus éclatante et que la puissance divine se manifeste dans toute son ampleur aux yeux des Egyptiens et aux yeux des Hébreux, afin que ces derniers aient le désir de quitter l'Egypte et choisissent de servir Dieu.

[111]

S'il est vrai qu'un grand nombre d'Israélites avaient été contaminés par l'idolâtrie, les fidèles restaient fermes dans leur foi. Ils n'avaient pas abandonné leurs convictions et ils déclaraient ouvertement aux Egyptiens qu'ils servaient le seul Dieu vivant et vrai. Ils énuméraient les preuves de l'existence et de la puissance de Dieu qui avaient pu être constatées depuis la création jusqu'à leur époque. Les Egyptiens eurent ainsi l'occasion de connaître la foi et le Dieu des Hébreux. Ils avaient essayé de corrompre les fidèles adorateurs du vrai Dieu, et ils étaient irrités parce qu'ils n'y étaient pas parvenus, ni par les menaces, ni par la promesse de récompenses, ni par les mauvais traitements.

Les deux derniers monarques qui avaient régné sur l'Egypte étaient des tyrans qui s'étaient montrés cruels envers le peuple hébreu. Les anciens d'Israël s'étaient efforcés de soutenir la foi chancelante des Israélites en leur rappelant la promesse faite à Abraham et les paroles prophétiques que Joseph avait prononcées juste avant sa mort et qui annonçaient leur délivrance du pays d'Egypte. Certaines personnes parmi le peuple prêtaient l'oreille à ce que disaient les anciens, tandis que d'autres avaient l'esprit obnubilé par leur triste condition et refusaient tout espoir.

[112]

Israël influencé par son entourage

Les Egyptiens, ayant appris quelles étaient les espérances des enfants d'Israël, tournaient en dérision leurs perspectives de délivrance et se raillaient de la puissance de leur Dieu. Ils disaient aux Hébreux de prendre conscience de leur propre situation — celle d'un peuple d'esclaves, et leur lançaient ce défi : Si votre Dieu est aussi juste et aussi bienveillant que vous le prétendez, et s'il est plus fort que les dieux égyptiens, pourquoi ne vous libère-t-il pas ? Pourquoi ne manifeste-t-il pas sa grandeur et sa puissance et ne vous relève-t-il pas de votre pitoyable condition ?

Puis les Egyptiens attiraient l'attention des Israélites sur leur peuple à eux, qui adorait des dieux choisis par eux-mêmes, et que les Hébreux appelaient de faux dieux. Ils disaient sur un air de triomphe que leurs dieux leur avaient donné la prospérité, de la nourriture, des vêtements et de grandes richesses, sans parler des Israélites qu'ils avaient livrés entre leurs mains pour les servir. De plus, ajoutaient-ils, les Egyptiens avaient le pouvoir de les opprimer et de les exterminer, afin que leur peuple soit effacé de la terre. Ils se moquaient des Israélites qui croyaient être un jour libérés de l'esclavage.

Pharaon usait de provocation en disant qu'il aimerait bien voir comment l'Eternel pourrait les délivrer de sa main. A l'ouïe de ces paroles, de nombreux enfants d'Israël perdirent courage. Tout, en effet, semblait confirmer ce que le roi et ses conseillers avaient dit. Les Hébreux savaient qu'ils étaient traités en esclaves et qu'il leur fallait endurer bon gré mal gré l'oppression que leurs surveillants et leurs gouverneurs entendaient faire peser sur eux. Leurs enfants mâles avaient été pourchassés et mis à mort. Bien qu'ils croyaient au Dieu du ciel et l'adoraient, leur vie était un véritable calvaire. [113]

Ils ne pouvaient s'empêcher de comparer leur condition à celle dont jouissaient les Egyptiens. Ceux-ci ne croyaient nullement dans le Dieu vivant qui a le pouvoir de sauver ou de détruire. Les uns adoraient des idoles, sous forme de statues de bois ou de pierre, tandis que d'autres adoraient le soleil, la lune et les étoiles ; malgré cela, ils vivaient dans l'abondance. Plusieurs, parmi les Israélites, allaient jusqu'à penser que si l'Eternel était supérieur à tous les dieux, il ne permettrait pas que son peuple soit à la merci d'une nation idolâtre.

Mais les fidèles serviteurs de Dieu comprenaient que si le Seigneur avait permis que les Hébreux soient réduits en esclavage dans le pays d'Egypte, c'était à cause de leur infidélité envers lui, à cause des mariages avec des personnes étrangères auxquelles ils avaient consenti et qui les avaient conduits à l'idolâtrie. Ces serviteurs fidèles donnaient à leurs frères l'assurance que Dieu les ferait bientôt sortir d'Egypte et qu'il briserait le joug de leur servitude.

L'heure était venue où le Très-Haut répondrait aux prières de son peuple opprimé, où il le libérerait du pays d'Egypte grâce à un tel déploiement de puissance que les Egyptiens seraient obligés de reconnaître que le Dieu des Hébreux, qu'ils avaient méprisé, était supérieur à tous les dieux. Bien plus, l'Eternel punirait les Egyptiens pour leur idolâtrie et pour s'être vantés des bénédictions qui leur étaient accordées soi-disant par leurs faux dieux. Et le Seigneur glorifierait son nom, afin que les autres nations entendent parler de sa puissance, qu'elles tremblent à l'ouïe de ses prodiges et qu'à la vue de ses œuvres miraculeuses, son peuple abandonne l'idolâtrie et l'adore comme l'Eternel le demande.

En délivrant Israël du pays d'Egypte, Dieu montra clairement à tous les Egyptiens sa bonté manifeste envers son peuple. Il jugea utile d'exécuter ses jugements sur Pharaon afin que celui-ci apprenne par l'épreuve — seul moyen de le convaincre — que la puissance de l'Eternel est supérieure à celle de tous les autres dieux. Afin que son nom soit publié par toute la terre, le Seigneur entendait donner à toutes les nations une preuve éclatante et indiscutable de son pouvoir et de sa justice. Il voulait que ces manifestations puissantes fortifient la foi de son peuple afin que ses descendants l'adorent avec fidélité, lui qui avait acccompli de tels prodiges en faveur d'Israël.

Après que Pharaon eut exigé que les Hébreux continuent à faire des briques, mais sans qu'il leur soit fourni de paille, Moïse lui dit que l'Eternel le contraindrait malgré lui à se soumettre à sa volonté et à reconnaître son autorité suprême.

Les plaies

Le cœur de Pharaon ne fut touché ni par le prodige du bâton de Moïse changé en serpent ni par l'eau du fleuve changée en sang, bien au contraire : sa haine envers le peuple d'Israël ne fit que grandir. Les exploits réalisés par les magiciens lui firent croire que les prodiges accomplis par Moïse étaient le résultat de la magie ; mais quand la plaie des grenouilles cessa, il eut la preuve du contraire. En effet, Dieu aurait pu faire disparaître instantanément ces animaux et les réduire en poussière, mais il ne le fit pas ; autrement, le roi et les Egyptiens auraient pu dire que ce miracle de l'invasion des grenouilles était un acte de magie, comme ceux accomplis par les magiciens. Les grenouilles moururent, et on en fit des monceaux. On en voyait partout et l'atmosphère en était infesté. Cette fois, Pharaon et toute l'Egypte se rendirent compte que leur prétendue philosophie était obligée de reconnaître que ce prodige n'était pas un produit de la magie, mais un châtiment envoyé par le Dieu du ciel.

Les magiciens furent incapables de produire des poux. Le Seigneur ne permit pas que les poux surgissent ni à leurs propres yeux ni aux yeux des Egyptiens. Ainsi, l'Eternel privait Pharaon de tout motif d'incrédulité. Les magiciens eux-mêmes durent reconnaître : "C'est la puissance de Dieu qui est à l'œuvre !" Exode 8 :15.

Puis vint la plaie des mouches. Il ne s'agissait pas du genre de mouches inoffensives qui nous ennuient à certaines époques de l'année. Les mouches qui s'abattirent sur l'Egypte étaient grosses et venimeuses. Les piqûres qu'elles infligeaient aux hommes et aux animaux étaient très douloureuses. Mais Dieu isola son peuple des Egyptiens et il fit en sorte qu'aucune mouche n'apparaisse sur leur territoire.

Après quoi l'Eternel envoya la peste parmi le bétail des Egyptiens, mais chez les Hébreux, pas une seule tête de bétail ne fut frappée. Puis, hommes et bêtes furent atteints d'ulcères ; les magiciens eux-mêmes ne furent pas épargnés. Une fois ce malheur passé, le Seigneur envoya sur le pays d'Egypte la plaie de la grêle mêlée de feu, accompagnée d'éclairs et de tonnerre. Chaque plaie était annoncée avant qu'elle ne survienne, si bien qu'on ne pouvait pas dire qu'elle était un produit du hasard. Le Très-Haut montrait ainsi aux Egyptiens que toute la terre était soumise au Dieu des Hébreux — que le tonnerre, la grêle et l'orage obéissaient à sa voix. Pharaon, l'orgueilleux monarque qui avait un jour posé la question : "Qui est ce Seigneur à qui je devrais obéir ?" (Exode 5 :2), finit par s'humilier et dit : "Cette fois, j'ai eu tort. C'est mon peuple et moi qui sommes coupables ; le Seigneur, lui, agit avec justice" Exode 9 :27. Il demanda même à Moïse d'intercéder en sa faveur auprès de Dieu, pour que cessent le tonnerre et les éclairs.

L'Eternel envoya aussi la plaie redoutable des sauterelles. Le roi d'Egypte préférait souffrir des plaies plutôt que de se soumettre à Dieu. Sans éprouver le moindre remords, Pharaon vit s'abattre ces terribles fléaux sur tout le royaume. Le Dieu du ciel plongea ensuite le pays dans l'obscurité. Les habitants n'étaient pas seulement privés de lumière, mais l'atmosphère était si lourde qu'ils avaient de la peine à respirer. Pendant ce temps, les Hébreux jouissaient, là où ils habitaient, d'une atmosphère agréable et de la lumière nécessaire.

Finalement, le Seigneur fit tomber sur l'Egypte la plus terrible de toutes les plaies dont le pays avait souffert jusqu'ici. C'étaient le roi et les prêtres idolâtres qui s'opposaient plus que quiconque à la requête de Moïse. Le peuple, lui, souhaitait que les Hébreux soient autorisés à quitter l'Egypte. Moïse informa Pharaon, les Egyptiens, ainsi que les Israélites de la nature et des conséquences de la dernière plaie. Cette nuit-là — si terrible pour les Egyptiens et si merveilleuse pour le peuple de Dieu — fut instituée la fête solennelle de la Pâque.

Il était particulièrement pénible pour le roi d'Egypte comme pour un peuple fier et idolâtre de se soumettre aux exigences du Dieu du ciel. Il fallut du temps avant que Pharaon accepte de faire des concessions. Sous la pression des épreuves les plus dures, il cédait un peu de terrain ; puis, une fois que l'épreuve était passée, il se ressaisissait et revenait sur sa parole. Ainsi, l'une après l'autre, les plaies s'abattirent sur l'Egypte, mais le monarque ne céda rien de plus que ce à quoi il fut contraint par les terribles manifestations de la colère divine. Il persista dans sa rébellion après que son pays eut été ruiné.

[117] Chaque fois qu'il refusait d'autoriser Israël à quitter l'Egypte, Moïse et Aaron expliquaient à Pharaon le fléau qui s'ensuivrait et ses conséquences. Chaque fois, le roi constatait que les plaies se produisaient conformément à ce qui avait été prédit ; et pourtant, il refusait de céder. Dans un premier temps, il donna aux Hébreux l'autorisation d'offrir des sacrifices à Dieu en Egypte ; puis, après que le pays eut souffert de la colère de l'Eternel, il limita cette autorisation aux hommes seulement. Une fois que l'Egypte eut été presque entièrement détruite par l'invasion des sauterelles, il consentit à ce que les femmes et les enfants aillent aussi, mais sans le bétail. C'est alors que Moïse dit à Pharaon que l'ange de l'Eternel tuerait tous les premiers-nés du pays.

Chaque plaie était plus sévère que la précédente ; mais celle-ci fut la plus terrible de toutes. L'orgueilleux monarque entra dans une violente colère, mais il refusa de s'humilier. Quand les Egyptiens virent les grands préparatifs que faisaient les Israélites au cours de cette sombre nuit, ils tournèrent en ridicule la marque du sang qu'ils

[118] avaient faite sur les linteaux de leurs portes.

Chapitre 16 — Israël délivré de la servitude

Ce chapitre est basé sur Exode 12 :29-15 :19.

Les enfants d'Israël avaient suivi les directives que Dieu leur avait données, et tandis que l'ange de la mort passait parmi les Egyptiens de maison en maison, les Hébreux étaient tous prêts à partir. Ils attendaient seulement que le roi rebelle et ses conseillers les autorisent à quitter le pays.

"Au milieu de la nuit, le Seigneur fit mourir tous les premiers-nés d'Egypte, aussi bien le fils aîné du Pharaon, roi d'Egypte, que le fils aîné du captif enfermé dans la prison, et que les premiers-nés du bétail. En cette nuit-là, le Pharaon, ses ministres et tous les Egyptiens se levèrent, et il y eut de grands cris dans tout le pays, car il n'y avait pas une seule maison sans un mort. Le Pharaon, en pleine nuit, convoqua Moïse et Aaron et leur dit :

"Quittez mon pays ! Partez, vous et vos Israélites ; allez rendre un culte au Seigneur, comme vous l'avez demandé. Prenez même tout votre bétail, comme vous l'avez dit, et allez vous-en. Et puis demandez à votre Dieu de me bénir.

"Les Egyptiens, croyant qu'ils allaient tous mourir, poussèrent les Israélites à quitter rapidement leur pays. C'est pour cette raison que les Israélites durent emporter leur pâte à pain avant qu'elle ait levé ; ils tenaient leur pétrin sur l'épaule, enveloppé dans leur manteau.

"Les Israélites avaient fait ce que Moïse leur avait dit : ils avaient demandé aux Egyptiens des objets d'or et d'argent et des vêtements. Le Seigneur avait amené les Egyptiens à les considérer avec faveur et à leur acccorder ce qu'ils demandaient. C'est ainsi que les Israélites dépouillèrent les Egyptiens" Exode 12 :29-36.

[119]

C'est ainsi que se réalisa la prédiction que le Seigneur avait révélée à Abraham environ quatre cents ans auparavant :"Sache bien que tes descendants séjourneront dans un pays étranger, ils y seront esclaves et on les opprimera pendant quatre cents ans. Mais après que j'aurai puni le peuple dont ils seront les esclaves, ils pourront partir en emportant de grands biens" Genèse 15 :13, 14.

"Une foule de gens d'origines diverses partirent en même temps qu'eux. Les moutons, chèvres et bœufs formaient des troupeaux considérables". Les enfants d'Israël partaient d'Egypte en emportant leurs biens, qui n'appartenaient pas au Pharaon, car ils ne les avaient jamais vendus à ce dernier. Jacob et ses fils avaient emmené leurs troupeaux avec eux en Egypte. Les enfants d'Israël s'étaient beaucoup multipliés et leurs troupeaux avaient augmenté d'une manière considérable. Dieu faisait retomber son jugement sur les Egyptiens en leur envoyant les plaies, ce qui hâta le départ de son peuple avec tout ce qu'il possédait.

"Lorsque le Pharaon laissa partir les Israélites, Dieu ne leur fit pas prendre le chemin du pays des Philistins, bien que ce soit plus direct. Il craignait en effet que le peuple, effrayé par les combats à livrer, ne change d'avis et revienne en Egypte. C'est pourquoi il les mena par le chemin détourné qui, à travers le désert, se dirige vers la mer des Roseaux (= mer Rouge). Les Israélites quittèrent l'Egypte en bon ordre. Moïse emportait le corps de Joseph, car celui-ci avait dit à ses frères : 'Dieu vous viendra certainement en aide. Jurez-moi d'emporter alors mon corps avec vous'" Exode 12 :38 ; 13 :17-19.

La colonne de feu

"Les Israélites quittèrent Soukot et allèrent installer leur camp à Etam, en bordure du désert. Le Seigneur les précédait, de jour dans une colonne de fumée pour les guider le long du chemin, et de nuit dans une colonne de feu pour les éclairer" Exode 13 :20, 21.

L'Eternel savait que les Philistins refuseraient de laisser passer les Hébreux à travers leur pays. Ils auraient dit en parlant des Israélites : Ils ont dérobé leurs maîtres en Egypte, et ils auraient pris les armes contre eux. C'est pourquoi, en faisant passer son peuple par la mer, le Seigneur s'est révélé comme un Dieu à la fois compatissant et juste. Il informa Moïse que Pharaon poursuivrait son peuple et lui indiqua à quel endroit il devait camper, près de la mer. Il ajouta que le Très-Haut serait glorifié aux yeux de Pharaon et de toute son armée.

Israël délivré de la servitude 101

Quelques jours après que les Hébreux eurent quitté le pays d'Egypte, les Egyptiens dirent à Pharaon que ses captifs s'étaient enfui, et qu'ils ne reviendraient jamais pour travailler à son service. Alors Pharaon et ses ministres regrettèrent amèrement de leur avoir permis de quitter le pays. C'était en effet une grosse perte pour les Egyptiens d'être désormais privés d'une telle main-d'œuvre. Malgré les épreuves qu'ils avaient subies à cause des jugements de Dieu, ils étaient tellement endurcis par leur constante rébellion qu'ils décidèrent de poursuivre les enfants d'Israël et de les ramener de force en Egypte. Pharaon partit à leur poursuite, à la tête d'une grande armée et de six cents chars, et les rattrapa alors qu'ils campaient près de la mer.

"Les Israélites virent que les Egyptiens s'étaient mis en route pour les poursuivre, et que déjà le Pharaon arrivait. Ils eurent très peur, ils se mirent à appeler le Seigneur à grands cris et dirent à Moïse :

"N'y avait-il pas assez de tombeaux en Egypte ? Pourquoi nous as-tu emmenés mourir dans le désert ? Pourquoi nous as-tu fait quitter l'Egypte ? Nous te l'avions bien dit, quand nous étions encore là-bas : 'Laisse-nous tranquilles, nous voulons servir les Egyptiens. Cela vaut mieux pour nous que de mourir dans le désert'.

"N'ayez pas peur, répondit Moïse. Tenez bon et vous verrez comment le Seigneur interviendra aujourd'hui pour vous sauver. En effet, les Egyptiens que vous voyez aujourd'hui, vous ne les reverrez plus jamais. Le Seigneur va combattre à votre place. Vous n'aurez pas à intervenir" Exode 14 :10-14.

[121]

Il ne fallut pas longtemps pour que les Israélites perdent confiance en l'Eternel ! Pourtant, ils avaient été témoins des jugements divins qui s'étaient abattus sur l'Egypte, pour que le roi se décide à les laisser partir ; mais quand leur foi en Dieu fut mise à l'épreuve, ils murmurèrent, bien qu'ils aient vu des manifestations aussi éclatantes de sa puissance et de la merveilleuse délivrance qu'il avait opérée en leur faveur. Au lieu de se confier dans le Très-Haut, ils firent part de leur mécontentement à Moïse, ce fidèle serviteur de Dieu, et lui rappelèrent les réticences qu'ils avaient formulées quand ils étaient en Egypte. Ils l'accusèrent d'être la cause de tous leurs ennuis. Moïse les exhorta à cesser de proférer des paroles d'incrédulité et à se confier en Dieu, et leur promit que le Seigneur interviendrait en leur faveur. Puis Moïse supplia l'Eternel de délivrer le peuple qu'il s'était choisi.

Libérés de la mer Rouge

"Le Seigneur dit à Moïse :

"Pourquoi m'appelles-tu à l'aide ? Dis aux Israélites de se mettre en route. Prends ton bâton en main et élève-le au-dessus de la mer afin que les Israélites puissent la traverser à pied sec. Quant à moi, j'incite les Egyptiens à s'obstiner et à y pénétrer derrière vous. Je manifesterai alors ma gloire en écrasant le Pharaon avec toutes ses troupes, ses chars et ses cavaliers. Les Egyptiens sauront que je suis le Seigneur, lorsque j'aurai manifesté ma gloire de cette manière.

"L'ange de Dieu, qui auparavant précédait les Israélites, alla se placer derrière leur camp. De même, la colonne de fumée qui était devant eux passa derrière eux ; elle se plaça entre le camp des Egyptiens et celui des Israélites. Cette fumée était obscure d'un côté, tandis que de l'autre elle éclairait la nuit. Ainsi les adversaires ne s'approchèrent pas les uns des autres de toute la nuit" Exode 14 :15-20.

Les Egyptiens ne pouvaient pas voir les Hébreux, car la nuée ténébreuse se trouvait devant eux, tandis qu'elle était entièrement lumineuse pour les Israélites. C'est ainsi que Dieu manifesta sa puissance afin d'éprouver les membres de son peuple, de voir s'ils allaient lui faire confiance après qu'il leur ait fourni tant de preuves de son amour, et de les reprendre à cause de leur incrédulité et de leurs murmures. "Moïse étendit le bras au-dessus de la mer. Le Seigneur fit alors souffler un fort vent d'est durant toute la nuit pour refouler la mer et la mettre à sec ; de chaque côté d'eux, l'eau formait comme une muraille" Exode 14 :21, 22. Les eaux s'élevèrent et se figèrent, comme deux parois de glace, de part et d'autre, frayant ainsi la voie aux enfants d'Israël, qui marchaient à pied sec au milieu de la mer.

Cette nuit-là, les Egyptiens se vantaient d'avoir à nouveau les Hébreux en leur pouvoir. Ils pensaient que ceux-ci n'avaient aucun moyen de leur échapper ; car devant eux s'étendait la mer Rouge, et la puissante armée égyptienne les encerclait par derrière. Mais au matin, quand les soldats de Pharaon arrivèrent sur le rivage, voici qu'il y avait devant eux un chemin sec tracé au milieu d'un couloir formé par les eaux divisées et amoncelées en deux murs liquides qui se dressaient de chaque côté. Et les Israélites, marchant à pied sec, avaient déjà fait la moitié de la traversée. Les Egyptiens attendirent quelques instants pour savoir quelle décision ils devaient prendre. Ils étaient contrariés et irrités de voir que ces Hébreux — qu'ils croyaient avoir à portée de leur main — avaient trouvé le moyen de leur échapper en traversant la mer. Quoi qu'il en soit, ils décidèrent de les suivre.

"Les Egyptiens les poursuivirent; tous les chevaux du Pharaon, avec chars et cavaliers, pénétrèrent derrière eux dans la mer. Vers la fin de la nuit, le Seigneur, du milieu de la colonne de feu et de fumée, regarda l'armée égyptienne et la désorganisa. Il bloqua les roues des chars, qui n'avancèrent plus que difficilement. Alors les Egyptiens s'écrièrent :

"Fuyons loin des Israélites, car le Seigneur combat avec eux contre nous !" Exode 14 :23-25.

Les Egyptiens ayant osé s'aventurer sur le chemin que le Seigneur avait préparé pour son peuple, des anges de Dieu pénétrèrent dans leurs rangs et ôtèrent les roues de leurs chars. L'armée fut pratiquement paralysée; en tout cas, elle ne put que progresser très lentement, et l'inquiétude grandit. Officiers et soldats se souvinrent des jugements que le Dieu des Hébreux avait fait tomber sur l'Egypte pour obliger Pharaon à libérer Israël, et ils craignaient que l'Eternel ne les livre entre les mains des Hébreux. Les Egyptiens comprirent que Dieu combattait pour les Israélites et, terrifiés, ils étaient sur le point de rebrousser chemin pour prendre la fuite quand "le Seigneur dit à Moïse : Etends ton bras au-dessus de la mer, pour faire revenir l'eau sur les chars et les cavaliers égyptiens.

"Moïse obéit. Alors, à l'aube, la mer reprit sa place habituelle. Les Egyptiens qui s'enfuyaient se trouvèrent soudain face à l'eau, et le Seigneur les y précipita. L'eau recouvrit tous les chars et les cavaliers des troupes du Pharaon qui avaient poursuivi les Israélites dans la mer. Personne n'échappa. Quant aux Israélites, ils avaient traversé la mer à pied sec, l'eau formant comme une muraille de chaque côté d'eux.

"Ainsi, ce jour-là, le Seigneur délivra les Israélites du pouvoir des Egyptiens, et les Israélites purent voir les cadavres des Egyptiens sur le rivage de la mer. Les Israélites virent avec quelle puissance le Seigneur était intervenu contre l'Egypte. C'est pourquoi ils acceptèrent son autorité ; ils mirent leur confiance en lui et en son serviteur Moïse" Exode 14 :26-31.

[125] Après avoir vu le prodige que l'Eternel avait accompli pour détruire les Egyptiens, les Hébreux unirent leurs voix pour exprimer leur reconnaissance par un cantique aux sublimes accents.

Chapitre 17 — Les pérégrinations d'Israël

Ce chapitre est basé sur Exode 15 :23-26 ; 17 :2-7, 13-16 ; 18 :7-12, 19-27.

Les enfants d'Israël marchèrent dans le désert, et pendant trois jours ils ne trouvèrent pas d'eau potable. Ils souffrirent de la soif, et "la foule se mit à critiquer Moïse et à dire : 'Qu'allons-nous boire ?' Moïse implora le Seigneur, qui lui montra un morceau de bois. Moïse le jeta dans l'eau et l'eau devint buvable.

"C'est là que le Seigneur donna aux Israélites des lois et des coutumes, là aussi qu'il les mit à l'épreuve. Il leur dit : 'Si vous m'obéissez vraiment, à moi, le Seigneur votre Dieu, en faisant ce que je considère comme juste, si vous écoutez mes commandements et mettez en pratique toutes mes lois, alors je ne vous infligerai aucune des maladies que j'ai infligées aux Egyptiens.. En effet, je suis le Seigneur, celui qui vous guérit'" Exode 15 :24-26.

Il semble que les Israélites avaient un cœur mauvais et incrédule. Ils n'étaient pas disposés à supporter des privations dans le désert. Quand ils rencontraient des difficultés, ils les considéraient comme des obstacles insurmontables. Ils perdaient confiance en Dieu et ne voyaient rien d'autre que la mort devant eux. "Là, dans le désert, les Isrélites se remirent à critiquer Moïse et Aaron. Ils disaient :

"Si seulement le Seigneur nous avait fait mourir en Egypte, quand nous nous réunissions autour des marmites de viande et que nous avions assez à manger ! Mais vous nous avez conduits dans ce désert pour nous y laisser mourir de faim !" Exode 16 :2, 3.

[126]

En réalité, ils n'avaient pas vraiment souffert de la faim. Ils avaient de quoi manger, mais ils craignaient pour l'avenir. Ils se demandaient comment la multitude d'Israël pourrait subsister au long de leurs pérégrinations dans le désert, en puisant dans les seules réserves alimentaires dont ils disposaient et, dans leur incrédulité, ils voyaient déjà leurs enfants mourir d'inanition. L'Eternel voulait que la nourriture vienne à leur manquer et qu'ils soient confrontés à des difficultés, pour que leurs cœurs se tournent vers lui qui, jusqu'ici, leur était venu en aide, et ce, afin qu'ils se confient en lui. Le Seigneur voulait être pour eux un secours de tous les instants. S'ils se trouvaient dans le besoin, ils auraient recours à lui, et il leur témoignerait son amour et sa sollicitude.

Mais ils semblaient disposés à se confier en l'Eternel seulement dans la mesure où ils continuaient à voir de leurs propres yeux les manifestations permanentes de sa puissance. S'ils avaient réellement cru en lui et s'ils s'étaient entièrement reposés sur lui, ils auraient surmonté avec courage les difficultés, les obstacles, et même de véritables épreuves, après avoir vu de quelle façon merveilleuse le Seigneur les avait affranchis de l'esclavage. En effet, il leur avait fait la promesse que s'ils obéissaient à ses commandements, ils ne souffriraient d'aucune maladie, car il leur avait dit : "Je suis le Seigneur, celui qui vous guérit".

[127] Après avoir reçu cette merveilleuse promesse divine, c'était de la part des Hébreux un manque de foi très grave que d'imaginer qu'eux et leurs enfants risquaient de mourir de faim. Ils avaient beaucoup souffert en Egypte où ils étaient accablés de travail. Leurs enfants avaient été mis à mort, mais l'Eternel avait étendu sur eux sa main protectrice en réponse à leurs supplications. Il leur avait promis qu'il serait leur Dieu, qu'il les prendrait pour son peuple et qu'il les conduirait dans un pays vaste et riche.

Quoi qu'il en soit, tandis qu'ils s'acheminaient vers ce pays, chaque fois qu'ils rencontraient une difficulté, ils perdaient courage. Ils avaient beaucoup souffert quand ils étaient au service des Egyptiens ; mais maintenant, ils paraissaient incapables de souffrir pour servir Dieu. Lorsqu'ils étaient éprouvés, ils se seraient laissé volontiers envahir par de sombres doutes et enliser dans le découragement. Ils murmuraient contre Moïse, ce fidèle serviteur de Dieu, rejetaient sur lui la responsabilité de tous leurs maux et, donnant libre cours à leur amertume, ils disaient qu'il eût mieux valu pour eux rester en Egypte, où ils pouvaient s'asseoir devant les pots de viande et manger du pain à satiété.

Une leçon pour notre époque

L'incrédulité et les murmures des enfants d'Israël illustrent bien la condition du peuple de Dieu à notre époque. Nombreux sont ceux qui, en considérant leur histoire, s'étonnent de leur manque de foi et de leurs plaintes continuelles, malgré tout ce que le Seigneur avait fait pour eux, en leur témoignant si souvent son amour et sa sollicitude. Ils pensent que les Israélites n'auraient pas dû se montrer aussi ingrats. Mais parmi ceux qui sont de cet avis, certains murmurent et se plaignent pour des motifs moins importants. Ceux-là se connaissent mal. Dieu met souvent leur foi à l'épreuve sur de petites choses ; mais ils ne se montrent pas plus forts que l'ancien Israël.

D'autres personnes, dont les besoins présents sont assurés, ne font pas confiance au Seigneur pour l'avenir. Elles font preuve d'incrédulité et sombrent dans le découragement parce qu'elles craignent de se trouver dans le besoin. D'autres sont constamment anxieuses à l'idée qu'elles-mêmes et leurs enfants risquent de manquer du nécessaire. Quand surviennent des difficultés, et qu'elles se trouvent dans une situation critique où leur foi et leur amour pour Dieu sont mis à l'épreuve, elles refusent l'adversité et se révoltent contre le moyen que le Seigneur a choisi pour les purifier. Cela prouve que leur amour n'est ni pur ni parfait puisqu'il n'est pas capable de supporter tout.

[128]

La foi des enfants de Dieu devrait être forte, agissante et persévérante — être sûre des choses que l'on espère. Elle devrait s'exprimer par ces paroles : "Mon âme, bénis l'Eternel ! Que tout ce qui est en moi bénisse son saint nom !" (Psaumes 103 : 1) car il a été généreux envers moi.

Certains pensent que la sobriété est une véritable épreuve, et ils laissent libre cours à leur gloutonnerie. Quand ils doivent mettre un frein à leur appétit malsain, de nombreux soi-disant chrétiens s'y refusent, comme si une alimentation saine signifiait un régime de famine. Comme les Israélites, ils préféreraient l'esclavage, la maladie et même la mort, plutôt que de devoir se passer de viande. Le pain et l'eau sont les seules choses qui ont été promises au reste du peuple de Dieu pendant le temps de détresse.

La manne

"Lorsque la rosée s'évapora, quelque chose de granuleux, fin comme du givre, restait par terre. Les Israélites le virent, mais ne savaient pas ce que c'était, et ils se demandèrent les uns aux autres :

"Qu'est-ce que c'est ?

[129] "Moïse leur répondit :

"C'est le pain que le Seigneur vous donne à manger. Et voici ce que le Seigneur a ordonné : 'Que chacun en ramasse la ration qui lui est nécessaire ; vous en ramasserez environ quatre litres par personne, d'après le nombre de personnes vivant sous la même tente'.

"Les Israélites agirent ainsi ; ils en ramassèrent, les uns beaucoup, les autres peu. Mais lorsqu'ils en mesurèrent la quantité, ceux qui en avaient beaucoup n'en avaient pas trop, et ceux qui en avaient peu n'en manquaient pas. Chacun en avait la ration nécessaire.

"Moïse leur dit encore :

"Que personne n'en mette de côté pour demain matin.

"Mais certains désobéirent et en conservèrent jusqu'au matin ; la vermine s'y mit et rendit le tout infect. Alors Moïse se mit en colère contre eux. Dès lors, chaque matin, ils en ramassèrent leur ration quotidienne. Quand le soleil devenait chaud, le reste fondait.

"Le sixième jour, ils en ramassèrent une double ration, environ huit litres par personne. Les responsables du peuple allèrent l'annoncer à Moïse, qui leur dit :

"C'est bien ce que le Seigneur a ordonné. Demain, c'est le sabbat, jour de repos consacré au Seigneur. Cuisez ce que vous voulez cuire, faites bouillir ce que vous voulez bouillir, et gardez le surplus jusqu'à demain matin.

"Ils en mirent donc de côté pour le lendemain, selon les instructions de Moïse, et il n'y eut ni puanteur ni vermine.

"Mangez cela aujourd'hui, leur dit alors Moïse. Car aujourd'hui, c'est le sabbat en l'honneur du Seigneur ; vous ne trouveriez rien dehors. En effet, pendant six jours vous pouvez ramasser de cette nourriture, mais le septième jour, le jour du sabbat, il n'y en a pas" Exode 16 :14-26.

[130] Aujourd'hui, le Seigneur ne demande pas moins, en ce qui concerne l'observation du sabbat, que lorsqu'il a donné aux enfants d'Israël les instructions particulières dont nous venons de parler. Il

leur prescrivit de faire cuire et de faire bouillir ce qui devait l'être le sixième jour, afin de se préparer au repos du sabbat.

En leur envoyant le pain du ciel, Dieu leur a témoigné son amour et sa grande bonté. "Les hommes purent manger le pain des anges" (Psaumes 78 :25), autrement dit une nourriture qui leur avait été fournie par les anges. Le triple miracle de la manne — double ration le sixième jour, rien le septième, et la nourriture gardée intacte le sabbat, alors que les autres jours elle se gâtait — était destiné à leur inculquer le caractère sacré du sabbat.

Après avoir été si abondamment pourvus en nourriture, les Hébreux éprouvèrent de la honte à cause de leur incrédulité et de leurs murmures. Aussi promirent-ils de faire confiance au Seigneur dans l'avenir ; mais ils ne tardèrent pas à oublier leur promesse et, à la première occasion, leur foi ne résista pas à l'épreuve.

L'eau du rocher

Après avoir quitté le désert de Sin, les Israélites se rendirent jusqu'à Refidim. Là, ils installèrent leur camp, mais ne trouvèrent pas d'eau à boire, "de sorte qu'ils cherchèrent querelle à Moïse et dirent :

"Donnez-nous de l'eau à boire !

"Moïse leur demanda :

"Pourquoi me cherchez-vous querelle ? Et pourquoi mettez-vous ainsi le Seigneur à l'épreuve ?

"Le peuple, de plus en plus assoiffé, continua de critiquer Moïse en disant :

"Pourquoi nous as-tu fait quitter l'Egypte ? Est-ce pour nous faire mourir de soif ici, avec nos enfants et nos troupeaux ?

"Moïse implora le secours du Seigneur :

"Que dois-je faire pour ce peuple ? demanda-t-il. Encore un peu et ils vont me lancer des pierres !

"Passe devant le peuple, répondit le Seigneur, et choisis quelques-uns des anciens d'Israël pour t'accompagner. Tu t'avanceras en tenant à la main le bâton avec lequel tu as frappé le Nil. Moi, je me tiendrai là, devant toi, sur un rocher du mont Horeb ; tu frapperas ce rocher, il en sortira de l'eau et le peuple pourra boire.

"Moïse obéit à cet ordre, sous le regard des anciens.

"On a appelé cet endroit Massa et Meriba, ce qui signifie 'Epreuve' et 'Querelle', parce que les Israélites avaient cherché querelle à Moïse et avaient mis le Seigneur à l'épreuve, en demandant : 'Le Seigneur est-il parmi nous, oui ou non ?'" Exode 17 :2-7.

Dieu avait dirigé les enfants d'Israël pour qu'ils campent en cet endroit où il n'y avait pas d'eau, afin de les mettre à l'épreuve, pour voir si, devant cette difficulté, ils se tourneraient vers lui ou s'ils se mettraient à murmurer comme ils l'avaient fait précédemment. Etant donné la merveilleuse délivrance que l'Eternel avait opérée en leur faveur, malgré leur déception, ils auraient dû lui faire confiance. Puisqu'il leur avait promis de les adopter comme son peuple, ils auraient dû comprendre qu'il ne permettrait pas que ses enfants meurent de soif. Mais au lieu de supplier humblement le Très-Haut de pourvoir à leurs besoins, ils murmurèrent contre Moïse et lui réclamèrent de l'eau.

Dieu n'avait cessé de manifester de façon merveilleuse sa puissance sous leurs yeux, pour qu'ils puissent comprendre que tous les bienfaits dont ils jouissaient venaient de lui, qu'il pouvait les leur accorder ou les en priver, selon sa volonté. Parfois, ils en avaient pleinement conscience et s'humiliaient profondément devant lui ; mais quand ils étaient assoiffés ou affamés, ils s'en prenaient à Moïse, comme si c'était pour lui plaire qu'ils avaient quitté l'Egypte. Celui-ci était affligé par leurs plaintes malveillantes. Il demanda au Seigneur ce qu'il devait faire, car le peuple était sur le point de le lapider. Le Très-Haut ordonna à Moïse de frapper le rocher avec le bâton de Dieu. La nuée de sa gloire se trouvait devant le rocher même. "Il avait fendu des rochers dans le désert pour les faire boire aux eaux souterraines. De la pierre il avait fait jaillir des ruisseaux et couler des torrents d'eau" Psaumes 78 :15, 16.

Moïse frappa donc le rocher ; mais c'est le Christ, qui se tenait à ses côtés, qui en fit jaillir l'eau. Le peuple assoiffé avait provoqué Dieu en disant : "Si Dieu nous a conduits jusqu'ici, pourquoi ne nous donne-t-il pas d'eau, comme il nous a donné du pain ?" Ce "si" révélait l'incrédulité coupable des enfants d'Israël et faisait craindre à Moïse que le Seigneur ne les châtie pour leurs plaintes malveillantes. L'Eternel mit la foi de son peuple à l'épreuve, mais sa foi se révéla trop faible pour y résister. Les Hébreux réclamèrent à Moïse de la nourriture et de l'eau. A cause de leur incrédulité,

Dieu permit à leurs ennemis de leur faire la guerre, afin qu'il puisse montrer à son peuple quel est le secret de sa force.

Délivrés d'Amalec

"Les Amalécites vinrent attaquer les Israélites à Refidim. Moïse dit à Josué :

"Choisis des hommes capables de nous défendre et va combattre les Amalécites. Demain je me tiendrai au sommet de la colline, avec le bâton de Dieu à la main.

"Josué partit combattre les Amalécites, comme Moïse le lui avait ordonné, tandis que Moïse, Aaron et Hour se posteraient au sommet de la colline. Tant que Moïse tenait un bras levé, les Israélites étaient les plus forts, mais quand il le laissait retomber, les Amalécites l'emportaient. Lorsque les deux bras de Moïse furent lourds de fatigue, Aaron et Hour prirent une pierre et la placèrent près de Moïse. Moïse s'y assit. Aaron et Hour, chacun d'un côté, lui soutinrent les bras, qui restèrent ainsi fermement levés jusqu'au coucher du soleil" Exode 17 :8-12.

Moïse élevait les bras vers le ciel, le bâton de Dieu dans la main droite, pour supplier l'Eternel de venir à leur aide. Alors, Israël triomphait et repoussait ses ennemis. Mais quand Moïse baissait les bras, on voyait qu'il perdrait bientôt tout ce qu'il avait gagné et que ses ennemis auraient l'avantage sur lui. Dès que Moïse levait de nouveau les bras vers le ciel, Israël était vainqueur et ses ennemis étaient refoulés.

Cette attitude de Moïse, élevant les bras vers le ciel, contenait un enseignement pour les Israélites : aussi longtemps qu'ils faisaient confiance à Dieu, qu'ils s'appuyaient sur sa force et exaltaient son autorité, il combattrait pour eux et soumettrait leurs ennemis. Mais dès qu'ils cesseraient de se reposer sur sa puissance, pour se confier dans leurs propres forces, ils deviendraient plus faibles que leurs ennemis, qui ne connaissaient pas l'Eternel, et leurs ennemis auraient l'avantage sur eux. Alors, "Josué remporta une victoire complète sur l'armée amalécite.

"Le Seigneur dit à Moïse :

"Mets tout cela par écrit, pour qu'on ne l'oublie pas. Et dis à Josué que j'exterminerai les Amalécites, de telle sorte que personne sur la terre ne se souviendra d'eux.

"Alors Moïse construisit un autel, auquel il donna un nom signi-

[134] fiant 'Le Seigneur est mon étendard'. Et il déclara :

"Puisque les Amalécites ont osé lever la main contre le trône du Seigneur, le Seigneur sera toujours en guerre contre eux". Exode 17 :14-16.

La visite de Jéthro

Avant de quitter l'Egypte, Moïse avait renvoyé sa femme et ses enfants chez son beau-père. Ayant appris de quelle manière miraculeuse les Israélites avaient été délivrés d'Egypte, Jéthro rendit visite à Moïse dans le désert, et lui ramena sa femme et ses enfants. "Moïse vint à sa rencontre, s'inclina profondément devant lui, puis l'embrassa. Après avoir échangé des nouvelles de leur santé, ils se rendirent dans la tente de Moïse. Moïse raconta à son beau-père comment le Seigneur avait traité le Pharaon et les Egyptiens, à cause d'Israël, et comment le peuple avait pu surmonter, grâce au Seigneur, les difficultés rencontrées en chemin. Jéthro se réjouit de tout le bien que le Seigneur avait fait aux Israélites en les délivrant de la domination des Egyptiens, et il s'écria :

"Loué soit le Seigneur, qui vous a délivrés de la domination du Pharaon et des Egyptiens. Je reconnais maintenant que le Seigneur est plus grand que tous les autres dieux : il l'a montré lorsque les Egyptiens tyrannisaient les Israélites.

"Jéthro offrit à Dieu un sacrifice complet et des sacrifices de communion. Alors Aaron et tous les anciens d'Israël vinrent prendre part au repas sacré, en compagnie du beau-père de Moïse" Exode 18 :10-12.

Jéthro, très perspicace, ne tarda pas à se rendre compte de la lourde charge qui reposait sur les épaules de Moïse ; car les Hébreux faisaient part à ce dernier de tous leurs problèmes et il devaient les enseigner concernant les statuts et la loi de Dieu. Jéthro dit à son

[135] gendre : "Ecoute donc ce que je te conseille, et que Dieu soit avec toi : Ton rôle consiste à représenter le peuple devant Dieu pour lui présenter les affaires litigieuses ; tu dois aussi informer les gens des

lois et des enseignements de Dieu, leur indiquer la conduite à tenir et leur dire ce qu'ils doivent faire. Pour le reste, choisis parmi le peuple des hommes de valeur, pleins de respect pour Dieu, aimant la vérité et incorruptibles ; tu les désigneras comme responsables, à la tête de groupes de mille, de cent, de cinquante ou de dix hommes. Ce sont ceux qui siégeront chaque jour pour juger les querelles du peuple ; ils te soumettront les affaires importantes, mais régleront eux-mêmes les causes mineures. De cette manière tu pourras alléger ta tâche, puisqu'ils en partageront la responsabilité avec toi. Si tu fais cela — et si c'est bien ce que Dieu t'ordonne —, tu ne t'épuiseras pas ; et de leur côté tous ces gens pourront rentrer chez eux réconciliés.

"Moïse suivit les conseils de son beau-père : il choisit parmi les Israélites des hommes de valeur et les désigna comme responsables du peuple, à la tête de groupes de mille, de cent, de cinquante ou de dix hommes. Ils devaient siéger chaque jour pour juger les querelles du peuple ; ils soumettaient à Moïse les affaires difficiles, mais réglaient eux-mêmes les causes mineures.

"Moïse prit congé de son beau-père, qui s'en retourna dans son pays" Exode 18 :19-27.

Moïse ne refusa pas d'écouter les conseils de son beau-père. Dieu l'avait grandement honoré et avait accompli de grands prodiges par sa main. Mais il ne vint pas à l'esprit de Moïse de penser qu'il n'avait besoin des conseils de personne puisque le Seigneur l'avait choisi pour enseigner ses semblables et pour accomplir par lui de grandes choses. Il prêta donc l'oreille aux suggestions de son beau-père qui lui parurent sages, et il agit en conséquence.

[136]

Chapitre 18 — La loi de Dieu

Après avoir quitté Refidim, les enfants d'Israël "pénétrèrent dans le désert du Sinaï. Ils installèrent leur camp dans le désert, près du mont Sinaï. Moïse gravit la montagne pour rencontrer Dieu.

"Du sommet, le Seigneur appela Moïse et lui dit :

"Voici ce que tu déclareras aux descendants de Jacob, les Israélites : 'Vous avez vu comment j'ai traité les Egyptiens, vous avez vu comment je vous ai amenés ici près de moi, comme un aigle porte ses petits sur son dos. Maintenant, si vous écoutez bien ce que je vous dis et si vous respectez mon alliance, vous serez pour moi un peuple particulièrement précieux parmi tous les peuples. En effet toute la terre m'appartient, mais vous serez pour moi un royaume de prêtres, une nation consacrée à mon service.' Voilà ce que tu diras aux Israélites.

"Moïse revint au camp, convoqua les anciens d'Israël et leur communiqua tout ce que le Seigneur lui avait ordonné. Le peuple dans son ensemble s'écria :

"Nous obéirons à tous les ordres du Seigneur.

"Moïse rapporta leur réponse au Seigneur". Exode 19 :2-8.

Les Israélites contractaient ainsi une alliance solennelle avec le Seigneur, en le reconnaissant comme leur souverain et en se soumettant à son autorité divine. "Alors le Seigneur déclara à Moïse :

"Je vais venir jusqu'à toi caché dans une épaisse fumée, afin que les Israélites m'entendent parler avec toi et qu'ils aient confiance en toi pour toujours". Exode 19 :9.

[137] Quand les Hébreux rencontraient des difficultés sur leur route, ils étaient enclins à murmurer contre Moïse et Aaron et à les accuser d'avoir conduit la multitude d'Israël hors d'Egypte pour la précipiter à sa perte. Pour cette raison, et afin qu'ils aient confiance en son serviteur, Dieu voulait maintenant honorer Moïse à leurs yeux et leur montrer qu'il avait mis son Esprit sur lui.

Préparatifs pour rencontrer Dieu

Puis le Seigneur donna des instructions précises à Moïse concernant la manière dont le peuple devait se préparer pour le jour où Dieu s'approcherait d'eux de manière qu'ils puissent entendre sa loi proclamée non par des anges, mais par lui-même. "Et le Seigneur dit encore à Moïse :

"Retourne vers le peuple et dis-leur de se purifier aujourd'hui et demain. Qu'ils lavent aussi leurs vêtements. Qu'ils se tiennent prêts pour après-demain, car ce jour-là je descendrai sur le mont Sinaï à la vue de tout le peuple". Exode 19 :10, 11.

Le peuple fut invité à s'abstenir de travaux et de préoccupations profanes et à tourner leurs pensées vers Dieu. Le Seigneur leur demanda aussi de laver leurs vêtements. Il n'est pas moins exigeant de nos jours qu'il l'était alors, car c'est un Dieu d'ordre, et il requiert aujourd'hui de son peuple qu'il ait des habitudes de minutieuse propreté. Ceux qui adorent le Très-Haut avec des vêtements sales et sans avoir fait leur toilette ne s'approchent pas de lui comme il convient. Le manque de respect à son égard lui déplaît, et il n'accepte pas le culte offert par des adorateurs malpropres, car c'est une offense envers lui. Le Créateur des cieux et de la terre considère l'hygiène comme quelque chose d'important puisqu'il a dit : "Qu'ils lavent aussi leurs vêtements".

"Tu leur fixeras des limites autour de la montagne et tu les mettras en garde : ils ne doivent pas gravir cette montagne, ni même s'en approcher. Tout être qui s'en approchera sera mis à mort. Qu'il s'agisse d'un homme ou d'un animal, on ne le laissera pas vivre. On ne le touchera pas, mais on le tuera en lui lançant des pierres ou des flèches. C'est seulement quand le cor sonnera que certains pourront monter sur la montagne" Exode 19 :12, 13. Cet ordre était destiné à inculquer à ce peuple rebelle un profond respect pour l'autorité de Dieu, en tant qu'auteur des lois qui devaient leur être prescrites.

Dieu manifeste sa majesté redoutable

"Le surlendemain, dès l'aube, il y eut sur la montagne des coups de tonnerre, des éclairs et une épaisse fumée. On entendit aussi une puissante sonnerie de trompette. Dans le camp, le peuple tremblait de peur" Exode 19:16. L'armée des anges qui se tenait en présence de la majesté divine convoqua le peuple en faisant entendre un son comparable à celui d'une trompette et qui retentissait de plus en plus fort au point que toute la terre tremblait.

"Moïse les fit sortir (les Israélites) du camp pour s'approcher de Dieu. Ils s'arrêtèrent au pied de la montagne.

"Le Sinaï était tout fumant, parce que le Seigneur y était descendu dans le feu ; la fumée s'élevait comme celle d'une fournaise, et toute le montagne tremblait" Exode 19:17, 18. La majesté divine descendit enveloppée d'un nuage et entourée d'un glorieux cortège d'anges qui ressemblaient à des flammes de feu.

[139]

"La sonnerie de trompette devint de plus en plus puissante. Quand Moïse parlait, Dieu lui répondait dans le tonnerre. Le Seigneur descendit au sommet du Sinaï, d'où il appela Moïse, et Moïse y remonta. Le Seigneur lui dit :

"Va avertir le peuple de ne pas se précipiter pour me voir. Sinon beaucoup d'entre eux mourraient. Même les prêtres, qui peuvent pourtant s'approcher de moi, doivent se purifier, de peur que je n'intervienne contre eux" Exode 19:19-22.

Dans sa majesté redoutable, le Seigneur promulgua sa loi du haut du Sinaï, afin que le peuple croie en lui. Cette promulgation de la loi fut accompagnée d'une manifestation sublime de l'autorité du Très-Haut, afin que les Hébreux sachent qu'il est le seul Dieu vivant et vrai. Moïse lui-même ne fut pas autorisé à pénétrer dans la nuée glorieuse ; il lui fut seulement permis de s'approcher et d'entrer dans les épaisses ténèbres qui entouraient cette nuée. Il se tint debout entre le peuple et Dieu.

L'Eternel proclame sa loi

Après avoir ainsi manifesté sa puissance, Dieu s'est présenté en ces termes aux Israélites : "Je suis le Seigneur ton Dieu, c'est moi qui t'ai fait sortir du pays d'Egypte où tu étais esclave" Exode 20:2. Puis, le même Dieu qui avait déployé sa puissance au milieu des Egyptiens, édicta sa loi :

"Tu n'adoreras pas d'autres dieux que moi.

"Tu ne te fabriqueras aucune idole, aucun objet qui représente ce qui est dans le ciel, sur la terre ou dans l'eau sous la terre ; tu ne t'inclineras pas devant des statues de ce genre, tu ne les adoreras pas. En effet, je suis le Seigneur ton Dieu, et j'exige d'être ton seul Dieu. Si quelqu'un s'oppose à moi, je le punis, lui et ses descendants, jusqu'à la troisième ou la quatrième génération ; mais je traite avec bonté pendant mille générations ceux qui m'aiment et obéissent à mes commandements.

"Tu ne prononceras pas mon nom de manière abusive, car moi, le Seigneur ton Dieu, je tiens pour coupable celui qui agit ainsi.

"N'oublie jamais de me consacrer le jour du sabbat. Tu as six jours pour travailler et faire tout ton ouvrage. Le septième jour, c'est le sabbat qui m'est réservé, à moi, le Seigneur ton Dieu ; tu ne feras aucun travail ce jour-là, ni toi, ni tes enfants, ni tes serviteurs ou servantes, ni ton bétail, ni l'étranger qui réside chez toi. Car en six jours j'ai créé le ciel, la terre, la mer et tout ce qu'ils contiennent, puis je me suis reposé le septième jour. C'est pourquoi moi, le Seigneur, j'ai béni le jour du sabbat et je veux qu'il me soit consacré.

"Respecte ton mère et ta mère, afin de jouir d'une longue vie dans le pays que moi, le Seigneur ton Dieu, je te donne.

"Tu ne commettras pas de meurtre.

"Tu ne commettras pas d'adultère.

"Tu ne commettras pas de vol.

"Tu ne prononceras pas de faux témoignage contre ton prochain.

"Tu ne convoiteras rien de ce qui appartient à ton prochain, ni sa maison, ni sa femme, ni son serviteur, ni sa servante, ni son bœuf, ni son âne" Exode 20 :3-17.

Les deux premiers commandements énoncés par l'Eternel condamnent l'idolâtrie. Cette pratique conduit en effet les hommes à s'enliser toujours plus dans le péché et dans la rébellion, au point d'aboutir à des sacrifices humains. Le Seigneur veut que nous nous éloignions le plus possible de telles abominations. Les quatre premiers commandements prescrivent à l'homme ses devoirs envers Dieu. Le quatrième sert de trait d'union entre le Très-Haut et l'homme. Le sabbat a été institué pour le bien de l'homme et pour honorer le Créateur. Les six derniers préceptes indiquent les devoirs de l'homme envers ses semblables.

Le sabbat devait être à jamais un signe entre Dieu et son peuple. Il devait être un signe en ce sens que tous ceux qui l'observent montrent par là qu'ils vénèrent le Dieu vivant, le Créateur des cieux et de la terre. Le sabbat devait être un signe entre Dieu et son peuple aussi longtemps que le Seigneur disposait sur la terre d'un peuple à son service.

"Tous les Israélites entendirent les coups de tonnerre et la sonnerie de trompette, tous virent les éclairs et la montagne fumante ; ils se mirent à trembler de peur et se tinrent à distance. Ils dirent à Moïse :

"Parle-nous toi-même, et nous t'écouterons ; mais que Dieu ne nous parle pas directement, sinon nous mourrons.

"Moïse leur répondit :

"Ne craignez rien ! Si Dieu s'est approché de vous, c'est pour vous mettre à l'épreuve ; il veut que vous reconnaissiez son autorité et que vous ne commettiez pas de péché.

"Les Israélites restèrent à distance, tandis que Moïse s'approchait de l'épais nuage où se tenait Dieu.

"Le Seigneur dit à Moïse :

"Voici ce que tu transmettras de ma part aux Israélites : 'Vous l'avez vu, c'est du haut du ciel que je me suis adressé à vous'." Exode 20 :18-22.

La sainte présence de Dieu sur le mont Sinaï, les tremblements de terre, le tonnerre et les éclairs qui accompagnèrent cette manifestation divine suscitèrent chez le peuple une telle crainte et un tel respect envers sa majesté souveraine que les Israélites fuirent instinctivement sa présence solennelle, car ils craignaient de ne pouvoir supporter l'éclat de cette gloire redoutable.

Les dangers de l'idolâtrie

Voulant mettre son peuple particulièrement en garde contre l'idolâtrie, l'Eternel dit : "Vous ne vous fabriquerez pas d'idoles en argent ou en or, pour adorer d'autres dieux à côté de moi" Exode 20 :23. En effet, les Hébreux risquaient de vouloir suivre l'exemple des Egyptiens en se faisant des statues pour représenter Dieu.

Le Seigneur dit à Moïse : "Je vais envoyer un ange qui vous précédera et vous protégera le long du chemin ; il vous conduira dans le pays que je vous ai préparé. Prenez bien soin de lui obéir, de ne pas vous montrer insoumis ; il ne supporterait pas votre révolte, car il agit en mon nom. Si vous lui obéissez fidèlement, si vous accomplissez scrupuleusement ce que je vous ordonne, moi le Seigneur, je serai l'ennemi de vos ennemis et l'adversaire de vos adversaires. Lorsque mon ange vous précédera pour vous conduire chez les Amorites, les Hittites, les Perizites, les Cananéens, les Hivites et les Jébusites, je détruirai ces peuples" Exode 23 :20-23. L'ange qui précédait Israël était le Seigneur Jésus-Christ. "Mais vous ne devrez pas vous incliner devant leurs dieux pour les adorer, ni imiter leurs cérémonies. Au contraire vous détruirez les statues de ces dieux et vous briserez leurs pierres dressées ; et c'est moi seul, le Seigneur votre Dieu, que vous adorerez. Alors je vous bénirai en vous accordant nourriture et boisson, et en vous préservant des maladies" Exode 23 :24, 25.

L'Eternel voulait que son peuple comprenne qu'il devait l'adorer, lui seul ; et s'il arrivait que les Israélites remportent une victoire sur les nations idolâtres qui les entouraient, ils ne devaient garder aucune des statues auxquelles ces nations rendaient un culte, mais devaient au contraire les détruire. Un grand nombre de ces idoles païennes étaient très belles et donc d'une grande valeur artistique ; elles risquaient donc de tenter ceux qui avaient été témoins des cultes idolâtres, si répandus en Egypte, au point de faire éprouver un certain respect pour ces objets inanimés. Mais Dieu voulait que son peuple sache que c'est à cause de l'idolâtrie pratiquée par ces nations-là — qui les avait conduites à toutes les formes possibles de perversité — qu'il avait choisi les Israélites comme ses instruments pour punir ces idolâtres et détruire leurs dieux.

"Voici ce que je provoquerai : à la nouvelle de votre approche, les nations seront terrifiées ; tous les peuples chez qui vous pénétrerez seront mis en déroute et vos ennemis tourneront tous le dos pour s'enfuir. J'enverrai aussi devant vous des frelons qui mettront en fuite les Hivites, les Cananéens et les Hittites, avant même votre arrivée. Cependant je ne ferai pas fuir tous ces peuples devant vous la même année ; s'il en était ainsi, le pays deviendrait un désert où les bêtes sauvages se multiplieraient à vos dépens. Je chasserai vos ennemis peu à peu, au fur et à mesure que vous deviendrez plus nombreux et que vous occuperez le pays. Finalement votre territoire s'étendra de la mer des Roseaux à la mer Méditerranée et du désert du Sinaï à l'Euphrate, car je livrerai en votre pouvoir les habitants de ces régions, afin que vous les chassiez. Vous ne conclurez aucune alliance avec eux ou avec leurs dieux. Vous ne leur permettrez pas de demeurer dans votre pays, afin qu'ils ne vous entraînent pas à commettre des fautes contre moi. En effet, si vous adoriez leurs dieux, vous seriez pris au piège de l'idolâtrie" Exode 23 :27-33. Dieu fit ces promesses à son peuple à condition que ce dernier lui obéisse. Si les Israélites servaient fidèlement le Seigneur, il ferait de grandes choses en sa faveur.

Après que Moïse eut pris connaissance des lois de Dieu, qu'il les eut écrites pour le peuple, en mentionnant les promesses qui lui étaient destinées s'il obéissait, le Seigneur lui dit : "Monte vers moi sur la montagne avec Aaron, Nadab, Abihou et soixante-dix des anciens d'Israël. Lorsque vous serez encore à bonne distance, vous vous inclinerez jusqu'à terre. Ensuite tu seras le seul à t'approcher de moi. Les autres ne s'approcheront pas et le peuple ne montera pas sur la montagne avec vous. Moïse alla rapporter aux Israélites tout ce que le Seigneur lui avait dit et ordonné. Ils répondirent d'une seule voix : Nous obéirons à tous les ordres du Seigneur" Exode 24 :1-3.

Moïse écrivit non pas les dix commandements, mais les ordonnances que Dieu avait prescrites à son peuple, ainsi que les promesses faites sous condition d'obéissance. Il lut à haute voix ce qu'il avait écrit, et le peuple promit d'obéir à toutes les paroles que le Seigneur avait prononcées. Puis Moïse écrivit dans un livre le texte de cette promesse et il offrit un sacrifice à l'Eternel pour le peuple. "Il prit ensuite le livre de l'alliance et le lut à haute voix devant le peuple. Les Israélites déclarèrent : Nous obéirons scrupuleusement à tous les ordres du Seigneur. Moïse prit alors le sang des vases, en aspergea les Israélites et dit : Ce sang confirme l'alliance que le Seigneur a conclue avec vous, en vous donnant tous ces commandements" Exode 24 :7, 8. Le peuple répéta alors la promesse qu'il avait faite à Dieu de se conformer à tout ce qui lui avait été prescrit.

La loi éternelle de Dieu

La loi de Dieu existait avant que l'homme ne fût créé. Les anges eux-mêmes étaient régis par cette loi. Satan est tombé parce qu'il a violé les principes du gouvernement de Dieu. Après avoir créé Adam et Eve, le Seigneur leur fit connaître sa loi. Elle n'était pas encore écrite à cette époque-là, mais il la leur révéla oralement.

Le sabbat prescrit dans le quatrième commandement fut institué en Eden. Après qu'il eut créé le monde et formé l'homme sur la terre, Dieu institua le sabbat pour l'homme. Après le péché et la chute d'Adam, aucune partie de la loi divine ne fut supprimée. Les principes qui sont à la base des dix commandements existaient avant la chute ; ils étaient adaptés à la nature des êtres saints. Après la chute de l'homme, les principes qui sont les fondements de ces préceptes ne furent pas modifiés ; en revanche, un certain nombre de préceptes y furent ajoutés, pour répondre aux besoins de l'homme déchu.

Un rituel fut alors établi qui exigeait des sacrifices d'animaux destinés à rappeler à l'homme déchu que la mort est le châtiment de la désobéissance, contrairement à ce que le serpent avait voulu faire croire à Eve. La transgression de la loi divine avait nécessité la mort du Christ en sacrifice, offrant ainsi à l'homme un moyen d'échapper au châtiment tout en préservant l'autorité de la loi de Dieu. Le rituel des sacrifices avait pour but d'apprendre l'humilité à l'homme pécheur, de l'amener à se repentir et à se confier en Dieu seul, afin qu'il obtienne, grâce au Rédempteur promis, le pardon des transgressions de la loi. Si l'homme n'avait pas violé la loi divine, la mort n'aurait jamais existé, et il n'aurait pas été nécessaire d'instituer des préceptes complémentaires pour répondre aux besoins de l'homme déchu.

[146]

Adam instruisit ses descendants au sujet de la loi de Dieu, qui fut transmise aux croyants fidèles, de génération en génération. La violation constante de la loi divine fut à l'origine d'un déluge d'eau sur la terre. Cette loi fut préservée par Noé et sa famille qui, en pratiquant le bien, furent miraculeusement sauvés par Dieu au moyen de l'arche. Noé fit connaître les dix commandements à sa postérité. Depuis Adam et après lui, le Seigneur se réserva un peuple qui avait sa loi gravée dans le cœur. A propos du père des croyants, il nous est dit : "Abraham a obéi à mes ordres, observé mes règles, mes commandements, mes décrets et mes lois" Genèse 26 :5.

Le Seigneur apparut à Abraham et lui déclara :

"Je suis le Dieu tout-puissant. Vis toujours en ma présence et sois irréprochable. Je vais établir mon alliance entre toi et moi et te donner un très grand nombre de descendants" Genèse 17 :1, 2. "Je maintiendrai mon alliance avec toi, puis, après toi, avec tes descendants, de génération en génération, pour toujours : ainsi je serai ton Dieu et celui de tes descendants après toi" Genèse 17 :7.

Puis le Seigneur prescrivit à Abraham et à sa postérité de pratiquer la circoncision, qui consiste dans l'excision du prépuce, et qui signifiait que Dieu les avait retranchés, séparés de toutes les autres nations pour en faire son bien le plus précieux. Par ce signe, ils s'engageaient solennellement à ne pas contracter mariage avec des personnes appartenant à d'autres peuples, car en agissant ainsi, ils manqueraient de respect envers Dieu et envers sa sainte loi et deviendraient comme les nations idolâtres qui les entouraient.

[147] En accomplissant le rite de la circoncision, ils acceptaient solennellement de remplir les conditions de l'alliance conclue avec Abraham qui consistaient à se séparer des autres peuples et à être parfait. Si les descendants d'Abraham s'étaient tenus à l'écart des autres nations, ils ne se seraient pas laissé entraîner dans l'idolâtrie. En refusant d'être en contact avec les autres peuples, ils étaient préservés de la grande tentation de pratiquer des coutumes perverses et de se rebeller contre Dieu. Au contraire, en se mêlant avec ces nations, ils perdaient en grande partie leur caractère distinctif et saint. Pour punir les Hébreux de leur infidélité, le Seigneur envoya une famine dans leur pays qui les obligea à se rendre en Egypte pour sauver leur vie. Mais Dieu ne les abandonna pas tandis qu'ils séjournaient en Egypte, car il en avait fait la promesse à Abraham. Il permit aux Egyptiens d'opprimer les enfants d'Israël afin que, dans leur détresse, ils décident librement de se soumettre à son autorité empreinte de justice et de bonté et qu'ils obéissent à ses exigences.

Au début, quelques familles seulement descendirent en Egypte ; mais avec le temps, elles devinrent une grande multitude. Certains d'entre les Hébreux veillaient à inculquer à leurs enfants les principes de la loi de Dieu, mais de nombreux Israélites avaient été tellement en contact avec l'idolâtrie qu'ils n'avaient plus que des idées confuses sur sa loi. Ceux qui craignaient l'Eternel le suppliaient dans leur angoisse de les libérer du joug de leur pénible esclavage et du pays où ils étaient captifs pour qu'ils puissent le servir librement. Le Seigneur fut attentif à leurs supplications et suscita Moïse pour qu'il devienne l'instrument par lequel son peuple serait libéré. Après que les Israélites eurent quitté l'Egypte et qu'ils eurent franchi les eaux de la mer des Roseaux (mer Rouge) où Dieu avait frayé un chemin devant eux, l'Eternel les mit à l'épreuve pour voir s'ils se confieraient en lui qui les avait choisis parmi les nations au moyen de signes, de tentations et de prodiges. Mais ils ne supportèrent pas l'épreuve. Devant les difficultés qu'ils rencontrèrent sur leur route, ils murmurèrent contre Dieu et allèrent jusqu'à désirer retourner en Egypte.

[148]

La loi écrite sur des tablettes de pierre

Pour que les Israélites n'aient aucune excuse, le Seigneur lui-même descendit sur le mont Sinaï, enveloppé de sa gloire et entouré de ses anges. C'est ainsi que, d'une manière sublime et imposante, il promulgua la loi des dix commandements. Il ne laissa à personne le soin de les énoncer, pas même à ses anges ; mais il publia sa loi à haute voix de façon que tout son peuple puisse l'entendre. L'Eternel ne les confia pas à la mémoire d'un peuple si enclin à oublier ses prescriptions, mais il les écrivit de son doigt saint sur des tablettes de pierre. Il évitait ainsi que l'on mêle quelque tradition à ses saints préceptes ou que l'on confonde ses exigences avec des coutumes humaines.

Le Seigneur s'approcha davantage encore de son peuple, qui s'égarait si facilement ; aussi, il ne se contenta pas de lui donner le décalogue, mais il ordonna à Moïse d'écrire des lois et des statuts contenant des directives précises concernant la manière de les appliquer, et qui constituaient le garant des dix commandements que l'Eternel avait gravé sur des tablettes de pierre. Ces directives et ces prescriptions particulières avaient pour but de conduire l'homme faillible à obéir à la loi morale qu'il transgresse si aisément.

Si l'homme s'était conformé à la loi de Dieu telle que Dieu l'a faite connaître après la chute, telle qu'elle fut conservée dans l'arche par Noé et observée par Abraham, le précepte de la circoncision n'eût pas été nécessaire. Si les descendants d'Abraham avaient été fidèles à l'alliance dont la circoncision était le signe, ils ne seraient pas tombés dans l'idolâtrie, ils n'auraient pas souffert de la captivité en Egypte. Il n'eût pas non plus été nécessaire que l'Eternel proclame sa loi sur le mont Sinaï et qu'il en garantisse l'observation par les directives et les statuts écrits par Moïse.

[149]

Les ordonnances et les statuts

Ces ordonnances et ces statuts, Moïse les reçut de la bouche même du Seigneur lorsqu'il était avec lui sur la montagne. Si le peuple de Dieu avait obéi aux principes contenus dans les dix commandements, les directives précises données à Moïse, qui les écrivit dans un livre et qui concernent les devoirs de l'homme envers Dieu et envers ses semblables, auraient été superflues. Les prescriptions particulières que le Seigneur donna à Moïse touchant les devoirs de son peuple à l'égard du prochain et de l'étranger sont en réalité les principes des dix commandements simplifiés et énoncés de façon précise, afin que son peuple ne s'égare pas.

L'Eternel donna également à Moïse des instructions détaillées pour le rituel des sacrifices qui devait cesser à la mort du Christ. Ce rituel sanglant préfigurait l'offrande de Jésus, l'Agneau sans tache.

Le Seigneur institua tout d'abord le rite des sacrifices après la chute d'Adam. Celui-ci le transmit à ses descendants. Ce rituel fut perverti avant le déluge par ceux qui se séparèrent des croyants fidèles à Dieu et qui avaient entrepris de construire la tour de Babel. Ces infidèles offrirent des sacrifices aux dieux qu'ils avaient fabriqués de leurs propres mains au lieu de les offrir au Dieu du ciel. Ils offrirent des sacrifices non parce qu'ils croyaient dans le Rédempteur à venir, mais parce qu'ils s'imaginaient plaire à leurs dieux en leur immolant un grand nombre d'animaux sur des autels souillés par des idoles. Leur superstition les conduisit à de grands excès. Ils prétendaient que plus un sacrifice était coûteux, plus il était agréable à leurs dieux idolâtres et plus leur nation serait riche et prospère. C'est pourquoi on alla jusqu'à offrir des sacrifices humains à ces idoles muettes. Les lois et les règles de ces nations, destinées à gouverner le peuple, étaient extrêmement cruelles, car elles avaient été instituées par des hommes dont le cœur n'avait pas été attendri par la grâce. D'après ces lois, les crimes les plus odieux étaient admis, tandis que pour la moindre faute, ceux qui détenaient l'autorité pouvaient infliger la peine la plus sévère.

C'est ce que Moïse avait à l'esprit lorsqu'il dit au peuple d'Israël : "Vous le savez, je vous ai enseigné des lois et des règles, comme le Seigneur mon Dieu me l'a ordonné ; vous les mettrez en pratique quand vous serez dans le pays dont vous allez prendre possession.

Si vous les mettez soigneusement en pratique, les autres nations qui auront connaissance de ces lois vous considéreront comme sages et intelligents ; on dira de vous : 'Quelle sagesse, quelle intelligence il y a dans cette grande nation !' En effet, existe-t-il une autre nation, même parmi les plus grandes, qui ait des dieux aussi proches d'elle que le Seigneur notre Dieu l'est pour nous chaque fois que nous l'appelons à l'aide ? Existe-t-il une autre nation, même parmi les plus grandes, qui possède des lois et des règles aussi justes que celles contenues dans le code de la loi que je vous présente aujourd'hui ?"
Deutéronome 4 :5-8. [151]

Chapitre 19 — Le sanctuaire

Ce chapitre est basé sur Exode 25-40.

Le Tabernacle fut construit selon ce que Dieu avait prescrit. Pour accomplir cet ouvrage particulièrement ingénieux, le Seigneur avait fait appel à des hommes auxquels il donna des qualifications supérieures aux dons naturels. Les plans et la réalisation de cette construction ne furent confiés ni à Moïse ni à ces ouvriers. Dieu lui-même en traça les plans et les remit à Moïse, avec des instructions précises concernant les dimensions de l'édifice, sa forme et les matériaux à utiliser. Le Seigneur indiqua également quel genre de mobilier devait s'y trouver. Il montra à Moïse une maquette du sanctuaire céleste et lui ordonna de faire tout d'après le modèle qui lui avait été présenté sur la montagne. Moïse écrivit toutes ces instructions dans un livre et fit part de son contenu aux membres les plus influents du peuple.

Puis l'Eternel demanda aux Israélites d'apporter des offrandes volontaires pour lui construire un sanctuaire et qu'il habite au milieu d'eux. "Les Israélites quittèrent Moïse. Ensuite tous les gens au cœur et à l'esprit généreux vinrent apporter au Seigneur leur contribution pour l'édification de la tente de la rencontre, pour la célébration du culte et pour la confection des vêtements sacrés. Les hommes et les femmes généreux vinrent avec toutes sortes de bijoux d'or, broches, boucles, anneaux ou colliers, et ils les offrirent au Seigneur avec le geste rituel de présentation" Exode 35 :20-22.

[152]

La construction du sanctuaire exigeait des préparatifs considérables et coûteux. Pour cela, il fallut recueillir des matériaux précieux dont le prix était élevé. Cependant, le Seigneur accepta uniquement des offrandes volontaires. Pour que soit érigée la demeure du Très-Haut, les deux premières conditions étaient le dévouement à sa cause et un esprit de sacrifice venant du cœur. Tandis que la construction se poursuivait, le peuple continuait à apporter des offrandes à Moïse et il les présentait aux ouvriers. Or, les hommes compétents qui étaient chargés de l'ouvrage estimèrent que les dons apportés par les Israélites étaient suffisants et qu'il y en avait même plus que ce qui était nécessaire. "Aussitôt Moïse donna l'ordre de proclamer à travers tout le camp : 'Que plus personne, ni homme ni femme, ne prépare de dons pour le sanctuaire !'. On cessa donc d'apporter des dons" Exode 36 :6.

Un avertissement pour les générations à venir

Les plaintes répétées des Israélites et les manifstations de la colère divine à cause de leurs transgressions nous ont été rapportées dans les écrits sacrés pour le bien du peuple de Dieu, et spécialement afin que cela serve d'avertissement pour ceux qui vivraient près du temps de la fin. La piété des Hébreux, leur énergie et la générosité dont ils ont fait preuve en apportant des offrandes volontaires à Moïse, sont également consignées pour l'édification des croyants. La spontanétité avec laquelle ils ont préparé les matériaux nécessaires à la construction du tabernacle est aussi un exemple pour tous ceux qui savent goûter les bienfaits du culte rendu à Dieu. Quand ils travaillent à l'édification d'un lieu où le Seigneur peut les rencontrer, ceux qui apprécient la grâce de sa sainte présence devraient manifester un intérêt et un zèle d'autant plus grands pour cette œuvre sacrée qu'ils estiment les bénédictions célestes davantage que leur confort terrestre. Ils devraient comprendre qu'ils préparent un temple pour l'Eternel.

Il est bien qu'un édifice spécialement construit pour que Dieu y rencontre son peuple soit agencé avec soin, qu'il soit confortable, net et bien adapté, car il doit être dédicacé et présenté au Seigneur à qui l'on demandera de venir l'habiter et de le sanctifier par sa sainte présence. Les offrandes volontaires pour la construction du lieu de culte doivent affluer au point que ceux qui y travaillent puissent dire : N'apportez plus d'offrandes !

"D'après le modèle"

Une fois terminée la construction du tabernacle, Moïse examina l'ensemble de l'ouvrage, le compara avec la maquette et à la lumière des instructions que Dieu lui avait données, et il vit qu'il correspondait en tous points au modèle de base. Alors Moïse bénit le peuple.

Dieu montra également à Moïse une maquette de l'arche, avec des indications sur la manière dont elle devait être fabriquée. L'arche était destinée à contenir les tablettes de pierre, sur lesquelles le Seigneur avait gravé de son doigt les dix commandements. La forme de l'arche était comparable à celle d'un coffre ; elle était recouverte intérieurement et extérieurement d'or pur. Son bord supérieur était orné de couronnes d'or tout autour. Le couvercle de ce coffre sacré, appelé propitiatoire, était en or massif. De chaque côté du propitiatoire, il y avait un chérubin également en or massif. Leurs visages se faisaient face et étaient tournés pieusement vers le propitiatoire. Les deux chérubins représentaient la totalité des anges du ciel considérant avec intérêt et respect la loi divine déposée dans l'arche du sanctuaire céleste. Ces chérubins avaient des ailes. L'une d'elles était déployée vers le ciel, tandis que l'autre était repliée sur le corps. L'arche du sanctuaire terrestre était calquée sur celle qui se trouve dans le ciel. A chaque extrémité de l'arche céleste se tiennent deux anges vivants dont une aile, étendue vers le ciel, couvre le propitiatoire, tandis que l'autre est repliée sur eux-mêmes en signe de déférence et d'humilité.

Moïse reçut l'ordre des déposer les tablettes de pierre dans l'arche du sanctuaire terrestre. Celles-ci sont appelées "les tables du témoignage" ("le document de l'alliance" — B.F.C.), et l'arche est appelée "l'arche du témoignage" ("l'arche du document de l'alliance" — Idem), parce qu'elle renfermait le témoignage de Dieu contenu dans les dix commandements.

Les deux appartements

Le tabernacle comprenait deux pièces séparées par un rideau, ou voile. Tous les meubles du sanctuaire étaient en or massif ou recouverts d'or. Les tentures du tabernacle étaient faites d'un tissu multicolore et disposées avec art. Sur ces tentures figuraient des chérubins tissés avec des fils d'or et d'argent. Ces chérubins représentaient l'armée des anges qui officient dans le sanctuaire céleste et accomplissent un ministère auprès des croyants sur la terre.

Derrière le second voile se trouvait l'arche du témoignage qui était masquée par un rideau d'une beauté somptueuse. Ce rideau n'atteignait pas la hauteur de la construction, si bien que la gloire de Dieu — qui apparaissait au-dessus du propitiatoire — pouvait être vue depuis les deux pièces, mais à un moindre degré depuis le lieu saint.

[155]

En face de l'arche, et tout près du rideau qui les séparait, il y avait l'autel d'or des parfums. Le feu qui brûlait sur cet autel, et qui était allumé par Dieu lui-même, était pieusement alimenté par un encens sacré dont le parfum remplissait le sanctuaire jour et nuit. Ce parfum se répandait à des kilomètres à la ronde. Quand le prêtre offrait l'encens au Seigneur, il regardait vers le propitiatoire. Bien qu'il ne puisse le voir, il savait qu'il était là, et à mesure que la fumée de l'encens s'élevait comme un nuage, la gloire de Dieu descendait sur le propitiatoire, remplissait le lieu très saint et était visible depuis le lieu saint. Souvent, l'éclat de la gloire divine qui se manifestait dans les deux pièces était tel que le prêtre était incapable d'officier et devait rester à l'entrée du tabernacle.

Le prêtre qui se tenait dans le lieu saint et dont les prières étaient dirigées vers le propitiatoire, bien qu'il ne puisse pas le voir, représentait les membres du peuple de Dieu qui font monter leurs prières jusqu'à Jésus-Christ qui officie devant le propitiatoire dans le sanctuaire céleste. A vues humaines, eux non plus ne peuvent pas voir leur Médiateur, mais par l'œil de la foi, ils voient le Christ devant le propitiatoire, lui adressent leurs prières et se réclament avec assurance des bienfaits de son intercession.

Ces lieux saints du sanctuaire ne comportaient aucune fenêtre par où la clarté puisse pénétrer, mais le chandelier d'or pur, qui était allumé jour et nuit, répandait sa lumière dans les deux pièces. Les parois d'or du tabernacle réfléchissaient celle du chandelier et la projetaient sur les meubles sacrés, sur les tentures aux couleurs magnifiques et où l'on pouvait voir des chérubins tissés avec des fils d'or et d'argent. (...) Nul langage ne saurait décrire la beauté, la splendeur glorieuse de ces lieux. L'or du sanctuaire reflétait les couleurs des tentures qui ressemblaient à celles de l'arc-en-ciel.

[156]

Une seule fois par an, et après s'y être soigneusement préparé, le grand prêtre entrait dans le lieu très saint. Personne, excepté lui, ne pouvait contempler la grandiose sainteté de cette pièce, où la gloire divine se manifestait de façon visible. Le souverain sacrificateur n'y pénétrait jamais sans trembler, tandis que le peuple attendait, dans un silence solennel, qu'il sorte de ce lieu sacré. Tous désiraient obtenir la bénédiction du Très-Haut. Devant le propitiatoire, le Seigneur s'adressait au grand prêtre. Si celui-ci restait dans le lieu très saint plus longtemps que de coutume, les Israélites étaient remplis d'effroi : ils craignaient qu'à cause de leurs péchés ou de quelque faute commise par le souverain sacrificateur, la gloire de l'Eternel ne l'ait anéanti. Aussi, lorsqu'ils entendaient le son des clochettes cousues sur ses vêtements, ils étaient grandement rassurés. Alors le grand prêtre sortait du sanctuaire et bénissait le peuple.

Une fois terminée la construction du tabernacle, "la fumée vint recouvrir la tente de la rencontre et la gloire du Seigneur remplit la demeure sainte, de telle sorte que Moïse ne put pas pénétrer dans la tente. ... Le Seigneur manifesta sa présence aux Israélites par la fumée qui enveloppait la demeure pendant le jour ou par la feu qui y brillait pendant la nuit, et cela tout au long du voyage". Exode 40 :35, 38.

[157] Le tabernacle était démontable, pour pouvoir être transporté au cours de leurs déplacements.

Guidés par une nuée

Le Seigneur dirigea les Israélites tout au long de leurs marches à travers le désert. Quand, pour le bien du peuple et pour la gloire de Dieu, ils devaient installer leur campement dans un certain endroit, l'Eternel indiquait sa volonté par la fumée qui s'arrêtait au-dessus du tabernacle, et elle y restait jusqu'au jour où il voulait qu'ils repartent. Alors, la fumée s'élevait au-dessus du sanctuaire, et ils reprenaient leur route.

Un ordre parfait présidait à leurs déplacements. Chaque tribu avait son fanion, sur lequel figurait l'emblème de sa maison patriarcale, et chacune de ces tribus devait planter sa tente autour de son fanion. Au cours de leurs pérégrinations, les différentes tribus marchaient en ordre, chacune derrière sa bannière. Quand ils s'arrêtaient pour quelque temps, on installait le tabernacle, et les différentes tribus disposaient leurs tentes conformément aux instructions que le Seigneur avait données, à une certaine distance du sanctuaire.

Au cours des voyages, l'arche de l'alliance était portée en tête. "De jour la fumée du Seigneur planait au-dessus d'eux, losqu'ils levaient le camp. Au moment du départ du coffre sacré, Moïse s'écriait : 'Dresse-toi, Seigneur, afin que tes ennemis soient dispersés et que tes adversaires s'enfuient devant toi !' Et lorsque l'on déposait le coffre, Moïse s'écriait : 'Seigneur, reviens prendre place au milieu des familles innombrables d'Israël !'" Nombres 10 :34-36. [158]

Chapitre 20 — Le compte rendu des espions

Ce chapitre est basé sur Nombres 13 :1-14 :39.

Le Seigneur ordonna à Moïse d'envoyer des hommes pour explorer le pays de Canaan, qu'il avait promis de donner aux enfants d'Israël. Un responsable de chaque tribu fut choisi pour remplir cette mission. Ils y allèrent et, au bout de quarante jours, ils revinrent, se présentèrent devant Moïse et Aaron et devant tout le peuple d'Israël et leur montrèrent des fruits du pays. Les espions furent unanimes pour dire qu'il s'agissait d'un bon pays dont ils rapportaient des fruits magnifiques : une grappe de raisins était si grosse qu'il avait fallu deux hommes pour la transporter au moyen d'une perche, ainsi que des figues et des grenades qui poussaient dans cette région-là en abondance.

Après avoir décrit la fertilité du pays, tous les espions, sauf deux, se montrèrent profondément défaitistes quant à la prise de possession de la terre de Canaan. Ils dirent que ses habitants étaient très forts et que les villes étaient entourées de hautes et puissantes murailles ; par-dessus tout, ils y avaient vu les enfants du géant Anak. Enfin, ils énumérèrent les nations qui habitaient tout autour de Canaan et qui rendaient impossible la conquête du pays.

A l'ouïe de ce compte rendu, les Israélites, donnant libre cours à leur déception, se mirent à récriminer fortement et à se lamenter. Ils ne prirent pas le temps de réfléchir et de se dire que si le Seigneur les avait amenés jusque-là, il leur donnerait sûrement la terre promise.

[159] Au lieu de cela, ils se laissèrent aller de suite au découragement. Ils minimisèrent la puissance du Très-Haut et ne se confièrent pas en Celui qui les avait conduits jusqu'à cet endroit. Ils adressèrent des reproches à Moïse et se dirent les uns aux autres : Ainsi s'évanouissent tous nos espoirs. Voilà le pays pour lequel nous avons fait tout ce voyage depuis l'Egypte !

Caleb et Josué auraient bien voulu s'adresser au peuple, mais les Israélites étaient dans un tel état de surexcitation qu'ils étaient incapables de se calmer et de les écouter. Après que le tumulte se fut quelque peu apaisé, Caleb leur dit : "Allons-y ! Nous nous emparerons de ce pays. Nous en sommes capables ! Mais les compagnons de Caleb déclarèrent : Nous ne pouvons pas attaquer ces gens, ils sont bien plus forts que nous" Nombres 13 :30, 31. Et, s'entêtant dans leur vue défaitiste des choses, ils parlèrent de la taille exceptionnelle des habitants de Canaan : "Nous avons même vu des géants, les descendants d'Anac ; par rapport à eux, nous nous sentions comme des fourmis, et c'est bien l'impression qu'ils devaient avoir eux-mêmes de nous" Nombres 13 :33.

Nouvelles plaintes du peuple d'Israël

"Toute la nuit les Israélites crièrent et pleurèrent. Ils critiquaient Moïse et Aaron, et ils leur dirent : Ah, si seulement nous étions morts en Egypte, ou dans ce désert ! Pourquoi le Seigneur nous conduit-il dans un tel pays ? Nous y mourrons dans des combats, nos femmes et nos enfants feront partie du butin des vainqueurs. Ne vaudrait-il pas mieux pour nous retourner en Egypte ? Ils se dirent alors les uns aux autres : Nommons un chef et retournons en Egypte ! Moïse et Aaron se jetèrent le visage contre terre, face à l'ensemble des Israélites" Nombres 14 :1-5.

[160]

Les Hébreux ne se contentaient pas de critiquer Moïse ; ils accusaient Dieu lui-même de les avoir trompés en leur promettant un pays qu'ils ne pouvaient pas conquérir. Leur esprit de rébellion atteignit un point tel que, oubliant que le bras invincible du Tout-Puissant les avait libérés du pays d'Egypte et les avait conduits jusque-là grâce à une succession de miracles, ils décidèrent de se choisir un chef sous la conduite duquel ils seraient retournés en Egypte, où ils avaient été esclaves et supporté tant de souffrances. Ils nommèrent donc effectivement un chef, écartant ainsi Moïse, leur patient et bienveillant conducteur, et murmurèrent fortement contre Dieu.

Moïse et Aaron se jetèrent le visage contre terre devant le Seigneur et en présence de toute l'assemblée d'Israël, pour implorer sa miséricorde en faveur de ce peuple rebelle. Mais leur détresse et leur angoisse étaient telles qu'ils furent incapables de prononcer un mot. Caleb et Josué restèrent donc prosternés en silence. Ils déchirèrent leurs vêtements en signe de tristesse. Puis ils dirent au peuple : "Le pays que nous avons exploré est un excellent pays, qui regorge de lait et de miel. Si le Seigneur nous est favorable, il nous conduira dans ce pays et nous le donnera. Seulement, ne vous révoltez pas contre le Seigneur. Et n'ayez pas peur des habitants de ce pays : nous n'en ferons qu'une bouchée. En effet leurs dieux protecteurs les ont abandonnés, tandis que le Seigneur est avec nous. Ne les craignez donc pas" Nombres 14 :7-9.

"Ils n'ont plus d'ombrage pour les couvrir" Nombres 14 :9, Segond. Autrement dit, les Cananéens ayant mis le comble à leurs iniquités, ils ne bénéficient plus de la protection divine ; cependant, ils se croient parfaitement en sécurité et ne sont donc pas prêts pour la bataille. De plus, en vertu de la promesse de Dieu, la conquête du pays nous est assurée. Mais, loin de produire l'effet désiré sur les Israélites, ces paroles ne firent qu'attiser davantage encore leur révolte. Tremblants de colère et de rage, ils se mirent à crier, disant que Caleb et Josué devaient être lapidés, ce qui serait arrivé si le Seigneur n'était intervenu en faisant éclater sa gloire redoutable dans la tente de la rencontre en présence des enfants d'Israël.

Moïse intercède en faveur de son peuple

Moïse se rendit à la tente de la rencontre pour s'entretenir avec Dieu. "Le Seigneur dit à Moïse : Ce peuple ne cessera-t-il jamais de me rejeter ? Refusera-t-il toujours de me faire confiance, malgré tous les signes que je lui ai donnés de ma puissance ? Je vais le frapper de la peste et l'exterminer, puis je ferai naître de toi une nation plus puissante et plus nombreuse qu'Israël. Moïse répondit au Seigneur : Les Egyptiens ont su que, par ta force, tu avais fait sortir ce peuple de chez eux. Ils l'ont raconté aux habitants de ce pays. Ceux-ci ont donc appris que toi, le Seigneur, tu accompagnes ton peuple, que tu te manifestes à lui face à face ; ils ont appris que c'est toi qui le protèges, puisque tu marches devant lui, le jour dans une colonne de fumée, la nuit dans une colonne de feu. Si maintenant tu extermines ton peuple d'un seul coup, les nations qui ont entendu parler de tout ce que tu as fait vont dire : 'Le Seigneur n'a pas été capable de conduire ce peuple dans le pays qu'il lui avait promis ; c'est pourquoi il l'a massacré dans le désert'" Nombres 14 :11-16.

Une fois de plus, Moïse n'acceptait pas l'idée qu'Israël soit détruit et que lui-même devienne le père d'une nation plus puissante. Ce serviteur choisi de Dieu témoigne son amour envers Israël et son zèle pour la gloire de son Créateur et pour l'honneur de son peuple : Tu as pardonné à ce peuple depuis qu'il a quitté l'Egypte jusqu'à maintenant, tu as manifesté jusqu'ici ta patience et ta bienveillance envers ce peuple ingrat, bien qu'il en soit indigne, et ta bonté est la même. Puis Moïse supplie l'Eternel ; Ne veux-tu pas, cette fois encore, les épargner et ajouter cette preuve supplémentaire de ta divine patience à celles, nombreuses, que lui as déjà données ?

"Je lui pardonne, comme tu le demandes, répondit le Seigneur. Cependant, aussi vrai que je suis vivant et que ma gloire remplit toute la terre, je jure que personne de cette génération n'entrera dans ce pays. Ils ont vu ma gloire, et tous les actes puissants que j'ai accomplis en Egypte et dans le désert ; malgré cela ils n'ont pas cessé de me mettre à l'épreuve en me désobéissant. C'est pourquoi aucun d'eux ne verra le pays que j'ai promis à leurs ancêtres, puisqu'ils m'ont tous rejeté. Mais mon serviteur Caleb a été animé d'un autre esprit et m'est resté fidèle ; je le ferai entrer dans le pays qu'il a exploré, et je donnerai cette région à ses descendants" Nombres 14 :20-24.

Retour au désert

Le Seigneur ordonna aux Hébreux de rebrousser chemin et de retourner dans le désert en longeant la mer Rouge. Ils avaient été très près de la terre promise ; mais à cause de leur méchanceté et de leur révolte, ils furent privés de la protection divine. S'ils avaient prêté l'oreille au compte rendu de Caleb et de Josué et s'ils avaient agi en conséquence, Dieu leur aurait donné le pays de Canaan. Au lieu de cela, ils se montrèrent incrédules et firent preuve d'une telle insolence envers l'Eternel qu'ils furent condamnés à ne jamais entrer dans la terre promise. C'est dans sa bonté envers son peuple que le Seigneur le fit retourner vers la mer Rouge ; en effet, tandis que les Hébreux temporisaient et murmuraient, de leur côté, les Amalécites et les Cananéens, qui avaient été informés de la visite des espions, se préparaient à faire la guerre aux enfants d'Israël.

"Le Seigneur dit encore à Moïse et à Aaron : J'ai entendu les Israélites se plaindre de moi. Ce peuple insupportable ne cessera-t-il jamais de le faire ?" Nombres 14 :27. Le Seigneur dit alors à Moïse et à Aaron de faire savoir au peuple qu'il lui serait fait selon ce qu'il avait lui-même souhaité : "Ah, avaient dit les Israélites, si seulement nous étions morts en Egypte, ou dans ce désert !" Ainsi, Dieu les prenait au mot. Il chargea donc ses deux serviteurs de leur dire qu'ils mourraient dans le désert, ceux du moins qui avaient plus de vingt ans, parce qu'ils s'étaient révoltés et avaient murmuré contre lui. Seuls Caleb et Josué entreraient dans le pays de Canaan. "Quant à vos jeunes enfants, dont vous disiez qu'ils deviendraient le butin des vainqueurs, je les ferai entrer dans le pays que vous avez méprisé, et ils le connaîtront" Nombres 14 :31.

A cause de la rébellion du peuple d'Israël, l'Eternel déclara que les enfants des Hébreux devraient errer dans le désert pendant quarante ans, en comptant depuis le jour où ils avaient quitté l'Egypte, et jusqu'à ce que leurs parents soient tous morts. Les Israélites devraient donc subir les conséquences de leur iniquité durant quarante années, d'après le nombre de jours que les espions avaient mis pour explorer la terre promise, à raison d'une année pour un jour. "Ainsi vous saurez ce qu'il en coûte de s'opposer à moi" Nombres 14 :34. Ils devaient bien comprendre que c'était pour sanctionner leur idolâtrie et leur esprit de révolte que le Seigneur avait été amené à changer son plan à leur égard. La promesse d'une récompense fut accordée à Caleb et à Josué, contrairement à la multitude d'Israël, parce que celle-ci avait perdu tous les droits qui lui permettaient d'obtenir la faveur et la protection divines.

Chapitre 21 — La faute de Moïse

Ce chapitre est basé sur Nombres 20.

L'assemblée d'Israël se retrouva donc dans le désert, là même où Dieu l'avait mise à l'épreuve, peu après que les Hébreux eurent quitté l'Egypte. Le Seigneur avait fait jaillir de l'eau du rocher, qui avait continué de couler jusqu'à ce qu'ils reviennent dans ce lieu. Alors il permit que cette source tarisse, pour éprouver à nouveau leur foi et voir s'ils murmureraient encore contre lui.

Quand les Israélites assoiffés ne purent trouver d'eau, ils oublièrent comment, quelque quarante ans auparavant, l'Eternel avait fait jaillir de l'eau du rocher, et ils s'irritèrent. Au lieu de se confier en Dieu, il se plaignirent auprès de Moïse et d'Aaron et leur dirent : "Si seulement nous étions morts sous les coups du Seigneur en même temps que nos compatriotes !" Nombres 20 :3. Autrement dit, ils regrettaient de n'avoir pas été détruits lors du châtiment qui avait sanctionné la révolte de Koré, Dathan et Abiram.

Exaspérés, ils demandèrent : "Pourquoi nous avez-vous conduits dans ce désert, nous, le peuple du Seigneur ? Pour que nous y mourions avec nos troupeaux ? Pourquoi nous avoir fait quitter l'Egypte ? Pour nous amener dans cet endroit horrible ? On ne peut rien y semer, on n'y trouve ni figuiers, ni vignes, ni grenadiers, ni même d'eau à boire" Nombres 20 :4, 5.

"Moïse et Aaron s'éloignèrent des Israélites, se rendirent à l'entrée de la tente de la rencontre et s'y jetèrent le visage contre terre. [166] Alors la présence glorieuse du Seigneur se manifesta à eux, et le Seigneur dit à Moïse : Prends ton bâton, puis, avec ton frère Aaron, rassemble les Israélites. Sous leurs yeux, vous vous adresserez à ce rocher, là-bas, et il donnera de l'eau ; oui, tu feras jaillir de l'eau de ce rocher, pour donner à boire aux Israélites et à leurs troupeaux ! Moïse alla chercher son bâton dans la demeure du Seigneur, selon l'ordre reçu" Nombres 20 :6-9.

Moïse cède à l'impatience

"Aaron et lui (Moïse) convoquèrent la communauté devant le rocher désigné, et leur dirent : Ecoutez donc, vous, les rebelles ! Serons-nous capables de faire jaillir pour vous de l'eau de ce rocher ? Moïse leva le bras et frappa à deux reprises le rocher avec son bâton. Aussitôt de grandes quantités d'eau en jaillirent, et les Israélites purent s'y désaltérer, de même que leurs troupeaux. Mais le Seigneur dit à Moïse et à Aaron : Vous n'avez pas eu confiance en moi, vous n'avez pas laissé ma sainteté se manifester aux yeux des Israélites ! Pour cette raison, ce n'est pas vous qui conduirez ce peuple dans le pays que je leur donne" Nombres 20 :10-12.

En la circonstance, Moïse se rendit coupable d'une faute : fatigué d'entendre les plaintes continuelles que le peuple formulait contre lui, sur l'ordre du Seigneur il prit son bâton et, au lieu de parler au rocher comme Dieu le lui avait dit, il le frappa à deux reprises en disant : "Serons-nous capables de faire jaillir pour vous de l'eau de ce rocher ?" Il prononça là des paroles inconsidérées. Il ne dit pas : L'Eternel va maintenant vous donner une autre preuve de son pouvoir en faisant jaillir de l'eau de ce rocher. Il ne dit pas que c'était la puissance et la gloire divines qui avaient fait surgir à nouveau l'eau du rocher, et par conséquent, il ne magnifia pas Dieu au yeux du peuple. A cause de cette faute, le Seigneur ne permit pas à Moïse de conduire Israël jusque dans la terre promise.

[167]

Cette manifestation de la puissance de Dieu, qui répondait à une nécessité, était une occasion particulièrement solennelle que Moïse et Aaron auraient dû saisir pour impressionner favorablement le peuple. Mais, énervé, excédé et irrité par les murmures continuels des Israélites, Moïse leur dit : "Ecoutez donc, vous, les rebelles ! Serons-*nous* capables de faire jaillir pour vous de l'eau du rocher ?" En s'exprimant de cette façon, il admettait pratiquement qu'ils se plaignaient à juste titre quand ils l'acccusaient de les avoir fait sortir d'Egypte. Certes, Dieu avait pardonné les Hébreux pour des fautes plus graves que celle dont Moïse s'était rendu coupable ; mais la gravité d'un péché commis par un chef n'est pas la même que s'il a été commis par ses subordonnés. C'est pourquoi le Seigneur ne pouvait pas excuser la faute de Moïse et ne lui permit pas d'entrer au pays de Canaan.

Là — à Cadès — Dieu montra à son peuple de façon évidente que Celui qui avait accompli une telle délivrance en les libérant de l'esclavage dont ils souffraient en Egypte n'était pas Moïse, mais l'Ange puissant qui les guida au cours de tous leurs déplacements et dont il est écrit : "Je vais envoyer un ange qui vous précédera et vous protégera le long du chemin ; il vous conduira dans le pays que je vous ai préparé. Prenez bien soin de lui obéir, de ne pas vous montrer insoumis ; il ne supporterait pas votre révolte, car il agit en mon nom" Exode 23 :20, 21.

Moïse s'était arrogé la gloire qui appartient à Dieu seul. L'Eternel fit donc en sorte que le peuple rebelle sache avec certitude que ce n'était pas Moïse qui les avait fait sortir d'Egypte, mais lui-même. Le Seigneur avait confié à Moïse la charge de conduire Israël tandis que l'Ange puissant précéderait les Hébreux dans tous leurs déplacements et les dirigerait au cours de leurs pérégrinations. Etant donné qu'ils oubliaient si facilement que Dieu les conduisait au moyen de son Ange et qu'ils attribuaient à l'homme ce que la puissance divine seule pouvait accomplir, l'Eternel les mit à l'épreuve pour voir s'ils lui obéiraient. Mais chaque fois, ils ne supportaient pas l'épreuve. Au lieu de croire en Dieu et de reconnaître qu'il avait jalonné leur route de manifestations de son pouvoir et de preuves de son amour et de sa sollicitude, ils doutèrent de lui et accusèrent Moïse de les avoir fait sortir d'Egypte et d'être responsable de tous leurs malheurs. Moise avait supporté leur entêtement avec une patience remarquable. Une fois, ils avaient même voulu le lapider.

Un châtiment exemplaire

En interdisant à Moïse l'entrée dans la terre promise, le Seigneur voulut effacer définitivement de l'esprit des Israélites l'idée erronée que la faute de leur dirigeant resterait impunie. L'Eternel avait grandement honoré Moïse et avait déployé devant lui sa gloire. Il lui avait permis de s'approcher de sa sainte présence sur la montagne, et était allé jusqu'à s'entretenir avec lui comme un homme parle avec son ami. Par l'intermédiaire de Moïse, il avait fait connaître au peuple, sa volonté, ses statuts et ses lois. Le fait que Moïse avait bénéficié d'un tel honneur rendit sa faute d'autant plus grave. Il s'était repenti de son péché et s'en était profondément humilié devant Dieu. Il fit part de sa faute et de son repentir aux Israélites, et il ne leur cacha pas les conséquences qui en résultaient, à savoir que pour n'avoir pas rendu gloire au Seigneur, il ne les introduirait pas dans le pays promis. Il ajouta que si sa faute avait été estimée d'une gravité suffisante pour être sanctionnée par un châtiment divin, avec quelle sévérité le Très-Haut ne condamnerait-il pas les accusations répétées qu'ils avaient proférées contre lui (Moïse), par suite des jugements de Dieu dont ils avaient été frappés à cause de leurs péchés !

En raison de cette seule défaillance, Moïse avait donné l'impression que c'était lui qui avait fait jaillir l'eau du rocher, alors qu'il aurait dû exalter le nom de l'Eternel devant les Hébreux. Quoi qu'il en soit, le Seigneur entendait tirer les choses au clair avec son peuple en rappelant que Moïse n'était qu'un homme, qui agissait sous la conduite d'un plus puissant que lui : le Fils de Dieu lui-même. Aucun doute ne devait planer sur ce point. "A qui l'on a beaucoup donné, on demandera beaucoup" Luc 12 :48. Moïse avait eu l'immense privilège de contempler la majesté divine. La lumière et la gloire de Dieu lui avaient été accordées en abondance. En présence du peuple, son visage avait reflété la gloire que le Seigneur avait fait resplendir sur lui. Tous seront jugés selon les privilèges, les lumières et les bienfaits qu'ils ont reçus.

Dieu est particulièrement offensé lorsque des hommes de bien — dont la conduite habituelle est édifiante — commettent des fautes. C'est alors que Satan triomphe, qu'il accable les anges de sarcasmes en faisant ressortir les défaillances des instruments que Dieu s'est choisis et que l'adversaire donne aux incroyants l'occasion de s'élever contre Dieu. Le Seigneur avait conduit tout spécialement Moïse, et il lui avait fait connaître sa gloire comme il ne l'avait fait pour nul autre sur la terre. D'un naturel impatient, il s'était cependant confié dans la grâce divine et avait imploré la sagesse d'en haut avec une telle humilité que le Seigneur l'avait fortifié et lui avait permis de maîtriser son impatience au point que l'Ecriture dit de lui qu'il était plus patient qu'aucun homme sur la face de la terre. Nombres 12 :3, Segond.

Aaron mourut sur la montagne de Hor, car l'Eternel avait dit qu'il n'entrerait pas dans la terre promise parce que, avec Moïse, il avait péché lorsque l'eau avait jailli au rocher de Meriba. Moïse et les fils d'Aaron l'enterrèrent sur la montagne, afin que le peuple ne soit pas tenté d'organiser une grande cérémonie autour de son corps et qu'il ne tombe dans l'idolâtrie.

Chapitre 22 — La mort de Moïse

Ce chapitre est basé sur Deutéronome 31-34.

Peu avant sa mort, Moïse reçut l'ordre de rassembler les enfants d'Israël, et, avant qu'il ne rende le dernier soupir, de leur raconter tous les déplacements de l'assemblée des Hébreux depuis qu'ils avaient quitté l'Egypte, et toutes les fautes graves que leurs ancêtres avaient commises, qui leur avaient attiré les jugements de Dieu et avaient conduit l'Eternel à leur refuser l'entrée dans la terre promise. Leurs pères étaient morts dans le désert, conformément à la parole du Seigneur. Leurs enfants avaient grandi, et pour eux devait s'accomplir la promesse de prendre possession du pays de Canaan. Quand la loi fut promulguée sur le mont Sinaï, la plupart étaient encore de petits enfants ; par conséquent, ils ne se souvenaient pas de la solennité de l'événement. D'autres étaient nés pendant le séjour dans le désert, et pour qu'ils comprennent la nécessité d'obéir aux dix commandements, à toutes les lois et à toutes les ordonnances qui avaient été données à Moïse, l'Eternel prescrivit à ce dernier de rappeler les dix commandements et toutes les circonstances qui avaient marqué la promulgation de la loi.

Moïse avait écrit dans un livre toutes les lois et toutes les ordonnances que Dieu lui avait données ; il avait fidèlement consigné toutes les instructions qu'il avait reçues chemin faisant, ainsi que tous les prodiges qui avaient été accomplis en faveur du peuple, et toutes les doléances des enfants d'Israël. Il avait aussi mentionné qu'il avait été poussé à bout par leurs plaintes continuelles.

Dernières directives données à Israël

Devant toute l'assemblée réunie, Moïse lut dans le livre qu'il avait écrit les événements qui avaient marqué leur histoire. Ils lut aussi les promesses divines qui leur étaient destinées, à condition qu'ils soient obéissants, et les malédictions dont ils seraient l'objet s'ils désobéissaient à ses préceptes.

Moïse leur dit qu'à cause de leur rébellion, l'Eternel avait, à plusieurs reprises, eu l'intention de les exterminer, mais qu'il avait intercédé pour eux avec une telle ferveur que dans sa grâce, Dieu les avait épargnés. Il leur rappela les prodiges que le Seigneur avait accomplis devant le Pharaon et tout le pays d'Egypte. Puis il ajouta : "Oui, vous avez été témoins des interventions grandioses du Seigneur. Mettez donc en pratique tous les commandements que je vous communique aujourd'hui. Vous y trouverez les forces nécessaires pour prendre possession du territoire dans lequel vous allez entrer" Deutéronome 11 :7, 8.

Moïse mit les Israélites particulièrement en garde contre l'idolâtrie. Il les engagea à obéir aux commandements de Dieu. S'ils se montraient obéissants, s'ils aimaient et servaient le Seigneur de tout leur cœur, il leur donnerait la pluie au moment opportun, ferait pousser leurs plantations et multiplierait leur bétail. Ils jouiraient en outre de privilèges particulièrement appréciables et triompheraient de leurs ennemis.

La gravité avec laquelle Moïse parla aux enfants d'Israël était de nature à les impressionner. Il savait que c'était la dernière fois qu'il pourrait s'adresser à eux. Après quoi, il acheva d'écrire dans un livre toutes les lois, toutes les ordonnances et tous les statuts que Dieu lui avait donnés, ainsi que diverses règles relatives aux offrandes sacrificielles. Puis il remit ce livre à des hommes chargés d'un ministère sacré en leur demandant que pour assurer sa préservation, il soit déposé à côté de l'arche, car Dieu veillait constamment sur elle. Ce livre de Moïse devait être conservé, afin que les juges d'Israël puissent s'y référer en cas de besoin. Un peuple sujet à l'erreur interprète souvent les exigences divines selon ses propres désirs ; aussi le livre de Moïse devait-il être placé dans un lieu particulièrement sacré, pour que l'on puisse le consulter dans l'avenir.

[173]

Moïse conclut les dernières instructions destinées au peuple par un message puissant et prophétique, à la fois pathétique et éloquent. Sous l'inspiration divine, il bénit chacune des tribus du peuple. Dans ses dernières paroles, il mit l'accent sur la majesté de Dieu et le prestige d'Israël qui serait maintenu s'il obéissait à l'Eternel et s'appuyait sur sa force.

Mort et résurrection de Moïse

"Des plaines de Moab, Moïse monta sur le mont Nébo, au sommet de la Pisga, qui est à l'est de Jéricho. Le Seigneur lui montra tout le pays : la région de Galaad jusqu'à Dan, les régions de Neftali, d'Efraïm, de Manassé, et celle de Juda jusqu'à la Méditerranée, la région du Néguev, et enfin, dans la vallée du Jourdain, le district de Jéricho (la ville des Palmiers) jusqu'à Soar. Alors le Seigneur lui dit : Regarde le pays que j'ai promis à Abraham, à Isaac et à Jacob, lorsque je leur ai dit : 'Je donnerai ce pays à vos descendants.' Je te le montre, mais tu n'y entreras pas. Moïse, le serviteur du Seigneur, mourut là, dans le pays de Moab, comme le Seigneur l'avait annoncé. Dieu lui-même l'enterra dans une vallée de Moab, en face de la localité de Bet-Péor, et jusqu'à ce jour, personne n'a su exactement où se trouve sa tombe. Moïse avait cent vingt ans quand il mourut. Pourtant sa vue n'avait pas baissé et il était encore plein de vitalité" Deutéronome 34 :1-7.

[174]

L'Eternel ne voulait pas que qui que soit accompagne Moïse sur le sommet du mont Pisga. Le vieillard se tint là, sur une éminence du lieu, en présence de Dieu et des anges. Après avoir contemplé Canaan avec satisfaction, il se coucha, tel un guerrier épuisé, pour se reposer. Puis il s'endormit, mais du sommeil de la mort. Des anges prirent son corps et l'enterrèrent dans la vallée. Les Israélites ne purent jamais trouver l'endroit où il fut inhumé. Le secret qui entoura son ensevelissement avait pour but d'empêcher que les Hébreux ne se livrent à des pratiques idolâtres sur le corps du défunt, et qu'ils ne pèchent contre le Très-Haut.

Satan s'était grandement réjoui d'avoir réussi à pousser Moïse à pécher contre Dieu. A cause de cette faute, le patriarche fut livré au pouvoir de la mort. S'il avait continué à être fidèle et si sa vie n'avait pas été entachée par une seule défaillance — qui avait consisté à n'avoir pas glorifié Dieu qui avait fait jaillir l'eau du rocher —, il serait entré dans la terre promise et aurait été transmué au ciel, sans passer par la mort. Après que la dépouille de Moïse fut restée quelque temps dans la tombe, Michel, c'est-à-dire le Christ, et les anges qui l'avaient enterré, descendirent du ciel, ressuscitèrent le patriarche et l'emmenèrent dans le royaume céleste.

Quand le Christ et ses anges arrivèrent près du lieu où le prophète avait été enseveli, Satan et ses anges se trouvaient devant sa tombe, pour garder le corps et pour empêcher que quelqu'un ne s'en empare. Lorsque le Christ et ses anges s'approchèrent plus avant, Satan essaya de s'opposer à eux, mais la gloire et la puissance du Christ obligèrent celui-ci à reculer. Satan prétendait avoir des droits sur le corps de Moïse, à cause du seul péché qu'il avait commis ; mais le Christ se borna à lui répondre, en parlant de son Père : "Que le Seigneur te punisse !" Jude 1 :9. Le Christ dit à Satan que Moïse s'était humblement repenti de la faute qu'il avait commise, qu'il était désormais sans tache, et que son nom restait inscrit en bonne place sur les livres du ciel. Alors, le Christ ressuscita le corps de Moïse, que Satan avait revendiqué comme sa propriété.

Lors de la transfiguration de Jésus, Moïse et Elie, qui avait été transmué, furent envoyés pour s'entretenir avec le Christ de ses souffrances et pour être les réflecteurs de la gloire du Fils bien-aimé de Dieu. Le Seigneur avait accordé à Moïse de grands honneurs ; il avait eu le privilège de parler face à face avec l'Eternel, comme un homme parle avec son ami. Dieu lui avait révélé sa gloire suprême, ce qu'il n'avait fait pour aucun autre mortel.

Chapitre 23 — L'entrée dans la terre promise

Ce chapitre est basé sur Josué 1 ; 3-6 ; 23 ; 24.

Apres la mort de Moïse, Josué devait prendre la tête du peuple d'Israël pour l'introduire dans la terre promise. Pendant la plus grande partie du temps que les Hébreux avaient erré dans le désert, Josué avait servi aux côtés de Moïse en qualité de premier ministre. Il avait été témoin des prodiges que le Seigneur avait accomplis par l'intermédiaire de Moïse, et il connaissait bien les sentiments du peuple. Josué faisait partie des douze espions qui avaient été envoyés pour explorer le pays de Canaan, et il était l'un des deux qui avaient fait un compte rendu fidèle des richesses de cette région et encouragé le peuple à en prendre possession par la force de Dieu. Cet homme était tout à fait qualifié pour remplir cette importante fonction. Le Seigneur promit à Josué qu'il serait avec lui comme il avait été avec Moïse, de sorte que la conquête de Canaan lui serait chose facile, à condition qu'il observe scrupuleusement tous ses commandements. Le nouveau chef d'Israël se demandait comment il pourrait remplir sa mission, qui consistait à conduire le peuple jusque dans la terre promise ; mais ces encouragements suffirent à dissiper toutes ses craintes.

Josué ordonna aux enfants d'Israël de se préparer pour un voyage de trois jours ; après quoi, tous les hommes de guerre devaient aller au combat. "Ils répondirent à Josué : Nous ferons tout ce que tu nous ordonnes, nous irons partout où tu nous enverras. Nous t'obéirons exactement comme nous avons obéi à Moïse. Le Seigneur ton Dieu sera certainement avec toi comme il a été avec Moïse. Quiconque s'opposera à toi et refusera d'obéir à tes ordres sera mis à mort. Pour ta part, sois courageux et fort !" Josué 1 :16-18.

La traversée du Jourdain par les Israélites devait se faire grâce à un miracle. "Josué dit au peuple : Purifiez-vous, car demain le Seigneur va accomplir des prodiges au milieu de vous. Le jour suivant il ordonna aux prêtres de porter le coffre de l'alliance et de marcher à la tête du peuple. C'est ce qu'ils firent. Le Seigneur dit à Josué : A partir d'aujourd'hui je vais affermir ton autorité aux yeux de tous les Israélites ! Ils sauront que je suis avec toi comme j'ai été avec Moïse" Josué 3 :5-7.

La traversée du Jourdain

Les prêtres qui marchaient à la tête du peuple portaient l'arche qui contenait la loi de Dieu. Au moment où leurs pieds touchaient la rive du Jourdain, les eaux qui étaient en amont s'arrêtèrent de couler, et ils franchirent le fleuve à pied sec, en portant le coffre sacré, emblème de la présence divine ; la multitude des Hébreux suivit. Quand les prêtres furent arrivés au milieu du lit du Jourdain, ils reçurent l'ordre d'y stationner jusqu'à ce que tout le peuple ait traversé. Cette génération d'Israélites eut alors la preuve que les eaux du Jourdain obéissaient à la même puissance que celle qui s'était manifestée aux yeux de leurs pères quarante ans plus tôt à travers la mer des Roseaux, lorsqu'ils étaient enfants. Mais maintenant, ils franchissaient le Jourdain en hommes de guerre, pleinement équipés pour le combat.

Une fois que la multitude des Hébreux eut franchi le Jourdain, Josué donna l'ordre aux prêtres de sortir du lit du fleuve. Dès qu'ils furent à nouveau sur la terre ferme, porteurs du coffre sacré, le Jourdain se remit à couler comme auparavant et à inonder ses rives. A la vue de ce prodige, la foi des Israélites fut grandement fortifiée. Pour que ce merveilleux miracle ne soit jamais oublié, le Seigneur dit à Josué de donner des ordres pour que des hommes de renom — un pour chaque tribu — aillent prendre des pierres dans le lit du fleuve, à l'endroit même où les prêtres avaient stationné pendant que la multitude des Hébreux traversait le Jourdain, qu'ils portent ces pierres sur leurs épaules, et s'en servent pour ériger un monument à Guilgal, destiné à commémorer le fait que le peuple d'Israël avait franchi le Jourdain à pied sec. Dès que les prêtres furent sortis du lit du fleuve, Dieu retira sa main puissante, et les eaux du Jourdain se remirent à couler avec force dans leur lit.

Lorsque tous les rois des Amorites et ceux des Cananéens entendirent que le Seigneur avait arrêté le cours des eaux du Jourdain pour livrer passage aux enfants d'Israël, leur cœur défaillit d'effroi. Déjà, deux rois de Moab avaient péri par la main des Israélites, et maintenant, la traversée miraculeuse des eaux grossies et impétueuses du fleuve les remplissait de terreur.

Après cela, Josué circoncit tous les Israélites nés pendant la traversée du désert. Puis ils célébrèrent la Pâque dans les plaines de Jéricho. "Le Seigneur dit à Josué : Aujourd'hui, je vous ai débarrassés de la honte que vous aviez ramenée d'Egypte" Josué 5 :9.

Les nations païennes avaient critiqué l'Eternel et son peuple parce que les Hébreux n'étaient pas entrés en possession du pays de Canaan, dont ils s'attendaient à hériter après avoir quitté l'Egypte. Leurs ennemis avaient chanté victoire en voyant que les Israélites avaient si longtemps erré dans le désert et, dans leur orgueil, ils avaient méprisé leur Dieu en disant qu'il était incapable de conduire son peuple dans le pays de Canaan. Mais maintenant, les Israélites avaient traversé le Jourdain à pied sec ; ils étaient donc à l'abri des moqueries de leurs ennemis.

La manne avait continué de tomber jusqu'à ce jour ; mais comme les Hébreux étaient sur le point de conquérir la terre promise et de manger des produits de son sol, ils n'avaient plus besoin de cette manne. C'est pourquoi celle-ci cessa alors de tomber.

Le chef de l'armée du Seigneur

S'étant éloigné des armées d'Israël pour méditer et demander au Seigneur de l'assister tout spécialement de sa présence, Josué vit devant lui un homme de haute stature, portant des vêtements de guerrier et une épée nue dans sa main. Josué vit de suite qu'il n'était pas en présence d'un homme faisant partie des armées d'Israël, et pourtant, il n'avait pas l'apparence d'un ennemi. Aussi s'empressa-t-il de lui demander : "Es-tu de notre côté ou du côté de nos ennemis ? Ni l'un ni l'autre, répondit l'homme. Je suis le chef de l'armée du Seigneur et je viens d'arriver. Alors Josué se jeta la face contre terre et lui dit : Je suis ton serviteur, que m'ordonnes-tu ? Le chef de l'armée du Seigneur lui répondit : Enlève tes sandales, car tu te trouves dans un endroit saint. Et Josué obéit" Josué 5 :13-15.

Ce personnage n'était pas un ange ordinaire. Il s'agissait du Seigneur Jésus-Christ, qui avait conduit les Hébreux à travers le désert enveloppé de la colonne de feu pendant la nuit et d'une colonne de fumée pendant le jour. L'endroit était saint à cause de sa présence ; c'est pourquoi Josué reçut l'ordre d'ôter ses sandales.

Le Seigneur donna ensuite à Josué des instructions concernant les dispositions à prendre pour s'emparer de la ville de Jéricho. Tous les hommes de guerre devaient faire le tour de la ville une fois par jour et six jours consécutifs ; le septième jour, ils devaient faire sept fois le même circuit.

La prise de Jéricho

"Josué, fils de Noun, appela les prêtres et leur dit : Chargez sur vos épaules le coffre de l'alliance du Seigneur et que sept d'entre vous le précèdent avec des trompettes. Puis il donna cet ordre au peuple : En route ! Faites le tour de la ville. Que l'avant-garde passe devant le coffre sacré du Seigneur. Tout se passa comme Josué l'avait ordonné. Les sept prêtres porteurs de trompettes avançaient en sonnant de leur instrument devant le coffre sacré. L'avant-garde les précédait et l'arrière-garde suivait le coffre. Pendant qu'ils marchaient, le son des trompettes ne cessait de retentir. Mais Josué avait commandé au peuple lui-même de rester parfaitement silencieux et de ne pousser le cri de guerre qu'au moment où il en donnerait l'ordre. Il leur fit faire une fois le tour de la ville avec le coffre sacré, puis ils retournèrent au camp pour y passer la nuit" Josué 6 :6-10.

Le cortège des Hébreux marchait en ordre parfait. En tête il y avait un groupe d'hommes d'élite en tenue de combat ; pour le moment, ces hommes ne devaient pas faire usage de leurs armes, mais ils devaient croire et obéir aux instructions qui leur avaient été données. Derrière eux venaient sept prêtres munis de trompettes. Ensuite, on pouvait voir le coffre de Dieu, étincelant d'or et auréolé de gloire, porté par des prêtres revêtus de riches vêtements, emblèmes de leur ministère sacré. Enfin, clôturant le cortège, l'imposante armée d'Israël avançait en rangs, chaque tribu sous sa bannière respective. C'est ainsi que tous faisaient le tour de la ville, avec le coffre de Dieu. On n'entendait aucun bruit, si ce n'est celui des pas de la multitude et le son grave des trompettes répercuté par les collines et qui retentissait dans les rues de Jéricho.

Etonnées et sur le qui-vive, les sentinelles de cette ville condamnée guettaient le moindre mouvement et rendaient compte aux autorités en place de ce qu'ils voyaient. Nul ne comprenait ce que signifiait cette démonstration. Certains tournaient en ridicule l'idée que la ville puisse être prise de cette manière ; d'autres étaient remplis de crainte en voyant la beauté éclatante du coffre sacré et l'attitude digne et solennelle des prêtres et de l'armée d'Israël qui les suivait, Josué en tête. Ces habitants de Jéricho se souvenaient que quarante ans auparavant, la mer des Roseaux (mer Rouge) s'était ouverte devant les Hébreux, et qu'un passage avait été frayé pour eux à travers le Jourdain. Ceux-là étaient bien trop effrayés pour se laisser aller à la plaisanterie. Quoi qu'il en soit, on veilla à ce que les portes de la ville soient bien fermées et des soldats puissamment armés montèrent la garde auprès de chacune d'elle.

Six jours de suite, l'armée d'Israël fit le tour de la ville. Le septième jour, elle en fit sept fois le tour. Comme d'habitude, le peuple avait reçu l'ordre de garder le silence. On ne devait entendre que le son des trompettes. Les Israélites devaient prêter l'oreille : dès que les trompettes feraient entendre un son plus prolongé qu'auparavant, tous devaient pousser un grand cri ; alors, le Seigneur livrerait la ville entre leurs mains. "Le septième jour, ils se levèrent à l'aurore et firent sept fois le tour de la ville, de la même manière. C'est le seul jour où ils en firent sept fois le tour. La septième fois, quand les prêtres eurent sonné de la tompette, Josué dit au peuple : Poussez le cri de guerre ! Le Seigneur vous a livré la ville !" Josué 6 :15, 16. "On sonna de la trompette ; dès que le peuple l'entendit, il poussa un formidable cri de guerre et les murailles s'écroulèrent. Aussitôt, les Israélites montèrent à l'assaut de la ville, chacun droit devant soi, et ils s'en emparèrent" Josué 6 :20.

Dieu voulait montrer par là aux Hébreux que la conquête du pays de Canaan ne devait pas leur être attribuée. C'est le chef de l'armée du Seigneur qui conquit Jéricho, car lui et ses anges avaient engagé le combat. Le Christ lui-même était à la tête des armées du ciel pour détruire les murailles de la ville et frayer ainsi la voie à Josué et à l'armée d'Israël. Par ce merveilleux prodige, l'Eternel ne fit pas seulement grandir la foi des Israélites dans la puissance divine pour vaincre leurs ennemis ; il condamnait aussi l'incrédulité dont ils avaient fait preuve auparavant.

Les habitants de Jéricho avaient défié l'armée d'Israël et le Dieu du ciel. Ils avaient été inquiets de voir la multitude des Hébreux défiler jour après jour autour de la ville ; mais ils se confiaient dans leurs bastions, dans leurs hautes et puissantes murailles et avaient la certitude que ces fortifications résisteraient à tous les assauts. Aussi, quand ils virent les hautes murailles chanceler et tomber avec un fracas de tonnerre, ils furent paralysés de frayeur et incapables d'opposer la moindre résistance.

Un chef sage et consacré

La personnalité de Josué, homme saint et sage conducteur, n'a été entachée d'aucune faute. Sa vie était entièrement consacrée à Dieu. Avant de mourir, il rassembla la multitude des Hébreux et, à l'exemple de Moïse, il récapitula devant eux leurs pérégrinations dans le désert et les manifestations de la bonté de Dieu envers eux. Il leur parla de manière persuasive. Il leur rappela que le roi de Moab leur avait déclaré la guerre et qu'il avait fait appel à Balaam pour les maudire ; mais Dieu refusa d'écouter Balaam qui dut, malgré lui, bénir Israël Josué 24 :10. Josué ajouta : "A vous maintenant de reconnaître l'autorité du Seigneur pour le servir de tout votre cœur, avec fidélité. Débarrassez-vous des dieux que vos ancêtres adoraient quand ils étaient de l'autre côté de l'Euphrate ou en Egypte, et mettez-vous au service du Seigneur. Si cela ne vous convient pas, alors choisissez aujourd'hui les dieux auxquels vous rendez votre culte : par exemple ceux que vos ancêtres adoraient de l'autre côté de l'Euphrate, ou ceux des Amorites dont vous habitez le pays. Mais ma famille et moi, nous servirons le Seigneur.

"Le peuple répondit : Il n'est pas question que nous abandonnions le Seigneur pour nous mettre au service d'autres dieux ! Car c'est le Seigneur notre Dieu qui nous a arrachés, nos pères et nous, à l'esclavage d'Egypte, et nous avons vu les grands miracles qu'il a faits alors. C'est lui qui nous a protégés tout le long du chemin que nous avons parcouru et au milieu de tous les peuples dont nous avons traversé le territoire" Josué 24 :14-17.

Le peuple renouvela son alliance en présence de Josué et déclara : "Oui, nous voulons servir le Seigneur notre Dieu et obéir à ses ordres" Josué 24 :24. Josué écrivit les paroles de cette alliance dans le livre qui renferme les lois et les statuts qui avaient été donnés à Moïse.

[184] Josué avait été estimé et respecté de tout le peuple ; lorsqu'il mourut, les Israélites furent profondément attristés.

Chapitre 24 — L'arche de Dieu et les vicissitudes d'Israël

Ce chapitre est basé sur 1 Samuel 3-6 ; 2 Samuel 6 ; 1 Rois 8.

L'arche de Dieu était un coffre sacré contenant la loi des dix commandements, qui était l'emblème de Dieu lui-même. Ce coffre sacré était considéré comme la gloire et la force d'Israël. Le signe de la présence divine s'y manifestait jour et nuit. Les prêtres qui officiaient devant l'arche étaient consacrés en vue de ce saint sacerdoce. Ils portaient un pectoral orné de pierres précieuses de différentes sortes et qui correspondaient à celles qui constituent les douze fondements de la cité de Dieu. Sur ces pierres précieuses fixées sur une monture en or, figuraient les noms des douze tribus d'Israël. Ce splendide ornement était suspendu aux épaules des prêtres et recouvrait leur poitrine.

Des deux côtés du pectoral, il y avait deux autres pierres précieuses de grosse taille qui brillaient d'un vif éclat. Quand des questions difficiles étaient soumises aux juges du peuple, et sur lesquelles ils n'arrivaient pas à se prononcer, ces juges s'adressaient aux prêtres qui interrogeaient Dieu dont ils obtenaient une réponse. Si cette réponse était favorable et s'il accordait sa bénédiction, une auréole de lumière et de gloire apparaissait sur la pierre de droite. Si la réponse du Seigneur était défavorable, un voile de vapeur semblait entourer la pierre précieuse de gauche. Quand les Hébreux demandaient à Dieu s'ils devaient aller au combat et que la pierre précieuse de droite était entourée de lumière, cela signifiait : Allez, et vous obtiendrez la victoire. Mais lorsque la pierre située à gauche du pectoral était voilée, cela voulait dire : N'y allez pas ; vous n'auriez pas la victoire.

[185]

Quand — une fois par an — le souverain sacrificateur entrait dans le lieu très saint et qu'il officiait devant le coffre sacré en la sainte présence de l'Eternel, il posait alors des questions, et souvent le Seigneur lui répondait d'une manière audible. Sinon, Dieu permettait que des rayons de lumière et de gloire entourent le chérubin situé à la droite de l'arche pour montrer son approbation ou accorder sa bénédiction. Si la requête était refusée, un nuage apparaissait sur le chérubin placé à gauche du coffre sacré.

Quatre anges du ciel accompagnaient l'arche de Dieu pendant tous les déplacements des Israélites pour la préserver de tout danger et pour que ceux-ci puissent accomplir une mission qui leur était confiée en rapport avec ce coffre sacré. Jésus, le Fils de Dieu, escorté de ces saints anges, précédait l'arche quand elle pénétra dans le Jourdain, et les eaux du fleuve se séparèrent en sa présence. Le Christ et ses anges se tinrent près du coffre sacré et aux côtés des prêtres qui stationnèrent dans le lit du fleuve jusqu'à ce que tout Israël l'ait traversé. Le Christ et ses anges suivirent aussi l'arche lorsque le peuple fit le tour de Jéricho, et ce sont eux qui firent tomber les murailles de la ville et la livrèrent entre les mains des Hébreux.

Faiblesse d'Héli et ses conséquences

[186] Quand Héli était grand prêtre, il avait élevé ses fils à la dignité sacerdotale. Lui seul avait le droit de pénétrer dans le lieu très saint une fois l'an. Ses fils officiaient à la porte du tabernacle et s'occupaient de l'immolation des animaux et de l'autel des sacrifices. Mais ils abusaient de leurs fonctions sacerdotales. Ils étaient égoïstes, cupides, gloutons et débauchés. Le Seigneur réprimanda Héli qui négligeait d'exercer l'autorité nécessaire dans sa famille. Il reprenait ses fils, mais il ne les réprimait pas. Après qu'ils eurent pris leurs fonctions de prêtres, Héli entendit parler de la manière dont ils frustraient les Israélites de leurs offrandes ; il entendit aussi parler de leurs violations manifestes de la loi de Dieu et de leur conduite scandaleuse qui incitait le peuple d'Israël à pécher.

Le Seigneur fit connaître au jeune Samuel quels jugements atteindraient la famille d'Héli à cause de sa faiblesse. "Le Seigneur déclara à Samuel : Je vais frapper Israël d'un malheur qui fera l'effet d'un coup de tonnerre sur ceux qui l'apprendront. Ce jour-là je réaliserai à l'égard d'Héli et de sa famille tous les malheurs dont je les ai menacés, sans rien négliger. Je l'ai averti que je condamnais sa famille pour toujours ; en effet ses fils ont péché en me traitant avec mépris, et lui, qui savait cela, les a laissés faire. C'est pourquoi j'ai juré à la famille d'Héli que ni sacrifices ni offrandes ne pourront jamais faire oublier son péché" 1 Samuel 3 :11-14.

Les transgressions commises par les fils d'Héli témoignaient d'une telle insolence envers Dieu et elles étaient si offensantes pour sa sainteté, qu'aucun sacrifice ne pouvait les expier. Ces prêtres corrompus profanaient les sacrifices qui représentaient le Fils de Dieu. Par leur conduite blasphématoire, ils foulaient aux pieds le sang expiatoire dont dépendait l'efficacité de tous les sacrifices.

Samuel rapporta à Héli les paroles de l'Eternel, et le souverain sacrificateur répondit : "Il est le Seigneur ! Qu'il fasse ce qu'il juge bon" 1 Samuel 3 :18. Héli savait que Dieu avait été déshonoré, et il avait conscience d'avoir péché. Il admettait que le Seigneur le punisse ainsi pour sa négligence coupable. Il fit connaître à tout Israël le message que Dieu avait adressé à Samuel. Ce faisant, Héli espérait racheter dans une certaine mesure ses fautes passées. Mais la malédiction prononcée sur lui ne tarderait pas à se manifester.

[187]

Les Israélites partirent en guerre contre les Philistins, mais ils furent vaincus, et quatre mille d'entre eux moururent. Les Hébreux prirent peur, car ils savaient que si d'autres peuples apprenaient la défaite qu'ils venaient de subir, cela les encouragerait à leur déclarer la guerre. Les anciens d'Israël crurent que cette défaite venait de ce qu'ils n'avaient pas pris avec eux le coffre sacré. Ils envoyèrent donc des hommes à Silo pour aller chercher l'arche de l'alliance. Les Israélites se souvenaient de la traversée du Jourdain et de la facilité avec laquelle ils avaient pris la ville de Jéricho quand le coffre sacré les avait accompagnés, et ils pensèrent qu'il leur suffirait de prendre à nouveau l'arche avec eux pour triompher de leurs ennemis. Ils semblaient ignorer que leur force résidait dans leur obéissance à la loi qui se trouvait dans le coffre sacré, et qui représentait l'autorité de Dieu. Hofni et Pinhas, prêtres indignes, accompagnèrent l'arche sainte, violant ainsi la loi du Très-Haut. Ces hommes pécheurs conduisirent l'arche jusqu'au campement d'Israël. Voyant cela, les hommes de guerre reprirent courage et crurent que leur succès était désormais assuré.

Le coffre sacré aux mains des Philistins

[188] "Dès qu'il (le coffre sacré) arriva au camp, les soldats israélites poussèrent de si grandes acclamations que la terre trembla. Les Philistins entendirent cela et s'écrièrent : Que signifient ces bruyantes acclamations dans le camp des Hébreux ? Lorsqu'ils surent que le coffre du Seigneur était arrivé au camp d'Israël, ils prirent peur ; ils se disaient en effet : 'Dieu est arrivé dans leur camp ; précédemment il n'y était pas, mais maintenant, malheur à nous ! Oui, malheur à nous ! Qui nous sauvera du pouvoir de ce Dieu si puissant qui a infligé aux Egyptiens toutes sortes de fléaux dans le désert ? Allons, Philistins, montrons-nous courageux et soyons des hommes. Nous risquons de devenir les esclaves des Hébreux, tout comme ils ont été les nôtres ; combattons-les donc courageusement !' Les Philistins engagèrent alors le combat ; les Israélites furent battus et s'enfuirent chez eux. Ce fut une très lourde défaite : trente mille soldats israélites furent tués, le coffre sacré fut pris par les Philistins, et les deux fils d'Héli, Hofni et Pinhas, moururent" 1 Samuel 4 :5-11.

Les Philistins s'imaginaient que ce coffre sacré était le dieu des Israélites. Car ils ignoraient que le Dieu vivant, qui a créé les cieux et la terre, et qui a promulgué sa loi sur le mont Sinaï, produit le succès ou l'adversité selon que l'on obéit ou non à sa loi contenue dans l'arche sainte.

Le peuple d'Israël subit une terrible défaite. Assis sur le bord de la route, Héli attendait en tremblant des nouvelles de l'armée. Il craignait que l'arche du Seigneur ne soit prise et qu'elle ne soit souillée par les Philistins. Bientôt, un messager venant de l'armée d'Israël arriva en courant à Silo et informa Héli que ses deux fils avaient été tués dans la bataille. Le vieillard apprit la nouvelle avec un calme relatif : il s'y attendait. Mais quand le messager ajouta : "Le coffre sacré de Dieu a été emporté par les Philistins", Héli vacilla sur son siège, tomba à la renverse et mourut. Ainsi, la colère divine qui s'était abattue sur ses fils l'atteignait à son tour. Il était en grande [189] partie responsable de leurs transgressions, car il avait honteusement négligé de les corriger. La prise de l'arche de Dieu par les Philistins fut considérée comme le plus grand malheur qui pouvait arriver à Israël. La femme de Pinhas, qui était sur le point de mourir en couches, appela son fils nouveau-né Ikabod. "Ce nom, qui signifie

'Il n'y a plus de gloire', était une allusion à la prise du coffre sacré"
1 Samuel 4 :21.

L'arche de Dieu au pays des Philistins

Le Seigneur permit que le coffre sacré tombât aux mains de l'ennemi pour montrer aux Israélites qu'il ne servait à rien de se confier dans ce coffre, symbole de sa présence, alors que par ailleurs ils transgressaient les commandements qu'il renfermait. C'est pourquoi Dieu les humilia en permettant que cette arche sainte dont ils se glorifiaient leur soit enlevée.

De leur côté, les Philistins criaient victoire parce qu'ils s'imaginaient tenir entre leurs mains le fameux dieu des Hébreux, qui avait accompli en leur faveur de si grands prodiges et avait fait d'eux un sujet de crainte pour leurs ennemis. Les Philistins prirent donc le coffre sacré, l'emmenèrent à Asdod, et le déposèrent dans un temple magnifique dédié à Dagon, leur dieu préféré, à côté de sa statue. Le lendemain matin, quand les prêtres du dieu Dagon entrèrent dans leur temple, ils furent effrayés en constatant que la statue de leur dieu gisait sur le sol, devant l'arche du Seigneur. Ils remirent donc la statue à sa place habituelle. Ces prêtres pensaient qu'il s'agissait d'un accident. Or, le matin suivant, ils trouvèrent de nouveau la statue de Dagon tombée comme la veille, la face sur le sol, et, de plus, la tête et les mains brisées.

Les anges de Dieu, qui accompagnaient le coffre sacré en permanence, avaient frappé cette idole inanimée, puis l'avaient mutilée, afin de montrer que l'Eternel, le Dieu vivant, est au-dessus de tous les dieux, et qu'à ses yeux, tous les dieux païens ne sont rien. Les païens avaient beaucoup de respect pour Dagon, leur dieu ; aussi, quand ils le virent ainsi complètement démoli et face contre terre devant l'arche du Seigneur, ils furent affligés, car aux yeux des Philistins, c'était un très mauvais présage. Pour eux, cela signifiait que leur peuple et tous leurs dieux seraient soumis aux Hébreux qui détruiraient les Philistins, et que le Dieu des Hébreux était plus grand et plus puissant que tous leurs dieux. Ils ôtèrent donc le coffre sacré de leur temple idolâtre et le mirent dans un lieu isolé.

L'arche de Dieu resta sept mois aux mains des Philistins. Ils avaient vaincu les Israélites et avaient pris leur coffre sacré qui, croyaient-ils, contenait toute la force des Hébreux. Par conséquent, ils se sentaient en sécurité, et n'avaient plus à redouter l'armée d'Israël. Mais tandis qu'ils se réjouissaient de leur victoire, on entendait des plaintes dans le pays, que l'on attribua en fin de compte à l'arche du Seigneur. Effrayés, les Philistins la déplacèrent d'un endroit à l'autre ; mais partout où on la déposait, elle semait la destruction sur son passage, si bien qu'on ne savait plus ce qu'il fallait en faire. Quant au coffre sacré, il était protégé de tout danger par les anges. Les Philistins n'osaient pas en soulever le couvercle ; leur dieu Dagon avait subi un tel sort qu'ils n'osaient même pas toucher l'arche, ni même s'en approcher. Ils firent appel à leurs prêtres et à leurs devins et leur demandèrent ce qu'il fallait faire du coffre sacré. En réponse, ils leur conseillèrent de le renvoyer au peuple auquel il appartenait, sans oublier d'y joindre une offrande pour le péché. Si le Dieu des Hébreux voulait bien accepter cette offrande, ils seraient soulagés du fléau dont ils étaient atteints. Ils devaient comprendre

[191] que la main de l'Eternel les avait frappés parce que l'arche dont ils s'étaient emparés était la propriété exclusive d'Israël.

Le coffre sacré renvoyé en Israël

Certains n'approuvaient pas cette solution : à leurs yeux, il était par trop humiliant de restituer l'arche, et ils estimaient que nul d'entre eux ne devait risquer sa vie en ramenant aux Israélites une chose qui avait causé tant de malheurs parmi les Philistins. Quoi qu'il en soit, leurs conseillers exhortèrent le peuple à ne pas endurcir son cœur, comme l'avaient fait les Egyptiens et le Pharaon, ce qui aurait attiré sur eux de plus grands fléaux. Tandis que les Philistins redoutaient encore de devoir ramener le coffre sacré, les prêtres et les devins leur dirent : "Maintenant construisez un char neuf et prenez deux vaches qui allaitent leurs veaux à l'étable et n'ont jamais porté le joug. Vous les attellerez au char, mais vous ramènerez leurs veaux à l'étable. Vous prendrez le coffre du Seigneur et le déposerez sur le char ; vous placerez dans une caissette, à côté du coffre, les objets d'or que vous offrez à Dieu, à titre de compensation. Ensuite vous laisserez partir le char. Et vous verrez : si les vaches prennent le chemin du pays d'Israël, en direction de Bet-Chémech, cela veut dire que c'est bien le Dieu d'Israël qui nous a fait tout ce mal ; si elles ne prennent pas cette direction, nous saurons que ce n'est pas lui qui nous a infligé ces malheurs, mais qu'ils nous sont arrivés par hasard. Les Philistins firent ce qu'on leur avait conseillé. Ils prirent deux vaches qui allaitaient et les attelèrent au char, mais ils enfermèrent leurs veaux à l'étable. ... Les vaches prirent tout droit le chemin de Bet-Chémech. Elles le suivirent sans cesser de meugler ; elles ne se détournèrent ni à droite ni à gauche" 1 Samuel 6 :7-10, 12.

Les Philistins savaient bien que, d'instinct, les vaches n'auraient pas abandonné leurs jeunes veaux à l'étable si elles n'y avaient été poussées par une force invisible. Elles se dirigèrent aussitôt vers Bet-Chémech, en mugissant à cause de leurs veaux, mais tout en s'en éloignant. Les chefs des Philistins suivirent le char jusqu'à la limite de Bet-Chémech, car ils n'osaient pas confier ainsi le coffre sacré à de simples bovidés, et ils craignaient que si celui-ci était endommagé, leur peuple ne soit frappé de plus grandes calamités. Ils ne savaient pas que les anges du Seigneur veillaient sur l'arche et guidaient les vaches vers leur destination.

La présomption punie

Les habitants de Bet-Chémech étaient occupés à moissonner quand ils virent l'arche du Seigneur placée sur le char, tiré par les vaches, et ils en éprouvèrent une grande joie. Les vaches conduisirent le véhicule portant le coffre sacré jusqu'à une grosse pierre où elles s'arrêtèrent. Les lévites déchargèrent le coffre sacré et les offrandes des Philistins et, avec le bois du char, ils offrirent en holocauste les vaches qui avaient amené l'arche sainte et les offrandes des Philistins. Les chefs des Philistins retournèrent à Ecron, et le fléau cessa.

Les gens de Bet-Chémech étaient curieux de savoir quel grand pouvoir était contenu dans cette arche, puisqu'il permettait d'accomplir de si grands prodiges. Ils n'attribuaient pas ce pouvoir à Dieu, mais ils croyaient que cette force venait de l'arche elle-même. Aucun être humain, sinon ceux qui avaient été investis de cette fonction sacrée, n'avait le droit de regarder l'arche découverte, sous peine de mort, car c'était comme s'il avait regardé Dieu lui-même. Et quand ces gens, cédant à leur curiosité, ouvrirent le coffre sacré et pénétrèrent ses secrets, les anges qui accompagnaient l'arche firent mourir plus de cinquante mille personnes.

Effrayés, les habitants de Bet-Chémech déclarèrent : "Personne ne pourrait subsister en présence du Seigneur, ce Dieu saint. Où allons-nous donc faire transporter, loin de chez nous, son coffre sacré ? Ils envoyèrent des messagers aux habitants de Quiriat-Yéarim pour leur dire : Les Philistins ont rapporté le coffre du Seigneur. Venez donc le chercher et emportez-le chez vous" 1 Samuel 6 :20, 21. Les habitants de Quiriat-Yéarim vinrent donc chercher l'arche du Seigneur et la déposèrent dans la maison d'Abinadab, et ils consacrèrent son fils pour en assurer la garde. Pendant vingt ans, les Hébreux vécurent sous la coupe des Philistins ; ils en furent profondément humiliés et se repentirent de leurs fautes. Samuel intercéda en leur faveur et Dieu exerça sa miséricorde envers eux. De nouveau, les Philistins leur déclarèrent la guerre, et le Seigneur accomplit des prodiges pour Israël qui triompha de ses ennemis.

Le coffre sacré resta dans la maison d'Abinadab jusqu'à ce que David fût couronné roi. David rassembla tous les hommes d'élite d'Israël, au nombre de trente mille, et il alla reprendre l'arche de Dieu. Il plaça celle-ci sur un char neuf et l'enleva de la maison d'Abinadab. Ouza et Ahio, fils d'Abinadab, conduisaient le char. Toute la maison d'Israël, sous la conduite de David, jouait de toute sorte d'instruments devant le Seigneur. "Lorsqu'on arriva près de l'aire de Nakon, les bœufs faillirent faire tomber le coffre sacré. Ouza étendit la main pour le retenir. Alors le Seigneur se mit en colère contre lui : il le frappa sur place à cause de ce geste irréfléchi. Ouza mourut là, à côté du coffre" 2 Samuel 6 :6, 7. Ouza s'était emporté contre les bœufs parce qu'ils avaient trébuché. En cela, il montra son manque de confiance en Dieu, comme si Celui qui avait repris le coffre sacré des mains des Philistins n'avait pas le pouvoir d'en prendre soin. Les anges qui étaient chargés de veiller sur l'arche firent périr Ouza parce que, dans un geste d'impatience, il avait mis la main sur le coffre sacré.

"Ce jour-là, il (David) eut peur du Seigneur et déclara : Je ne peux pas accueillir chez moi le coffre du Seigneur ! Il renonça donc à transférer le coffre chez lui, dans la Cité de David, mais le fit déposer dans la maison d'Obed-Edom, un homme originaire de Gat" 2 Samuel 6 :9, 10. David savait qu'il était lui-même pécheur, et il craignait de faire preuve de quelque présomption et d'attirer sur lui la colère divine. "Le coffre y demeura trois mois (dans la maison d'Obed-Edom), et le Seigneur bénit Obed-Edom et tous les siens" 2 Samuel 6 :11.

Dieu voulait faire comprendre à son peuple que si d'une part le coffre sacré produisait la frayeur et la mort chez ceux qui violaient les commandements qu'il contenait, d'autre part, ce coffre sacré était une source de bénédiction et de force pour ceux qui obéissaient à ses préceptes. Lorsque David apprit que la maison d'Obed-Edom avait été richement bénie et que tous les biens de cet homme avaient prospéré grâce à l'arche du Seigneur, il éprouva le désir de la faire transporter dans sa propre cité. Mais auparavant, il se consacra lui-même à Dieu et ordonna à tous les notables de son royaume de s'abstenir de toutes affaires profanes susceptibles de les distraire de leur idéal religieux. Il durent donc se purifier pour pouvoir transporter l'arche sainte dans la cité de David. "Alors David se rendit chez Obed-Edom, pour en faire amener le coffre à la Cité de David, dans un joyeux cortège. ... On vint déposer le coffre à la place qui lui était réservée, dans la tente que David avait fait dresser pour lui. Ensuite David offrit au Seigneur des sacrifices complets et des sacrifices de communion" 2 Samuel 6 :12, 17.

Dans le temple de Salomon

Après avoir achevé la construction du temple, Salomon réunit les anciens d'Israël et les notables du peuple, afin de faire venir le coffre sacré qui se trouvait dans la Cité de David. "Les prêtres-lévites transportèrent ainsi le coffre sacré, de même que la tente de la rencontre et les objets sacrés qui s'y trouvaient. Le roi Salomon et tous les Israélites rassemblés avec lui autour du coffre offrirent en sacrifice un si grand nombre de moutons et de boeufs qu'on ne pouvait pas les compter exactement" 2 Chroniques 5 :4-6.

Salomon suivit l'exemple de David, son père. Tous les six pas, il offrait un sacrifice. Accompagnés de chants et de musique et au milieu d'une grande pompe, "les prêtres introduisirent le coffre à la place prévue pour lui, dans la salle appelée lieu très saint, sous les ailes des chérubins" 2 Chroniques 5 :7.

Un magnifique sanctuaire avait été construit, selon le modèle qui avait été montré à Moïse sur la montagne et que le Seigneur avait ensuite présenté à David. Le sanctuaire terrestre était semblable au sanctuaire céleste. En plus des chérubins qui se trouvaient au-dessus de l'arche, Salomon fit faire deux autres anges de plus grande taille, qui furent placés de chaque côté du coffre sacré, et qui représentaient les anges du ciel qui protègent en permanence la loi de Dieu. La beauté sublime de ce sanctuaire est indescriptible. Là, comme dans le tabernacle, l'arche de Dieu fut déposée de façon solennelle, sous les ailes des chérubins qui se tenaient de chaque côté.

[196]

Le chœur sacré unit ses voix à toute sorte d'instruments de musique pour louer le Seigneur. Et tandis que ces voix, à l'unisson des instruments, résonnaient dans le sanctuaire et retentissaient jusque dans la ville de Jérusalem, la nuée de la gloire divine pénétra dans le temple comme elle l'avait fait auparavant dans le tabernacle. "Les prêtres ne purent pas reprendre leur service à cause de ce nuage, car c'était la gloire du Seigneur qui remplissait le temple" 2 Chroniques 5 :14.

Se tenant debout sur un socle de bronze placé devant l'autel, le roi Salomon bénit le peuple. Puis il se mit à genoux et, les mains levées vers le ciel, il adressa à Dieu une prière ardente et solennelle tandis que les Israélites inclinaient le visage vers le sol. Dès que Salomon eut achevé sa prière, un feu descendit miraculeusement du ciel et consuma le sacrifice.

Comme le Seigneur l'avait annoncé, à cause des péchés d'Israël, les calamités qui devaient s'abattre sur le temple si son peuple se détournait de lui se réalisèrent plusieurs siècles après la construction du temple. Dieu promit à Salomon, si celui-ci restait fidèle et si le peuple obéissait à ses commandements, que ce temple magnifique demeurerait dans toute sa splendeur, comme témoignage de la prospérité d'Israël et des riches bénédictions qui lui étaient assurées.

Israël en captivité

Le peuple d'Israël ayant transgressé les commandements de Dieu et accompli des actions répréhensibles, le Seigneur permit qu'il soit emmené en captivité (à Babylone), pour l'humilier et le punir. Avant que le temple ne fût détruit, le Très-Haut fit savoir à quelques-uns de ses fidèles serviteurs quel sort serait réservé à cet édifice qui était l'orgueil des Israélites, qu'ils révéraient avec idolâtrie tout en péchant contre l'Eternel. Il annonça aussi à ces serviteurs fidèles la captivité d'Israël. Peu avant la destruction du temple, ces hommes justes retirèrent le coffre sacré contenant les tablettes de pierre, et, le cœur accablé de tristesse, le cachèrent dans une grotte où il a été soustrait définitivement aux regards du peuple d'Israël à cause de ses transgressions. Le lieu secret où cette arche sainte a été déposée n'a jamais été découvert jusqu'à ce jour.

Chapitre 25 — La première venue du Christ

Je fus reportée à l'époque où Jésus revêtit la nature humaine, où il s'humilia en tant qu'homme et subit les tentations de Satan.

Sa naissance ne connut pas les grandeurs de ce monde. Il naquit dans une étable et une mangeoire lui servit de berceau. Cependant, sa naissance reçut des honneurs bien supérieurs à n'importe lequel des enfants des hommes. Des anges du ciel informèrent les bergers de la venue de Jésus, et leur témoignage fut accompagné par la lumière et la gloire de Dieu. Les armées célestes firent retentir leurs harpes et louèrent le Seigneur. Elles annoncèrent triomphalement l'avènement du Fils de Dieu dans un monde déchu pour y accomplir l'œuvre de la rédemption. Par sa mort, Jésus apporterait aux humains la paix, le bonheur et la vie éternelle. Dieu honora la venue de son Fils que les anges adorèrent.

Le baptême de Jésus

Des anges de Dieu assistèrent à son baptême ; le Saint-Esprit descendit sous la forme d'une colombe, illumina la personne de Jésus, et tandis que le peuple était dans l'étonnement et ne le quittait pas des yeux, la voix du Père se fit entendre du ciel disant : "Celui-ci est mon Fils bien-aimé ; je mets en lui toute ma joie" Matthieu 3 :17.

Jean-Baptiste n'avait pas la certitude que celui qui venait à lui pour qu'il le baptise dans le Jourdain était le Sauveur. Mais Dieu lui avait promis de lui donner un signe par lequel il reconnaîtrait l'Agneau de Dieu. Ce signe lui fut donné lorsque la colombe céleste s'arrêta sur Jésus et qu'il rayonna de la gloire divine. Jean désigna de sa main le Seigneur et s'écria d'une voix forte : "Voici l'Agneau de Dieu qui enlève le péché du monde" Jean 1 :29.

Le ministère de Jean-Baptiste

Jean-Baptiste informa ses disciples que Jésus était le Messie promis, le Sauveur du monde. Au terme de son ministère, il exhorta ses disciples à se confier dans le Christ et à suivre ses traces puisqu'il était le souverain Docteur. La vie de Jean-Baptiste fut faite de souffrance et de renoncement. Messager de la première venue du Sauveur, il n'eut cependant pas le privilège de voir ses miracles ni la puissance qui l'accompagnait. A l'heure où Jésus commença à enseigner le peuple, Jean-Baptiste savait que lui-même devait mourir. On entendit rarement le son de sa voix, si ce n'est dans le désert. Sa vie fut celle d'un solitaire. Au lieu de rester attaché à la famille de son père et d'en jouir, il s'en éloigna afin d'accomplir sa mission. Les foules quittaient l'agitation des villes et des villages et accouraient au désert pour y entendre les paroles de ce prophète exceptionnel. Jean-Baptiste frappait de la hache la racine des arbres. Il dénonçait le péché avec courage, préparant ainsi le chemin de l'Agneau de Dieu.

En entendant le témoignage puissant et percutant de Jean-Baptiste, Hérode fut touché, et il voulut savoir ce qu'il devait faire pour devenir son disciple. Mais Jean n'ignorait pas qu'Hérode était sur le point d'épouser sa belle-sœur, bien que le mari de cette dernière fût encore vivant. Jean dit clairement à Hérode que c'était là une union illicite. Mais comme Hérode n'était pas disposé à renoncer à ce projet, il épousa la femme de son frère. Influencé par elle, il fit emprisonner Jean-Baptiste, avec toutefois l'intention de le relâcher. Tandis qu'il était en prison, ses disciples lui firent part des œuvres merveilleuses accomplies par Jésus. Bien qu'il ne puisse entendre les paroles de bonté prononcées par le Sauveur, ils en faisaient part à Jean-Baptiste et l'encourageaient par ce dont ils avaient été témoins. Mais sous l'instigation de la femme d'Hérode, le prisonnier fut bientôt décapité.

[200]

Je vis que les plus humbles d'entre les disciples qui suivirent les traces de Jésus, qui furent témoins de ses miracles et entendirent les paroles réconfortantes qui sortaient de sa bouche, étaient plus grands que Jean-Baptiste ; c'est-à-dire qu'ils furent plus honorés et estimés que lui et eurent davantage de satisfactions dans leur vie.

Jean-Baptiste est venu dans l'esprit et la puissance d'Elie pour annoncer la première venue de Jésus. Je fus reportée aux derniers jours, et je vis que Jean-Baptiste représente ceux qui, animés par l'esprit et la puissance du prophète Elie, publieront le jour de la colère divine et celui de la seconde venue du Seigneur.

La tentation

Après avoir été baptisé dans le Jourdain, Jésus fut conduit par l'Esprit dans le désert, pour y être tenté par le diable. Le Saint-Esprit l'avait préparé en vue de cette série de tentations redoutables. Il fut tenté par Satan pendant quarante jours durant lesquels il ne mangea rien. Le cadre où le Seigneur se trouvait était si déplaisant qu'il répugnait à sa nature humaine. Il était avec les bêtes sauvages et avec le diable dans un lieu désolé et inhabité. A force de jeûner et de souffrir, le Fils de Dieu était devenu pâle et émacié. Mais il devait passer par là et accomplir l'œuvre pour laquelle il était venu sur la terre.

Profitant des souffrances que le Fils de Dieu endurait, Satan se prépara à l'assiéger de multiples tentations, espérant ainsi l'emporter sur lui puisqu'il s'était abaissé jusqu'à prendre la nature humaine. Il lui dit : "Si tu es le Fils de Dieu, ordonne à ces pierres de se changer en pains" Matthieu 4 :3. En incitant Jésus à employer sa puissance divine, le diable voulait le pousser à démontrer qu'il était le Messie. Le Sauveur lui répondit avec douceur : "L'Ecriture déclare : 'L'homme ne vivra pas de pain seulement, mais de toute parole que Dieu prononce'" Matthieu 4 :4.

Satan cherchait querelle à Jésus concernant le fait qu'il était le Fils de Dieu. Soulignant sa condition humaine faite de faiblesse et de souffrance, le diable affirma avec orgueil être plus fort que le Christ. Heureusement, la parole qui s'était fait entendre du ciel : "Tu es mon Fils bien-aimé ; je mets en toi toute ma joie" (Luc 3 :22) suffisait à réconforter Jésus au milieu de toutes ses souffrances. Je vis que le Christ ne cherchait nullement à convaincre Satan de sa puissance ni à lui démontrer qu'il était le Sauveur du monde. L'adversaire avait en effet suffisamment de preuves de la position élevée et de l'autorité du Fils de Dieu. En fait, c'était son refus de se soumettre à l'autorité du Christ qui avait chassé Lucifer des parvis célestes.

Désireux d'imposer son point de vue, Satan conduisit Jésus à Jérusalem et le plaça au sommet du temple. Il lui suggéra de se jeter jusqu'à terre depuis cette hauteur impressionnante pour montrer qu'il était bien le Fils de Dieu. Pour cela, Satan se servit d'un passage de la Bible en disant : "L'Ecriture déclare : 'Dieu donnera des ordres à ses anges à ton sujet et ils te porteront sur leurs mains pour éviter que ton pied ne heurte une pierre'. Jésus lui répondit : L'Ecriture déclare aussi : 'Ne mets pas à l'épreuve le Seigneur ton Dieu'" Matthieu 4 :6, 7. Le diable voulait amener le Christ à abuser de la bonté de son Père et à risquer sa vie avant d'avoir accompli sa mission. Il avait espéré que le plan de la rédemption échouerait. Mais les bases de ce plan étaient trop solides pour qu'il soit réduit à néant ou compromis par l'adversaire.

Le Christ est le suprême exemple de tous les chrétiens. Lorsqu'ils sont tentés, ou que leurs droits sont contestés, ils devraient faire preuve de patience. Ils ne devraient pas s'imaginer qu'ils peuvent demander au Seigneur de manifester sa puissance pour qu'ils remportent la victoire sur leurs ennemis — à moins que ce soit un moyen pour honorer et glorifier Dieu. Si Jésus s'était jeté dans le vide depuis le pinacle du temple, le Tout-Puissant n'aurait pas été glorifié pour autant car personne n'en aurait été témoin excepté Satan et les anges de Dieu. C'eût été mettre le Seigneur à l'épreuve que de l'amener à déployer sa puissance pour obéir à son pire ennemi. C'eût été se soumettre à celui que Jésus était venu vaincre.

"Le diable l'emmena (Jésus) encore sur une très haute montagne, lui fit voir tous les royaumes du monde et leur splendeur, et lui dit : Je te donnerai tout cela, si tu te mets à genoux devant moi pour m'adorer. Alors Jésus lui dit : Va-t'en, Satan ! Car l'Ecriture déclare : 'Adore le Seigneur ton Dieu et sers-le, lui seul'" Matthieu 4 :8-10.

Satan montra à Jésus les royaumes du monde sous leur jour le plus attrayant. Si Jésus consentait à l'adorer, le diable lui proposait de lui céder ses droits sur les biens de la terre. Si le plan de la rédemption était mis en œuvre et si le Christ mourait pour racheter l'homme, Satan savait que son propre pouvoir serait limité et qu'il lui serait finalement ôté avant que lui-même ne soit détruit. C'est pourquoi il employait toute sa ruse pour faire obstacle à l'œuvre magnifique commencée par le Fils de Dieu. Si le plan de la rédemption de l'homme avait échoué, Satan aurait gardé les royaumes dont il revendiquait la propriété. Et s'il avait réalisé ses projets, il se serait vanté d'imposer sa loi en opposition avec le Dieu du ciel.

Le tentateur réprimandé

Satan exulta de joie lorsque Jésus abandonna sa puissance et sa gloire et quitta le ciel. Il s'imaginait qu'à partir de ce moment-là, le Fils de Dieu serait sous sa coupe. Il lui avait été si facile de faire succomber Adam et Eve dans le jardin d'Eden qu'il espérait que grâce à son pouvoir et à ses ruses diaboliques, il remporterait la victoire même sur le Fils de Dieu, et qu'ainsi, il sauverait sa propre vie et son royaume. S'il amenait le Christ à s'écarter de la volonté de son Père, son objectif serait atteint. Mais Jésus lui répondit avec sévérité : "Retire-toi, Satan !" Matthieu 4 :10, Segond. Le Sauveur ne devait s'incliner que devant le Père.

Satan prétendait être le propriétaire du royaume terrestre, et il essaya de faire croire à Jésus que toutes ses souffrances pourraient lui être épargnées, et qu'il n'avait pas besoin de mourir pour obtenir des droits sur les royaumes d'ici-bas ; il lui suffirait de se prosterner devant lui, et il obtiendrait tous les pays de la terre et aurait l'honneur de régner sur eux tous. Mais le Christ resta inébranlable. Il savait que l'heure viendrait où, par le sacrifice de sa vie, il arracherait le royaume des mains de Satan et qu'après un certain temps, tous dans le ciel et sur la terre lui seraient soumis. Il avait choisi de vivre une vie de souffrance et de subir une mort atroce parce que tels étaient les moyens fixés par son Père afin qu'il devienne un héritier fidèle des royaumes de ce monde et qu'ils lui soient remis en propre et pour toujours. Satan lui-même sera livré entre les mains de Jésus-Christ pour qu'il soit détruit à jamais par la mort et mis dans l'incapacité de nuire au Fils de Dieu et aux élus lorsqu'il seront dans la gloire.

Chapitre 26 — Le ministère du Christ

Dès que Satan eut cessé de tenter le Christ, il le quitta pour un certain temps. Alors des anges lui préparèrent de la nourriture dans le désert, le réconfortèrent, et la bénédiction de son Père reposa sur lui. Malgré la force de ses tentations, Satan avait échoué; mais il comptait bien qu'au cours du ministère de Jésus, il pourrait à plusieurs reprises mettre en œuvre ses machinations contre lui. Le diable espérait aussi l'emporter sur lui en incitant ceux qui n'accepteraient pas l'Evangile à le haïr et à chercher à le faire mourir.

Satan convoqua ses anges pour une assemblée spéciale. Déçus et furieux de n'avoir pu venir à bout du Fils de Dieu, ils décidèrent de se montrer plus rusés que jamais et de déployer tous leurs efforts pour faire naître l'incrédulité chez ceux de sa propre nation concernant sa qualité de Sauveur du monde afin de le décourager dans sa mission. Qu'importait à Satan la minutie avec laquelle les Juifs accomplissaient leurs cérémonies et leurs sacrifices ! Si par ailleurs ils pouvaient être maintenus dans l'aveuglement concernant les prophéties et s'ils étaient amenés à croire que le Messie apparaîtrait comme un roi puissant, ils en arriveraient à dédaigner et à rejeter Jésus.

Je vis que pendant le ministère du Christ, Satan et ses anges déployaient une grande activité dans le but d'inspirer aux humains l'incrédulité, la haine et le mépris. Souvent, lorsque Jésus énonçait quelque vérité tranchante, de nature à condamner leurs péchés, ses auditeurs devenaient furieux. Alors Satan et ses anges poussaient les gens à mettre à mort le Fils de Dieu. Plus d'une fois, ils prirent des pierres pour le lapider; mais des anges veillaient sur lui et le conduisaient en lieu sûr loin de la foule déchaînée. Fréquemment, quand ses lèvres prononçaient des vérités limpides, la multitude se saisissait de lui et l'emmenait en haut d'une colline avec l'intention de le précipiter en bas. Un jour qu'une discussion s'était élevée parmi le peuple sur la question de savoir ce qu'il fallait faire de

[206]

Jésus, des anges le cachèrent à la vue de la foule ; et lui, passant au milieu d'elle, s'en alla.

Satan espérait toujours que le grand plan de la rédemption échouerait. Il usa de toute sa puissance pour endurcir le cœur des humains et pour exciter leur colère contre le Christ. Il espérait surtout que, vu le petit nombre de ceux qui accepteraient Jésus comme le Fils de Dieu, il estimerait que ses souffrances et son sacrifice seraient trop grands. Mais je vis que si deux personnes seulement l'avaient accepté comme le Fils de Dieu et avaient cru en lui pour le salut de leur âme, il aurait accompli le plan de la rédemption.

Soulager ceux qui souffrent

Jésus a commencé son ministère en brisant le pouvoir de Satan sur ceux qui souffrent. Il guérit les malades, rendit la vue aux aveugles, guérit les handicapés, si bien que ces gens sautaient de joie et glorifiaient Dieu. Il redonnait la santé à des personnes qui avaient été infirmes et victimes du pouvoir de Satan pendant de nombreuses années. Avec des paroles de bonté, il réconfortait les faibles, les inquiets et les déprimés. Le Christ arrachait à l'emprise de Satan les êtres fragiles et souffrants que celui-ci considérait comme ses trophées ; Jésus redonnait la santé à leurs corps, ce qui leur procurait joie et bonheur. Ceux qu'il ressuscitait d'entre les morts louaient Dieu qui avait si merveilleusement manifesté sa puissance. Le Sauveur agissait puissamment en faveur de tous ceux qui croyaient en lui.

La vie du Christ fut remplie de paroles et d'actes de bienveillance, de sympathie et d'amour. Il prêtait toujours une oreille attentive à ceux qui venaient à lui, et soulageait leurs maux. De nombreuses personnes portaient en elles-mêmes la preuve de sa puissance divine. Cependant, une fois que cette œuvre avait été acccomplie, nombreux furent ceux qui méprisèrent ce maître humble et puissant. Etant donné que les chefs du peuple ne croyaient pas en lui, la foule n'était pas disposée non plus à se rallier à lui. Jésus était un homme de douleur et habitué à la souffrance. Ses contemporains refusaient de se soumettre à une personne comme lui dont le caractère était marqué par la sérénité et le renoncement à soi-même. Ils préféraient jouir des honneurs qu'offre le monde. Cependant, plusieurs suivaient le Fils de Dieu, écoutaient ses enseignements et appréciaient les paroles bienveillantes qui sortaient de sa bouche, paroles profondes et pourtant si simples que même les petites gens pouvaient les comprendre.

Opposition inefficace

Satan et ses anges bouchèrent les yeux et obscurcirent l'intelligence des Juifs ; ils poussèrent les chefs à faire mourir le Sauveur. Certains furent chargés de se saisir de lui et de le leur amener ; mais lorsqu'ils s'approchèrent de Jésus, ils furent frappés de stupeur. Ils constatèrent que cet homme était plein de sympathie et de compassion envers la détresse humaine. Ils l'entendirent parler avec amour et tendresse pour encourager les faibles et les affligés. Ils l'entendirent également réprimander Satan avec autorité et libérer ses captifs. Ils prêtaient l'oreille aux paroles de sagesse qui sortaient de ses lèvres et ils étaient captivés au point qu'ils furent incapables de mettre la main sur lui. Ils retournèrent donc vers les prêtres et les anciens du peuple, mais sans Jésus.

[208]

Quand on leur demanda pourquoi ils ne l'avaient pas amené, ils répondirent qu'ils avaient été témoins de ses miracles et rapportèrent les paroles de sagesse, d'amour et de science qu'ils avaient entendues, et conclurent en disant : "Jamais personne n'a parlé comme cet homme" Jean 7 :46. Les chefs des prêtres les accusèrent de s'être laissé séduire, et plusieurs de ceux qui avaient été chargés d'amener Jésus avaient honte de ne pas l'avoir fait. Les prêtres demandèrent sur un ton de mépris si quelqu'un des chefs religieux avait cru en Jésus. Je vis que bon nombre de légistes et d'anciens croyaient en lui, mais que Satan les empêchait de le reconnaître publiquement ; ainsi, ils craignirent plus la réprobation du peuple que celle de Dieu.

Jusque-là, les ruses et la haine de Satan n'avaient pu faire échec au plan du salut. Mais l'heure approchait où le Christ devrait réaliser le dessein pour lequel il était venu dans le monde. Satan et ses anges se consultèrent et décidèrent d'inciter les compatriotes de Jésus à réclamer son sang et à l'accabler de cruauté et de mépris. Ils espéraient que le Christ en serait irrité et qu'il renoncerait à maintenir son attitude d'humilité et de soumission.

Tandis que Satan élaborait ses plans, Jésus révélait clairement à ses disciples les souffrances qu'il aurait à traverser : il serait crucifié et il ressusciterait le troisième jour. Mais leur esprit semblait fermé, au point qu'ils furent incapables de comprendre ce qu'il leur disait.

La transfiguration

La foi des disciples fut grandement fortifiée à la transfiguration, lorsqu'ils purent contempler la gloire du Christ et entendre la voix du ciel affirmer son origine divine. Dieu voulut ainsi donner aux disciples du Sauveur une preuve convaincante que Jésus était bien le Messie promis afin que, malgré la profonde tristesse et la déception qu'ils éprouveraient à sa crucifixion, ils ne perdent pas entièrement confiance. Lors de la transfiguration, le Seigneur envoya Moïse et Elie pour qu'ils s'entretiennent avec Jésus au sujet de ses souffrances et de sa mort. Au lieu de faire appel à des anges pour parler avec son Fils, Dieu eut recours à des humains qui avaient fait personnellement l'expérience des épreuves de la terre.

Elie avait marché avec Dieu. Son œuvre avait été pénible, éprouvante, car par son intermédiaire, le Seigneur avait dénoncé les infidélités d'Israël. Elie était un prophète de Dieu ; pourtant, il avait dû fuir de lieu en lieu pour sauver sa vie. Décidés à le faire mourir, ses compatriotes le pourchassèrent comme une bête sauvage. Mais il fut transmué par Dieu. Des anges l'introduisirent en triomphe dans la gloire du ciel.

La stature morale de Moïse dépassait celle de tous les humains qui l'avaient précédé. Il avait été grandement honoré par Dieu avec qui il parlait face à face, comme un homme parle avec un de ses amis. Il eut le privilège de voir la lumière éclatante et la merveilleuse gloire dont le Père est entouré. Par l'intermédiaire de Moïse, le Seigneur délivra les enfants d'Israel de l'esclavage du pays d'Egypte. Il joua le rôle de médiateur en faveur de son peuple, intervenant fréquemment pour apaiser la colère divine envers les Hébreux. Lorsque le Seigneur fut enflammé de colère contre les Israélites à cause de leur incrédulité, de leurs murmures et de leurs fautes graves, l'amour de Moïse envers eux fut mis à rude épreuve. Dieu envisageait de les détruire et de faire de lui le père d'une puissante nation. Mais le conducteur du peuple montra son amour pour Israël en plaidant leur cause avec ardeur. Dans sa détresse, il supplia le Très-Haut de renoncer à son courroux et de pardonner à son peuple, sinon, d'effacer de son livre son propre nom — celui de Moïse.

Moïse mourut, mais Michaël descendit et le ranima avant que son corps ait vu la corruption. Satan essaya de retenir sa dépouille en prétendant qu'elle lui appartenait ; mais Michaël ressuscita Moïse et l'enleva au ciel. Satan se répandit en injures contre Dieu et l'accusa d'injustice parce qu'il avait permis que sa proie lui fût enlevée. Mais bien que ce fût à cause de ses tentations que son serviteur avait fauté, le Christ ne réprimanda pas son adversaire. Il soumit humblement le cas de Satan à son Père en disant : "Que le Seigneur te réprime !" Jude 1:9, Segond.

Jésus avait dit à ses disciples que plusieurs d'entre eux ne mourraient pas avant d'avoir vu le royaume de Dieu venir avec puissance. Cette promesse s'est acomplie à la transfiguration. Le visage de Jésus fut changé et resplendit comme le soleil. Ses vêtements devinrent d'un blanc étincelant. Moïse était présent ; il représentait ceux qui ressusciteront des morts à la seconde venue du Seigneur. Elie, qui fut transmué sans être passé par la mort, représentait ceux qui revêtiront l'immortalité au retour du Christ sans avoir connu la mort. Les disciples contemplèrent avec une stupéfaction mêlée de crainte la majesté parfaite de Jésus, ainsi que la nuée qui vint les couvrir, et ils entendirent la voix terriblement impressionnante de Dieu qui disait : "Celui-ci est mon Fils bien-aimé, en qui je mets toute ma joie. Ecoutez-le !" Matthieu 17:5.

Chapitre 27 — Jésus trahi par l'un des siens

Je fus reportée au jour où le Christ mangea la Pâque avec ses disciples. Satan avait induit Judas en erreur en lui faisant croire qu'il était l'un de ses fidèles disciples ; mais en réalité, son cœur avait toujours été charnel. Il avait été témoin des œuvres puissantes du Sauveur, était resté à ses côtés tout au long de son ministère, et la preuve qu'il était le Messie s'était imposée à lui ; malheureusement, Judas était avide et cupide. Bref, il aimait l'argent. C'est pourquoi il exprima son mécontentement lorsqu'un parfum de grand prix fut répandu sur Jésus.

Marie aimait son Seigneur. Il lui avait pardonné ses nombreux péchés et avait ressuscité des morts son frère bien-aimé ; aussi trouvait-elle que rien de ce qu'on pouvait donner pour Jésus n'était trop cher. Plus le prix du parfum qu'elle lui destinait était élevé, mieux elle exprimerait sa gratitude à son égard.

Pour cacher sa cupidité, Judas prétendit que le parfum aurait pu être vendu, et que le montant aurait pu être donné aux pauvres. En fait, il ne se souciait pas des nécessiteux, mais il était égoïste et détournait souvent à son profit l'argent qu'on lui confiait et qui était destiné aux pauvres. Judas ne se préoccupait guère du bien-être du Sauveur, ni même de ses besoins. S'il parlait fréquemment des nécessiteux, c'était uniquement par cupidité. Cet acte de générosité de la part de Marie était un blâme cinglant adressé à son amour de l'argent. Satan préparait ainsi dans le cœur de Judas un chemin d'accès tout tracé pour la tentation.

[212]

Les prêtres et les chefs des Juifs haïssaient Jésus, mais les foules se pressaient pour entendre ses paroles de sagesse et pour voir les miracles qu'il accomplissait. Profondément intéressés et enthousiasmés, les gens avaient à cœur de suivre ce merveilleux Maître pour écouter ses enseignements. De nombreux chefs croyaient en lui, mais ils n'osaient pas l'avouer, de peur d'être exclus de la synagogue. Les prêtres et les anciens décidèrent d'intervenir pour détourner de Jésus l'attention du peuple, car ils craignaient que tous ne crussent en lui. Ils ne se sentaient pas en sécurité. Il leur fallait faire mourir le Christ, sinon, ils perdraient leur position sociale. Quoi qu'il en soit, même s'ils faisaient disparaître Jésus, ils n'empêcheraient pas que des témoins vivants continuent à proclamer sa puissance.

Etant donné que le Christ avait ressuscité Lazare, les chefs du peuple craignaient que, s'ils mettaient Jésus à mort, Lazare ne continue à témoigner de son grand pouvoir. Constatant que les gens accouraient pour voir l'homme qui avait été ressuscité des morts, ces chefs décidèrent de faire mourir également Lazare, afin de mettre un terme à ce mouvement de foule. Après quoi, ils se proposaient de porter l'attention des Juifs sur les traditions et les doctrines humaines, leur prescrivant de payer la dîme de la menthe et de la rue (Luc 11 :42), et pour exercer à nouveau leur influence sur eux. Les dignitaires religieux se mirent d'accord pour se saisir de Jésus quand il serait seul. En effet, s'ils avaient tenté de s'emparer de lui au milieu de la foule, alors que ses auditeurs étaient suspendus à ses lèvres, ceux-ci les auraient lapidés.

Sachant à quel point les chefs de la nation souhaitaient appréhender Jésus, Judas leur proposa de le leur livrer moyennant quelques pièces d'argent. Sa cupidité le poussa à trahir son Seigneur au bénéfice de ses pires ennemis. Satan agissait directement par l'intermédiaire de Judas. Au milieu même de la scène émouvante du dernier repas, le traître méditait des plans en vue de trahir son Maître. Jésus dit avec tristesse à ses disciples qu'en cette nuit-là, il serait pour eux tous une occasion de chute. Alors Pierre déclara avec assurance que même si tous défaillaient à cause du Christ, lui-même ne défaillirait pas. Mais le Seigneur lui dit : "Simon, Simon, Satan vous a réclamés, pour vous cribler comme le froment. Mais j'ai prié pour toi, afin que ta foi ne défaille point ; et toi, quand tu seras converti, affermis tes frères" Luc 21 :31, 32, Segond.

Dans le jardin de Gethsémané

Je vis Jésus et ses disciples dans le jardin. En proie à une grande tristesse, il leur demanda de veiller et de prier, de peur qu'ils ne succombent à la tentation. Il savait que leur foi serait mise à l'épreuve, que leurs espoirs seraient déçus et qu'ils auraient besoin de toute la force qu'ils pourraient obtenir grâce à une vigilance de tous les instants et à une prière fervente. Avec de grands cris et avec larmes, le Seigneur pria ainsi : "Père, si tu le veux, éloigne de moi cette coupe de douleur. Toutefois, que ce ne soit pas ma volonté qui se fasse, mais la tienne" Luc 22 :42. Le Fils de Dieu priait avec angoisse. De grosses gouttes de sang ruisselaient sur son visage et tombaient sur le sol. Des anges assistaient à la scène ; mais seul l'un d'entre eux fut chargé d'intervenir et de réconforter le Fils de Dieu au bord de l'agonie. La joie avait disparu du ciel ; les anges ôtèrent leurs couronnes, laissèrent leurs harpes et, sans un mot, regardèrent Jésus avec une attention intense. Ils auraient aimé prêter assistance au Fils

[214] de Dieu, mais leurs chefs ne le leur permirent pas, de peur qu'ils ne soient tentés de le délivrer. En effet, le plan du salut avait été décidé, et il devait se réaliser.

Après avoir prié, le Christ revint auprès de ses disciples ; mais ceux-ci s'étaient endormis. En cette heure redoutable, il ne bénéficia pas de la sympathie et des prières de ses propres disciples. Pierre, si dynamique peu de temps auparavant, était engourdi par le sommeil. Faisant allusion à ses déclarations affirmatives, Jésus lui dit : "Ainsi vous n'avez pas pu veiller avec moi même une heure ?" Matthieu 26 :40. A trois reprises, le Fils de Dieu pria jusqu'à l'agonie.

La trahison

Alors parut Judas, à la tête d'une bande armée. Il s'approcha de son Maître comme d'habitude, pour le saluer. Le groupe d'hommes encercla Jésus ; mais à ce moment-là, le Seigneur manifesta son pouvoir divin en disant : "Qui cherchez-vous ? Ils répondirent : Jésus de Nazareth. Jésus leur répondit : C'est moi" Jean 18 :4, 5. Aussitôt, ils reculèrent et tombèrent à terre. Le Christ avait posé cette question pour que ces hommes se rendent compte de sa puissance et qu'ils comprennent que, s'il l'avait voulu, il se serait échappé de leurs mains.

En voyant que la bande armée d'épées et de bâtons était tombée si rapidement à terre, les disciples reprirent courage. Tandis que ces hommes de main se relevaient, Pierre tira son épée, frappa un serviteur du grand prêtre et lui coupa une oreille. Mais Jésus ordonna à Pierre de rengainer son épée en disant : "Ne sais-tu pas que je pourrais appeler mon Père à l'aide et qu'ausssitôt il m'enverrait plus de douze armées d'anges ?" Matthieu 26 :53. J'ai vu que lorsque ces paroles furent prononcées, le visage des anges fut illuminé d'espoir. Car ils auraient voulu entourer sur-le-champ leur Chef suprême et disperser cette populace déchaînée. Mais à nouveau les anges furent attristés en entendant le Seigneur ajouter : "Comment donc s'accompliraient les Ecritures, d'après lesquelles il doit en être ainsi ?" Matthieu 26 :54, Segond. A l'ouïe de cette déclaration, le cœur des disciples fut accablé par le découragement et par une cruelle déception puisque Jésus acceptait de se laisser emmener par ses ennemis.

Les disciples craignaient pour leur propre vie, au point que tous abandonnèrent leur Maître et prirent la fuite. Jésus resta donc seul aux mains d'une bande de scélérats. Quelle victoire ce fut alors pour Satan ! Mais quel déchirement pour les anges de Dieu ! De nombreuses légions de saints anges, dont chacune avait à sa tête un chef puissant, furent envoyées pour être témoins de la scène. Ces êtres célestes avaient mission d'enregistrer toutes les insultes, toutes les souffrances imposées au Fils de Dieu, toutes les angoisses qu'il dut éprouver ; car les hommes qui furent les acteurs de ce terrible drame sont appelés à le revoir entièrement et de façon vivante.

Chapitre 28 — Le procès de Jésus

Lorsqu'ils quittèrent le ciel, les anges ôtèrent tristement leurs couronnes. Ils ne pouvaient pas les garder alors que leur Chef, accablé de souffrances, devait porter une couronne d'épines. De leur côté, Satan et ses anges s'activaient dans la salle d'audience du tribunal afin d'y détruire tout sentiment de sympathie humaine. L'atmosphère elle-même était lourde, souillée par leur influence. Poussés par eux, les chefs des prêtres et les anciens du peuple insultaient et maltraitaient Jésus d'une manière extrêmement difficile à supporter pour la nature humaine. Satan espérait qu'un tel mépris et une telle cruauté amèneraient le Fils de Dieu à proférer quelque plainte ou quelque murmure, ou qu'il manifesterait sa puissance divine, qu'il s'arracherait à l'étreinte de la foule, et qu'ainsi, le plan de la rédemption serait voué à l'échec.

Le reniement de Pierre

Pierre suivit son Maître après qu'il eut été trahi. Il se demandait ce qui allait advenir de Jésus. Mais lorsqu'on l'accusa d'être l'un de ses disciples, le souci de sa propre sécurité le poussa à dire qu'il ne connaissait pas cet homme Matthieu 26 :72. Les disciples étaient réputés pour la noblesse de leur langage. Aussi, pour convaincre ses accusateurs qu'il n'était pas disciple du Christ, Simon rejeta pour la troisième fois l'accusation qui était portée contre lui en jurant et en proférant des imprécations. Le Seigneur, qui se trouvait non loin de Pierre, lui jeta un regard de reproche mêlé de tristesse. Alors il se rappela les paroles que son Maître lui avait adressées dans la chambre haute et sa présomptueuse affirmation : "Même si tous les autres t'abandonnaient, moi je ne t'abandonnerai jamais" Matthieu 26 :33. Ainsi, il avait renié son Seigneur en formulant des jurons et des imprécations. Heureusement, ce regard de Jésus vainquit le cœur de Pierre et le sauva. Il pleura amèrement, se repentit de la faute grave qu'il avait commise et se convertit. Alors il fut en mesure de fortifier ses frères.

Dans la salle d'audience du tribunal

La foule réclamait à grands cris le sang de Jésus. Il fut cruellement flagellé, on le revêtit d'un vieux manteau de pourpre, et on fixa sur sa tête sainte une couronne d'épines. On lui mit aussi un roseau dans la main et on s'inclina devant lui en disant, sur un ton de moquerie : "Salut, roi des Juifs !" Jean 19:3. Puis on lui prenait le roseau et on l'en frappait sur la tête, enfonçant ainsi les épines dans ses tempes, ce qui faisait ruisseler le sang sur son visage et sur sa barbe.

Pour les anges, pareil spectacle était difficilement supportable. Ils auraient voulu délivrer le Seigneur, mais ceux qui les commandaient les en empêchaient et déclaraient que telle était la lourde rançon qui devait être payée pour les humains, que celle-ci devait être parfaite et qu'elle coûterait la vie de Celui qui avait le pouvoir de la mort. Jésus savait que les anges étaient témoins de cette scène d'humiliation. Assurément, le plus faible d'entre eux aurait pu terrasser cette foule railleuse et délivrer le Christ. Le Sauveur avait la certitude que s'il le demandait à son Père, des anges le libéreraient immédiatement. Mais il fallait qu'il subisse la violence des hommes méchants pour réaliser le plan du salut.

Pendant que la foule en furie lui faisait subir les plus viles injures, Jésus se tenait doux et humble devant elle. On lui crachait au visage — ce visage dont les impies essaieront un jour de se cacher, qui éclairera la cité de Dieu et brillera d'un éclat plus éblouissant que celui du soleil. Cependant, le Christ ne jeta pas sur ses offenseurs un regard de colère. Ils lui couvrirent la tête d'un vieux vêtement pour l'empêcher de voir, le frappèrent au visage et lui crièrent : "Qui t'a frappé ? Devine !" Luc 22:64. Les anges étaient bouleversés. Ils auraient voulu délivrer Jésus sur-le-champ ; mais ceux qui étaient à leur tête les en empêchèrent.

Plusieurs disciples avaient obtenu l'autorisation de pénétrer là où se trouvait leur Maître et d'assister à son jugement. Ils espéraient que Jésus manifesterait sa puissance divine, qu'il échapperait à ses ennemis et les punirait de leur cruauté à son égard. Les espoirs des disciples renaissaient et s'évanouissaient à mesure que se déroulaient les différentes phases du procès. Ils se laissaient parfois gagner par le doute et craignaient d'avoir été trompés. Mais la voix qu'ils avaient entendue sur la montagne de la transfiguration et la gloire qu'ils y avaient contemplé renforçaient leur foi que Jésus était bien le Fils de Dieu. Ils se remémoraient les scènes dont ils avaient été témoins, les miracles que le Seigneur avait accomplis pour guérir les malades, pour ouvrir les yeux des aveugles, les oreilles des sourds, pour reprendre et chasser les démons, pour ressusciter les morts et même pour calmer le vent et la mer.

[219] Ils ne pouvaient se faire à l'idée que leur Maître mourrait. Ils espéraient toujours qu'il se dresserait, qu'il déploierait sa puissance et qu'avec autorité, il disperserait cette foule assoiffée de sang — comme lorsqu'il était entré dans le temple dont il avait chassé ceux qui avaient fait de la maison du Seigneur un lieu de trafic et qui s'étaient enfuis devant lui comme s'ils avaient été poursuivis par un régiment d'hommes armés. Oui, les disciples auraient souhaité que Jésus montre son pouvoir de manière que tous soient convaincus qu'il était le Roi d'Israël.

Une confession tardive

Judas était bourrelé de remords et de honte à la pensée d'avoir trahi Jésus. Et quand il fut témoin des mauvais traitements qui furent imposés au Sauveur, il fut littéralement accablé. Il avait aimé Jésus, mais davantage encore l'argent. Il n'avait pas cru que le Seigneur se laisserait emmener par la troupe d'hommes qu'il avait conduite au jardin. Judas s'était attendu à voir le Christ faire un miracle pour s'échapper de leurs mains. Mais quand le traître vit la foule en délire et assoiffée de sang massée dans la salle d'audience du tribunal, il se sentit profondément coupable; et tandis que de nombreuses personnes accusaient Jésus avec véhémence, Judas se fraya un chemin parmi l'assistance et vint confesser qu'il avait péché en livrant le sang d'un innocent. Il proposa même aux prêtres de restituer l'argent qu'ils lui avaient versé en échange, les supplia de relâcher le Seigneur, en affirmant qu'il était totalement innocent.

Pendant quelques instants, le mécontentement et la confusion imposèrent le silence aux prêtres. Ces derniers ne voulaient pas que le peuple apprenne qu'ils avaient soudoyé un des disciples de Jésus pour le leur livrer. Ils ne voulaient pas que l'on sache qu'ils l'avaient pourchassé comme un voleur et avaient mis secrètement la main sur lui. Mais la confession que Judas venait de faire, son air désemparé, coupable, montraient suffisamment à l'assistance que c'était par méchanceté que les prêtres avaient fait arrêter Jésus. Tandis que Judas déclarait haut et fort que son Maître était innocent, les prêtres lui répliquèrent : "Que nous importe ? C'est ton affaire !" Matthieu 27 :4. Le Sauveur était entre leurs mains, et ils étaient bien décidés à ne pas le lâcher. Tourmenté au plus haut point, Judas jeta l'argent qu'il méprisait maintenant aux pieds de ceux qui l'avaient soudoyé et, saisi de frayeur et d'angoisse, il sortit et alla se pendre.

Jésus comptait de nombreux sympathisants parmi les gens qui l'entouraient, et en ne répondant pas aux multiples questions qui lui étaient posées, il avait beaucoup impressionné la foule. Malgré les quolibets et les attaques dont il était l'objet, pas un signe de mécontentement, pas le moindre trouble n'étaient apparus sur son visage. Le Sauveur restait digne et calme. Les spectateurs le considéraient avec étonnement. Ils comparaient son attitude empreinte de dignité avec le comportement des hommes qui étaient là pour le juger, et ils se disaient les uns aux autres que ce Jésus ressemblait davantage à un roi que n'importe lequel de leurs chefs. Il n'avait rien d'un criminel. Son regard était à la fois doux, limpide et résolu. Son front était haut et large ; chacun de ses traits reflétait la bonté et la grandeur d'âme. Beaucoup tremblaient devant sa patience et sa magnanimité sans pareilles. Hérode et Pilate eux-mêmes furent profondément impressionnés par son attitude noble, proprement divine.

Jésus devant Pilate

Dès l'abord, Pilate eut la conviction que Jésus était une personne hors du commun. Il le considérait comme un homme de haute qualité et parfaitement innocent des accusations qui étaient portées contre lui. Les anges qui assistaient à la scène remarquèrent les convictions du gouverneur romain. Pour essayer de l'empêcher de prendre la responsabilité redoutable de livrer le Seigneur pour qu'il soit crucifié, un ange intervint au moyen d'un songe auprès de la femme de Pilate afin de l'informer que l'homme traduit devant son mari pour être jugé était le Fils de Dieu et qu'il était innocent. Elle fit immédiatement parvenir un message à Pilate dans lequel elle lui disait avoir beaucoup souffert en songe à propos de Jésus et l'avertissait de ne rien avoir à faire avec ce saint homme. Le porteur de ce message, se frayant rapidement un chemin parmi la foule, le remit en main propre au gouverneur. En lisant son contenu, Pilate se mit à trembler, devint tout pâle et décida sur-le-champ de ne pas engager sa responsabilité dans la condamnation du Christ. Si les Juifs voulaient à tout prix la mort de Jésus, il ne leur prêterait pas son appui, mais il s'efforcerait au contraire de le faire libérer.

Le Seigneur devant Hérode

Quand Pilate apprit qu'Hérode se trouvait à Jérusalem, il fut grandement soulagé, car il espérait ainsi se dégager de toute responsabilité dans le jugement et la condamnation de Jésus. Aussi envoya-t-il immédiatement le Christ et ses accusateurs à Hérode. Ce dignitaire était un pécheur endurci. L'exécution de Jean-Baptiste avait laissé dans sa conscience une tache indélébile. Lorsqu'il entendit parler de Jésus et des grands miracles qu'il accomplissait, Hérode fut saisi de crainte et se mit à trembler, croyant qu'il s'agissait de Jean-Baptiste ressuscité des morts. Le fait que Pilate déféra l'accusé devant Hérode fut considéré par ce dernier comme un hommage rendu à son pouvoir, à son autorité et à sa capacité juridique. Il en résulta que ces deux dignitaires autrefois ennemis devinrent amis. Quoi qu'il en soit, Hérode se réjouit de voir Jésus, car il espérait que le Seigneur accomplirait un grand miracle pour lui être agréable. Mais l'œuvre du Sauveur ne consistait pas à satisfaire la curiosité des humains ni à rechercher sa propre sécurité. Son pouvoir divin, miraculeux, devait s'exercer non pour lui-même, mais pour le salut de ses semblables.

Jésus ne répondit pas un seul mot à la série de questions qu'Hérode lui posa ; il ne répondit pas non plus à ses ennemis qui l'accusaient avec violence. Hérode fut profondément vexé de voir qu'il ne semblait pas craindre son autorité. Sur ce, lui-même et ses soldats se moquèrent du Fils de Dieu et le maltraitèrent. Mais il fut surpris de l'attitude noble, divine de Jésus lorsqu'il était soumis à de tels mauvais traitements. Aussi, craignant de le condamner, il le renvoya à Pilate.

Satan et ses anges assaillaient Pilate de leurs tentations dans le but de le conduire à sa perte. Ils essayaient de le persuader que s'il ne prenait pas la responsabilité de faire condamner le Christ, d'autres la prendraient à sa place. En effet, la foule voulait à tout prix la mort de Jésus. S'il ne lui livrait pas l'accusé pour qu'il soit crucifié, Pilate perdrait son pouvoir et son prestige aux yeux des hommes, et on le dénoncerait, lui, comme ayant pris fait et cause pour un imposteur. Par crainte de perdre son pouvoir et son autorité, ce gouverneur romain consentit à la mort du Fils de Dieu. Et bien qu'il ait rejeté la responsabilité de cette condamnation sur les accusateurs du Christ, et que la foule acquiesça en disant : "Que son sang retombe sur nous et sur nos enfants !" (Matthieu 27 :25, Segond), Pilate ne fut pas lavé pour autant de sa faute. Il fut coupable du sang de Jésus. Par pur égoïsme, par amour des honneurs des grands de la terre, il a livré à la mort un innocent. Si ce procurateur avait agi selon ses convictions intimes, il aurait refusé de participer en quoi que ce soit à la condamnation du Sauveur.

L'attitude de Jésus et les paroles qu'il a prononcées au cours de son procès firent une impression profonde sur les esprits d'un grand nombre de personnes présentes à cette occasion. Les fruits de l'influence ainsi exercée par le Seigneur se manifestèrent après sa résurrection. Parmi ceux qui furent alors ajoutés à l'Eglise, nombreux étaient ceux dont la foi en lui avait été éveillée le jour de son procès.

Satan entra dans une grande colère lorsqu'il vit que toutes les cruautés infligées à Jésus et qu'il avait inspirées aux Juifs, ne lui avaient pas arraché le moindre murmure. Bien que le Christ eût revêtu la nature humaine, le Sauveur était soutenu par une force divine, et il ne s'écarta nullement de la volonté de son Père — pas même d'un iota.

Chapitre 29 — La crucifixion du Christ

Jésus-Christ, le Fils bien-aimé de Dieu, fut livré au peuple pour être crucifié. Disciples et croyants de la contrée avoisinante se joignirent à la foule qui suivait le Sauveur jusqu'au calvaire. Soutenue par Jean, le disciple bien-aimé, la mère de Jésus était présente elle aussi, le cœur en proie à une douleur indicible. Pourtant, elle espérait, comme les disciples, que cette scène pénible changerait : que Jésus manifesterait sa puissance et qu'il apparaîtrait aux yeux de ses ennemis comme le Fils de Dieu. Puis son cœur défaillait à nouveau lorsqu'elle se rappelait les paroles qu'il lui avait dites à mots couverts concernant les événements qui se déroulaient ce jour-là.

A peine le Christ avait-il franchi la porte de la maison de Pilate qu'on apporta la croix qui avait été préparée pour Barrabas ; on la chargea sur les épaules sanglantes et meurtries du Sauveur. Les compagnons de Barrabas, qui étaient condamnés à mourir en même temps que Jésus, furent, eux aussi, chargés d'une croix. Le Seigneur fit quelques pas en portant sa croix ; puis, à cause de la perte de sang, de la souffrance et de la fatigue excessive, il s'écroula sans connaissance sur le sol.

[225] Quand il eut repris ses sens, la croix fut de nouveau chargée sur ses épaules, et on l'obligea à avancer. Après avoir fait quelques pas en titubant, ployant sous le lourd fardeau, il s'affaissa une fois de plus inanimé sur le sol. On crut d'abord qu'il était mort, mais finalement, il reprit connaissance. Les prêtres et les chefs du peuple n'éprouvaient pas la moindre pitié pour leur victime, mais ils comprirent que Jésus était incapable de faire un pas de plus avec cet instrument de torture. Tandis qu'ils réfléchissaient à ce qu'ils pourraient faire, un Cyrénéen dénommé Simon, arrivait en sens contraire du cortège. A l'instigation des prêtres, on réquisitionna cet homme et on l'obligea à porter la croix du Christ. Les fils de Simon étaient des disciples de Jésus, mais lui-même n'était jamais entré en contact avec le Sauveur.

Une grande foule suivit le Christ jusqu'au calvaire ; de nombreuses personnes se moquaient de lui et le ridiculisaient, d'autres pleuraient et chantaient ses louanges. Ceux qu'il avait guéris de différentes infirmités et ceux qu'il avait ressuscités des morts proclamaient avec force ses œuvres merveilleuses. Ils insistaient pour savoir ce que Jésus avait fait pour être ainsi traité comme un malfaiteur. Quelques jours auparavant, cette foule l'avait salué au milieu de joyeux hosanna, en agitant des branches de palmiers, tandis qu'il entrait triomphalement dans Jérusalem. Mais parmi tous les gens qui, ce jour-là, avaient chanté ses louanges pour faire comme tout le monde, nombreux étaient ceux qui criaient maintenant : "Crucifie-le ! Crucifie-le !"

Cloué sur la croix

Parvenus au lieu de l'exécution, les condamnés furent fixés aux instruments de supplice. Tandis que les deux brigands se débattirent lorsqu'on voulut les mettre en croix, Jésus, lui, n'offrit aucune résistance. La mère du Seigneur regardait, ulcérée d'angoisse, espérant toutefois qu'il ferait un prodige pour échapper à ses tortionnaires. Elle vit qu'on étendait ses mains sur la croix — ces mains bénies qui avaient dispensé tant de bienfaits, et qui étaient intervenues si souvent pour apaiser la souffrance. Puis on apporta un marteau et des clous. Quand ceux-ci furent enfoncés dans les chairs tendres, fixant les mains à la croix, les disciples, le cœur brisé, éloignèrent de ce spectacle atroce la mère du Sauveur qui ne pouvait en supporter davantage.

Jésus ne fit entendre aucune plainte ; son visage resta calme et serein, mais de grosses gouttes de sueur perlèrent sur son front. Nulle main secourable n'essuya cette sueur mortelle, aucune parole de sympathie ou de fidélité inébranlable ne vinrent réconforter son cœur humain. Seul il foulait au pressoir, et nul homme d'entre les peuples n'était avec lui. Ésaïe 63 :3. Tandis que les soldats accomplissaient leur épouvantable besogne et qu'il souffrait la plus cruelle agonie, le Sauveur priait pour ses ennemis : "Père, pardonne-leur, car ils ne savent pas ce qu'ils font" Luc 23 :34. Cette prière du Christ pour ses ennemis englobait le monde entier, c'est-à-dire tous les pécheurs qui vivraient jusqu'à la fin des temps.

Une fois que Jésus fut cloué à la croix, des hommes robustes se saisirent de celle-ci, la dressèrent et la plantèrent brutalement à l'endroit prévu, ce qui causa au Fils de Dieu une douleur extrêmement intense. Après quoi se déroula une scène affreuse : oubliant la dignité sacrée dont ils étaient investis, les prêtres, les chefs de la nation et les scribes se joignirent à la populace et se mirent à railler et à insulter le Fils de Dieu agonisant : "Si tu es le roi des Juifs, sauve-toi toi-même !" Luc 23 :37. Certains, goguenards, se disaient les uns aux autres : "Il a sauvé d'autres gens, mais il ne peut pas se sauver lui-même !" Marc 15 :31. Les hauts fonctionnaires du temple, les soldats endurcis, le brigand non repentant sur la croix, ainsi que les gens vulgaires et malveillants parmi la foule — tous unirent leur voix pour insulter le Christ.

[227] Les deux brigands qui furent crucifiés avec Jésus subirent les mêmes tortures physiques que lui ; mais au milieu de ses souffrances, l'un d'eux devint toujours plus agressif et plus insolent, au point de se joindre aux moqueries des prêtres et de lui dire : "N'es-tu pas le Messie ? Sauve-toi toi-même et sauve-nous !" Luc 23 :39. L'autre brigand n'était pas un criminel endurci. Quand il entendit les paroles blessantes de son complice, il le reprit en disant : "Ne crains-tu pas Dieu, toi qui subis la même punition ? Pour nous, cette punition est juste, car nous recevons ce que nous avons mérité par nos actes ; mais lui n'a rien fait de mal" Versets 40, 41. Puis le cœur de cet homme fut ému de compassion pour Jésus et la lumière céleste inonda son esprit. En ce Jésus meurtri, ridiculisé et suspendu à sa croix, il vit son Rédempteur, son unique espoir, et il lui demanda avec une humble foi : "Jésus, souviens-toi de moi quand tu viendras dans ton règne". Le Sauveur lui répondit : "Je te le dis en vérité, aujourd'hui tu seras avec moi dans le paradis" Luc 23 :43, Segond.

Les anges considéraient avec étonnement l'amour infini de Jésus qui, endurant les souffrances les plus intenses dans son esprit et dans son corps, ne pensait qu'aux autres, et exhortait à la foi l'âme repentante. Tandis qu'il sacrifiait sa vie, il manifestait pour l'homme un amour plus fort que la mort. Parmi ceux qui furent témoins des scènes du calvaire, nombreux furent ceux qui, grâce à elles, furent par la suite affermis dans la foi en Christ.

Les ennemis de Jésus attendaient maintenant sa mort avec un espoir mêlé d'impatience. Ils croyaient que cet événement ferait taire définitivement les rumeurs concernant sa puissance divine et ses merveilleux miracles. Ils se réjouissaient à la pensée qu'ils n'auraient plus à redouter son influence sur le peuple. Les soldats sans pitié qui avaient cloué le corps du Sauveur sur la croix se partagèrent ses vêtements et se disputèrent pour savoir lequel d'entre eux aurait pour lui la tunique tissée d'une seule pièce. Finalement, ils décidèrent de la tirer au sort. Cette scène avait été décrite dans le texte sacré plusieurs siècles avant qu'elle ne se déroule : "Des chiens m'environnent, une bande de scélérats rôdent autour de moi, ils ont percé mes mains et mes pieds. ... Ils se partagent mes vêtements, ils tirent au sort ma tunique" Psaumes 22 :17-19.

Une leçon d'amour filial

Tandis que les regards de Jésus parcouraient la foule qui s'était massée pour être témoin de sa mort, il vit au pied de la croix Jean qui soutenait Marie, sa propre mère. Incapable de rester plus longtemps éloignée de son cher Fils, elle était revenue sur les lieux de l'horrible scène. Le dernier enseignement du Sauveur fut une leçon d'amour filial. Considérant le visage de sa mère, accablé de douleur, il fixa ses regards vers Jean et lui dit : "Voici ton fils, mère". Puis, s'adressant au disciple, il lui dit : "Voici ta mère" Jean 19 :26, 27. Jean comprit très bien ces paroles du Seigneur et le dépôt sacré qui lui était ainsi confié. Immédiatement, il éloigna la mère de Jésus du spectacle insoutenable du calvaire. Depuis lors, le disciple prit soin d'elle comme l'aurait fait un fils plein d'égards pour sa propre mère, et lui offrit l'hospitalité sous son toit. L'exemple parfait de l'amour filial du Christ brille d'un éclat toujours aussi vif à travers les siècles. Bien que soumis à la souffrance la plus atroce, loin d'oublier sa mère, il prit toutes les dispositions nécessaires pour assurer son avenir.

La mission du Sauveur sur la terre était sur le point de s'achever. La langue sèche, il s'écria : "J'ai soif". Ils trempèrent une éponge dans du vinaigre mêlé de fiel qu'ils lui offrirent à boire. Mais quand il y eut goûté, il le refusa.

Ainsi, le Maître de la vie et de la gloire allait mourir comme rançon de l'humanité. Le sentiment du péché, qui faisait reposer la colère du Père sur lui en tant que substitut de l'homme, voilà ce qui rendit sa coupe si amère, ce qui brisa le cœur du Fils de Dieu.

Le Christ s'est substitué à nous, il a porté l'iniquité de tous. Il a été mis au nombre des transgresseurs, afin de pouvoir nous racheter de la condamnation de la loi. La culpabilité de tous les descendants d'Adam pesait sur son cœur ; l'effroyable manifestation de la colère que Dieu éprouve envers le péché remplissait de consternation l'âme de Jésus. En cette heure d'angoisse suprême, l'éloignement de la présence divine remplit le cœur du Sauveur d'une détresse que l'homme ne comprendra jamais totalement. Chaque souffrance endurée par le Fils de Dieu sur la croix — les gouttes de sang qui ont coulé de sa tête, de ses mains et de ses pieds, les hoquets de l'agonie qui ont secoué son corps et l'effroi indicible qui a rempli son être lorsque le Père lui a caché sa face — tout cela parle à l'homme : C'est par amour pour toi que le Fils de Dieu a consenti à prendre sur lui ce fardeau de culpabilité ; c'est pour toi qu'il a dépouillé la mort, qu'il a ouvert les portes du paradis et de la vie éternelle. Lui qui a calmé par sa parole les flots irrités, qui a marché sur les vagues écumantes, qui a fait trembler les démons, qui de sa main a guéri les maladies, ressuscité les morts, ouvert les yeux des aveugles, s'est offert volontairement sur la croix comme l'ultime sacrifice pour les humains. Il a porté le péché, a subi le châtiment de la justice divine et s'est fait lui-même péché pour l'homme.

[230] Satan assiégeait le cœur de Jésus de ses tentations redoutables. Le péché, si odieux à ses yeux, le submergea au point qu'il gémit sous son poids. Rien d'étonnant que son humanité frémit en cette heure tragique. Les anges assistaient avec étonnement à l'agonie morale du Fils de Dieu qui était si intense qu'il ressentait à peine ses souffrances physiques. Les habitants du ciel se voilèrent la face devant cet horrible spectacle.

La nature elle-même compatissait avec son Auteur maltraité et mourant. Le soleil refusait d'éclairer une scène aussi atroce. En plein midi, alors qu'il illuminait la terre de tous ses feux, l'astre sembla disparaître soudain, et une obscurité totale enveloppa la croix et ce qui l'entourait comme dans un suaire. Les ténèbres durèrent trois heures ; à la neuvième heure, elles se dissipèrent au-dessus de la foule, mais elles continuèrent à envelopper le Sauveur comme dans un manteau. Des éclairs menaçants paraissaient viser Celui qui était suspendu à la croix. Alors "Jésus cria d'une voix forte : Eloï, Eloï, lema sabachthani, (ce qui signifie : 'Mon Dieu, mon Dieu, pourquoi m'as-tu abandonné ?')". Marc 15 :34.

C'est accompli

La foule, muette, regardait pour voir comment allait se terminer cet impressionnant spectacle. A nouveau le soleil brilla, mais la croix resta plongée dans les ténèbres. Puis, brusquement, l'obscurité qui enveloppait la croix se dissipa, et d'une voix claire qui retentit comme une trompette, Jésus s'écria : "C'est accompli". "Père, je remets mon esprit entre tes mains". Une lumière inonda la croix, et le visage du Sauveur resplendit comme le soleil. Sa tête retomba sur sa poitrine, et il expira.

Au moment où Jésus mourut, des prêtres officiaient dans le temple devant le voile qui séparait le lieu saint du lieu très saint. Soudain, ils sentirent la terre trembler sous leurs pieds, et le voile du temple, fait d'un tissu épais et solide que l'on changeait chaque année, se déchira du haut en bas par la même main qui avait tracé les mots de condamnation sur les murs du palais de Belschatsar.

Le Christ ne fit pas le sacrifice de sa vie avant d'avoir accompli l'œuvre pour laquelle il était venu ici-bas ; en rendant son dernier soupir, il déclara : "C'est accompli". Les anges se réjouirent en entendant ces paroles, car le vaste plan de la rédemption avait été parfaitement mené à bien. Il y avait de la joie dans le ciel parce que les fils d'Adam pouvaient désormais, grâce à une vie d'obéissance, être finalement introduits en la présence de Dieu. Satan, vaincu, savait qu'il avait perdu son royaume.

La sépulture

Jean ne savait pas quelles dispositions il devait prendre pour le corps de son Maître bien-aimé. Il craignait que, livré aux mains de soldats rustres et indifférents, il ne reçoive une sépulture indigne. Le disciple savait qu'il ne pouvait obtenir aucune faveur des autorités juives, et il ne comptait guère sur Pilate. Mais en la circonstance, Joseph (d'Arimathée) et Nicodème jouèrent un rôle important. Ils étaient membres du sanhédrin et connaissaient bien Pilate. L'un comme l'autre étaient des hommes riches et influents. Ils entendaient que le corps de Jésus bénéficie d'une sépulture honorable.

Joseph d'Arimathée se rendit auprès de Pilate et lui demanda d'emblée le corps de Jésus pour assurer sa sépulture. Pilate donna donc l'ordre de mettre le corps à la disposition de Joseph. Tandis que Jean, le disciple, s'inquiétait de savoir ce qu'il allait advenir des précieux restes de son Maître bien-aimé, Joseph d'Arimathée, ayant accompli sa démarche, détenait l'autorisation voulue du gouverneur.

[232] De son côté, Nicodème, s'attendant à un résultat favorable après l'entrevue de Joseph avec Pilate, apporta un coûteux mélange de myrrhe et d'aloès, pesant environ trente kilos. Lors de leurs obsèques, les plus hauts dignitaires de Jérusalem n'auraient pu bénéficier de plus grands honneurs.

De leurs propres mains, ils détachèrent avec délicatesse et respect le corps du Sauveur de l'instrument de torture où il avait été fixé. En considérant ce corps meurtri et déchiré, ces hommes fondirent en larmes. Ils le lavèrent soigneusement pour faire disparaître les taches de sang. Joseph possédait un tombeau tout neuf, creusé dans le roc, qu'il réservait pour sa propre sépulture ; ce tombeau, situé à proximité du calvaire, il le réservait maintenant pour Jésus. Le corps fut soigneusement enveloppé d'un drap de lin et entouré des aromates apportés par Nicodème ; puis les trois disciples transportèrent leur précieux fardeau jusqu'au sépulcre neuf, où personne n'avait été déposé jusqu'ici. Là, ils redressèrent les membres lésés et joignirent les mains percées du Seigneur sur sa poitrine inerte. Les femmes galiléennes s'approchèrent pour s'assurer que tout ce qui pouvait être fait pour la dépouille de leur Maître bien-aimé l'avait été. Elles virent que la lourde pierre avait été roulée pour fermer l'entrée du sépulcre, et que le Fils de Dieu y reposait en paix. Restées les dernières au pied de la croix, ces femmes furent aussi les dernières à quitter le tombeau du Christ.

Bien que les chefs de la nation juive aient réussi à mener à bien leur projet diabolique en mettant à mort le Fils de Dieu, cette mort ne les empêchait pas d'avoir peur de lui, et ils restaient sur le qui-vive. La satisfaction d'avoir pu ainsi se venger était troublée par la crainte permanente que son cadavre, qui reposait maintenant dans le tombeau de Joseph, ne ressuscite. Aussi, "les chefs des prêtres et les
[233] Pharisiens allèrent ensemble chez Pilate et dirent : Excellence, nous

nous souvenons que ce menteur, quand il était encore vivant, a dit : 'Après trois jours, je reviendrai à la vie'. Veuillez donc ordonner que le tombeau soit gardé jusqu'au troisième jour, afin que ses disciples ne viennent pas voler le corps et ne puissent pas dire ensuite au peuple : 'Il est revenu de la mort à la vie'" Matthieu 27 :62-64. Pilate craignant, tout comme les Juifs, que le Christ ne ressuscite avec puissance d'entre les morts et qu'il ne punisse ceux qui l'avaient condamné, mit à la disposition des prêtres une escouade de soldats romains en leur disant : "Voici des soldats pour monter la garde. Allez et faites surveiller le tombeau le mieux que vous pourrez. Ils allèrent donc organiser la surveillance du tombeau : ils scellèrent la pierre qui le fermait et placèrent les soldats pour le garder" Matthieu 27 :65, 66.

Les Juifs tirèrent donc profit de la garde qui leur était offerte pour surveiller le tombeau de Jésus. Ils mirent les scellés sur la pierre qui en fermait l'entrée, afin que celle-ci ne soit pas déplacée sans qu'on s'en aperçoive, et ils prirent toutes les dispositions nécessaires, de peur que les disciples n'usent d'un subterfuge en enlevant le corps de leur Maître. Mais tous leurs plans et toutes ces précautions ne servirent qu'à faire mieux ressortir la victoire de la résurrection et à en établir plus solidement la certitude.

[234]

Chapitre 30 — La résurrection du Christ

Les disciples se reposèrent le jour du sabbat, attristés de la mort de Jésus, leur Seigneur, le Roi de gloire, qui gisait dans le tombeau. A la tombée du jour, les soldats montaient la garde devant le sépulcre où reposait le Sauveur, pendant que des anges, invisibles, survolaient le lieu saint. La nuit s'écoula lentement, et, alors qu'il faisait encore sombre, les anges qui veillaient savaient que l'heure de délivrer le Fils bien-aimé de Dieu était sur le point de sonner. Tandis qu'ils attendaient avec la plus intense émotion le moment de sa victoire, un ange puissant descendit rapidement du ciel. Son visage resplandissait comme l'éclair et ses vêtements étaient blancs comme la neige. Son éclat dissipa les ténèbres qui l'entouraient et fit fuir loin de sa glorieuse lumière les mauvais anges qui, avec un air de triomphe, avaient revendiqué le corps de Jésus. L'un des anges qui avaient été témoins de l'humiliation du Christ et veillé sur son lieu de repos, se joignit à l'ange descendu du ciel, et, ensemble, ils vinrent près du sépulcre. A leur approche, il y eut un grand tremblement de terre.

Les soldats de la garde romaine furent saisis de frayeur. Qu'en était-il maintenant de leur pouvoir de surveiller le corps de Jésus ? Ils en avaient oublié leur mission et l'éventualité que les disciples ne viennent s'emparer de sa dépouille. Lorsque la lumière des anges resplendit autour d'eux, plus brillante que le soleil, les hommes de cette garde romaine tombèrent à terre comme morts. L'un des anges saisit la grande pierre, la roula et s'assit dessus : le sépulcre était ouvert. L'autre pénétra dans le tombeau et ôta le linge qui entourait la tête du Sauveur.

[235]

"Ton Père t'appelle !"

Puis l'ange qui était descendu du ciel s'écria d'une voix qui fit trembler la terre : "Fils de Dieu, sors ! Ton Père t'appelle !" La mort ne pouvait le garder plus longtemps en son pouvoir. Jésus ressuscita des morts en conquérant victorieux. Saisies d'une admiration mêlée de crainte, les armées angéliques contemplèrent la scène. Quand Jésus surgit du tombeau, ces anges resplendissants se prosternèrent pour l'adorer, et le saluèrent par de glorieux chants de triomphe.

Les anges de Satan n'avaient pu s'empêcher de fuir devant la lumière éblouissante des messagers du ciel, et ils se plaignirent amèrement auprès de leur commandant de ce que leur proie avait été ainsi arrachée de leurs mains et de ce que leur ennemi juré était ressuscité d'entre les morts. Satan et ses suppôts s'étaient grandement réjouis en constatant que leur pouvoir sur l'homme déchu avait obligé le Seigneur de la vie à descendre dans le sépulcre ; mais leur satisfaction avait été de courte durée. Car lorsqu'il vit que Jésus était sorti de la prison du tombeau en conquérant glorieux, Lucifer comprit qu'au bout de quelque temps, il devrait lui-même mourir et que son royaume serait alors remis à qui il appartenait de droit. Le diable était mécontent, furieux de ce que, malgré tous ses efforts, Jésus-Christ n'avait pas été vaincu ; qu'il avait au contraire ouvert le chemin du salut pour l'homme, et que quiconque s'y engagerait serait effectivement sauvé.

[236]

Les mauvais anges et leur commandant en chef tinrent conseil pour décider de la manière dont ils pourraient continuer à nuire au gouvernement de Dieu. Satan ordonna à ses suppôts de se rendre auprès des chefs des prêtres et des anciens du peuple. Il leur dit : "Nous avons réussi à les égarer, en fermant leurs yeux et en endurcissant leurs cœurs au sujet de Jésus. Nous leur avons fait croire que c'était un imposteur. Les soldats de la garde romaine vont répandre la détestable nouvelle que le Christ est ressuscité. Nous avons incité les prêtres et les anciens à haïr Jésus et à le faire mourir. Maintenant, dites-leur que si la nation apprend que Jésus est ressuscité, ils seront lapidés par le peuple pour avoir fait mourir un innocent".

Le compte rendu de la garde romaine

Une fois que l'armée des anges célestes eut quitté le sépulcre du Seigneur et que leur glorieuse lumière eut disparu, les soldats de la garde romaine se risquèrent à lever la tête et regardèrent tout autour d'eux. Ils furent stupéfaits de constater que la grosse pierre qui fermait l'entrée du sépulcre avait été roulée de côté et que le corps de Jésus ne se trouvait plus dans le tombeau. Ils allèrent en hâte à la ville pour informer les prêtres et les anciens de ce qu'ils avaient vu. Lorsque ces meurtriers entendirent le témoignage des soldats, ils devinrent tout pâles car ils étaient horrifiés à la pensée de ce qu'ils avaient fait. Si ce témoignage était exact, ils étaient perdus. Pendant quelques instants, ils gardèrent le silence ; ils se regardaient les uns les autres, ne sachant que dire ni que faire. Accepter tel quel le compte rendu de la garde romaine, c'était se condamner eux-mêmes. Les prêtres et les anciens se retirèrent pour se consulter sur la décision à prendre. Ils se dirent que si la nouvelle rapportée par les soldats se répandait parmi le peuple, ceux qui avaient fait mourir le Christ seraient eux-mêmes mis à mort en tant que ses meurtriers.

On décida donc de soudoyer les soldats romains pour qu'ils gardent la chose secrète. Les prêtres et les anciens leur offrirent une forte somme d'argent et leur dirent : "Vous déclarerez que ses disciples sont venus durant la nuit et qu'ils ont volé son corps pendant que vous dormiez" Matthieu 28 :13. Lorsque les gardes s'inquiétèrent des sanctions qui seraient prises contre eux pour s'être endormis à leur poste, les principaux des Juifs leur promirent d'apaiser le gouverneur et de faire le nécessaire pour qu'ils n'aient pas d'ennuis. Ainsi, par amour de l'argent, la garde romaine décida de forfaire à son honneur : elle accepta la proposition des prêtres et des anciens.

Les prémices de la rédemption

Lorsque, sur la croix, le Sauveur s'écria : "C'est accompli", les rochers se fendirent, la terre trembla et plusieurs tombeaux s'ouvrirent. Quand il se releva vainqueur sur la mort et sur le séjour des morts, tandis que la terre chancelait et que la gloire du ciel illuminait ce lieu sacré, de nombreux justes qui étaient morts, obéissant à son appel, sortirent de leurs tombeaux comme témoins de sa résurrection. Ces êtres favorisés se présentèrent glorifiés. Ils furent choisis parmi les saints de tous les âges, depuis la création jusqu'au temps de Jésus. Ainsi, tandis que les chefs de la nation juive s'efforçaient de cacher le fait de la résurrection du Sauveur, Dieu libéra de leurs sépulcres un groupe de personnes qui témoignèrent que le Christ était ressuscité et qui proclamèrent sa gloire.

La stature et la forme de ces saints ressuscités n'était pas la même ; certains avaient une apparence plus noble que les autres.

On me dit que les habitants de la terre avaient dégénéré, qu'ils avaient perdu leur force et leur distinction. Satan avait un pouvoir sur la maladie et sur la mort, et, au fil des siècles, les effets de la malédiction se faisaient sentir davantage et la puissance du grand adversaire était plus évidente. La forme, l'éclat et la force de ceux qui vivaient à l'époque de Noé et d'Abraham étaient comparables à ceux des anges. Mais chaque génération était plus faible, plus sujette à la maladie et plus limitée par la mort que celle qui l'avait précédée. Satan avait appris comment nuire à la race humaine et comment l'affaiblir.

Ceux qui revinrent à la vie après la résurrection du Christ apparurent à un grand nombre de personnes et leur annoncèrent que le sacrifice consenti pour l'homme avait été accompli, que Jésus, qui avait été crucifié par les Juifs, était ressuscité d'entre les morts. Pour prouver que leur témoignage était vrai, ils déclarèrent : "Nous avons été ressuscités avec lui". Ces privilégiés attestèrent que c'était par la force toute-puissante du Sauveur qu'ils avaient été libérés de leurs tombeaux. En dépit de toutes les rumeurs mensongères qui circulaient parmi le peuple, ni Satan, ni ses anges, ni les chefs des prêtres ne pouvaient cacher le fait de la résurrection du Christ ; car la sainte phalange, surgie des tombeaux, répandait la merveilleuse et joyeuse nouvelle. De plus, Jésus devait bientôt apparaître lui-même à ses disciples attristés et découragés, afin de dissiper leurs craintes et de les combler de joie et de bonheur.

[239]

Les saintes femmes viennent au sépulcre

Le premier jour de la semaine, de bon matin, avant l'aube, les saintes femmes se rendirent au sépulcre, apportant avec elles des aromates pour oindre le corps de Jésus. Elles virent que la lourde pierre qui fermait l'entrée du sépulcre avait été roulée de côté et que le corps du Seigneur avait disparu. A ce spectacle, leur cœur défaillit car elles craignaient que leurs ennemis ne se soient emparés de sa dépouille. Soudain, elles virent deux anges en vêtements blancs, au visage resplendissant. Comprenant pourquoi ces femmes étaient venues, ces êtres célestes leur dirent aussitôt que Jésus n'était pas là, mais qu'il était ressuscité ; elles pouvaient le constater en regardant l'endroit où il avait été déposé. Les anges leur donnèrent l'ordre d'aller dire aux disciples qu'il les précéderait en Galilée. Avec crainte et une grande joie, ces femmes revinrent en hâte vers les disciples affligés et leur firent part de ce qu'elles avaient vu et entendu.

Les disciples ne pouvaient pas croire que le Christ était ressuscité ; mais, accompagnés par les femmes qui étaient venues les prévenir, ils coururent au sépulcre. Là, ils constatèrent que Jésus ne s'y trouvait plus. Ils virent le linceul, mais ils n'arrivaient pas à croire à la bonne nouvelle de sa résurrection. Ils retournèrent chez eux, étonnés de ce qu'ils avaient vu et de ce que les femmes leur avaient raconté.

Marie de Magdala préféra s'attarder auprès du tombeau ; elle réfléchissait à ce qu'elle avait vu et s'attristait à la pensée qu'elle pouvait avoir été trompée. Elle avait le pressentiment que de nouvelles épreuves l'attendaient. Sa tristesse grandit, et elle éclata en sanglots. Puis elle se pencha une fois de plus pour regarder dans le sépulcre, et elle vit deux anges vêtus de blanc. L'un d'eux était assis à l'endroit où la tête de Jésus avait reposé,

[240]

l'autre là où se trouvaient ses pieds. S'adressant à elle avec douceur, ils lui demandèrent pourquoi elle pleurait. Marie répondit : "On a enlevé mon Seigneur, et je ne sais pas où on l'a mis" Jean 20 :13.

"Ne me touche pas"

En se détournant du sépulcre, elle vit Jésus debout près d'elle, mais elle ne le reconnut pas. Le Seigneur lui demanda avec bonté quelle était la cause de sa tristesse et qui elle cherchait. Le prenant pour le jardinier, elle le pria, s'il avait enlevé le corps, de lui dire où il l'avait déposé, afin qu'elle puisse le prendre. Jésus, s'adressant à elle de sa voix céleste, lui dit : "Marie !" Elle connaissait bien le timbre de cette voix si chère, et elle répondit aussitôt : "Maître !" Dans sa joie, elle fut sur le point de le prendre dans ses bras ; mais le Sauveur lui dit : "Ne me touche pas, car je ne suis pas encore monté vers mon Père. Mais va trouver mes frères, et dis-leur que je monte vers mon Père et votre Père, vers mon Dieu et votre Dieu" Jean 20 :17, Segond. Radieuse, elle courut annoncer la bonne nouvelle aux disciples. Jésus s'empressa de monter vers son Père pour s'entendre dire que son sacrifice avait été accepté et afin de recevoir tout pouvoir dans les cieux et sur la terre.

Des anges entourèrent le Fils de Dieu comme d'un nuage et ordonnèrent que les portes éternelles soient ouvertes, afin que le Roi de gloire puisse entrer. J'ai vu que, tandis que le Sauveur était escorté par cette céleste phalange, en présence de Dieu et entouré de sa gloire, il n'oubliait pas ses disciples restés sur la terre, mais qu'il lui fallait recevoir du Père la puissance afin qu'il puisse revenir auprès d'eux et la leur communiquer. Le jour même, il redescendit du ciel, et se montra à ses disciples. Alors, il leur permit de les toucher, car il était monté auprès de son Père et avait reçu de lui la puissance.

[241]

Thomas l'incrédule

Ce jour-là, Thomas était absent. Il refusa d'accepter humblement pour vrai ce que lui dirent les disciples, mais il affirma avec fermeté et orgueil qu'il ne croirait pas à leur déclaration s'il ne mettait pas ses doigts dans la marque des clous et sa main dans le côté du Seigneur qui avait été transpercé d'un coup de lance. En cela, Thomas manqua de confiance en ses frères. Si tout le monde se montrait aussi exigeant, personne n'accepterait Jésus ni ne croirait à sa résurrection. Mais Dieu voulait que le compte rendu des disciples soit accepté sans discussion par ceux qui n'avaient pu voir et entendre le Sauveur ressuscité.

L'incrédulité de Thomas déplut à Dieu. Quand Jésus rencontra de nouveau ses disciples, Thomas était avec eux ; quand il vit le Seigneur, il crut. Comme il avait déclaré qu'il ne se contenterait pas d'une preuve fondée sur la vue, mais qu'il lui faudrait aussi celle du toucher, Jésus lui donna satisfaction. Alors Thomas s'écria : "Mon Seigneur et mon Dieu !" Mais le Sauveur lui reprocha son incrédulité : "Jésus lui dit : C'est parce que tu m'as vu que tu as cru ? Heureux ceux qui croient sans m'avoir vu !" Jean 20 :28, 29.

Angoisse et désespoir de Pilate

A mesure que la nouvelle (de la résurrection de Jésus) se répandait de ville en ville et de village en village, les Juifs à leur tour

[242] craignirent pour leur vie et dissimulèrent les sentiments de haine qu'ils nourrissaient envers les disciples. Leur unique espoir était que leur version mensongère des faits soit propagée. Ceux qui souhaitaient croire à ce mensonge y adhérèrent. Pilate frémit en apprenant que le Christ était ressuscité ; il ne pouvait douter du témoignage ainsi apporté, et à partir de ce moment-là, il ne fut plus jamais en paix avec lui-même. Par amour des honneurs du monde, par crainte de perdre son autorité et sa vie, il avait livré Jésus à la mort. Maintenant, il était pleinement convaincu que le Christ n'était pas seulement un innocent et qu'il était coupable de son sang versé, mais qu'il était le Fils de Dieu. Dès lors, jusqu'à la fin, la vie de Pilate fut pitoyable. L'angoisse et le désespoir le privèrent de toute joie et de toute espérance. Il refusa toute consolation et mourut misérablement.

Quarante jours avec les disciples

Jésus resta quarante jours avec ses disciples, faisant régner dans leurs cœurs la joie et le bonheur tandis qu'il leur révélait plus pleinement les réalités du royaume de Dieu. Il les chargea d'une mission : témoigner de ce qu'ils avaient vu concernant ses souffrances, sa mort et sa résurrection, et leur prescrivit d'enseigner qu'il avait accompli un sacrifice pour le péché, et que tous ceux qui le voulaient pouvaient venir à lui et avoir la vie. Il les avertit avec ménagements qu'ils seraient persécutés, affligés, mais qu'ils seraient réconfortés en se rappelant leur expérience et les paroles qu'il leur avait dites. Il leur rappela qu'il avait triomphé des tentations de Satan et obtenu la victoire sur les épreuves et les souffrances. Le diable n'avait plus aucun pouvoir sur lui, mais il reporterait directement ses tentations

[243] sur eux et sur tous ceux qui croiraient en son nom. Cependant, ils pouvaient vaincre comme lui-même avait vaincu. Jésus donna à ses disciples le pouvoir de faire des miracles, et il leur dit que si d'une part ils allaient être persécutés par des hommes méchants, d'autre part le Seigneur leur enverrait de temps à autre ses anges pour les délivrer, et qu'ils ne seraient pas mis à mort tant que leur mission n'aurait pas été accomplie. Alors seulement, il pourraient être appelés à sceller de leur sang le témoignage qu'ils avaient rendu.

Les disciples écoutèrent avidement et joyeusement les enseignements du Christ, buvant chaque mot qui sortait de ses lèvres saintes. Maintenant, ils avaient la certitude qu'il était le Sauveur du monde. Ses paroles pénétraient profondément dans leur cœur ; ils étaient attristés à la pensée d'être bientôt séparés de leur céleste Maître, et de ne plus pouvoir entendre ses paroles bienveillantes et réconfortantes. Mais leurs cœurs furent à nouveau réchauffés par l'amour et par une joie immense lorsque Jésus leur dit qu'il allait leur préparer des places, qu'il reviendrait et les prendrait auprès de lui, afin qu'ils soient toujours avec lui. Il leur promit aussi de leur envoyer le Consolateur, le Saint-Esprit, pour les guider dans toute la vérité. "Puis Jésus les emmena hors de la ville, près de Béthanie, et là, il leva les mains et les bénit" Luc 24 :50.

Chapitre 31 — L'ascension du Christ

Le ciel tout entier attendait l'heure triomphale où Jésus remonterait vers son Père. Des anges vinrent à la rencontre du Roi de gloire pour l'escorter triomphalement jusqu'au ciel. Après que le Sauveur eut béni ses disciples, il fut séparé d'eux et enlevé. Tandis qu'il montait vers les cieux, les nombreux captifs qui ressuscitèrent en même temps que lui le suivirent. Une multitude de l'armée céleste était là, tandis que dans le ciel une foule innombrable d'anges attendaient son arrivée.

Durant leur ascension vers la céleste Cité, les anges qui accompagnaient Jésus criaient d'une voix forte : "Portes, relevez vos linteaux ; haussez-vous, portails éternels, pour que le grand Roi fasse son entrée !" Transportés de joie, les anges qui se tenaient dans la Cité demandèrent : "Qui est ce grand Roi ?" Les anges qui formaient son escorte répondirent : "C'est le Seigneur, le puissant héros, le Seigneur, le héros des combats. Portes, relevez vos linteaux ; haussez-vous, portails éternels, pour que le grand Roi fasse son entrée !" De nouveau, les anges qui attendaient posèrent la question : "Qui est donc ce grand Roi ?" Et les anges qui l'escortaient répondirent : "C'est le Seigneur de l'univers, c'est lui le grand Roi" Psaumes 24 :7-10. Puis la céleste cohorte entra dans la Cité de Dieu.

Alors, toute l'armée céleste entoura son chef majestueux, et, pleins de vénération, les anges se prosternèrent devant lui et jetèrent à ses pieds leurs couronnes étincelantes. Puis, faisant vibrer leurs harpes d'or, ils remplirent le ciel de doux et mélodieux accents, accompagnés de musique et de chants en l'honneur de l'Agneau qui avait été immolé, mais qui vivait de nouveau dans la majesté et la gloire.

La promesse du retour

Tandis que les disciples fixaient tristement les yeux sur le ciel pour jeter un dernier regard sur le Seigneur, deux anges vêtus de blanc se tinrent près d'eux et leur dirent : "Hommes de Galilée, pourquoi restez-vous là à regarder le ciel ? Ce Jésus, qui vous a été enlevé pour aller au ciel, reviendra de la même manière que vous l'y avez vu partir" Actes 1 :11. Les disciples et la mère de Jésus, qui avait assisté avec eux à l'ascension du Fils de Dieu, passèrent la nuit suivante à s'entretenir de ses œuvres merveilleuses et des événements étranges et glorieux qui s'étaient succédé en peu de temps.

La colère de Satan

Satan tint de nouveau conseil avec ses anges. Animé d'une haine farouche contre le gouvernement de Dieu, il leur dit qu'aussi longtemps qu'il conserverait son pouvoir et son autorité sur la terre, leur opposition contre les disciples du Christ devait être dix fois plus forte. Puisqu'ils n'avaient nullement réussi à vaincre le Sauveur, maintenant, ils devaient à tout prix remporter la victoire sur ses disciples. Dans chaque génération, ils devaient essayer de prendre au piège ceux qui croiraient en Jésus. Le diable dit à ses suppôts que le Christ avait donné à ses disciples le pouvoir de les chasser et de guérir ceux auxquels ils feraient du mal. Après quoi, les anges de Satan partirent comme des lions rugissants, cherchant à dévorer les disciples du Seigneur.

Chapitre 32 — La Pentecôte

Ce chapitre est basé sur Actes 2.

Quand Jésus ouvrit l'esprit de ses disciples à la compréhension des prophéties qui le concernaient, il leur donna l'assurance que tout pouvoir lui avait été donné dans le ciel et sur la terre, et il leur ordonna d'aller annoncer l'Evangile à toute créature. Sentant brusquement renaître en eux l'ancien espoir que le Christ monterait sur le trône de David à Jérusalem, les disciples lui demandèrent : "Seigneur, est-ce en ce temps que tu rétabliras le royaume d'Israël ?" Actes 1 :6. Le Sauveur laissa planer dans leur pensée une incertitude sur ce sujet en leur répondant : "Il ne vous appartient pas de savoir quand viendront les temps et les moments, car le Père les a fixés de sa propre autorité" Actes 1 :7.

Les disciples commencèrent à espérer que la merveilleuse effusion du Saint-Esprit inciterait le peuple juif à accepter Jésus. Le Sauveur ne jugea pas utile de leur donner davantage d'explications, car il savait que lorsque la plénitude du Saint-Esprit viendrait sur eux, leur esprit serait éclairé et qu'ils comprendraient pleinement l'œuvre à laquelle ils étaient appelés, et qu'ils l'entreprendraient là même où il l'avait laissée.

Les disciples s'assemblèrent dans la chambre haute, et unirent leurs supplications à celles des saintes femmes, de Marie, la mère de Jésus, et de ses frères. Ces derniers, qui jusqu'alors n'avaient pas cru, étaient maintenant pleinement affermis dans la foi, grâce aux scènes de la crucifixion, de la résurrection et de l'ascension du Seigneur dont ils avaient été témoins. Le nombre des personnes ainsi réunies s'élevait à environ cent vingt.

L'effusion du Saint-Esprit

"Quand le jour de la Pentecôte arriva, les croyants étaient réunis tous ensemble au même endroit. Tout à coup, un bruit vint du ciel, comme si un vent violent se mettait à souffler, et il remplit toute la maison où ils étaient assis. Ils virent alors apparaître des langues pareilles à des flammes de feu ; elles se séparèrent et elles se posèrent une à une sur chacun d'eux. Ils furent tous remplis du Saint-Esprit et se mirent à parler en d'autres langues, selon ce que l'Esprit leur donnait d'exprimer" Actes 2 : 1-4. Le Saint-Esprit, prenant la forme de langues de feu divisées en pointes et s'arrêtant sur ceux qui étaient assemblés, était un emblème du don ainsi accordé et qui leur permettait de parler couramment différentes langues qu'ils ignoraient auparavant. Le feu représentait le zèle ardent avec lequel ils se mettraient à l'œuvre et la puissance qui accompagnerait leurs paroles.

Grâce à cette illumination céleste, les Ecritures, que Jésus leur avait expliquées, prenaient maintenant à leurs yeux un vif relief et faisaient apparaître la vérité sous un jour plus beau, plus limpide et plus puissant. Le voile qui les avait empêchés de voir la fin de ce qui était aboli était maintenant levé ; aussi, l'objet de la mission du Christ et la nature de son royaume devenaient-ils parfaitement clairs pour eux.

[249]

Une manifestation de puissance

Les Juifs avaient été disséminés dans presque tous les pays, et ils parlaient différentes langues. Ils étaient venus de loin à Jérusalem et avaient élu temporairement domicile dans cette ville pendant que se déroulaient les fêtes religieuses pour en observer les préceptes. Quand ces Juifs se retrouvaient, ils représentaient toutes les langues connues. Or, cette diversité de langues constituait un grand obstacle pour les serviteurs de Dieu qui devaient diffuser la doctrine du Sauveur jusqu'aux extrémités de la terre. Le fait que Dieu ait à cet égard miraculeusement suppléé aux déficiences des apôtres fut pour le public la meilleure confirmation de la véracité de ces témoins du Christ. Le Saint-Esprit avait ainsi fait pour eux ce qu'ils n'auraient pu accomplir par eux-mêmes pendant toute une vie ; désormais, ils pouvaient prêcher le message de l'Evangile en terre étrangère, puisqu'ils parlaient couramment la langue de ceux qu'ils étaient appelés à évangéliser. Ce don miraculeux était, au yeux du monde, la meilleure preuve que leur mission portait le sceau du ciel.

"A Jérusalem vivaient des Juifs, hommes pieux venus de tous les pays du monde. Quand ce bruit se fit entendre, ils s'assemblèrent en foule. Ils étaient tous profondément surpris, car chacun d'eux entendait les croyants parler dans sa propre langue. Ils étaient remplis d'étonnement et d'admiration, et disaient : Ces hommes qui parlent ne sont-ils pas tous Galiléens ? Comment se fait-il alors que chacun de nous les entende parler dans sa langue maternelle ?" Actes 2 :5-8.

[250] Les prêtres et les chefs du peuple étaient très irrités de cette manifestation extraordinaire, dont on parlait dans tout Jérusalem et dans ses environs, mais ils n'osaient pas donner libre cours à leur méchanceté, de crainte de s'exposer à la haine du peuple. Ils avaient fait mourir le Maître, et voici que ses serviteurs, hommes illettrés de la Galilée, montraient le merveilleux accomplissement de la prophétie et enseignaient la doctrine de Jésus dans toutes les langues connues à l'époque. Ils parlaient avec puissance des œuvres admirables du Sauveur et dévoilaient à leurs auditeurs le plan de la rédemption réalisé grâce à la miséricorde et au sacrifice du Fils de Dieu. Leurs paroles eurent pour effet de convaincre et de convertir des milliers d'auditeurs. Les traditions et les superstitions inculquées par les prêtres étaient balayées des esprits, et les gens acceptaient les purs enseignements de la Parole de Dieu.

Le sermon de Pierre

Pierre expliqua que cette manifestation était l'accomplissement exact de la prophétie de Joël, dans laquelle il est prédit qu'une telle puissance devait s'emparer des hommes pour les qualifier en vue d'une œuvre spéciale.

Pierre fit remonter l'origine de Jésus en ligne directe jusqu'à la prestigieuse maison de David. Il ne fit pas allusion aux enseignements du Christ pour justifier son point de vue, parce qu'il savait que les préjugés de ses auditeurs étaient si tenaces que tout ce qu'il pourrait dire sur cette question ne serait d'aucun effet. Il préféra citer David qui était vénéré par les Juifs comme un patriarche de leur nation. Pierre déclara : "En effet, David a dit à son sujet (au sujet du Christ) : 'Je voyais continuellement le Seigneur devant moi, il est à mes côtés pour que je ne tremble pas. C'est pourquoi mon cœur est rempli de bonheur et mes paroles sont pleines de joie ; et même dans la faiblesse de mon corps, je reposerai avec espérance, car tu ne m'abandonneras pas dans le monde des morts, tu ne permettras pas que moi, ton fidèle, je pourrisse dans la tombe'" Actes 2 :25-27.

En s'exprimant ainsi, Pierre montra que David ne parlait pas de lui-même, mais manifestement de Jésus-Christ. David mourut d'une mort naturelle comme les autres hommes. Sa tombe, ainsi que les cendres vénérables qu'elle contenait, avaient été soigneusement préservées jusqu'alors. En tant que roi d'Israël, et aussi en sa qualité de prophète, David avait été particulièrement honoré par Dieu. Dans une vision prophétique, la vie future et le ministère du Christ lui avaient été montrés. Il avait vu son rejet, son jugement, sa crucifixion, son ensevelissement, sa résurrection et son ascension.

David déclarait que l'âme du Christ ne serait pas abandonnée dans le séjour des morts et que sa chair ne connaîtrait pas la corruption. Pierre mit en évidence l'accomplissement de cette prophétie en la personne de Jésus de Nazareth. Dieu l'avait effectivement libéré de la tombe avant que son corps ne se décompose, et maintenant, il était exalté dans les lieux très hauts.

En ce jour mémorable, de nombreuses personnes qui avaient tourné en ridicule l'idée que Jésus, homme de condition si modeste, était le Fils de Dieu, furent pleinement convaincues de cette vérité et l'acceptèrent comme leur Sauveur. Trois mille croyants furent ajoutés à l'Eglise. Les apôtres parlaient sous l'inspiration du Saint-Esprit, et leurs déclarations ne pouvaient pas être contredites car elles étaient confirmées par de grands miracles, qu'ils accomplissaient grâce à l'effusion de l'Esprit de Dieu. Les disciples eux-mêmes étaient surpris des résultats de cette manifestation de la Providence, de la rapidité et de l'abondance de cette moisson d'âmes. Tout le monde était stupéfait. Ceux qui persistaient dans leurs préjugés et dans leur fanatisme étaient tellement impressionnés qu'ils n'osaient pas faire obstacle à cette œuvre puissante, ni en paroles ni par la violence, et leur opposition cessa momentanément.

Si clairs et convaincants fussent-ils, les arguments des apôtres n'auraient pu détruire les préjugés des Juifs qui avaient refusé de se rendre devant une telle évidence. Mais par sa puissance divine, le Saint-Esprit fit pénétrer ces arguments dans leurs coeurs, comme des flèches acérées du Tout-Puissant, les convainquant du terrible délit qu'il avaient commis en rejetant et en crucifiant le Seigneur de gloire. "Quand ils entendirent ces paroles, ils furent profondément bouleversés. Ils demandèrent à Pierre et aux autres apôtres : Frères, que devons-nous faire ? Pierre leur répondit : Changez de comportement et que chacun de vous se fasse baptiser au nom de Jésus-Christ, pour que vos péchés soient pardonnés. Vous recevrez alors le don de Dieu, le Saint-Esprit" Actes 2 :37, 38.

Pierre insista auprès de ceux qui avaient été convaincus sur le fait qu'ils avaient rejeté le Christ parce qu'ils avaient été trompés par les prêtres et les chefs du peuple. Il leur dit que s'ils continuaient à prendre ces hommes comme conseillers et à compter sur eux pour qu'ils leur fassent connaître le Christ sans avoir le courage de le faire eux-mêmes, ils ne l'accepteraient jamais. Ces hommes puissants, bien que faisant profession de piété, ambitionnaient les richesses et la gloire terrestres. Ils ne désiraient nullement venir au Christ pour être éclairés. Le Sauveur avait prédit qu'un terrible châtiment retomberait sur ces gens à cause de leur refus obstiné de croire, malgré les preuves les plus évidentes montrant que Jésus était le Fils de Dieu.

Dès ce jour, le langage des disciples fut pur, simple et précis, en ce qui concerne les mots et l'accent, qu'ils s'expriment dans leur langue maternelle ou dans une langue étrangère. Ces hommes de petite condition, qui n'avaient jamais fréquenté l'école des prophètes, présentaient des vérités si élevées et si limpides que ceux qui les entendaient étaient stupéfaits. Les disciples ne pouvaient aller personnellement jusqu'aux extrémités de la terre ; mais il y avait, à l'occasion de la fête (de la Pentecôte), des hommes venus des quatre coins du monde, et les vérités que ces hommes accepteraient allaient être répétées dans leurs différentes familles et publiées parmi leur peuple. Ainsi, des âmes seraient gagnées au Christ.

Un enseignement pour notre époque

Ce témoignage concernant l'implantation de l'Eglise chrétienne nous est donné non seulement comme un épisode important de l'histoire sacrée, mais aussi comme un enseignement. Ceux qui professent le nom de Jésus doivent attendre, veiller et prier d'un même cœur. Tous les différends doivent être aplanis ; l'unité et l'amour sincère les uns pour les autres doivent régner. Alors nos prières pourront monter, avec une foi ferme et ardente, vers notre Père céleste ; alors nous pourrons attendre avec patience et espoir l'accomplissement de la promesse.

L'exaucement peut venir de façon soudaine et avec une force invincible — ou bien il peut être différé de plusieurs jours ou de plusieurs semaines, et ainsi, notre foi peut être mise à l'épreuve. Mais Dieu sait quand et comment nos prières doivent être exaucées. Notre part consiste à entrer en contact avec le canal divin. Le Seigneur a sa part à assumer dans son œuvre. Il est fidèle à ses promesses. L'essentiel pour nous est d'être un cœur et une âme, de rejeter toute envie et toute malice et, comme d'humbles suppliants, de veiller et d'attendre. Jésus, notre représentant et notre Chef, est prêt à faire pour nous ce qu'il a fait pour les croyants qui priaient et veillaient le jour de la Pentecôte.

[254]

[255]

Chapitre 33 — La guérison du paralytique

Ce chapitre est basé sur Actes 3 et 4.

Peu après l'effusion du Saint-Esprit, et immédiatement après avoir fait monter vers le ciel d'ardentes prières, Pierre et Jean, qui se rendaient au temple pour adorer, virent un misérable impotent, âgé de quarante ans, dont la vie depuis sa naissance avait été faite de souffrance et de fragilité. Ce malheureux désirait depuis longtemps voir Jésus, afin d'être guéri ; mais pratiquement personne ne lui venait en aide, et il était très éloigné de la scène où opérait le grand Médecin. Finalement, ses supplications décidèrent certaines personnes charitables à le transporter jusqu'à la porte du temple. Mais en y arrivant, il apprit que celui en qui il fondait ses espoirs venait d'être cruellement mis à mort.

Sa déception provoqua la sympathie de ceux qui savaient qu'il avait depuis longtemps désiré être guéri par Jésus, et chaque jour ils l'amenaient au temple pour que les passants émus de pitié lui fassent la charité et qu'il reçoive ainsi de quoi pourvoir à ses besoins. Quand Pierre et Jean passèrent devant lui, il leur demanda l'aumône. Les disciples jetèrent sur lui un regard compatissant. "Pierre et Jean fixèrent les yeux sur lui et Pierre lui dit : Regarde-nous. L'homme les regarda avec attention, car il s'attendait à recevoir d'eux quelque chose. Pierre lui dit alors : Je n'ai ni argent ni or, mais ce que j'ai, je te le donne : au nom de Jésus-Christ de Nazareth, marche !" Actes 3 :4-6.

[256]

Tandis que l'apôtre révélait ainsi sa pauvreté, le visage du paralytique exprimait le désappointement ; mais il rayonna d'espoir et de foi quand le disciple poursuivit sa pensée. "Puis il le prit par la main droite et le fit lever. Aussitôt, les pieds et les chevilles de l'infirme devinrent fermes ; d'un saut, il fut sur ses pieds, se tint debout puis se mit à marcher. Il entra avec les apôtres dans le temple, en marchant, sautant et louant Dieu. Toute la foule le vit marcher et louer Dieu. Quand ils reconnurent en lui l'homme qui se tenait assis à la Belle

Porte du temple pour mendier, ils furent tous remplis de crainte et d'étonnement, à cause de ce qui était arrivé" Actes 3 :7-10.

Les Juifs étaient surpris que les disciples puissent accomplir des miracles semblables à ceux de Jésus. Puisqu'il était mort, ils s'attendaient à ce que ces étonnantes manifestations disparaissent avec lui. Or voici que se tenait devant eux un homme qui avait été gravement infirme pendant quarante ans, et qui, maintenant, avait recouvré le plein usage de ses membres, qui ne souffrait plus et se réjouissait de sa foi en Jésus.

Les apôtres virent la stupéfaction de la foule, et ils demandèrent pourquoi le peuple était étonné du miracle dont il avait été témoin, et pourquoi il les considérait avec crainte, comme si c'était par leur propre puissance que ce miracle avait été accompli. Pierre leur affirma que c'était par les mérites de Jésus de Nazareth, qu'ils avaient rejeté et crucifié, mais que Dieu avait ressuscité le troisième jour. "C'est par la puissance du nom de Jésus qui, grâce à la foi en ce nom, a rendu la force à cet homme que vous voyez et connaissez. C'est la foi en Jésus qui lui a donné d'être complètement guéri comme vous pouvez le constater. Cependant, frères, je sais bien que vous et vos chefs avez agi par ignorance à l'égard de Jésus. Mais Dieu a réalisé ainsi ce qu'il avait annoncé autrefois par tous les prophètes : son Messie devait souffrir" Actes 3 :16-18.

Après ce miracle, les gens entrèrent en foule dans le temple. Pierre et Jean s'adressèrent à eux dans ce même lieu, en deux endroits différents. Après avoir clairement dénoncé la lourde faute que les Juifs avaient commise en rejetant et en mettant à mort le Prince de la vie, Pierre veilla à ne pas les pousser à la fureur ou au désespoir. Il s'efforça de minimiser leur culpabilité, en supposant qu'ils avaient agi par ignorance. Il ajouta que le Saint-Esprit les appelait à se repentir de leurs péchés et à se convertir. Il leur dit qu'il n'y avait d'espoir pour eux que dans la grâce de celui qu'ils avaient crucifié, et que leurs péchés pourraient être effacés seulement par la foi en son sang.

Les apôtres sont arrêtés et jugés

Cette prédication de la résurrection du Christ, selon laquelle tous les morts seraient finalement libérés de leurs tombeaux grâce à sa mort et à sa résurrection, sema le trouble parmi les sadducéens. En effet, leur doctrine se trouvait par là même en péril et leur réputation était en jeu. Plusieurs des fonctionnaires et le commndant du temple étaient sadducéens. Avec un certain nombre d'entre eux, le commandant fit arrêter les deux apôtres et les fit jeter en prison, car il était trop tard, ce soir-là, pour qu'ils soient interrogés.

Le lendemain, Anne et Caïphe, ainsi que d'autres dignitaires du temple, se retrouvèrent pour juger les prisonniers qui furent amenés pour comparaître devant eux. C'est dans cette même salle et en présence de ces mêmes hommes que Pierre avait honteusement renié le Seigneur. Ce reniement revint distinctement à l'esprit du disciple au moment où il passait lui-même en jugement. Maintenant, il avait la possibilité de se racheter de sa lâcheté passée.

[258]

Les accusateurs se souvenaient du rôle que Pierre avait joué lors du procès de son Maître, et ils se réjouissaient de pouvoir l'impressionner maintenant par des menaces d'emprisonnement et de mort. Mais cet homme, qui comparaissait ce jour-là devant le sanhédrin pour être jugé, cet homme impulsif et présomptueux qui avait renié le Christ à l'heure où il était privé de tout appui, n'était plus le même. Pierre était converti ; il se défiait de lui-même et n'était plus le vantard qu'il avait été. Il était rempli du Saint-Esprit, et grâce à cette puissance, il était devenu aussi solide qu'un roc, courageux, tout en restant modeste, lorsqu'il exaltait le Christ. Il était résolu à effacer la faute de son reniement en glorifiant le nom qu'il avait désavoué.

La courageuse défense de Pierre

Jusqu'alors les prêtres avaient évité de mentionner la crucifixion ou la résurrection de Jésus. Mais maintenant, pour arriver à leurs fins, ils étaient obligés de demander aux accusés par quel pouvoir ils avaient opéré la remarquable guérison de l'infirme. Alors Pierre, rempli du Saint-Esprit, s'adressant respectueusement aux prêtres et aux anciens, déclara : "Il faut que vous le sachiez, vous tous, et que tout le peuple d'Israël le sache : cet homme se présente devant vous en bonne santé par le pouvoir du nom de Jésus de Nazareth, celui que vous avez cloué à la croix et que Dieu a ramené de la mort à la vie. Jésus est celui dont l'Ecriture affirme : 'La pierre que vous, les bâtisseurs, avez rejetée est devenue la pierre principale.' Le salut ne s'obtient qu'en lui, car nulle part dans le monde entier Dieu n'a donné aux hommes quelqu'un d'autre par qui nous pourrions être sauvés." Actes 4 :10-12.

Les paroles de Pierre portaient le sceau du Christ, et son visage était illuminé par le Saint-Esprit. Tout près de lui, en tant que témoin irrécusable, se tenait l'homme qui avait été miraculeusement guéri. La présence de cet homme qui, quelques heures auparavant, n'était qu'un misérable impotent, et qui était maintenant resplendissant de santé et éclairé concernant Jésus de Nazareth, ajoutait du poids aux paroles de Pierre. Les prêtres et les chefs du peuple gardaient le silence : ils étaient incapables de réfuter ses affirmations. Ils avaient été obligés d'écouter ce dont ils ne voulaient surtout pas entendre parler — à savoir que Jésus-Christ était ressuscité et que son pouvoir céleste accomplissait des miracles sur la terre par le moyen des apôtres.

La courageuse défense de Pierre, dans laquelle il déclarait sans ambages d'où lui venait son pouvoir, frappa d'étonnement les chefs du peuple. Il avait parlé de la pierre éliminée par les bâtisseurs — c'est-à-dire les autorités de l'église, qui auraient dû reconnaître la valeur de celui qu'elles avaient rejeté — mais qui était devenue néanmoins la pierre principale. L'apôtre désignait ainsi le Christ, qui était la pierre fondamentale de l'Eglise.

Le peuple fut étonné de la hardiesse dont faisaient preuve les disciples. En effet, les gens supposaient que ces derniers étant des pêcheurs sans instruction, ils seraient désemparés lorsqu'ils se trouveraient en présence des prêtres, des scribes et des anciens. Mais ils se rendirent compte que les disciples avaient été avec Jésus. Les apôtres parlaient comme le Christ avait parlé, avec une force de conviction qui imposait le silence à leurs adversaires. Afin de ne pas montrer leur embarras, et de pouvoir se concerter, les prêtres et les chefs juifs ordonnèrent que l'on fasse sortir les apôtres.

Tous les dignitaires de la nation s'accordèrent à dire qu'il serait inutile de nier que l'homme avait été guéri par le pouvoir donné aux apôtres au nom de Jésus crucifié. Ils auraient volontiers dissimulé le miracle par des supercheries ; mais la guérison avait été opérée en plein jour et devant une foule de gens, et elle était déjà connue par des milliers de personnes. Quoi qu'il en soit, ils estimèrent qu'il fallait immédiatement mettre un terme à l'œuvre des apôtres, sinon de nombreux adeptes seraient gagnés à Jésus, cela jetterait le discrédit sur eux, les chefs du peuple, et ils seraient reconnus coupables d'avoir mis à mort le Fils de Dieu.

Malgré leur désir de faire périr les disciples, ils se contentèrent de les menacer des plus cruels châtiments s'ils continuaient à prêcher ou à agir au nom de Jésus. Sur ce, Pierre et Jean déclarèrent avec assurance que Dieu lui-même leur avait confié cette œuvre, et qu'ils ne pouvaient pas renoncer à parler de ce qu'ils avaient vu et entendu. Les prêtres auraient bien aimé punir ces hommes courageux pour leur fidélité envers leur mission sacrée, mais ils craignaient la foule, "car tout le peuple louait Dieu de ce qui était arrivé" Actes 4 :21. Aussi, après que des menaces et des injonctions répétées aient uété proférées contre eux, les apôtres furent relâchés.

Chapitre 34 — Fidèles malgré la persécution

Ce chapitre est basé sur Actes 5 :12-42.

Les apôtres, revêtus d'une grande puissance, continuèrent leur œuvre de miséricorde en guérissant les malades et en prêchant le Sauveur crucifié et ressuscité. Nombreux étaient ceux qui entraient dans l'Eglise par le baptême, mais nul n'osait se joindre à elle, à moins d'être complètement un de cœur et d'esprit avec ceux qui croyaient en Jésus. Des multitudes de gens accouraient à Jérusalem, pour y amener des malades et ceux qui étaient tourmentés par des esprits impurs. Un grand nombre d'entre eux étaient placés dans les rues où Pierre et Jean passaient, afin que leur ombre les couvre et qu'ils soient guéris. La puissance du Sauveur ressuscité s'était manifestement emparée des apôtres qui accomplissaient des signes et des miracles qui augmentaient chaque jour le nombre des croyants.

Tout cela mettait les prêtres et les chefs de la nation dans un cruel embarras, notamment ceux qui, parmi eux, étaient sadducéens. Ils se rendaient compte que si l'on permettait aux apôtres de prêcher la résurrection du Sauveur et d'accomplir des miracles en son nom, la doctrine des sadducéens selon laquelle il n'y a pas de résurrection des morts serait finalement rejetée par tous, et leur secte ne tarderait pas à disparaître. De leur côté, les pharisiens comprenaient que cette prédication de Jésus-Christ aurait pour effet de saper les fondements des cérémonies juives et de rendre superflues leurs offrandes rituelles. Les efforts qu'ils avaient faits jusque-là pour réduire au silence ces prédicateurs avaient été vains, mais maintenant, ils étaient déterminés à mettre un terme à cette effervescence.

Délivrés par un ange

Les apôtres furent donc arrêtés et mis en prison, et le sanhédrin fut convoqué pour examiner leur cas. Outre les membres de ce conseil, un grand nombre d'hommes instruits furent appelés en renfort, et ils se consultèrent sur ce qu'il convenait de faire avec ces perturbateurs de l'ordre public. "Mais pendant la nuit, un ange du Seigneur ouvrit les portes de la prison, fit sortir les apôtres et leur dit : Allez dans le temple et annoncez au peuple tout ce qui concerne la vie nouvelle. Les apôtres obéirent : tôt le matin, ils allèrent dans le temple et se mirent à enseigner" Actes 5 :19-21.

Quand les deux apôtres apparurent parmi les frères et racontèrent comment l'ange les avait conduits à travers le groupe de soldats qui gardaient la prison et qui leur avait donné l'ordre de poursuivre l'œuvre qui avait été interrompue par les prêtres et les chefs du peuple, les frères furent remplis d'étonnement et de joie.

Pendant ce temps, les prêtres et les anciens réunis en conseil avaient décidé d'accuser les disciples d'insurrection, du meurtre d'Ananias et de Saphira (Actes 5 :1-11), et de conspiration contre les prêtres qu'ils auraient voulu priver de leur autorité et faire mourir. Ils espéraient ainsi exciter la foule qui prendrait les choses en main, et traiterait les apôtres comme elle avait traité Jésus. Ils savaient que parmi ceux qui n'acceptaient pas la doctrine du Christ, certains, las du gouvernement arbitraire des autorités juives, désiraient vivement un changement décisif. Les dirigeants craignaient que si ces mécontents s'intéressaient aux enseignements des apôtres et s'ils y adhéraient, reconnaissant Jésus comme le Messie, la colère de tout le peuple se déchaînerait contre les prêtres qui devraient alors répondre de la mort du Christ. Pour éviter cela, ils décidèrent de prendre des mesures énergiques. Ils firent donc appeler les prétendus prisonniers pour qu'on les amène devant eux. Grand fut leur étonnement quand on les informa que ceux-ci n'avaient été trouvés nulle part, bien que les portes de la prison aient été soigneusement fermées et les gardes placés devant elles.

Bientôt leur parvint ce compte rendu stupéfiant : "Ecoutez ! Les hommes que vous avez mis en prison se trouvent dans le temple où ils enseignent le peuple" Actes 5 :25. Bien que miraculeusement délivrés de la prison, les disciples n'échappèrent ni à l'interrogatoire ni au châtiment. Le Christ avait dit, lorsqu'il était avec eux : "Faites attention à vous-mêmes. Car des gens vous feront passer devant les tribunaux" Marc 13 :9. En leur envoyant un ange pour les libérer, Dieu leur avait donné une preuve de son amour et l'assurance de sa présence. C'était maintenant à eux de souffrir pour l'amour de celui dont ils annonçaient le message. Les gens avaient été tellement bouleversés par ce qu'ils avaient vu et entendu que les prêtres et les chefs de la nation se rendirent compte qu'il était impossible de les dresser contre les apôtres.

Deuxième comparution devant le sanhédrin

"Le chef des gardes partit alors avec ses hommes et ils ramenèrent les apôtres. Mais ils n'usèrent pas de violence, car ils avaient peur que le peuple leur lance des pierres. Après les avoir ramenés, ils les firent comparaître devant le Conseil et le grand-prêtre se mit à les interroger. Il leur dit : Nous vous avions sévèrement défendu d'enseigner au nom de cet homme. Et qu'avez-vous fait ? Vous avez répandu votre enseignement dans toute la ville de Jérusalem et vous voulez nous rendre responsables de sa mort !" Actes 5 :26-28. Ils n'étaient plus disposés à assumer la responsabilité de la mort de Jésus comme le jour où ils s'étaient joints à la foule pour crier : "Que son sang retombe sur nous et sur nos enfants !" Matthieu 27 :25, Segond.

Pierre et les autres apôtres employèrent le même système de défense que celui qu'ils avaient adopté lors de leur précédente comparution : "Pierre et les apôtres répondirent : Nous devons obéir à Dieu plutôt qu'aux hommes" Actes 5 :29. C'était l'ange du ciel qui les avait délivrés de la prison qui leur avait donné l'ordre d'enseigner dans le temple. En suivant ses ordres, ils obéissaient à un commandement divin, ce qu'ils devaient continuer à faire quoi qu'il leur en coûte. Pierre ajouta : "Le Dieu de nos ancêtres a rendu la vie à ce Jésus que vous aviez fait mourir en le clouant à la croix. Dieu l'a élevé à sa droite et l'a établi comme chef et Sauveur pour donner l'occasion au peuple d'Israël de changer de comportement et de recevoir le pardon de ses péchés. Nous sommes témoins de ces événements, nous et le Saint-Esprit que Dieu a donné à ceux qui lui obéissent" Actes 5 :30-32.

L'Esprit d'inspiration descendit alors sur les disciples, et les accusés devinrent des accusateurs en chargeant les prêtres et les chefs de la nation, membres du sanhédrin, du meurtre du Christ. Les Juifs, exaspérés par ces paroles, décidèrent d'appliquer la loi et de mettre les prisonniers à mort sans autre forme de procès et sans l'accord des autorités romaines. Coupables déjà du sang du

[265] Christ, ils étaient impatients de souiller leurs mains avec le sang des disciples. Mais il y avait là un homme éclairé et lucide qui occupait un rang élevé et qui comprit que ce procédé violent entraînerait de terribles conséquences. Dieu suscita donc au sein de leur conseil cet homme capable d'apaiser la colère des prêtres et des chefs du peuple.

Il s'agissait de Gamaliel, pharisien et docteur de la loi instruit de haute réputation et d'une très grande prudence qui, avant d'intervenir en faveur des prisonniers, demanda qu'on les fasse sortir. Puis il déclara avec calme et circonspection : "Gens d'Iraël, prenez garde à ce que vous allez faire à ces hommes. Il n'y a pas longtemps est apparu Theudas, qui prétendait être un personnage important ; environ quatre cents hommes se sont joints à lui. Mais il fut tué, tous ceux qui l'avaient suivi se dispersèrent et il ne resta rien du mouvement. Après lui, à l'époque du recensement, est apparu Judas le Galiléen ; il entraîna une foule de gens à sa suite. Mais il fut tué, lui aussi, et tous ceux qui l'avaient suivi furent dispersés. Maintenant donc, je vous le dis : ne vous occupez plus de ces hommes et laissez-les aller. Car si leur entreprise et leur œuvre viennent des hommes, elles disparaîtront. Mais si elles viennent de Dieu, vous ne pourrez pas les détruire. Prenez garde de ne pas vous mettre à combattre Dieu" Actes 5 :35-39.

Les prêtres comprirent la justesse de ce raisonnement ; ils furent obligés de se ranger à l'avis de Gamaliel et ils relâchèrent à contre-cœur les prisonniers, après les avoir fait battre de verges et après leur avoir formellement défendu sous peine de mort de parler au nom de Jésus. "Les apôtres quittèrent le Conseil, tout joyeux de ce que Dieu les ait jugés dignes d'être traités avec mépris pour le nom de Jésus. Et chaque jour, dans le temple et dans les maisons, ils continuaient [266] sans arrêt à enseigner et à annoncer la Bonne Nouvelle qui concerne Jésus le Messie" Actes 5 :41-42.

Les persécuteurs des apôtres durent être bien irrités de voir qu'ils étaient incapables de mettre à la raison ces témoins du Christ dont la foi et le courage transformaient leur opprobre en gloire et leurs épreuves en joie pour la cause de leur Maître qui avait souffert l'humiliation et l'agonie avant eux. Ainsi donc, ces courageux disciples continuaient à enseigner publiquement et secrètement dans les maisons privées, à la demande des occupants qui n'osaient pas confesser ouvertement leur foi, par crainte des Juifs.

[267]

Chapitre 35 — L'Eglise s'organise

Ce chapitre est basé sur Actes 6 :1-7.

"En ce temps-là, comme le nombre des disciples augmentait, les Juifs parlant grec se plaignirent des Juifs du pays : ils disaient que leurs veuves étaient négligées au moment où chaque jour, on distribuait la nourriture" Actes 6 :1. Ces Juifs (appelés Hellénistes) habitaient d'autres pays où l'on parlait la langue grecque. La plupart des Juifs convertis parlaient l'hébreu, mais ceux-ci, qui avaient vécu dans l'empire romain, parlaient uniquement le grec. Le mécontentement commença à se manifester parmi eux parce que leurs veuves indigentes ne recevaient pas une aide aussi importante que celle dont bénéficiaient les nécessiteux juifs. Toute injustice en ce domaine étant une offense à Dieu, on prit rapidement des mesures pour que la paix et l'harmonie soient rétablies parmi les croyants.

Le Saint-Esprit suggéra un système qui permettrait aux apôtres d'être déchargés de la tâche qui consistait à faire la distribution des secours aux pauvres et dispensés d'autres charges semblables, afin qu'ils puissent consacrer leur temps à annoncer le Christ. "Les douze apôtres réunirent alors tout le groupe des disciples et leur dirent : Il ne serait pas juste que nous cessions de prêcher la parole de Dieu pour nous occuper des repas. C'est pourquoi, frères, choisissez parmi vous sept hommes de bonne réputation, remplis du Saint-Esprit et de sagesse, et nous les chargerons de ce travail. Nous pourrons ainsi continuer à donner tout notre temps à la prière et à la tâche de la prédication" Actes 6 :2-4.

[268]

L'Eglise choisit donc sept hommes pleins de foi, ayant la sagesse de l'Esprit de Dieu, afin qu'ils remplissent cette fonction dans l'œuvre du Seigneur. On choisit en premier Etienne qui était Juif de naissance, mais qui parlait le grec et connaissait bien les us et coutumes des Grecs. C'est pourquoi on estima qu'il était le mieux à même de diriger et de superviser la distribution des fonds destinés aux veuves, aux orphelins et aux vrais pauvres. Ce choix fut approuvé de tous, et le mécontentement et les murmures cessèrent.

Les sept hommes ainsi choisis furent solennellement consacrés pour leur tâche par la prière et l'imposition des mains. Ceux qui furent mis à part pour cet office ne furent pas exclus pour autant du ministère de la prédication, bien au contraire ; il nous est dit : "Etienne, qui était rempli de force par la bénédiction de Dieu, accomplissait des prodiges et de grands miracles parmi le peuple." Actes 6 :8. Ces hommes étaient pleinement qualifiés pour enseigner la vérité. Leur calme, leur discernement et leur discrétion les rendaient aptes à résoudre des cas difficiles en matière de litiges, de plaintes ou de jalousies.

Le choix de ces hommes chargés de s'occuper des affaires de l'Eglise, afin que les apôtres soient disponibles pour enseigner la vérité, fut grandement béni de Dieu. L'Eglise progressa en nombre et en force. "La parole de Dieu se répandait de plus en plus. Le nombre des disciples augmentait beaucoup à Jérusalem et de très nombreux prêtres acceptaient la foi" Actes 6 :7.

Il est nécessaire que la même forme d'organisation soit maintenue aujourd'hui dans l'Eglise comme au temps des apôtres. Les progrès de la cause de Dieu dépendent en grande partie du fonctionnement de ses différents services qui doivent être assurés par des hommes compétents, possédant les qualifications requises pour leur tâche. Ceux que Dieu choisit comme dirigeants dans son œuvre, pour veiller aux intérêts spirituels de l'Eglise, devraient, autant que possible, être déchargés des responsabilités et des soucis d'ordre temporel. Ceux que le Seigneur a appelés à enseigner la parole et la doctrine devraient avoir du temps pour méditer, pour prier et pour étudier les Ecritures. En s'occupant des détails relatifs aux affaires séculières et en étant confrontés aux différents tempéraments de ceux qui participent aux activités de l'Eglise, leur discernement spirituel s'affaiblit. Il est normal que toutes les affaires à caractère temporel soient soumises à des administrateurs compétents et réglées par eux. Mais si ces affaires sont compliquées au point que ceux-ci ne sont pas capables de les résoudre, elles devraient être portées devant un comité composé de ceux qui sont chargés de superviser l'Eglise tout entière.

Chapitre 36 — Le martyre d'Etienne

Ce chapitre est basé sur Actes 6 :8-7 :60.

Etienne jouait un rôle très actif dans la cause de Dieu et faisait part de sa foi avec courage. "Quelques hommes s'opposèrent alors à lui : c'étaient d'une part des membres de la synagogue dite des 'Esclaves libérés', qui comprenaient des Juifs de Cyrène et d'Alexandrie, et d'autre part des Juifs de Cilicie et de la province d'Asie. Ils se mirent à discuter avec Etienne. Mais ils ne pouvaient pas lui résister, car il parlait avec la sagesse que lui donnait l'Esprit Saint" Actes 6 :9, 10. Ces élèves des grands rabbins croyaient qu'au cours d'un débat public, ils battraient Etienne sur toute la ligne, à cause de sa soi-disant ignorance. En fait, Etienne ne parla pas seulement sous l'influence du Saint-Esprit, mais il démontra devant la vaste assistance qu'il était également versé en matière de prophéties et sur toutes les questions concernant la loi. Il défendit avec compétence les vérités qu'il prêchait et confondit totalement ses adversaires.

En constatant la merveilleuse puissance qui accompagnait la prédication d'Etienne, les prêtres et les chefs de la nation furent remplis d'une haine farouche, et au lieu de reconnaître le bien-fondé de ses arguments, ils décidèrent de le réduire au silence en le faisant mourir.

Ils se saisirent donc de lui et l'amenèrent devant le sanhédrin pour être jugé.

Des savants juifs des pays voisins furent appelés en renfort pour réfuter les arguments de l'accusé. Saul de Tarse, qui s'était révélé un ennemi juré de la doctrine du Christ et un persécuteur de tous ceux qui croyaient en Jésus, était également présent, et il prit une part active dans les accusations formulées contre Etienne. Il apporta tout le poids de l'éloquence et de la logique des rabbins pour aggraver le cas de l'accusé et convaincre l'assistance qu'il prêchait des doctrines trompeuses et dangereuses.

Mais Saul de Tarse trouva en Etienne un homme aussi instruit que lui et qui comprenait pleinement le plan de Dieu pour la diffusion de l'Evangile parmi les autres nations. Etienne croyait dans le Dieu d'Abraham, d'Isaac et de Jacob, et il mesurait parfaitement les privilèges des Juifs. Cependant, sa foi n'était pas étriquée, bien au contraire, et il savait que l'heure était venue où les vrais croyants n'adoreraient pas seulement dans des temples faits de main d'homme, mais que, dans le monde entier, des hommes adoreraient Dieu en esprit et en vérité. Le voile avait été tiré de devant les yeux d'Etienne, et il pouvait voir la fin de ce qui avait été aboli par la mort du Christ.

Malgré leur hostilité farouche, les prêtres et les chefs du peuple ne pouvaient l'emporter sur la sagesse évidente et sereine d'Etienne. Ils résolurent donc de faire un exemple : tandis qu'ils assouviraient ainsi leur haine vengeresse, par la menace ils empêcheraient les autres d'adopter la foi de l'accusé. Ils soudoyèrent donc de faux témoins qui affirmèrent l'avoir entendu proférer des paroles blasphématoires contre le temple et contre la loi : "Nous l'avons entendu dire que ce Jésus de Nazareth détruira le temple et changera les coutumes que nous avons reçues de Moïse" Actes 6 :14.

Tandis qu'Etienne était debout devant ses juges, pour répondre à l'accusation de blasphème qui était portée contre lui, une sainte lumière illuminait son visage. "Tous ceux qui étaient assis dans la salle du Conseil avaient les yeux fixés sur Etienne et ils virent que son visage était semblable à celui d'un ange" Actes 6 :15. Plusieurs de ceux qui virent cette lumière se mirent à trembler et se voilèrent la face, mais l'incrédulité et les préjugés ne faiblirent pas pour autant.

La défense d'Etienne

Quand on questionna Etienne sur la véracité des accusations qui pesaient sur lui, il entreprit sa défense d'une voix claire et vibrante qui résonna dans la salle du Conseil. En termes qui tinrent l'auditoire sous le charme, il rappela l'histoire du peuple élu. Il fit preuve d'une connaissance parfaite de l'économie juive et de son interprétation spirituelle, rendue désormais manifeste en Christ. Il commença par Abraham et retraça l'histoire de génération en génération, en se référant aux annales de la nation d'Isaël jusqu'à Salomon et en mettant en relief les épisodes les plus marquants pour soutenir sa cause.

Il affirma sa fidélité à Dieu et à la foi juive, tout en déclarant que la loi dans laquelle les Juifs espéraient trouver le salut n'avait pu sauver Israël de l'idolâtrie. Il établit un lien entre Jésus-Christ et toute l'histoire juive. Il évoqua la construction du temple de Salomon, cita les paroles du fils de David et celles d'Esaïe : "Mais le Très-Haut n'habite pas dans des maisons construites par les hommes. Comme le déclare le prophète : 'Le ciel est mon trône, dit le Seigneur, et la terre un escabeau sous mes pieds. Quel genre de maison pourriez-vous me bâtir ? En quel endroit pourrais-je m'installer ? N'est-ce pas moi-même qui ai fait tout cela ?'" Actes 7 :48-50.

[273] Lorsque Etienne arriva à ce passage de l'Ecriture, un tumulte éclata dans l'assistance. L'accusé lut alors sur le visage de ses juges quel sort lui était réservé. Il sentit quelle résistance rencontraient ses paroles qui lui étaient inspirées par le Saint-Esprit. Il savait qu'il rendait son ultime témoignage. Parmi ceux qui lisent le discours d'Etenne, rares sont ceux qui l'apprécient à sa juste valeur. Pour que ses paroles revêtent leur pleine signification, les circonstances, le temps et le lieu doivent être pris en considération.

Quand il montra le lien entre le Christ et les prophéties et parla du temple, le grand prêtre, frappé d'indignation, déchira ses vêtements. Ce geste avertit Etienne que sa voix serait bientôt réduite à jamais au silence. Bien qu'étant au milieu de son discours, il conclut brusquement en interrompant le fil de son récit et, se tournant vers ses juges devenus furieux, il s'écria : "O vous hommes rebelles, dont le cœur et les oreilles sont fermés aux appels de Dieu, vous résistez toujours au Saint-Esprit ! Vous êtes comme vos ancêtres ! Lequel des prophètes vos ancêtres n'ont-ils pas persécuté ? Ils ont tué ceux qui ont annoncé la venue du seul juste ; et maintenant, c'est lui que vous avez trahi et tué. Vous qui avez reçu la loi de Dieu par l'intermédiaire des anges, vous n'avez pas obéi à cette loi !" Actes 7 :51-53.

La lapidation

En entendant ces paroles, les prêtres et les chefs de la nation, exaspérés, écumèrent de rage. Agissant comme des bêtes de proie plutôt que comme des êtres humains, ils se ruèrent sur Etienne en grinçant des dents. Mais il ne fut pas impressionné ; il s'y attendait. Son visage était calme et brillait d'une lumière angélique. Les prêtres déchaînés et la foule excitée ne provoquèrent en lui aucune crainte. "Mais lui, rempli du Saint-Esprit, regarda vers le ciel ; il vit alors la gloire de Dieu et Jésus debout à la droite de Dieu. Il dit : Ecoutez, je vois les cieux ouverts et le Fils de l'homme debout à la droite de Dieu" Actes 7 :55, 56.

Puis la scène qu'il avait devant lui disparut à ses yeux. Les portes du ciel s'entrouvrirent à ses regards, et il vit la gloire de ses parvis et le Christ se levant de son trône, prêt à intervenir en faveur de son serviteur sur le point de souffrir le martyre pour son nom. Lorsque Etienne décrivit la scène glorieuse qui se déroulait devant lui, ce fut plus que ses persécuteurs n'en pouvaient supporter. "Ils poussèrent alors de grands cris et se bouchèrent les oreilles. Ils se précipitèrent tous ensemble sur lui, l'entraînèrent hors de la ville et se mirent à lui jeter des pierres pour le tuer. ... Tandis qu'on lui jetait des pierres, Etienne priait ainsi : Seigneur Jésus, reçois mon esprit ! Puis il tomba à genoux et cria d'une voix forte : Seigneur, ne les tiens pas pour coupables de ce péché ! Après avoir dit ces mots, il mourut" Actes 7 :57-60.

Le martyre d'Etienne fit une profonde impression sur tous ceux qui en furent témoins. Ce fut une douloureuse épreuve pour l'Eglise, mais elle eut pour résultat la conversion de Saul de Tarse qui n'arrivait pas à effacer de son esprit la foi, le courage et le rayonnement de ce martyr. A l'exception de ceux qui s'endurcirent pour résister à la lumière, le souvenir du sceau de Dieu imprimé sur le visage d'Etienne, celui de ses paroles qui pénétrèrent l'âme des hommes qui les entendirent se gravèrent dans la mémoire de ceux qui assistèrent à sa lapidation et témoignèrent de la vérité qu'il avait proclamée.

Aucune sentence légale ne fut prononcée contre Etienne, mais les autorités romaines reçurent de fortes sommes d'argent pour que l'affaire soit étouffée. A la vue du jugement et de la mise à mort d'Etienne, Saul avait paru animé d'un zèle frénétique. Cependant, il était irrité contre lui-même, car il avait l'intime conviction que ce martyr était honoré par Dieu au moment même où il était rejeté des hommes.

Saul continua à persécuter l'Eglise du Seigneur, pourchassant les croyants, les arrachant de leurs maisons et les livrant aux prêtres et aux chefs du peuple pour les envoyer en prison et les faire mourir. Le zèle qu'il mit à poursuivre la persécution sema la terreur parmi les chrétiens de Jérusalem. Les autorités romaines ne firent aucun effort particulier pour mettre un terme à cette cruelle entreprise ; mais elles aidèrent secrètement les Juifs pour se concilier leur faveur.

Saul l'érudit fut un puissant instrument entre les mains de Satan pour alimenter la rébellion contre le Fils de Dieu. Mais un être plus fort que Satan avait choisi Saul de Tarse qui allait succéder à Etienne, le martyr, et qui allait agir et souffrir à son tour pour le nom de Jésus. Saul jouissait d'une haute réputation parmi les Juifs, à cause de son instruction et de son zèle pour persécuter les chrétiens. Avant la mort d'Etienne, il ne faisait pas partie du sanhédrin dont il devint membre à cause du rôle qu'il avait joué en la circonstance.

Chapitre 37 — La conversion de Saul

Ce chapitre est basé sur Actes 9 :1-22.

Saul de Tarse fut profondément troublé par le glorieux martyre d'Etienne, au point que ses préjugés furent ébranlés. Mais le point de vue et les arguments des prêtres et des notables finirent par le convaincre qu'Etienne était un blasphémateur, que le Christ qu'il annonçait était un imposteur et que ceux qui remplissaient des fonctions sacrées devaient avoir raison. Homme de caractère et d'action, Saul devint profondément hostile au christianisme, après avoir acquis la conviction que les prêtres et les scribes étaient dans le vrai. Son zèle le conduisit à persécuter de sa propre initiative les croyants. Il agissait pour que de saints hommes soient traînés devant les tribunaux, pour qu'ils soient jetés en prison ou condamnés à mort sans preuves, et sans qu'on puisse leur reprocher quoi que ce soit, si ce n'est leur foi en Jésus. Jacques et Jean témoignèrent d'un tempérament semblable, quoique différemment orienté, lorsqu'ils voulurent faire tomber le feu du ciel sur ceux qui avaient méprisé et ridiculisé leur Maître.

Saul se proposait de se rendre à Damas pour ses propres affaires ; mais il souhaitait faire d'une pierre deux coups en recherchant, chemin faisant, tous ceux qui croyaient en Jésus. Dans ce but, il obtint des lettres émanant du grand prêtre, destinées à être lues dans les synagogues, et qui l'autorisaient à arrêter tous ceux qui étaient soupçonnés de croire au Christ et à les conduire avec des porteurs d'ordres à Jérusalem pour y être jugés et condamnés. Saul de Tarse, en pleine possession de sa force virile et enflammé par un zèle trompeur, se mit donc en route.

[277]

Tandis que les voyageurs fatigués approchaient de Damas, les yeux de Saul contemplèrent avec satisfaction la plaine fertile, les magnifiques jardins, les vergers couverts de fruits et les ruisseaux limpides qui couraient parmi la verdure. Après avoir effectué un long parcours à travers une région désolée, c'était un spectacle rafraîchissant pour la vue. Tandis que Saul et ceux qui l'accompagnaient admiraient ce spectacle, soudain, une lumière plus forte que celle du soleil resplendit autour de lui. "Il tomba à terre et entendit une voix qui lui disait : Saul, Saul, pourquoi me persécutes-tu ? Il demanda : Qui es-tu Seigneur ? Et la voix répondit : Je suis Jésus que tu persécutes" Actes 9 :4, 5.

La vision du Christ

La scène sema la plus grande confusion. Les compagnons de Saul furent frappés de terreur et presque aveuglés par l'éclat de la lumière. Ils entendaient la voix, mais ils ne voyaient personne ; pour eux, tout cela était incompréhensible et mystérieux. Saul, qui gisait sur le sol, comprenait les paroles que l'on entendait et voyait clairement devant lui le Fils de Dieu. Un seul regard sur cet Etre glorieux grava pour toujours son image dans l'âme du Juif terrassé. Les paroles qu'il entendait lui allaient droit au cœur avec une force redoutable. Des flots de lumière se déversaient dans les replis obscurs de son esprit, lui révélant son ignorance et son erreur. Saul se rendit compte qu'en croyant servir Dieu avec zèle lorsqu'il persécutait les disciples du Christ, il avait en réalité accompli l'œuvre de Satan.

Il comprit la folie dont il avait fait preuve en faisant reposer sa foi sur l'autorité des prêtres et des chefs religieux qui, en raison de leurs fonctions sacrées, avaient exercé une grande influence sur lui, et qui l'avaient incité à croire que le récit de la résurrection était une supercherie montée de toutes pièces par les disciples de Jésus. Maintenant que le Christ s'était révélé à Saul, le sermon d'Etienne s'imposait avec force à sa pensée. Les paroles de ce martyr, que les prêtres avaient qualifiées de blasphématoires, lui apparaissaient maintenant comme véridiques. En cette heure de merveilleuse illumination, son esprit réagit avec une remarquable rapidité : il récapitula l'histoire prophétique et comprit le rejet du Christ par les Juifs, sa crucifixion, sa résurrection et son ascension, qui avaient été prédites par les prophètes, autant de preuves que Jésus était bien le Messie promis. Les paroles d'Etienne lui revinrent en mémoire : "Je vois les cieux ouverts et le Fils de l'homme debout à la droite de Dieu" (Actes 7 :56), et il réalisa que le saint agonisant avait contemplé le royaume de gloire.

Quelles révélations pour le persécuteur des croyants ! Une lumière éclatante et terrible avait transpercé son âme. Le Christ s'était révélé à lui comme celui qui était venu ici-bas pour accomplir sa mission, qui avait été rejeté, maltraité, condamné et crucifié par ceux qu'il était venu sauver, qui était ressuscité des morts et monté aux cieux. En ce moment redoutable, Saul se souvint qu'Etienne, le saint, avait été sacrifié avec son consentement, et qu'à cause de lui, de nombreux croyants de valeur avaient été persécutés et mis à mort.

"Je demandai alors : 'Que dois-je faire, Seigneur ?' Et le Seigneur me dit : 'Relève-toi, va à Damas, et là on te dira tout ce que Dieu t'ordonne de faire'" Actes 22 :10. Pas un instant Saul ne douta que celui qui lui parlait était bien Jésus de Nazareth et qu'il était véritablement le Messie attendu depuis longtemps, la consolation et le Rédempteur d'Israël.

[279]

Lorsque la glorieuse lumière eut disparu, et que Saul se fut relevé de terre, il était frappé de cécité. L'éclat de la gloire du Christ avait été trop intense pour ses yeux de mortel, et lorsque cette gloire s'évanouit, il fut plongé dans d'épaisses ténèbres. Il crut que cette cécité était une punition infligée par Dieu pour les cruelles persécutions qu'il avait fait subir aux disciples de Jésus. Il avança en tâtonnant au milieu de cette obscurité inquiétante, et ses compagnons, saisis de crainte et de stupeur, le prirent par la main et le conduisirent jusqu'à Damas.

Prise de contact avec l'Eglise

La réponse à la question de Saul était ainsi conçue : "Relève-toi, va à Damas, et là on te dira ce que tu dois faire." Le Seigneur adressa le Juif perplexe à son Eglise pour que celle-ci lui fasse connaître quel était son devoir. Le Christ avait accompli l'œuvre de révélation et de conviction ; maintenant, le pénitent était dans les conditions requises pour être éclairé par ceux que Dieu avait chargés d'enseigner sa vérité. Ainsi, le Sauveur approuvait l'autorité de son Eglise organisée et mettait Saul en contact avec ses représentants sur la terre. L'illumination céleste avait privé Saul de la vue ; cependant, Jésus, le grand Médecin, ne la lui a pas rendue immédiatement. Le Christ est la source de toutes les bénédictions, mais il a établi une Eglise qui le représente sur la terre, et c'est à elle qu'il appartient de

[280] conduire le pécheur repentant sur le chemin de la vie. Ceux-là même que Saul avait voulu détruire allaient devenir ses instructeurs dans la religion qu'il avait méprisée et à laquelle il s'était violemment opposé.

La foi de Saul avait été mise à rude épreuve pendant les trois jours durant lesquels il avait jeûné et prié dans la maison de Judas, à Damas. Il était complètement aveugle et ignorait totalement ce qu'on attendait de lui. Il avait reçu l'ordre de se rendre à Damas, et là, on lui dirait ce qu'il avait à faire. Dans son incertitude et sa détresse, il pria Dieu avec ferveur. "Il y avait à Damas un disciple appelé Ananias. Le Seigneur lui apparut dans une vision et lui dit : Ananias ! Il répondit : Me voici, Seigneur. Le Seigneur lui dit : Pars tout de suite pour aller dans la rue Droite et, dans la maison de Judas, demande un homme de Tarse appelé Saul. Il prie en ce moment et, dans une vision, il a vu un homme appelé Ananias qui entrait et posait les mains sur lui afin qu'il puisse voir de nouveau" Actes 9 :10-12.

Ananias avait de la peine à croire ce que lui disait le messager angélique, car la cruelle persécution provoquée par Saul avait sévi partout. Il se permit d'objecter : "Seigneur, de nombreuses personnes m'ont parlé de cet homme et m'ont dit tout le mal qu'il a fait à ceux qui t'appartiennent à Jérusalem. Et il est venu ici avec le pouvoir que lui ont accordé les chefs des prêtres d'arrêter tous ceux qui font appel à ton nom" Actes 9 :13, 14. Mais l'ordre donné à Ananias était impératif : "Va, car j'ai choisi cet homme et je l'utiliserai pour faire connaître mon nom aux autres nations, à leurs rois et au peuple d'Israël" Actes 9 :15.

[281] Le disciple, suivant les directives de l'ange, se rendit donc auprès de l'homme qui, tout récemment encore, avait proféré des menaces contre tous ceux qui croyaient dans le nom de Jésus, et lui dit : "Saul, mon frère, le Seigneur Jésus qui t'est apparu sur le chemin par lequel tu venais m'a envoyé pour que tu puisses voir de nouveau et que tu sois rempli du Saint-Esprit. Aussitôt quelque chose de semblable à des écailles tomba des yeux de Saul et il put voir de nouveau. Il se leva et fut baptisé" Actes 9 :17, 18.

Ici, le Christ nous donne un enseignement concernant la manière dont il agit pour le salut des humains. Il aurait pu accomplir cette œuvre directement par Saul ; mais tel n'était pas son plan. Ses bénédictions devaient être répandues par l'intermédiaire de ceux qu'il avait désignés dans ce but. Saul devait se confesser à ceux qu'il avait voulu détruire et le Seigneur entendait confier une œuvre impliquant des responsabilités à des hommes qu'il avait autorisés à agir en son nom.

Saul devint donc un élève des disciples du Christ. A la lumière de la loi, il comprit qu'il était pécheur. Il vit que Jésus, qu'il avait, dans son ignorance, considéré comme un imposteur, était l'auteur et le fondateur de la religion du peuple de Dieu depuis l'époque d'Adam, celui qui porte la foi à son achèvement et qui illuminait maintenant sa vision avec clarté. Il vit aussi que le Christ était le défenseur de la vérité et en qui se réalisaient les prophéties. Saul avait cru que Jésus avait annulé la loi divine ; mais quand le doigt de Dieu eut guéri son aveuglement spirituel, il comprit que le Christ était à l'origine de tout le rituel juif des sacrifices, qu'il était venu sur la terre dans le but précis de justifier la loi de son Père, et que par sa mort, les éléments préfigurateurs de la loi avaient rencontré la réalité. A la lumière de la loi morale, qu'il avait cru observer scrupuleusement, Saul apparut à ses propres yeux comme le plus grand des pécheurs.

[282]

Le persécuteur devient apôtre

Paul fut baptisé par Ananias dans le fleuve de Damas. Après avoir mangé, il reprit des forces et commença aussitôt à prêcher le nom de Jésus aux croyants de la ville, ceux-là même qu'il s'était proposé de faire mourir lorsqu'il avait quitté Jérusalem. Il enseigna également dans les synagogues que Jésus, qui avait été mis à mort, était véritablement le Fils de Dieu. Ses arguments, fondés sur la prophétie, étaient si concluants et ses efforts étaient si manifestement soutenus par la puissance de Dieu que les Juifs restaient confondus et ne savaient que lui répondre. L'éducation rabbinique et pharisaïque de Paul pouvait désormais être employée à bon escient pour annoncer l'Evangile et pour prêter main forte à la cause qu'il s'était évertué à détruire jusqu'alors.

Les Juifs furent profondément surpris et déconcertés par la conversion de Paul. Ils savaient quelles étaient ses fonctions à Jérusalem et quel était l'objet principal de sa venue à Damas. Ils savaient que le grand prêtre l'avait chargé d'une mission qui l'autorisait à se saisir de ceux qui croyaient en Jésus et de les faire emprisonner à Jérusalem. Or, ils constataient que cet homme annonçait maintenant l'Evangile du Christ, qu'il fortifiait ceux qui étaient déjà ses disciples et gagnait continuellement de nouveaux adeptes à la foi qu'il avait naguère si farouchement combattue. Paul démontrait à tous ceux qui l'écoutaient que sa conversion n'était pas l'effet d'une impulsion passagère ni du fanatisme, mais qu'elle était fondée sur des preuves irréfutables.

A mesure qu'il prêchait dans les synagogues, la foi de Paul s'affermissait ; le zèle qu'il mettait à proclamer que Jésus était le Fils de Dieu grandissait devant l'opposition violente des Juifs. Cependant, il ne pouvait pas prolonger son séjour à Damas, car une fois que les Juifs furent remis de la surprise que produisit sur eux sa conversion spectaculaire et les efforts qu'il déploya par la suite, ils rejetèrent résolument les preuves éclatantes en faveur de la doctrine du Christ. L'étonnement qu'ils éprouvèrent devant la conversion de Paul devint une haine implacable envers lui, comparable à celle qu'ils avaient témoignée contre Jésus.

Se préparer à servir

La vie de Paul étant en danger, le Seigneur lui donna l'ordre de quitter temporairement Damas. Il partit donc pour l'Arabie. Là, dans une solitude relative, il put communier avec Dieu et se livrer au recueillement. Il désirait être seul avec le Seigneur, sonder son propre cœur, fortifier son repentir et se préparer par la prière et par l'étude à entreprendre une œuvre qui, à ses yeux, semblait trop vaste et trop importante pour lui. Paul était un apôtre choisi non par des hommes mais par Dieu lui-même et sa mission était clairement définie : il devait prêcher parmi les Gentils.

Pendant son séjour en Arabie, Paul ne prit pas contact avec les apôtres ; il rechercha Dieu de tout son cœur, bien décidé à ne s'accorder aucun repos avant d'être sûr que son repentir était accepté et que sa grande faute avait été pardonnée. Il n'abandonnerait pas la partie avant d'avoir la certitude que Jésus serait avec lui dans le ministère auquel il était appelé. Il porterait à jamais dans son corps les marques de la gloire de Jésus — dans ses yeux qui avaient été aveuglés par la lumière céleste ; mais il désirait aussi avoir constamment l'assurance que la grâce du Christ le soutiendrait. Paul entra en contact étroit avec le ciel, et Jésus communia avec lui, l'affermit dans la foi et lui communiqua sa sagesse et sa grâce.

[284]

Chapitre 38 — Les débuts du ministère de Paul

Ce chapitre est basé sur Actes 9 :23-31 ; 22 :17 :21.

Retour d'Arabie, Paul se rendit de nouveau à Damas et prêcha avec courage au nom de Jésus. Incapables de réfuter le bien-fondé de ses arguments, les Juifs se concertèrent pour le réduire au silence par la force, seul argument qui restait à une cause perdue d'avance : ils décidèrent de le tuer. L'apôtre eut vent de leur projet. Les portes de la ville étaient fermées jour et nuit, pour l'empêcher de s'enfuir. Préoccupés, les disciples furent conduits à chercher Dieu dans la prière. Ils dormaient peu, car ils essayaient d'imaginer par quel moyen ils pourraient faire échapper l'apôtre. Finalement, ils eurent l'idée de le faire passer par une fenêtre et de le faire descendre de nuit le long de la muraille de la ville dans une corbeille. C'est de cette manière peu glorieuse que Paul s'échappa de Damas.

Après quoi, Paul se rendit à Jérusalem, désireux qu'il était de faire la connaissance des apôtres et notamment celle de Pierre. Il souhaitait vivement rencontrer le pêcheur galiléen qui avait vécu, prié et conversé avec le Christ quand il était sur la terre. Il désirait ardemment rencontrer le chef des apôtres. Quand Paul entra dans Jérusalem, il considéra la ville et le temple sous un autre angle, car il savait que la menace des jugements de Dieu pesait sur eux.

[285]

Le mécontentement et la colère des Juifs qui avaient appris la conversion de Paul étaient sans bornes ; mais il restait ferme comme un roc et il espérait que lorsqu'il raconterait sa merveilleuse expérience à ses amis, ils renonceraient à leurs conceptions religieuses comme il l'avait fait lui-même et croiraient en Jésus. C'est en toute bonne conscience qu'il s'était opposé au Christ et à ses disciples ; mais quand il fut arrêté par le Seigneur (sur le chemin de Damas) et convaincu de son erreur, il se détourna aussitôt de ses mauvaises voies et professa la foi de Jésus. Maintenant, il était persuadé qu'après avoir appris dans quelles circonstances s'était produite sa conversion et après avoir constaté à quel point il avait changé, lui qui était auparavant un pharisien orgueilleux qui persécutait et livrait à la mort ceux qui croyaient en Jésus Fils de Dieu, ses anciens amis et connaissances se rendraient compte de leur erreur et rallieraient la communauté des chrétiens.

Pour sa part, il essaya de se joindre aux disciples du Seigneur, ses frères ; mais grandes furent sa peine et sa déception quand il s'aperçut qu'ils ne l'accueillaient pas comme l'un des leurs. Ils se souvenaient de Saul le persécuteur et le soupçonnaient de leur tendre un piège pour les tromper et les perdre. Certes, ils avaient entendu le récit de sa magnifique conversion, mais comme il s'était immédiatement retiré en Arabie et qu'ils n'avaient plus rien entendu de précis à son sujet, ils n'avaient pas pris au sérieux la rumeur de ce remarquable revirement.

La rencontre avec Pierre et Jacques

Barnabas qui avait largement contribué à soutenir financièrement la cause du Christ et à soulager les nécessiteux avait fait la connaissance de Paul quand celui-ci luttait contre les croyants en Jésus. Maintenant, Barnabas allait faire un pas de plus : il renoua donc avec Paul et entendit le récit de sa miraculeuse conversion et de l'expérience qui s'ensuivit. Il crut sans réserve à son témoignage, accueillit Paul et le conduisit auprès des apôtres. Il leur raconta l'expérience qu'il venait d'entendre, à savoir que le Christ était apparu personnellement à Paul sur le chemin de Damas, que le Seigneur avait parlé avec lui, que Paul avait recouvré la vue en réponse aux prières d'Ananias, et qu'à partir de ce jour il n'avait cessé de proclamer dans les synagogues de cette ville que Jésus était le Fils de Dieu.

Sur ce, les apôtres n'hésitèrent pas davantage ; ils ne pouvaient en effet s'opposer à Dieu. Pierre et Jean — qui à l'époque étaient les seuls apôtres résidant à Jérusalem — serrèrent la main en signe d'accord à celui qui auparavant avait été un ennemi juré de leur foi ; désormais, il fut aussi aimé et respecté qu'il avait été craint et repoussé. En la circonstance, les deux grandes figures de la foi nouvelle se trouvaient en présence : Pierre, l'un des disciples préférés du Christ lorsqu'il était sur la terre, et Paul, le pharisien, qui, après l'ascension de Jésus, avait rencontré le Sauveur face à face, avait parlé avec lui, l'avait vu en vision et eu connaissance de son ministère dans le ciel.

Cette première entrevue qui allait être lourde de conséquences pour ces deux apôtres, fut de courte durée car Paul avait hâte de se consacrer aux affaires de son Maître. Bientôt, la voix qui s'était élevée avec tant de force contre Etienne retentit dans la même synagogue pour proclamer hardiment que Jésus était le Fils de Dieu, défendant ainsi la cause pour laquelle Etienne était mort. Paul raconta sa merveilleuse expérience personnelle et, avec un cœur plein d'amour pour ses frères et anciens collaborateurs, il exposa les preuves tirées de la prophétie, comme l'avait Etienne, montrant que Jésus, qui avait été crucifié, était le Fils de Dieu.

Mais Paul s'était mépris sur la mentalité de ses frères juifs. La même fureur qui s'était déchaînée contre Etienne s'abattit sur lui. Alors il comprit qu'il lui fallait se séparer d'eux, et son cœur fut rempli de tristesse. Il aurait volontiers sacrifié sa vie, si par ce moyen il avait pu les amener à la connaissance de la vérité. Pour leur part, les Juifs se mirent à comploter pour le tuer ; aussi les disciples engagèrent-ils Paul à quitter Jérusalem. Mais ne désirant pas quitter la ville, soucieux qu'il était de travailler encore un peu en faveur de ses frères juifs, il différa son départ. Il avait pris une part si active dans le martyre d'Etienne qu'il souhaitait ardemment effacer sa faute en prêchant avec courage la vérité qu'Etienne avait payée de sa vie. Au yeux de l'apôtre, quitter Jérusalem eût été un acte de lâcheté.

Paul quitte Jérusalem

Tandis que Paul, bravant les conséquences d'un tel geste, priait avec ferveur dans le temple, le Sauveur lui apparut en vision et lui dit : "Hâte-toi, sors vite de Jérusalem, car ses habitants n'accepteront pas ce que tu affirmes à mon sujet" Actes 22 :18. Malgré cela, Paul hésitait encore à quitter Jérusalem avant d'avoir réussi à convaincre les Juifs obstinés du bien-fondé de sa foi. Il pensait que, même s'il offrait sa vie en sacrifice pour la vérité, cela suffirait tout juste à payer la lourde dette qu'il avait contractée envers lui-même pour avoir fait mourir Etienne. C'est pourquoi il répondit : "Seigneur, ils (les habitants de Jérusalem) savent bien que j'allais dans les synagogues et que je jetais en prison et faisais battre ceux qui croient en toi. Et lorsqu'on mit à mort Etienne, ton témoin, j'étais là moi aussi. J'ai approuvé ceux qui le tuaient et j'ai gardé leurs vêtements" Actes 22 :19, 20. Mais la réponse du Seigneur fut catégorique : "Va, car je t'enverrai au loin, vers ceux qui ne sont pas juifs" Actes 22 :21.

Quand les disciples du Christ eurent connaissance de la vision de Paul et de la protection que Dieu lui accordait, leur inquiétude à son sujet grandit, car ils se rendaient compte que Paul était manifestement un instrument choisi de Dieu, destiné à prêcher la vérité aux Gentils. Craignant qu'il ne soit tué par les Juifs, ils précipitèrent en secret son départ de Jérusalem. Ce départ mit provisoirement un terme à la violente opposition des Juifs, et l'Eglise connut une période de répit au cours de laquelle un grand nombre de personnes fut ajouté à la communauté des croyants.

Chapitre 39 — Le ministère de Pierre

Ce chapitre est basé sur Actes 9 :32-11 :18.

Au cours de son ministère, l'apôtre Pierre rendit visite aux croyants de Lydda. Là, il guérit Enée, qui était cloué au lit depuis huit ans par une paralysie. "Pierre lui dit : Enée, Jésus-Christ te guérit ! Léve-toi et fais ton lit. Aussitôt Enée se leva. Tous les habitants de Lydda et de la plaine de Saron le virent et se convertirent au Seigneur" Actes 9 :34, 35.

Près de Lydda se trouvait Joppé, où mourut Tabitha, appelée en grec Dorcas. Cette femme avait été un fidèle disciple de Jésus-Christ, et sa vie avait été marquée par des œuvres de charité et de bonté envers les pauvres et les affligés et par son zèle pour la cause de la vérité. Sa mort avait été une grande perte ; car l'Eglise naissante pouvait difficilement se passer de ses loyaux services. Quand les croyants entendirent parler des merveilleuses guérisons que Pierre avait accomplies à Lydda, ils souhaitèrent vivement que l'apôtre vienne à Joppé. Des messagers lui furent donc envoyés pour le prier de s'y rendre.

"Pierre partit tout de suite avec eux. Lorsqu'il fut arrivé, on le conduisit dans la chambre située en haut de la maison. Toutes les veuves s'approchèrent de lui en pleurant ; elles lui montrèrent les chemises et les manteaux que Dorcas avait faits quand elle vivait encore" Actes 9 :39. L'apôtre demanda que les amis qui pleuraient et se lamentaient sortent de la chambre. Puis il se mit à genoux et adressa au Seigneur une fervente prière pour qu'il redonne la vie et la santé au corps inanimé de Dorcas. "Il se tourna vers le corps et dit : Tabitha, lève-toi ! Elle ouvrit les yeux et, quand elle vit Pierre, elle s'assit. Pierre lui prit la main et l'aida à se lever. Il appela ensuite les croyants et les veuves, et la leur présenta vivante" Actes 9 :40, 41.

Ce grand miracle qui consista à rendre la vie à une femme morte fut le moyen grâce auquel de nombreuses personnes de la ville de Joppé embrassèrent la foi en Jésus.

La conversion d'un officier romain

"Il y avait à Césarée un homme appelé Corneille, qui était capitaine dans un bataillon romain dit 'bataillon italien'. Cet homme était pieux et, avec toute sa famille, il participait au culte rendu à Dieu" Actes 10 : 1, 2. Bien que Corneille fût romain, il avait appris à connaître le vrai Dieu et avait renoncé à l'idolâtrie. Il obéissait à la volonté de Dieu et l'adorait d'un cœur sincère. Il ne s'était pas rallié aux Juifs, mais il connaissait la loi morale et s'y conformait. Il n'avait pas été circoncis et ne pratiquait pas les sacrifices rituels. A cause de cela, les Juifs le considéraient comme impur. Néanmoins, il apportait son soutien à la religion juive par des dons généreux, et il était connu auprès et au loin pour ses œuvres de charité et de bienfaisance. Par sa vie exemplaire, il jouissait d'une bonne réputation parmi les Juifs et les Gentils.

Bien que croyant aux prophéties et bien qu'attendant le Messie promis, Corneille ne comprenait pas pleinement la foi en Christ. Grâce à son amour et à son obéissance envers Dieu, il s'était approché de lui et était prêt à accepter le Sauveur dès qu'il lui serait révélé. Seuls ceux qui rejettent la lumière sont condamnés. Cet officier appartenait à une famille de l'aristocratie romaine et occupait une position élevée qui comportait de grandes responsabilités ; mais cette position sociale n'avait nullemement altéré la noblesse de son caractère. Une bonté et une grandeur d'âme authentiques avaient fait de lui un homme d'une haute valeur morale. Son influence était une bénédiction pour tous ceux avec lesquels il entrait en contact.

[291]

Il croyait dans le Dieu unique, créateur des cieux et de la terre. Il le vénérait, reconnaissait son autorité et lui demandait de le diriger dans tous les domaines de sa vie. Il était fidèle dans ses devoirs familiaux comme dans ses responsabilités officielles et avait fait de son foyer un temple pour Dieu. Il ne se serait pas avisé de mettre ses plans à exécution ou d'assumer ses lourdes responsabilités sans l'aide du Seigneur ; c'est pourquoi il priait beaucoup et avec ferveur pour obtenir son appui. Tous ses actes étaient accompagnés de foi, et Dieu portait sur lui un regard favorable à cause de la droiture de ses actions, à cause de ses libéralités, et il se tenait près de lui par la parole et par l'Esprit.

L'ange rend visite à Corneille

Tandis que Corneille était en prière, Dieu lui envoya un messager céleste qui l'appela par son nom. Tout en sachant que l'ange était un envoyé du Seigneur dont la mission était de l'instruire, l'officier fut effrayé et lui dit : "Qu'y a-t-il, Seigneur ? L'ange répondit : Dieu a accepté tes prières et l'aide que tu as apportée aux pauvres, et il ne t'oublie pas. Maintenant donc, envoie des hommes à Joppé pour en faire venir un certain Simon, surnommé Pierre. Il loge chez un ouvrier sur cuir nommé Simon, dont la maison est au bord de la mer" Actes 10 :5.

Dieu montrait ainsi de façon évidente sa considération pour le ministère évangélique et pour son Eglise organisée. Son ange ne fut pas envoyé pour faire à Corneille le récit de la crucifixion. Ce fut un homme, sujet aux faiblesses et aux tentations propres à la nature humaine, qui l'enseigna concernant le Sauveur crucifié, ressuscité et monté au ciel. Le messager céleste fut envoyé dans le but précis de mettre Corneille en rapport avec le ministre de Dieu, qui devait lui apprendre comment lui-même et sa famille pouvaient être sauvés.

Corneille s'empressa d'obéir aux directives de l'ange, et il envoya immédiatement des messagers pour aller chercher Pierre, comme l'ange le lui avait dit. La précision de ces directives, qui indiquaient jusqu'au métier de l'homme chez qui Pierre logeait, montre que la Providence connaît tous les détails de la vie des humains. Dieu est au courant de ce que font chaque jour l'humble travailleur et le monarque sur son trône. Il connaît l'avarice, la cruauté, les fautes secrètes, l'égoïsme des hommes, aussi bien que leurs bonnes actions, leur charité, leur générosité et leur bonté. Rien n'est caché à ses yeux.

La vision de Pierre

Aussitôt après son entrevue avec Corneille, l'ange se rendit auprès de Pierre qui, fatigué et affamé après le voyage qu'il avait fait, priait sur la terrasse de la maison. Pendant qu'il priait, il eut une vision : "Il vit le ciel ouvert et quelque chose qui en descendait : une sorte de grande nappe, tenue aux quatre coins, qui s'abaissait à terre. Et dedans il y avait toutes sortes d'animaux à quatre pattes et de reptiles, et toutes sortes d'oiseaux. Une voix lui dit : Lève-toi, Pierre, tue et mange ! Mais Pierre répondit : Oh non ! Seigneur, car je n'ai jamais rien mangé d'interdit ni d'impur. La voix se fit de nouveau entendre et lui dit : Ne considère pas comme impur ce que Dieu a déclaré pur. Cela arriva jusqu'à trois fois, et aussitôt après l'objet fut remonté dans le ciel" Actes 10 :11-16.

Nous voyons ici la mise en œuvre du plan de Dieu par lequel sa volonté s'accomplit sur la terre comme elle l'est au ciel. Pierre n'avait pas encore annoncé l'Evangile aux Gentils. Un grand nombre d'entre eux avaient prêté une oreille attentive aux vérités qu'il avait enseignées ; mais le mur de séparation, qui avait été renversé grâce à la mort du Christ, existait encore dans l'esprit des apôtres qui considéraient que les Gentils n'avaient pas accès aux privilèges de l'Evangile. Les juifs d'origine grecque (Hellénistes) avaient approuvé l'œuvre des apôtres, et un grand nombre d'entre eux avaient donné leur adhésion à cette œuvre en embrassant la foi de Jésus ; cependant, la conversion de Corneille devait être la première conversion importante parmi les païens.

La vision de la nappe et de son contenu, qui descendaient du ciel, était destinée à détruire les préjugés de Pierre contre les Gentils, à lui faire comprendre qu'en Jésus-Christ, les nations païennes avaient accès aux bénédictions et aux privilèges des Juifs, et qu'ainsi, ils pouvaient obtenir les mêmes avantages qu'eux. Certains ont prétendu que cette vision signifiait que Dieu avait annulé l'interdiction de consommer la chair d'animaux qu'il avait autrefois déclarée impure, et que par conséquent, la viande de porc est désormais comestible. Mais c'est là une interprétation subjective et totalement erronée qui n'est pas du tout en accord avec le récit de cette vision et les conséquences qui en ont résulté.

La vision des différentes sortes d'animaux vivants, qui figuraient sur la nappe et que Pierre reçut l'ordre de tuer et de manger, étant donné qu'il ne devait pas considérer comme souillé ou impur ce que Dieu avait purifié, était destinée à lui faire comprendre le véritable statut des Gentils et que, par la mort du Christ, ils étaient devenus cohéritiers avec l'Israël de Dieu. Cette révélation contenait pour Pierre une réprimande et un enseignement, car jusqu'alors son apostolat s'était limité uniquement aux Juifs et il avait considéré les Gentils comme une race impure, qui n'avait pas droit aux promesses divines. Maintenant, il lui était donné de mesurer l'ampleur mondiale du plan de Dieu.

"Pierre se demandait quel pouvait être le sens de la vision qu'il avait eue. Mais pendant ce temps, les hommes envoyés par Corneille s'étaient renseignés pour savoir où était la maison de Simon et ils se trouvaient maintenant devant l'entrée. Ils appelèrent et demandèrent : Est-ce ici que loge Simon, surnommé Pierre ? Pierre était encore en train de réfléchir au sens que pouvait avoir la vision quand l'Esprit lui dit : Ecoute, il y a ici trois hommes qui te cherchent. Lève-toi, descends et pars avec eux sans hésiter, car c'est moi qui les ai envoyés" Actes 10 :17-20.

Pour Pierre, c'était un ordre auquel il était difficile d'obéir ; mais, sans écouter ses propres sentiments, il descendit et accueillit les messagers que Corneille lui avait envoyés. Ceux-ci firent part à l'apôtre de l'étrange mission qui leur avait été confiée et, conformément aux directives que le Seigneur venait de lui donner, il décida de partir avec eux le lendemain. Il les reçut très cordialement ce soir-là et, au matin du jour suivant, il partit avec eux pour Césarée, accompagné de six de ses frères qui seraient témoins de tout ce que Pierre dirait ou ferait parmi les Gentils ; car il savait qu'on lui demanderait des comptes pour avoir eu un comportement en opposition aussi flagrante avec la foi et les enseignements juifs.

Ils arrivèrent à destination deux jours plus tard, et c'est alors que Corneille eut l'heureux privilège d'ouvrir sa porte à un ministre de l'Evangile qui, selon ce que Dieu lui avait promis, lui enseignerait, ainsi qu'aux siens, comment ils pouvaient être sauvés. Pendant que les messagers étaient partis pour accomplir leur mission, l'officier romain avait averti le plus grand nombre possible de personnes de sa parenté, afin qu'elles puissent, comme lui, être instruites dans la vérité. Lorsque Pierre arriva, il trouva donc une assistance nombreuse prête à l'écouter avec avidité.

Pierre chez Corneille

Quand Pierre entra dans la maison de Corneille, celui-ci ne le salua pas comme on saluait un visiteur ordinaire, mais comme un personnage envoyé de Dieu et honoré du ciel. En Orient, on a coutume de se prosterner devant un prince ou devant d'autres dignitaires de haut rang ; de même, les enfants s'inclinent devant leurs parents en signe de déférence pour les responsabilités qu'ils assument. Débordant de respect pour l'apôtre qui était un envoyé de Dieu, Corneille tomba donc à ses pieds pour l'adorer.

Saisi d'horreur devant un tel acte, "Pierre le releva en lui disant : Lève-toi, car je ne suis qu'un homme, moi aussi" Actes 10 :26. Puis l'apôtre se mit à converser avec lui familièrement afin de dissiper chez Corneille le sentiment de crainte et de profond respect qu'il lui témoignait.

Si Pierre avait été investi de l'autorité et de la position élevées que l'Eglise catholique romaine lui attribue, il aurait approuvé l'attitude de Corneille au lieu de s'y opposer. Les soi-disant successeurs de Pierre exigent que les rois et les empereurs se prosternent à leurs pieds ; Pierre, quant à lui, affirmait qu'il n'était qu'un homme faillible, autrement dit sujet à l'erreur.

Pierre expliqua à Corneille et à ceux qui étaient rassemblés dans sa maison les coutumes juives, à savoir qu'il était interdit aux Juifs de se mêler aux Gentils, et que de telles relations entraînaient une souillure rituelle. Bien que la loi de Dieu n'ait pas interdit de telles relations, la tradition des hommes en avaient fait une obligation. "Il leur dit : Vous savez qu'un Juif n'est pas autorisé par sa religion à fréquenter un étranger ou à entrer dans sa maison. Mais Dieu m'a montré que je ne devais considérer personne comme impur ou indigne d'être fréquenté. C'est pourquoi, quand vous m'avez appelé, je suis venu sans faire d'objection. J'aimerais donc savoir pourquoi vous m'avez fait venir" Actes 10 :28, 29.

Sur ce, Corneille raconta la vision qu'il avait eue et rapporta les paroles de l'ange qui lui était apparu. Il conclut en disant : "J'ai immédiatement envoyé des gens te chercher et tu as bien voulu venir. Maintenant, nous sommes tous ici devant Dieu pour écouter tout ce que le Seigneur t'a chargé de dire. Pierre prit alors la parole et dit : Maintenant, je comprends vraiment que Dieu n'agit pas différemment selon les personnes ; tout homme, de n'importe quelle nationalité, qui le respecte et fait ce qui est juste lui est agréable" Actes 10 :33-35. Bien que Dieu ait favorisé les Juifs plus que toute autre nation, s'ils rejetaient la lumière et ne vivaient pas en harmonie avec leur profession de foi, ils n'étaient pas plus estimés à ses yeux que les autres peuples. Parmi les Gentils, le Seigneur jetait un regard favorable sur ceux qui, comme Corneille, craignaient Dieu et pratiquaient la justice selon la lumière qu'ils avaient reçue, le Très-Haut acceptait leur service sincère.

Mais sans la connaissance du Christ, la foi et la justice de Corneille ne pouvaient être parfaites. C'est pourquoi Dieu lui révéla cette lumière et cette connaissance en vue d'un meilleur développement de son caractère empreint de justice. Nombreux sont ceux qui repoussent la lumière que la divine Providence leur envoie et, pour justifier leur attitude, ils s'appuient sur la parole que Pierre adressa à Corneille et à ses amis : "Tout homme, de n'importe quelle nationalité, qui le respecte et fait ce qui est juste lui est agréable." D'après eux, peu importe ce que l'on croit, pourvu que l'on pratique le bien. Mais de telles personnes se trompent : la foi doit aller de pair avec les œuvres. Les humains doivent marcher d'après la lumière qu'ils ont reçue. Si le Seigneur les met en contact avec ceux de ses serviteurs qui ont connaissance d'une vérité nouvelle fondée sur la Parole de Dieu, ils doivent accepter cette vérité nouvelle avec joie. La vérité ne cesse de progresser et de grandir. Par ailleurs, ceux qui prétendent que leur foi seule suffira à les sauver s'appuient sur une corde de sable, car la foi ne peut être fortifiée et rendue parfaite que par les œuvres.

Le Saint-Esprit accordé aux Gentils

S'adressant à cet auditoire attentif, Pierre annonça le Christ : sa vie, son ministère, ses miracles, la trahison dont il avait été l'objet, sa crucifixion, sa résurrection, son ascension et l'œuvre qu'il accomplit dans le ciel en sa qualité de représentant et d'avocat des humains, pour plaider la cause des pécheurs. Tandis que l'apôtre parlait, son cœur brûlait d'ardeur pour la vérité que l'Esprit de Dieu lui permettait de présenter à l'assistance. Ses auditeurs étaient conquis par la doctrine qu'ils entendaient, car leurs cœurs avaient été préparés à recevoir la vérité. Le sermon de Pierre fut interrompu par l'effusion du Saint-Esprit telle qu'elle se manifesta le jour de la Pentecôte. "Les chrétiens d'origine juive qui étaient venus avec Pierre furent très étonnés de ce que le Saint-Esprit donné par Dieu se répande aussi sur des hommes non-juifs. En effet, ils les entendaient parler en des langues inconnues et louer la grandeur de Dieu. Pierre dit alors : Pourrait-on empêcher ces hommes d'être baptisés avec de l'eau, maintenant qu'ils ont reçu le Saint-Esprit aussi bien que nous ? Et il ordonna de les baptiser au nom de Jésus-Christ. Ils lui demandèrent alors de rester quelques jours avec eux" Actes 10 :45-48.

L'effusion du Saint-Esprit sur les Gentils n'était pas un équivalent du baptême. Lors de la conversion, les étapes requises sont toujours la foi, la repentance et le baptême. Ainsi, il y a unité dans l'Eglise, car elle professe un seul Seigneur, une seule foi, un seul baptême. Les différents tempéraments sont modifiés par la grâce sanctifiante et les mêmes principes distinctifs gouvernent la vie de tous. Pierre accéda à la demande des croyants d'origine païenne et resta pendant quelque temps parmi eux, annonçant le nom de Jésus à tous les païens du voisinage.

Quand les frères de Judée apprirent que Pierre avait annoncé l'Evangile aux Gentils, qu'il était entré en contact avec eux et avait mangé avec eux dans leurs maisons, ils furent surpris et choqués d'un aussi étrange comportement. Ils craignirent qu'un tel comportement, qu'ils jugeaient scandaleux, n'ait pour effet de le mettre en contradiction avec son propre enseignement. Dès qu'ils en eurent l'ocasion, ils lui adressèrent de vifs reproches en disant : "Tu es entré chez des gens qui ne sont pas circoncis et tu as mangé avec eux !" Actes 11 :3.

[299]

La vision de l'Eglise s'élargit

Pierre s'expliqua en toute simplicité devant eux. Il leur raconta la vision qu'il avait eue et plaida sa cause en disant que d'après cette vision, le Seigneur lui avait prescrit de ne plus faire de distinction entre les circoncis et les incirconcis et de ne plus considérer les Gentils comme des impurs, car Dieu ne fait pas de favoritisme. Il leur dit que le Seigneur lui avait donné l'ordre d'aller vers les païens, leur raconta l'arrivée des messagers, son voyage à Césarée, ainsi que sa rencontre avec Corneille et les personnes réunies dans sa maison. Bien que Dieu lui ait ordonné d'entrer dans la maison d'un Gentil, les frères reconnurent que Pierre avait agi avec prudence en prenant avec lui six disciples comme témoins de tout ce qu'il dirait ou ferait en la circonstance. Il résuma l'entretien qu'il avait eu avec Corneille au cours duquel celui-ci raconta la vision qu'il avait eue, à la suite de quoi il avait envoyé des messagers à Joppé pour demander à Pierre de venir chez lui et de lui faire connaître ce que lui et toute sa famille devaient faire pour être sauvés.

Il rapporta les circonstances de sa première prise de contact avec les Gentils en disant : "Je commençais à parler, lorsque le Saint-Esprit descendit sur eux, tout comme il était descendu sur nous au début. Je me souvins alors de ce que le Seigneur avait dit : 'Jean a baptisé avec de l'eau, mais vous serez baptisés avec le Saint-Esprit.' Dieu leur a accordé ainsi le même don que celui qu'il nous a fait quand nous avons cru au Seigneur Jésus-Christ : qui étais-je donc pour m'opposer à Dieu ?" Actes 11 :15-17.

Après avoir entendu ce témoignage, les disciples gardèrent le silence ; ils furent convaincus que Pierre avait agi en plein accord avec le plan de Dieu et que l'Evangile devait triompher de leurs anciens préjugés et de leur sectarisme. "Après avoir entendu ces mots, ils se calmèrent et louèrent Dieu en disant : c'est donc vrai, Dieu a donné aussi à ceux qui ne sont pas juifs la possibilité de changer de comportement et de recevoir la vraie vie" Actes 11 :18.

Chapitre 40 — Pierre libéré de prison

Ce chapitre est basé sur Actes 12 :1-23.

Hérode Agrippa était un prosélyte fervent de la foi israélite qui paraissait très zélé dans la pratique des cérémonies de la loi. Le gouvernement de Judée était alors entre ses mains, aux ordres de Claude, l'empereur romain. Hérode était aussi tétrarque de Galilée. Désireux de gagner la faveur des Juifs, et dans l'espoir de s'assurer ainsi le pouvoir et les honneurs, il combla leurs désirs en persécutant l'Eglise du Christ. Il commença par dépouiller les croyants de leurs maisons et de leurs biens et à emprisonner leurs dirigeants. Ils arrêtèrent Jacques et le jetèrent en prison où un bourreau le fit périr par l'épée comme un autre Hérode (Antipas) avait fait décapiter le prophète Jean-Baptiste. Voyant que sa politique plaisait aux Juifs, Hérode fit aussi emprisonner Pierre. Cette persécution eut lieu durant le temps sacré de la Pâque.

La décision d'Hérode de mettre à mort Jacques fut approuvée par le peuple, bien que certains aient regretté le caractère privé de cette mise à mort. Ils estimaient qu'une exécution publique aurait davantage dissuadé tous les croyants et les sympathisants de la foi chrétienne. C'est pourquoi Hérode fit arrêter Pierre en vue de satisfaire les Juifs par le spectacle public de sa mort. Mais on lui fit comprendre qu'il ne serait pas prudent d'exécuter le vieil apôtre en l'exposant à la vue de la foule alors rassemblée à Jérusalem pour la Pâque. Il était à craindre que son aspect vénérable n'éveille la pitié et le respect des gens. Les chefs religieux redoutaient aussi que Pierre n'adresse, à cette occasion, un de ces appels pathétiques qui avaient fréquemment incité le peuple à se pencher sur la vie et le caractère de Jésus — appels auxquels, malgré leur ruse, ils n'avaient pu opposer aucun argument. Dans ces conditions, les Juifs craignaient que la libération de l'apôtre ne fût demandée au roi.

Tandis que sous différents prétextes l'exécution fut renvoyée après la Pâque, les membres de l'Eglise du Christ en profitèrent pour se livrer au recueillement et à la prière fervente, adressant au Seigneur d'instantes requêtes accompagnées de larmes et de jeûnes. Ils ne cessaient d'intercéder en faveur de Pierre, car ils sentaient que l'œuvre missionnaire chrétienne ne pouvait se passer de lui, et ils se rendaient compte que l'heure était venue où, sans un secours spécial d'en haut, l'Eglise serait anéantie.

Finalement, le jour de l'exécution de Pierre fut fixé ; mais les prières des croyants de cessaient de monter vers le ciel. Tandis que leur énergie et leur amour s'exprimaient par de ferventes requêtes, des anges veillaient sur l'apôtre en prison. Dieu intervient lorsque l'homme est dans une situation sans issue. Pierre se trouvait entre deux soldats et il était attaché par deux chaînes dont chacune était reliée au poignet de l'un de ses gardiens. Il lui était donc impossible de bouger sans qu'ils s'en rendent compte. Les portes de la prison étaient solidement verrouillées et gardées par un soldat en armes. Humainement parlant, toute tentative d'évasion ou de délivrance était futile.

Pierre n'était pas angoissé de se trouver dans cette situation. Depuis qu'il avait été réhabilité après avoir renié son Maître, il avait affronté le danger avec un courage inflexible et avait prêché hardiment le Sauveur crucifié, ressuscité et monté au ciel. Il croyait que le moment était venu pour lui de sacrifier sa vie pour la cause du Christ.

[303]

La nuit précédant l'exécution prévue, Pierre, chargé de chaînes, dormait comme d'habitude entre les deux soldats. Se souvenant que Pierre et Jean avaient été libérés de prison où ils avaient été mis à cause de leur foi, Hérode avait pris des mesures exceptionnelles de prudence : afin de s'assurer d'une plus grande vigilance de leur part, les soldats étaient tenus pour personnellement responsables de la bonne garde du prisonnier. Celui-ci était enchaîné, comme nous l'avons dit, dans une cellule taillée dans le roc dont les portes étaient garnies de barres et de solides verrous. Seize hommes avaient été affectés à la garde de cette cellule, et ils se relayaient à intervalles réguliers. La garde du prisonnier était assurée chaque fois par quatre soldats. Mais les verrous, les barres et les gardiens, qui rendaient impossible toute intervention humaine en faveur du prisonnier, devaient rendre encore plus éclatante la victoire du Seigneur lorsque Pierre serait libéré de sa prison. Hérode s'était dressé contre le Tout-

Puissant, et il allait être profondément humilié car sa tentative d'ôter la vie au serviteur de Dieu était vouée à un échec.

Libéré par un ange

Au cours de la nuit qui précéde son exécution, un ange puissant, venant du ciel, descend pour libérer l'apôtre. Les lourdes portes derrière lesquelles le saint de Dieu est enfermé s'ouvrent d'elles-mêmes ; l'ange du Très-Haut entre et elles se referment sans bruit derrière lui. Il pénètre dans la cellule taillée dans le roc où Pierre repose, confiant en Dieu, et dormant paisiblement, enchaîné entre deux robustes soldats. La lumière dont l'ange est enveloppé remplit le cachot sans réveiller l'apôtre endormi. La sérénité de Pierre est celle qui vivifie, régénère et vient d'une bonne conscience.

[304]

Il ne sort pas de son sommeil tant qu'il n'a pas senti la main de l'ange et entendu sa voix qui lui dit : "Lève-toi vite !" Actes 12 :7. L'apôtre regarde alors son cachot, qui n'avait jamais encore bénéficié d'un rayon de soleil, illuminé par la lumière du ciel, et il voit debout devant lui un ange revêtu d'une grande gloire. Il obéit machinalement aux paroles du messager céleste ; puis, en levant les mains, il s'aperçoit que les chaînes se sont détachées de ses poignets. A nouveau, la voix de l'ange se fait entendre : "Mets ta ceinture et attache tes sandales" Actes 12 :8.

Une fois de plus, Pierre obéit sans réfléchir, les regards figés d'étonnement devant son visiteur céleste, croyant rêver ou pensant être l'objet d'une vision. Tandis que l'ange lui dit : "Mets ton manteau et suis-moi." (Actes 12 :8), les soldats en armes restent impassibles comme des statues de marbre. Sur ce, le personnage céleste se dirige vers la porte, et Pierre, habituellement si loquace, le suit muet de stupeur. Tous deux franchissent l'endroit où sont postés les soldats toujours impassibles et atteignent la lourde porte solidement verrouillée qui s'ouvre d'elle-même et se referme aussitôt. Pendant ce temps, les sentinelles placées devant et derrière la porte demeurent immobiles à leur poste.

Ils atteignent alors la deuxième porte, gardée elle aussi intérieurement et extérieurement ; elle s'ouvre comme la première, sans qu'on n'entende ni grincement de gonds, ni bruit de verrous. Ils la franchissent, et elle se referme à nouveau en silence. Ensuite, ils passent de même par la troisième porte et se retrouvent dans la rue. Nulle voix, nul bruit de pas ne se font entendre. L'ange, environné d'une lumière éblouissante, glisse doucement devant Pierre frappé de stupeur qui suit son libérateur, se croyant toujours le jouet d'un songe. Ils parcourent ainsi une rue après l'autre. Puis, sa mission étant terminée, l'ange disparaît soudain.

[305]

Lorsque la lumière céleste eut disparu, l'apôtre eut l'impression d'être plongé dans de profondes ténèbres ; mais peu à peu les ténèbres se dissipèrent, à mesure que ses yeux s'y habituèrent, et il se retrouva seul dans la rue où il sentit la fraîcheur de la nuit. Alors il se rendit compte qu'il n'avait eu ni songe ni vision, mais qu'il était libre et se trouvait dans un quartier de la ville qu'il connaissait bien. Il reconnut les endroits qu'il avait souvent fréquentés et qu'il s'était attendu à voir le lendemain pour la dernière fois lorsqu'on devait le conduire sur le lieu de son exécution. Il essaya de récapituler les heures qu'il venait de vivre ; il se souvint de s'être endormi attaché entre deux soldats et qu'on lui avait ôté ses sandales et son manteau. Or il portait maintenant tous ses vêtements et sa ceinture.

Ses poignets gonflés par les horribles fers étaient maintenant libres de leurs entraves, et il voyait bien que sa libération n'était pas une illusion mais une merveilleuse réalité. Le lendemain, il aurait dû être conduit à la mort ; mais voici qu'un ange l'avait délivré de la prison et de la mort. "Alors Pierre se rendit compte de ce qui était arrivé et dit : Maintenant, je vois bien que c'est vrai : le Seigneur a envoyé son ange, il m'a délivré du pouvoir d'Hérode et de tout le mal que le peuple juif me souhaitait" Actes 12 :11.

Les prières sont exaucées

L'apôtre se rendit aussitôt à la maison où ses frères étaient réunis pour prier, et il les trouva en train d'intercéder en sa faveur. "Pierre frappa à la porte d'entrée et une servante, nommée Rhode, s'approcha pour ouvrir. Elle reconnut la voix de Pierre et en fut si joyeuse que, au lieu d'ouvrir la porte, elle courut à l'intérieur annoncer que Pierre se trouvait dehors. Ils lui dirent : Tu es folle ! Mais elle assurait que c'était bien vrai. Ils dirent alors : C'est son ange. Cependant, Pierre continuait à frapper. Quand ils ouvrirent enfin la porte, ils le virent et furent saisis d'étonnement. De la main il leur fit signe de

[306]

se taire et leur raconta comment le Seigneur l'avait conduit hors de la prison. Il dit encore : Annoncez-le à Jacques et aux autres frères. Puis il sortit et s'en alla ailleurs" Actes 12 :13-17.

La joie et la louange remplit le cœur des croyants qui avaient jeûné et prié, car Dieu avait exaucé leurs requêtes et délivré Pierre de la main d'Hérode. Ce matin-là, la foule se rassembla pour assister à l'exécution de l'apôtre. Hérode envoya des officiers à la prison pour emmener Pierre avec un grand déploiement d'hommes en armes pour éviter qu'il ne s'échappe de leurs mains, pour impressionner tous ceux qui sympathisaient avec le condamné et faire étalage de son propre pouvoir. Les sentinelles montaient toujours la garde à la porte de la prison dont les portes étaient solidement verrouillées ; il y avait aussi les gardes qui étaient à l'intérieur, et les chaînes étaient toujours fixées aux poignets des deux soldats ; mais le prisonnier avait disparu.

Le châtiment d'Hérode

Quand Hérode apprit ce qui s'était passé, il entra dans une grande colère et il accusa les gardes de la prison de négligence. Ils furent mis à mort pour s'être endormis soi-disant à leur poste. Pourtant, Hérode savait que Pierre n'avait pas été libéré par une puissance humaine, mais il ne voulait pas reconnaître qu'une puissance divine était intervenue pour déjouer ses vils desseins. Il refusa de s'humilier et préféra braver Dieu.

Peu de temps après la libération de Pierre, Hérode quitta la Judée et se rendit à Césarée où il séjourna. Il y organisa de grandes réjouissances pour s'attirer l'admiration et la faveur du peuple. Ces festivités avaient rassemblé de partout des amateurs de plaisirs qui festoyèrent copieusement. Hérode se montra au peuple en grande pompe, revêtu d'une robe étincelante d'argent et d'or dont les pans reflétaient les rayons du soleil et éblouissaient les yeux des spectateurs. Il se présenta devant la foule avec un faste extraordinaire et prononça un éloquent discours.

Son apparence majestueuse et la beauté de son langage impressionnèrent fortement le peuple. Les sens déjà altérés par les plaisirs de la fête et par l'excès des boissons, tous étaient éblouis par les ornements royaux d'Hérode, séduits par son aspect et son éloquence.

Délirant d'enthousiasme, ils le couvrirent de paroles d'adulation et le proclamèrent dieu, affirmant qu'aucun mortel ne pouvait refléter une telle majesté ni parler avec une telle éloquence. En outre, ils déclarèrent que, s'ils n'avaient cessé jusque-là de le respecter comme un souverain, ils l'adoreraient désormais comme un dieu.

Hérode savait qu'il ne méritait nullement les louanges et les hommages qu'on lui décernait ; cependant, loin de refuser ces manifestations d'idolâtrie, ils les accepta comme un dû. Une flamme d'orgueil brilla sur son visage quand il entendit ce cri : "C'est un dieu qui parle et non pas un homme !" Actes 12 :22. Quelques années auparavant, les voix mêmes qui, ce jour-là, glorifiaient ce misérable pécheur s'étaient écriées avec frénésie : "A bas Jésus ! Crucifie-le ! Crucifie-le !" Hérode écoutait avec un immense plaisir ces flatteries et ces hommages ; son cœur bondissait de joie devant le triomphe qu'on lui réservait. Mais soudain, un terrible changement se produisit. Son visage devint pâle comme la mort et crispé par l'angoisse. De tous ses pores ruisselaient de grosses gouttes de sueur. Il resta quelques instants immobile, comme figé par la douleur et l'épouvante. Puis, se tournant, livide, vers ses amis frappés de stupeur, il s'écria sur un ton grave marqué par le desespoir : "Celui que vous avez exalté comme un dieu est frappé à mort !"

On emmena Hérode, tandis qu'il était en proie à l'angoisse la plus atroce, loin de cette scène de réjouissances, de débauche et d'apparat pour lesquels il n'éprouvait maintenant que répugnance. Après avoir été l'objet de la louange et de l'adoration de cette grande foule, il se rendait compte qu'il était à la merci d'un Souverain plus puissant que lui. Saisi de remords, il se souvint de l'ordre cruel qu'il avait donné pour que Jacques, bien qu'innocent, soit mis à mort, des persécutions impitoyables qu'il avait infligées aux disciples du Christ, de l'intention qu'il avait eue de faire mourir l'apôtre Pierre que Dieu avait délivré de sa main ; il se rappela aussi de quelle manière il avait assouvi sa rage en faisant exécuter sans pitié les soldats chargés de garder le prisonnier. Hérode comprit que Dieu, qui avait sauvé Pierre de la mort, lui demandait maintenant des comptes, à lui, le persécuteur inflexible. Il ne trouva aucun soulagement à ses souffrances physiques, aucun à son angoisse morale, et il n'en espéra point. Il connaissait le commandement de Dieu qui dit : "Tu n'adoreras pas d'autres dieux que moi", et il savait qu'en acceptant l'adoration du peuple, il avait mis le comble à son iniquité et attiré sur lui la juste colère du Tout-Puissant.

L'ange même qui, des parvis célestes, était venu au secours de Pierre pour l'arracher au pouvoir de son persécuteur, fut l'instrument de la colère de Dieu et de son jugement prononcé sur Hérode. Cet ange qui avait secoué Pierre pour l'éveiller de son sommeil agit d'une tout autre manière à l'égard du roi pervers qu'il frappa d'une maladie mortelle. Le Seigneur brisa l'orgueil d'Hérode, et son corps, qu'il avait revêtu de vêtements somptueux pour se faire admirer du peuple, fut dévoré par les vers et voué à la pourriture pendant il était encore vivant. Le souverain expira après une terrible agonie physique et morale, sous le jugement réprobateur de Dieu.

Cette manifestation de la justice divine fit une profonde impression sur le peuple. Tandis que l'apôtre du Christ avait été miraculeusement délivré de la prison et de la mort, son persécuteur avait été frappé par la malédiction du Très-Haut. Ces événements furent connus dans tous les pays et servirent de moyen par lequel beaucoup crurent en Jésus.

Chapitre 41 — Dans les régions lointaines

Ce chapitre est basé sur Actes 13 :1-4 ; 15 :1-31.

Après avoir quitté Jérusalem durant la persécution qui sévit après le martyre d'Etienne, les apôtres et les disciples annoncèrent le nom du Christ dans les villes avoisinantes, en exerçant leur action missionnaire parmi les Juifs d'origine hébraïque et d'origine grecque. "La puissance du Seigneur était avec eux et un grand nombre de personnes crurent et se convertirent au Seigneur" Actes 11 :21.

Quand les croyants vivant à Jérusalem apprirent cette bonne nouvelle, ils s'en réjouirent, et Barnabas, "homme bon, rempli du Saint-Esprit et de foi" (Actes 11 :24), fut envoyé à Antioche, la métropole de Syrie, pour prêter main forte à l'église. Il remplit son ministère avec beaucoup de succès dans cette ville. Comme l'œuvre du Seigneur se développait, il sollicita et obtint le concours de Paul ; ces deux disciples travaillèrent ensemble dans cette localité pendant une année, enseignant le peuple et gagnant de nouveaux membres à l'Eglise du Christ.

Une forte colonie juive et une nombreuse population païenne vivaient à Antioche. Cette métropole était recherchée par les amateurs de confort et de plaisir à cause de son climat salubre, de la beauté de son site, de sa prospérité, de sa vie culturelle et de ses mœurs raffinées. C'était aussi une ville où régnait la débauche. Les jugements de Dieu s'abattirent finalement sur Antioche, à cause de la perversité de ses habitants.

C'est là qu'on donna pour la première fois aux disciples le nom de chrétiens. On les appela ainsi parce que le Christ était le thème principal de leur prédication, de leur enseignement et de leurs conversations. Ils faisaient sans cesse le récit des événements survenus pendant son ministère terrestre, alors que ses premiers disciples jouissaient de sa présence personnelle. Ils mettaient continuellement l'accent sur ses enseignements, sur les guérisons qu'il accomplissait, sur ses exorcismes et sur les morts qu'il avait ramenés à la vie. Les lèvres tremblantes d'émotion, les yeux pleins de larmes, ils parlaient de son agonie dans le jardin de Gethsémané, de la trahison dont il avait été victime, de son jugement et de son exécution, de la patience et de l'humilité avec lesquelles il avait supporté les outrages et les tortures infligées par ses ennemis, et du pardon que, dans sa grâce infinie, il avait demandé à Dieu pour ses persécuteurs. La résurrection du Christ, son ascension, son œuvre dans le ciel en tant que Médiateur au service de l'homme déchu : tels étaient les sujets qu'ils aimaient traiter. Les païens pouvaient à juste titre les appeler chrétiens puisqu'ils prêchaient le Christ et qu'ils priaient Dieu en son nom.

Dans la cité populeuse d'Antioche, Paul trouva un excellent champ d'action où, grâce à son grand savoir, sa sagesse et son dynamisme, il exerça une profonde influence sur les habitants et les visiteurs de ce centre culturel.

Pendant ce temps, l'œuvre des apôtres était concentrée sur Jérusalem où, à l'occasion des fêtes annuelles, des Juifs de toutes langues et de tous les pays se rendaient au temple pour adorer. En de telles occasions, les apôtres prêchaient le Christ avec un courage sans défaillance, tout en sachant qu'ils agissaient au péril de leur vie. L'Eglise chrétienne faisait de nombreux adeptes, et en retournant dans leurs pays respectifs, les nouveaux convertis répandaient la semence de la vérité parmi toutes les nations et dans toutes les classes de la société.

[312]

Pierre, Jacques et Jean avaient la certitude que le Seigneur les avait désignés pour prêcher le Christ dans leur propre pays et à leurs compatriotes. Paul, quant à lui, avait reçu sa mission de Dieu lui-même, tandis qu'il priait dans le temple, et l'ampleur de son champ d'action lui avait été clairement indiquée. Afin de le préparer à remplir cette tâche immense et importante, le Seigneur était entré en relation étroite avec l'apôtre et lui avait permis d'entrevoir au cours d'une vision la splendeur et la gloire du ciel.

Paul et Barnabas consacrés au ministère

Dieu se révéla aux pieux prophètes et enseignants de l'église d'Antioche : "Un jour, pendant qu'ils célébraient le culte du Seigneur et qu'ils jeûnaient, le Saint-Esprit leur dit : Mettez à part Barnabas et Saul pour accomplir l'œuvre à laquelle je les ai appelés" Actes 13:2. Ces apôtres furent donc solennellement consacrés à Dieu par le jeûne, la prière et l'imposition des mains ; puis ils furent envoyés dans leur champ missionnaire parmi les Gentils.

Jusque-là, Paul et Barnabas avaient travaillé comme ministres du Christ, et le Seigneur avait richement béni leurs efforts ; cependant, ni l'un ni l'autre n'avait été consacré au ministère de l'Evangile par la prière et l'imposition des mains. Etant désormais investis des pleins pouvoirs ecclésiastiques, ils étaient autorisés non seulement à enseigner la vérité, mais aussi à baptiser et à organiser des communautés locales. C'était une époque importante pour l'Eglise. Bien que le mur de séparation entre les Juifs et les Gentils ait été renversé par la mort du Christ, donnant aux païens libre accès aux privilèges de l'Evangile, un voile masquait encore les yeux de nombreux chrétiens d'origine juive et les empêchait de voir clairement la fin de ce qui avait été aboli par le Fils de Dieu. L'œuvre devait maintenant se poursuivre activement parmi les Gentils et aboutir à fortifier l'Eglise par une riche moisson d'âmes.

[313]

Dans cette œuvre missionnaire spéciale, les apôtres étaient à la merci de la suspicion, des préjugés et de la jalousie. En rompant avec le sectarisme des Juifs, leur doctrine et leur enseignement les feraient tout naturellement accuser d'hérésie, et leur autorité comme ministres de l'Evangile serait mise en doute par de nombreux chrétiens zélés, issus du judaïsme. Mais Dieu avait prévu tous ces obstacles auxquels les apôtres allaient être confrontés. C'est pourquoi, dans sa sagesse, le Seigneur fit en sorte qu'ils soient revêtus par l'Eglise d'une autorité incontestable, afin que leur apostolat soit inattaquable.

Plus tard, on abusa de la cérémonie de l'imposition des mains en y attachant une importance excessive, comme si elle conférait ipso-facto toutes les qualités nécessaires à l'exercice du ministère. Cette imposition des mains était considérée comme ayant une vertu magique. Mais dans le cas de ces deux apôtres, il est simplement fait mention de l'importance que cette imposition des mains revêtait en vue de leur ministère. Dieu lui-même avait déjà prescrit à Paul et à Barnabas leur mission ; la cérémonie de l'imposition des mains ne leur conférait donc pas une force nouvelle ou des qualifications spéciales. Cette cérémonie équivalait à mettre le sceau de l'Eglise sur l'œuvre du Seigneur ; c'était une manière d'investir officiellement quelqu'un en vue d'une fonction particulière.

[314]

La première Conférence Générale

Certains Juifs de Judée semèrent le trouble parmi les croyants d'origine païenne en soulevant la question de la circoncision. Ces judaïsants affirmaient avec force que nul ne pouvait être sauvé s'il n'était circoncis et s'il n'observait toute la loi cérémonielle.

C'était une question importante et qui affectait profondément l'Eglise. Paul et Barnabas réagirent aussitôt et s'opposèrent à ce que le sujet soit discuté parmi les Gentils. Les Juifs convertis d'Antioche, qui se rangeaient à l'avis de ceux de Judée, n'étaient pas d'accord sur ce point avec Paul et Barnabas. Le litige aboutit finalement à un grand débat et au désaccord dans la communauté, au point que l'église d'Antioche, craignant qu'en se prolongeant, la discussion n'engendre une scission, décida d'envoyer Paul et Barnabas, accompagnés de quelques dirigeants d'Antioche, à Jérusalem, afin que le problème soit soumis aux apôtres et aux anciens. Les frères venus d'Antioche devaient y rencontrer des délégués de différentes communautés ainsi que les croyants venus assister aux prochaines fêtes annuelles. Entre-temps, toute discussion sur le sujet devait cesser, jusqu'à ce qu'une décision finale soit prise par les responsables de l'Eglise. Cette décision serait alors universellement acceptée par les différentes communautés du pays.

A leur arrivée à Jérusalem, les délégués d'Antioche firent part à l'assemblée des églises des succès de leur ministère ; ensuite, ils rendirent compte de la discorde engendrée par le fait que certains pharisiens convertis affirmaient que les païens entrant dans l'Eglise devaient être circoncis et observer la loi de Moïse pour être sauvés.

Les Juifs s'étaient toujours glorifiés de la mission divine qui leur avait été confiée. Puisque Dieu leur avait clairement indiqué autrefois la manière hébraïque de lui rendre un culte, il était inadmissible à leurs yeux qu'un changement quelconque puisse être apporté à ce qui avait été prescrit. Selon eux, les lois et les cérémonies juives devaient être incorporées au christianisme. Ces judaïsants étaient lents à discerner la fin de ce qui avait été aboli par la mort du Christ ; ils n'arrivaient pas à comprendre que tous les sacrifices rituels n'avaient

[315]

fait que préfigurer la mort du Fils de Dieu en qui le type avait rencontré son antitype et que, par conséquent, les rites et les cérémonies de la religion juive étaient désormais périmés.

Paul s'était glorifié de son rigorisme pharisaïque ; mais depuis que le Christ s'était révélé à lui sur le chemin de Damas, il concevait nettement la mission du Sauveur et l'œuvre qu'il lui avait confiée pour la conversion des Gentils ; de plus, il comprenait pleinement la différence entre une foi vivante et un formalisme sans vie. Cependant, Paul se considérait toujours comme un fils d'Abraham, et il respectait l'esprit et la lettre des dix commandements aussi fidèlement qu'avant sa conversion au christianisme. Mais il savait que toutes les cérémonies typiques devaient cesser puisque ce qu'elles préfiguraient s'était réalisé et que la lumière de l'Evangile inondait de sa gloire la religion juive, donnant ainsi une signification nouvelle à ses anciens rites.

La conversion de Corneille : une référence

Quelque soit l'angle sous lequel on l'envisageait, la question en litige soumise au concile présentait des difficultés insurmontables. Mais, en fait, le Saint-Esprit avait déjà élucidé le problème, et de sa solution dépendait la prospérité et l'existence même de l'Eglise chrétienne. L'aide, la sagesse divine et le discernement furent donnés aux apôtres pour trancher l'épineuse question.

Pierre expliqua que le Saint-Esprit avait réglé ce différend en accordant une puissance égale aux Gentils incirconcis comme aux Juifs circoncis. Il raconta la vision dans laquelle Dieu lui avait présenté une nappe couverte de toutes espèces de quadrupèdes, et lui avait donné l'ordre de tuer et de manger, ce qu'il avait refusé de faire en affirmant n'avoir jamais mangé ce qui était souillé ou impur. Sur ce, le Seigneur lui avait dit : "Ne considère pas comme impur ce que Dieu a déclaré pur" Actes 10 :15.

L'apôtre ajouta : "Dieu, qui connaît le cœur des hommes, a montré qu'il les acceptait (les Gentils) en leur donnant le Saint-Esprit aussi bien qu'à nous. Il n'a fait aucune différence entre eux et nous : il a purifié leur cœur parce qu'ils ont cru. Maintenant donc, pourquoi mettez-vous Dieu à l'épreuve en voulant imposer aux croyants un

fardeau que ni nos ancêtres ni nous-mêmes n'avons pu porter ?"
Actes 15 :8-10.

Ce fardeau n'était pas la loi des dix commandements, comme le prétendent ceux qui contestent les obligations de la loi morale ; Pierre faisait allusion à la loi cérémonielle, qui fut rendue nulle et non avenue par la crucifixion du Sauveur. Le discours de l'apôtre disposa l'assemblée à prêter une oreille attentive au récit que Paul et Barnabas firent de leur expérience missionnaire parmi les Gentils.

La décision du concile

Jacques rendit son témoignage avec hardiesse en déclarant que Dieu désirait accorder aux Gentils les mêmes privilèges que ceux dont bénéficiaient les Juifs. Le Saint-Esprit jugea qu'il n'était pas nécessaire d'imposer la loi cérémonielle aux païens convertis. Après avoir mûrement réfléchi à la question, les apôtres parvinrent à la même conclusion : leur pensée était en harmonie avec l'Esprit de Dieu. Jacques présidait l'assemblée ; il la clôtura par ces mots : "Je suis d'avis qu'on ne crée pas des difficultés à ceux des païens qui se convertissent à Dieu" Actes 15 :19, Segond.

[317]

Selon lui, il n'était pas sage d'imposer, ni même de recommander aux Gentils l'observation de la loi cérémonielle, et notamment de la circoncision. Jacques s'efforça de faire comprendre à ses frères qu'un réel changement de vie s'était opéré chez les païens convertis, et qu'il fallait éviter de les troubler par des questions secondaires susceptibles de faire naître dans leur esprit la perplexité et le doute, et de les décourager de suivre le Christ.

De leur côté, les Gentils devenus chrétiens ne devaient rien faire qui soit de nature à les mettre en conflit avec leurs frères d'origine juive ou de susciter de leur part des préjugés contre eux. Les apôtres et les anciens tombèrent donc d'accord pour adresser aux païens convertis une lettre dans laquelle ils étaient exhortés à s'abstenir des viandes sacrifiées aux idoles, de la fornication, de consommer de la chair d'animaux étouffés et du sang. Ils devaient garder les commandements de Dieu et vivre une vie sainte. Autant dire que ceux qui avaient déclaré la circoncision obligatoire n'y avaient pas été autorisés par les apôtres.

Paul et Barnabas furent recommandés par le concile comme des hommes qui avaient exposé leur vie pour le Seigneur. Jude et Silas furent envoyés avec eux pour faire connaître verbalement aux Gentils la décision prise par l'assemblée. Ces quatre serviteurs de Dieu furent donc chargés de se rendre à Antioche munis de la lettre dont le contenu devait mettre un terme à toute controverse, car cette lettre émanait de la plus haute autorité existant sur la terre.

L'assemblée qui régla le litige se composait des hommes qui avaient fondé les églises chrétiennes issues du judaïsme et de la gentilité. Etaient également présents les anciens de l'église de Jérusalem, des délégués d'Antioche et des églises les plus influentes. Ce concile ne prétendit pas à l'infaillibilité mais il agit conformément à l'inspiration divine et avec la dignité d'une Eglise établie par la voloné d'en haut. A la suite des délibérations de l'assemblée, les croyants comprirent que le Seigneur lui-même avait tranché le litige en accordant aux païens le Saint-Esprit, et qu'il appartenait à l'Eglise de suivre ses directives.

Le corps entier des chrétiens ne fut pas appelé à statuer sur ce différend. Ce furent les apôtres et les anciens — hommes influents et au jugement sain — qui rédigèrent et publièrent le décret, lequel fut généralement accepté par les églises chrétiennes. Cependant, tous ne furent pas satisfaits de la décision qui avait été prise : un groupe de faux frères décidèrent d'entreprendre un travail sous leur propre responsabilité. Ils se complurent dans la critique, proposèrent de nouveaux plans et cherchèrent à saper l'œuvre accomplie par des hommes expérimentés que Dieu avait choisis pour prêcher la doctrine du Christ. Dès les origines, l'Eglise rencontra de tels obstacles auxquels elle sera confrontée jusqu'à la fin des temps.

Chapitre 42 — Le ministère de Paul

Paul était infatigable. Il voyageait constamment de lieu en lieu, parfois dans des contrées inhospitalières, parfois sur l'eau, traversant orages et tempêtes. Il ne permettait pas que quoi que ce soit l'empêche de poursuivre son œuvre. Etant serviteur de Dieu, il se devait d'accomplir sa volonté. De vive voix et par écrit, il prêchait un message qui, depuis lors, a aidé et fortifié l'Eglise de Dieu. Pour nous qui vivons à la fin de l'histoire de ce monde, son message signale clairement les dangers qui menacent l'Eglise et dénonce les fausses doctrines auxquelles le peuple de Dieu sera confronté.

De pays en pays et de ville en ville, Paul annonçait le Christ et fondait des églises. Partout où il trouvait un auditoire, il travaillait à réfuter l'erreur et à conduire hommes et femmes sur le droit chemin. Même s'il n'atteignait qu'une minorité, il agissait dans ce sens. Par ailleurs, l'apôtre n'oubliait pas les églises qu'il avait fondées. Si petites soient-elles, ces communautés faisaient l'objet de son attention et de sa sollicitude.

La vocation de Paul exigeait qu'il se livre à différentes activités : travaux manuels pour assurer sa subsistance, organisation d'églises, rédaction d'épîtres adressées aux communautés qu'il avait créées. Mais malgré ces multiples activités, il pouvait dire : "Je fais une chose" Philippiens 3 :13. Au milieu de ses occupations, il n'avait qu'un seul but à l'esprit : rester fidèle à Jésus-Christ qui, alors qu'il blasphémait son nom et employait tous les moyens possibles pour que d'autres fassent de même, s'était révélé à lui. Le suprême objectif de sa vie était de servir et de glorifier Celui qu'il méprisait autrefois. Son unique désir était de gagner des âmes au Sauveur. Juifs et Gentils avaient beau le persécuter : rien ne pouvait le détourner de son objectif.

Paul récapitule son expérience religieuse

Ecrivant aux Philippiens, il évoque son expérience avant et après sa conversion : "Si quelqu'un pense être en sûreté grâce à des pratiques humaines, j'ai bien plus de raisons que lui de le penser. J'ai été circoncis quand j'avais une semaine. Je suis Israélite de naissance, de la tribu de Benjamin, Hébreu de pure race. En ce qui concerne la pratique de la loi juive, j'étais Pharisien, et j'étais si zélé que je persécutais l'Eglise. En ce qui concerne la recherche d'une vie juste par l'obéissance aux commandements de la loi, on ne pouvait rien me reprocher" Philippiens 3 :4-6.

Par ailleurs, il pouvait résumer ainsi le changement qui s'était produit en lui après sa conversion : "Ce n'est pas seulement ces qualités mais tout avantage que je considère comme une perte à cause de ce bien tellement supérieur : la connaissance de Jésus-Christ mon Seigneur. A cause de lui, je me suis débarrassé de tout avantage personnel ; je considère tout cela comme des déchets, afin de gagner le Christ et d'être parfaitement uni à lui. Je n'ai plus la prétention d'être juste grâce à mon obéissance à la loi. C'est par la foi au Christ que je suis juste, grâce à cette possibilité d'être juste qui vient de Dieu et que Dieu accorde à celui qui croit" Philippiens 3 :8, 9.

La justice à laquelle il avait attaché tant de prix jusque-là avait désormais perdu toute valeur à ses yeux. Ses aspirations se résumaient à ceci : "Tout ce que je désire, c'est de connaître le Christ et la puissance de sa résurrection, d'avoir part à ses souffrances et d'être rendu semblable à lui dans sa mort, avec l'espoir que je serai moi aussi ramené de la mort à la vie. Je ne prétends pas que j'aie déjà atteint le but ou que je sois déjà devenu parfait. Mais je continue à avancer pour m'efforcer de saisir le prix de la course, car Jésus-Christ m'a déjà saisi. Non, frères, je ne pense pas avoir déjà obtenu le prix ; mais je fais une chose : j'oublie ce qui est derrière moi et m'efforce d'atteindre ce qui est devant moi. Ainsi, je cours vers le but afin de gagner le prix que Dieu, par Jésus-Christ, nous appelle à recevoir là-haut" Philippiens 3 :10-14.

Un homme capable de s'adapter aux circonstances

Considérons le comportement de Paul dans la prison de Philippes où, malgré ses souffrances physiques, il rompt le silence de la nuit en chantant des louanges. Après que le tremblement de terre eut ouvert les portes de la prison, sa voix se fait de nouveau entendre pour adresser des paroles de réconfort au geôlier païen : "Ne te fais pas de mal ! Nous sommes tous ici !" Actes 16 :28. Autrement dit, tous les prisonniers étaient restés à leur place, grâce à la présence d'un de leurs codétenus. Et le geôlier, convaincu de la réalité de la foi qui soutenait Paul, voulut connaître le chemin du salut et, avec toute sa famille, il se rallia au groupe des disciples du Christ persécutés.

Remarquons son attitude à Athènes, dans l'aréopage, lorsqu'il oppose la science à la science, la logique à la logique et la philosophie à la philosophie ; comment, avec un tact inspiré par l'amour divin, il désigne le Très-Haut comme le "Dieu inconnu" (Actes 17 :23) que ses auditeurs adoraient sans le savoir ; comment, empruntant les paroles d'un de leurs poètes, il présente Dieu comme un Père dont ils sont les enfants. En un temps où régnait l'esprit de caste, et où les droits de l'homme étaient foulés aux pieds, Paul n'hésite pas à proclamer la grande vérité de la fraternité humaine en affirmant : "Il (Dieu) a créé à partir d'un seul homme tous les peuples et les a établis sur toute la terre" Actes 17 :26. Puis il démontre comment, tel un long fil d'or qui parcourt l'histoire, la divine Providence témoigne de sa grâce et de sa bonté envers les humains : "Il a déterminé les temps fixés pour eux et les bornes de leur demeure, afin qu'ils cherchent Dieu pour le trouver si possible, en tâtonnant. Or il n'est pas loin de chacun de nous" Actes 17 :26, 27, Bible à la Colombe.

[322]

Le comportement de l'apôtre nous est aussi un exemple quand il fut traduit devant le gouverneur Festus et que le roi Agrippa, convaincu de la vérité de l'Evangile, déclara : "Encore un peu et, par tes raisons, tu vas faire de moi un chrétien !" Actes 26 :28, Bible de Jérusalem. Avec quelle courtoisie Paul, montrant ses chaînes, répondit au souverain : "Qu'il faille peu ou beaucoup de temps, je prie Dieu que non seulement toi, mais encore vous tous qui m'écoutez aujourd'hui, vous deveniez tels que je suis, à l'exception de ces chaînes !" Actes 26 :29.

Ainsi s'écoula sa vie, telle qu'il la décrit lui-même : "Pendant mes nombreux voyages j'ai connu les dangers des rivières qui débordent, les dangers des brigands, les dangers venant de mes compatriotes juifs et ceux causés par des non-juifs, j'ai été en danger dans les villes, en danger dans les lieux déserts, en danger sur la mer et en danger parmi de faux frères. J'ai connu des travaux pénibles et de dures épreuves ; souvent j'ai été privé de sommeil ; j'ai eu faim et soif ; souvent j'ai été obligé de me passer de nourriture ; j'ai souffert du froid et du manque de vêtements" 2 Corinthiens 11 :26, 27.

"Quand on nous insulte, écrit-il encore, nous bénissons ; quand on nous persécute, nous supportons ; quand on dit du mal de nous, nous répondons avec bienveillance" 1 Corinthiens 4 :12, 13. "On nous attriste et pourtant nous sommes toujours joyeux ; nous paraissons pauvres, mais nous enrichissons beaucoup de gens ; nous paraissons ne rien avoir alors que, en réalité, nous possédons tout" 2 Corinthiens 6 :10.

Paul dans les chaînes

Bien que l'apôtre fût prisonnier pendant assez longtemps, le Seigneur accomplit une œuvre spéciale par son intermédiaire. Ses chaînes allaient devenir un moyen de propager la connaissance du Christ et de glorifier Dieu. Tandis que Paul était transféré de ville en ville pour y être jugé, son témoignage concernant Jésus et les détails palpitants de sa conversion étaient relatés devant les rois et les gouverneurs, si bien que ceux-ci ne pouvaient plus prétendre ignorer l'Evangile. De fait, des milliers de personnes croyaient au Christ et se réjouissaient en son nom.

J'ai vu qu'il entrait dans les plans du Seigneur que Paul voyageât en mer. Ainsi, l'équipage du navire verrait la puissance divine manifestée chez l'apôtre, les païens entendraient annoncer le nom de Jésus, et beaucoup se convertiraient grâce à l'enseignement de Paul et en constatant les miracles qu'il accomplissait. Les rois et les gouverneurs étaient conquis par la logique de son raisonnement, par le dynamisme et la puissance du Saint-Esprit avec lesquels il prêchait Jésus et racontait les événements saillants de son expérience, au point d'acquérir la conviction que Jésus était le Fils de Dieu.

Chapitre 43 — Le martyre de Paul et de Pierre

Pendant de nombreuses années, les apôtres Paul et Pierre travaillèrent tout à fait indépendamment l'un de l'autre : Paul prêchant l'Evangile parmi les Gentils et Pierre exerçant son ministère surtout parmi les Juifs. Mais la divine Providence avait voulu qu'ils témoignent pour le Christ dans la grande métropole du monde, et que dans ce lieu l'un et l'autre versent leur sang qui deviendrait une semence en vue d'une grande moisson de saints et de martyrs.

A l'époque où Paul fut arrêté pour la seconde fois, Pierre aussi fut arrêté et jeté en prison. Ce dernier était particulièrement mal vu des autorités à cause de son zèle et parce qu'il avait réussi à démasquer et à déjouer les supercheries de Simon le magicien qui l'avait suivi jusqu'à Rome pour s'opposer à lui et faire obstacle à l'œuvre de l'Evangile. L'empereur Néron qui croyait à la magie avait prêté son appui à ce Simon ; c'est pourquoi il était très irrité contre l'apôtre et avait ordonné son arrestation.

La rage de l'empereur contre Paul grandit lorsque des membres du palais impérial et d'autres personnes de distinction se convertirent au christianisme pendant son premier emprisonnement. C'est pourquoi le souverain fit en sorte que la deuxième incarcération soit plus pénible que la première, pour que le prisonnier n'ait guère la possibilité de prêcher l'Evangile. De plus, Néron était déterminé à trouver dès que possible un chef d'accusation contre l'apôtre pour qu'il soit mis à mort. Mais il avait été tellement impressionné par la force du témoignage de Paul lors de sa dernière comparution qu'il préféra laisser le procès en suspens, sans qu'un acquittement ou une condamnation soient prononcés. Mais la condamnation n'était que différée. Peu de temps après, la sentence fut prononcée : Paul était destiné à mourir martyr. Comme il était citoyen romain, il ne pouvait être soumis à la torture ; il fut donc condamné à être décapité.

[325]

En tant que Juif et étranger, Pierre, pour sa part, fut condamné à être flagellé et crucifié. En songeant à la mort horrible qui l'attendait, l'apôtre se rappela la grave faute qu'il avait commise en reniant le Sauveur tandis qu'il passait en jugement, et sa seule pensée fut qu'il était indigne de mourir de la même manière que son Maître. Pierre s'était sincèrement repenti de sa faute, et le Seigneur l'avait pardonné comme le montre la haute mission qui lui fut confiée de paître les brebis et les agneaux du troupeau ; mais il n'arrivait pas à se pardonner à lui-même. Même la pensée de l'agonie qui lui était réservée n'atténuait pas l'amertume de sa peine et de son repentir. Il demanda à ses bourreaux de lui accorder une ultime faveur : qu'il soit crucifié la tête en bas. Cette requête fut accordée, et c'est ainsi que mourut Pierre, le grand apôtre.

Le dernier témoignage de Paul

Paul fut conduit secrètement sur le lieu de son exécution. Compte tenu de la grande influence de l'apôtre, ses persécuteurs craignaient qu'en assistant à son martyre, des adeptes ne soient gagnés au christianisme. C'est pourquoi peu de personnes furent présentes lors de son exécution. Mais, si endurcis qu'ils fussent, les soldats qui avaient la garde du condamné et qui purent entendre ses paroles furent stupéfaits de voir qu'il affrontait la mort avec courage et même avec joie. Pour ceux qui assistèrent à son martyre, l'esprit de pardon qu'il manifesta envers ses bourreaux et la foi indéfectible en Christ dont il témoigna jusqu'à la fin fut une odeur de vie pour la vie. Plusieurs acceptèrent le Sauveur prêché par Paul et ne tardèrent pas à sceller courageusement leur foi dans le sang.

[326]

La vie de l'apôtre fut, jusqu'à l'heure suprême, un témoignage de la véracité des paroles qu'il avait adressées aux Corinthiens : "Le Dieu qui a dit : 'Que la lumière brille du milieu de l'obscurité !' est aussi celui qui a fait briller sa lumière dans nos cœurs, pour nous donner la connaissance lumineuse de la gloire de Dieu qui resplendit sur le visage du Christ. Mais nous qui portons ce trésor spirituel, nous sommes comme des vases d'argile, pour que l'on voie bien que cette puissance extraordinaire appartient à Dieu et non pas à nous. Nous sommes accablés de toutes sortes de souffrances, mais non écrasés ; nous sommes inquiets, mais non désespérés ; on nous persécute, mais Dieu ne nous abandonne pas ; nous sommes jetés à terre, mais non détruits. Nous portons toujours dans notre corps la mort de Jésus, afin que sa vie se manifeste aussi dans notre corps" 2

Corinthiens 4:6-10. Cette sérénité ne venait pas de lui-même, mais du Saint-Esprit qui remplissait son âme et soumettait sa pensée à la volonté du Christ. Le fait que sa propre vie était un reflet de la vérité qu'il enseignait donnait une force persuasive à sa prédication et à son comportement. Le prophète déclare : "Toi, Seigneur, tu le gardes en paix, car il te fait confiance" Ésaïe 26:3. Cette paix d'en haut qui rayonnait sur le visage de Paul gagna plus d'un cœur à l'Evangile.

L'apôtre fixait ses regards sur l'au-delà, sans crainte ni frayeur, mais avec une joyeuse espérance et dans une ardente expectative. Debout sur le lieu de l'exécution, il ne vit ni l'épée flamboyante du bourreau, ni le sol verdoyant qui bientôt serait couvert de son sang. Il leva les yeux vers le ciel bleu de ce jour d'été à travers lequel il contemplait le trône de l'Eternel en disant : Seigneur, tu es mon refuge et mon partage. Quand reposerai-je dans tes bras ? Quand verrai-je ta face, sans qu'un voile ne te cache à mes yeux ?

Tout au long de sa vie, une atmosphère céleste émanait de la personne de l'apôtre. Tous ceux qui l'approchaient ressentaient l'influence de sa communion avec le Christ et avec les anges. En cela réside la force de la vérité. Le rayonnement inconscient et involontaire exercé par une vie sainte est le plus éloquent sermon en faveur du christianisme. Si irréfutable soit-elle, une argumentation ne peut que susciter la contradiction ; mais l'exemple d'une vie sainte a un pouvoir auquel il est difficile de résister.

Perdant de vue les souffrances qui l'attendaient, Paul éprouvait une profonde sollicitude pour ses frères en la foi qu'il allait quitter ; il songeait aux préjugés, à la haine et aux persécutions qu'ils auraient à subir. Il essayait d'encourager et de réconforter les rares chrétiens qui l'accompagnaient sur le lieu de l'exécution, en leur rappelant les précieuses promesses faites à ceux qui sont persécutés pour la justice. Il les assurait que Dieu accomplirait tout ce qu'il avait promis à ceux de ses fidèles soumis à l'épreuve : ils se lèveront et brilleront, car la lumière du Seigneur se lèvera sur eux, ils revêtiront de magnifiques vêtements quand il manifestera sa gloire. Pour un peu de temps ils auraient à affronter de multiples tentations et risquaient d'être privés du bien-être terrestre, mais ils devaient fortifier leurs coeurs en disant : "Je sais en qui j'ai mis ma confiance" (2 Timothée 1:12) ; le Seigneur peut garder ce que je lui ai confié. Bientôt s'achèverait l'épreuve, le radieux matin se lèverait, annonçant la paix et le bonheur parfait.

Le maître d'œuvre de notre salut a préparé son serviteur en vue du dernier grand conflit. Racheté par le sacrifice du Christ, lavé du péché par son sang, revêtu de sa justice, Paul a l'intime certitude que son âme est précieuse aux yeux du Rédempteur. Sa vie est cachée avec le Christ en Dieu, et il est persuadé que celui qui a vaincu la mort est capable de garder ce qui lui a été confié. Il s'accroche à la promesse : "Je le ressusciterai au dernier jour" Jean 6 :40. Ses pensées et ses espoirs sont fixés sur le second avènement du Christ. Lorsque l'épée du bourreau tombe et que l'ombre de la mort enveloppe le martyr, sa dernière pensée s'élève vers le Dispensateur de la vie, comme au jour du grand réveil, quand il sera introduit dans la joie éternelle avec tous les rachetés.

Près de vingt siècles se sont écoulés depuis que Paul, âgé, scella de son sang le témoignage qu'il rendit à la Parole de Dieu et à Jésus-Christ. Aucune plume n'a fidèlement enregistré pour les générations futures les dernières scènes de la vie de ce saint homme ; mais l'Ecriture inspirée nous a conservé les paroles qu'il a prononcées avant de rendre son dernier soupir. Tel un coup de clairon, ces paroles, retentissant à travers les siècles, ont ranimé le courage de milliers de témoins du Sauveur et éveillé dans de nombreux cœurs l'écho de sa joie triomphante : "Quant à moi, l'heure est arrivée où je vais être offert en sacrifice ; le moment est venu pour moi de mourir. J'ai combattu le bon combat, je suis allé jusqu'au bout de la course, j'ai gardé la foi. Et maintenant, le prix de la victoire m'attend : c'est la couronne de justice que le Seigneur, le juste juge, me donnera au jour du Jugement. Et il ne la donnera pas seulement à moi, mais à tous ceux qui attendent avec amour le moment où il apparaîtra" 2 Timothée 4 :6-8.

Chapitre 44 — La grande apostasie

En révélant à ses disciples le sort de Jérusalem et les scènes de sa seconde venue, Jésus avait prédit les difficultés qu'ils allaient devoir affronter depuis le jour où il leur serait enlevé jusqu'à celui de son retour en puissance et en gloire. Du haut de la colline des Oliviers, le Sauveur voyait venir les orages qui allaient s'abattre sur l'Eglise apostolique. Pénétrant plus profondément dans l'avenir, il contemplait les tempêtes terribles, dévastatrices, qui atteindraient les disciples pendant les siècles de ténèbres et de persécution. En quelques phrases succinctes mais d'une signification redoutable, il prédit le sort cruel que les grands de ce monde infligeraient à l'Eglise de Dieu. Ses disciples étaient appelés à suivre le même sentier d'humiliations, d'opprobres et de souffrances que leur Maître avait foulé. L'inimitié dont le Rédempteur avait été l'objet allait se déchaîner contre ceux qui croiraient en son nom.

L'histoire de l'Eglise primitive témoigne de l'accomplissement des paroles du Sauveur. Les puissances de la terre et de l'enfer étaient liguées contre Jésus-Christ en la personne de ses fidèles. Le paganisme, prévoyant que, si l'Evangile triomphait, ses temples et ses autels seraient détruits, mobilisa ses forces pour éliminer le christianisme. Les feux de la persécution s'allumèrent ; dépouillés de leurs biens et chassés de leurs demeures, les chrétiens ont soutenu "un grand combat au milieu des souffrances" Hébreux 10 :32, Segond. "D'autres encore subirent des moqueries et des coups de fouet, certains furent liés de chaînes et jetés en prison" Hébreux 11 :36. Un grand nombre d'entre eux scellèrent leur témoignage de leur sang. Nobles et esclaves, riches et pauvres, savants et ignorants furent massacrés sans pitié.

Mais les efforts de Satan pour détruire l'Eglise du Christ par la violence étaient vains, car le grand conflit au cours duquel les disciples de Jésus étaient mis à mort ne s'arrêtait pas lorsque ces fidèles porte-drapeaux tombaient à leur poste. Bien qu'apparemment vaincus, ils étaient vainqueurs. Même lorsque des serviteurs de

Dieu étaient égorgés, son œuvre se poursuivait sans relâche, l'Evangile continuait à se répandre et le nombre de ses adhérents allait en augmentant. Il pénétrait jusque dans des contrées demeurées inaccessibles aux enseignes des légions romaines. S'adressant aux autorités païennes qui encourageaient la persécution, un chrétien a pu dire : "Tuez-nous, torturez-nous, condamnez-nous... Votre injustice est la preuve de notre innocence... Votre cruauté ne sert de rien". En agissant ainsi, vous rendez notre foi encore plus persuasive. "Nous croissons en nombre à mesure que vous nous moissonnez : le sang des chrétiens est une semence".

Des milliers de chrétiens étaient incarcérés et mis à mort, mais d'autres entraient dans l'Eglise et comblaient les vides ainsi laissés. Le sort de ceux qui subissaient le martyre pour leur foi était scellé, et le Seigneur les mettait au nombre des vainqueurs. Ils avaient combattu le bon combat, et ils devaient recevoir la couronne de gloire au retour du Christ. Les souffrances endurées par les chrétiens les rapprochaient les uns des autres et de leur Sauveur. L'exemple de leur vie et le témoignage de leur mort en martyrs plaidaient si bien en faveur de la vérité qu'au moment où on s'y attendait le moins, des sujets de Satan quittaient les rangs de celui-ci pour se rallier à Jésus-Christ.

Mélange de christianisme et de paganisme

Pour mieux réussir dans sa guerre contre le gouvernement de Dieu, Satan mit sur pied une tactique nouvelle qui consistait à planter sa bannière au cœur même de l'Eglise chrétienne. S'il parvenait à égarer les disciples du Christ et à attirer sur eux le déplaisir de Dieu, ils perdraient leur énergie, leur courage, leur fermeté, et deviendraient pour lui une proie facile.

Dès lors, le grand adversaire tenta d'obtenir par la ruse ce qu'il n'avait pu obtenir par la force. La persécution cessa et fut remplacée par les dangereux attraits de la prospérité et des honneurs temporels. Des idolâtres furent amenés à donner partiellement leur adhésion à la foi chrétienne, tout en rejetant certaines vérités essentielles. Ils prétendaient accepter Jésus comme le Fils de Dieu et croire à sa mort et à sa résurrection, mais ils n'avaient pas conscience de leur état de péché, ni de leur besoin de se repentir et de changer de comportement. Prêts à faire un certain nombre de concessions, ces idolâtres proposèrent aux chrétiens de faire à leur tour des concessions, pour qu'ils puissent se rencontrer sur un même terrain au nom du Christ.

Ce fut une heure très dangereuse pour l'Eglise. En comparaison de ce danger, la prison, la torture, le feu et l'épée auraient été des bénédictions. Certains chrétiens demeurèrent inébranlables, déclarant que tout compromis leur était imposssible. D'autres pensèrent que s'ils cédaient sur certains points, s'ils étaient disposés à modifier certains aspects de leur foi et s'ils se joignaient à ceux qui avaient partiellement accepté la religion chrétienne, ce pourrait être un moyen d'amener ces nouveaux croyants à une conversion complète. Ce fut une période angoissante pour les fidèles disciples du Christ. Sous le manteau d'un prétendu christianisme, Satan lui-même entrait dans l'Eglise pour corrompre sa foi et détourner les esprits des croyants de la Parole de vérité.

Finalement, la plupart des chrétiens consentirent à transiger sur leurs principes, et une union fut formée entre christianisme et paganisme. Tout en se prétendant convertis et membres de l'Eglise, les idolâtres restèrent attachés à leurs divinités ; ils se contentèrent de remplacer les objets de leur culte par des statues de Jésus, de Marie et des saints. Le levain corrompu de l'idolâtrie ainsi introduit dans l'Eglise y poursuivit son œuvre néfaste. De fausses doctrines, des rites superstitieux et des cérémonies païennes se glissèrent dans la foi et dans le culte chrétiens. L'union des disciples du Christ et des idolâtres eut pour effet de corrompre le christianisme, et l'Eglise perdit sa pureté et sa puissance. Cependant, certains croyants ne se laissèrent pas égarer par ces séductions. Ils restèrent fidèles à l'Auteur de la vérité et adorèrent Dieu seul.

Les disciples du Christ ont toujours été répartis en deux catégories : ceux qui méditent avec soin la vie du Sauveur, qui cherchent sincèrement à se corriger de leurs défauts et à se conformer à ce Modèle, et ceux qui ferment les yeux sur les vérités simples et claires qui démasquent leurs erreurs. Même lorsqu'elle avait atteint des sommets spirituels, l'Eglise n'était pas uniquement composée de membres loyaux, consciencieux et intègres. Le Sauveur enseigne que ceux qui vivent sciemment dans le péché ne doivent pas être admis dans l'Eglise. Pourtant, il s'associa des hommes qui avaient des travers de caractère, mais auxquels il donna, grâce à son enseignement et à son exemple, la possibilité de voir leurs défauts et de s'en corriger.

[333] Il n'y a pas d'accord possible entre le Prince de la lumière et le prince des ténèbres, et il ne saurait y en avoir entre leurs disciples. Quand les chrétiens consentirent à s'unir aux païens à moitié convertis, ils s'engagèrent dans une voie qui devait les éloigner de plus en plus de la vérité. Satan se réjouit d'avoir réussi à égarer un aussi grand nombre de disciples du Christ. Et, à mesure que son ascendant sur eux grandit, il les incita à persécuter ceux qui restaient fidèles à l'Evangile. Nul ne savait mieux combattre la foi chrétienne que ceux qui en avaient été auparavant les défenseurs. Ainsi, ces chrétiens apostats, faisant cause commune avec les demi-païens, s'attaquèrent aux doctrines essentielles du christianisme.

Ceux qui voulaient rester fidèles durent mener une lutte sans merci pour résister aux séductions et aux abominations qui, sous le couvert des vêtements sacerdotaux, avaient pénétré dans l'Eglise. La Bible n'était plus reconnue comme la norme de la foi. Quant à la doctrine de la liberté religieuse, elle fut qualifiée d'hérésie, et ses défenseurs furent haïs et proscrits.

Les fidèles se séparent

Après un conflit long et acharné, les quelques chrétiens restés fidèles décidèrent de se séparer de l'Eglise apostate si elle persistait à refuser de rompre avec l'erreur et l'idolâtrie. Ils se rendaient compte que s'ils voulaient obéir à la Parole de Dieu, la séparation devenait une impérieuse nécessité. Ils ne pouvaient pas tolérer plus longtemps des erreurs qui auraient été fatales à leur âme et mis en danger la foi de leurs descendants. Pour assurer la paix et l'unité, ils étaient disposés à faire toutes les concessions compatibles avec leur fidélité envers Dieu ; mais ils estimaient que le prix de la paix aurait été trop élevé s'ils avaient dû le payer en sacrifiant leurs principes. Si l'unité devait être obtenue au détriment de la vérité et de la justice, [334] ils préféraient la dissidence et même la lutte ouverte. Si le courage qui animait ces croyants intrépides pouvait ressusciter dans le cœur du peuple de Dieu, ce serait un grand bienfait pour l'Eglise et pour le monde.

L'apôtre Paul déclare : "Tous ceux qui veulent mener une vie fidèle à Dieu dans l'union avec Jésus-Christ seront persécutés" 2 Timothée 3 :12. D'où vient donc que la persécution semble dans un état de profonde léthargie ? La seule explication qui puisse être donnée, c'est que l'Eglise, ayant accepté les principes du monde, ne provoque plus d'opposition. La religion qui prévaut de nos jours n'a pas la pureté et la sainteté qui caractérisaient les chrétiens au temps du Christ et des apôtres. C'est à cause de ses compromis avec le péché, à cause de son indifférence à l'égard des grandes vérités de la Parole de Dieu et de l'absence de piété vivante, que le christianisme est en bons termes avec le monde. Si la religion chrétienne connaissait un réveil de la foi et de la puissance dont l'Eglise primitive était animée, l'esprit d'intolérance renaîtrait et les bûchers de la persécution se rallumeraient. [335]

Chapitre 45 — Le mystère de l'iniquité

Dans sa seconde épître aux Thessaloniciens, l'apôtre Paul prédit la grande apostasie qui devait aboutir à l'établissement du pouvoir papal. Il déclare que le jour du Seigneur ne viendra pas avant que "l'apostasie soit arrivée... et qu'on ait vu paraître l'homme du péché, le fils de la perdition, l'adversaire qui s'élève au-dessus de tout ce qu'on appelle Dieu ou de ce qu'on adore, jusqu'à s'asseoir dans le temple de Dieu, se proclamant lui-même Dieu". 2 Thessaloniciens 2 :3, 4, Segond. L'apôtre avertissait encore les croyants en ces termes : "Le mystère de l'iniquité agit déjà". 2 Thessaloniciens 2 :7, Idem. Dès son époque, il voyait s'infiltrer dans l'Eglise des erreurs qui préparaient la voie à l'essor de la papauté.

Peu à peu, modestement et en silence d'abord, puis plus ouvertement à mesure qu'il prenait des forces et avait plus d'emprise sur l'esprit des humains, ce "mystère de l'iniquité" poursuivait son œuvre trompeuse et blasphématoire. Presque imperceptiblement, des coutumes païennes pénétrèrent dans l'Eglise. L'esprit de compromis et de conformisme fut provisoirement tenu en échec par les cruelles persécutions que l'Eglise endura de la part du paganisme. Mais dès que les persécutions cessèrent et que le christianisme eut ses entrées dans les cours et les palais des rois, l'Eglise échangea l'humble simplicité du Christ et de ses apôtres contre la pompe et le faste des prêtres et des pontifes païens, et substitua les théories et les traditions humaines à la Parole de Dieu. La prétendue conversion de l'empereur Constantin, au début du quatrième siècle, donna lieu à de grandes réjouissances, et le monde, vêtu des apparences de la justice, pénétra dans l'Eglise. Dès lors, la situation s'aggrava rapidement. Le paganisme, apparemment vaincu, était vainqueur. Ses doctrines, ses cérémonies et ses superstitions se mêlèrent à la foi et au culte des soi-disant disciples du Christ.

[336]

Ce compromis entre paganisme et christianisme ouvrit la voie à l'homme du péché mentionné dans la prophétie comme devant s'opposer à Dieu et s'exalter au-dessus de lui. Ce formidable système fondé sur une fausse religion est un chef-d'œuvre de la puissance satanique, un monument érigé en l'honneur de ses efforts visant à occuper le trône du Très-Haut et à gouverner la terre selon son bon plaisir.

Désireuse de s'assurer les largesses et les honneurs du monde, l'Eglise fut amenée à solliciter l'appui et les faveurs des grands de la terre. Ayant, de ce fait, rejeté le Christ, elle finit par se soumettre au représentant de Satan : l'évêque de Rome.

D'après l'une des doctrines fondamentales de l'Eglise romaine, le pape, investi d'une autorité suprême sur les évêques et les pasteurs du monde entier, est le chef visible de l'Eglise universelle du Christ. De plus, le pape s'est arrogé les titres mêmes de la divinité.

Satan savait bien que les Ecritures permettent aux humains de démasquer ses impostures et de résister à son pouvoir. C'est en se servant de cette Parole sainte que le Sauveur du monde lui-même avait résisté à ses attaques. A chaque assaut, Jésus avait saisi le bouclier de la vérité éternelle en disant : "Il est écrit". Contre chaque suggestion de l'adversaire, il avait opposé la sagesse et l'autorité de la Parole divine. Le seul moyen dont Satan disposait pour exercer sa domination sur les hommes et pour asseoir l'autorité de l'usurpateur papal était de maintenir le monde dans l'ignorance des Ecritures. Etant donné que la Bible exalte la souveraineté de Dieu et situe l'homme limité à sa vraie place, les vérités sacrées qu'elle renferme devaient être cachées et annulées. Tel fut le raisonnement adopté par l'Eglise romaine. Des siècles durant, la diffusion de la Bible fut interdite. On défendait au peuple de la lire ou de la posséder chez soi, tandis que des prêtres et des prélats sans principes l'interprétaient de manière à justifier leurs prétentions. C'est ainsi que le pape en vint à être presque universellement reconnu comme le vicaire de Dieu sur la terre, et investi de l'autorité suprême sur l'Eglise et sur l'état.

Les temps et la loi sont changés

Le livre détecteur de l'erreur ayant été éliminé, Satan pouvait agir à sa guise. Selon la prophétie, la papauté devait "changer les temps et la loi" Daniel 7 :25, Segond. Elle ne tarda pas à agir dans ce sens. Pour offrir aux convertis venus du paganisme de quoi remplacer le culte de idoles, et pour faciliter ainsi leur adhésion au christianisme, on introduisit graduellement dans l'Eglise le culte des statues et des reliques. Cette idolâtrie papiste fut officiellement reconnue par un concile général. Pour compléter cette œuvre sacrilège, Rome n'hésita pas à effacer de la loi de Dieu le deuxième commandement, qui condamne précisément le culte des images taillées ; et, pour rétablir le nombre (dix), le dixième commandement fut divisé en deux.

Les concessions faites au paganisme ouvrirent la voie à un nouvel attentat contre l'autorité du ciel : Satan falsifia le quatrième commandement, en essayant d'éliminer l'ancien sabbat, jour que Dieu avait béni et sanctifié, et de lui substituer un jour que les païens observaient sous le nom de "jour vénérable du soleil". Au début, ce changement ne fut pas opéré ouvertement. Durant les premiers siècles, tous les chrétiens observaient le vrai sabbat. Soucieux de sauvegarder l'honneur de Dieu et convaincus de l'immutabilité de sa loi, ils veillaient avec un soin jaloux sur ses préceptes sacrés. Aussi Satan manœuvra-t-il par ses agents avec une grande habileté. Pour attirer l'attention sur le premier jour de la semaine, on commença par en faire une fête en l'honneur de la résurrection du Christ. On y célébra des services religieux, tout en le considérant comme un jour de divertissement, tandis que le sabbat continuait à être sanctifié.

Alors qu'il était encore païen, l'empereur Constantin promulgua un édit prescrivant que le dimanche serait désormais jour férié dans tout le territoire de l'empire romain. Après sa conversion, il resta un ardent défenseur du dimanche, et son édit païen fut confirmé pour servir les intérêts de sa foi nouvelle. Mais l'honneur dont ce jour était entouré n'empêchait pas les chrétiens de considérer le vrai sabbat comme étant le jour du Seigneur. Il fallait franchir un pas de plus : le faux sabbat devait être mis sur un pied d'égalité avec le vrai sabbat. Quelques années après la proclamation de l'édit de l'empereur, l'évêque de Rome conféra au dimanche le titre de Jour du Seigneur. Peu à peu, le public fut donc amené à considérer ce jour comme ayant un certain caractère sacré. Mais par ailleurs, on continuait à observer le sabbat originel.

Cependant, le grand Séducteur n'était pas arrivé à ses fins : il était décidé à rassembler le monde chrétien sous sa bannière et à exercer son pouvoir par l'intermédiaire de son vicaire, l'orgueilleux pontife qui prétendait être le représentant du Christ. C'est par le moyen de païens à demi convertis, de prélats ambitieux et de chrétiens mondanisés que Satan réalisa ses desseins. De grands conciles réunissaient de temps à autre les dignitaires de l'Eglise venus de toutes les parties du monde. Presque à chaque concile, le sabbat institué par Dieu était un peu plus déprécié, et le dimanche était un peu plus exalté. Ainsi, la fête païenne finit par bénéficier des honneurs d'une institution divine, tandis que le sabbat de la Bible fut qualifié de relique du judaïsme, et que l'anathème était prononcé sur ceux qui l'observaient.

Le grand apostat avait donc réussi à "s'élever au-dessus de tout ce qu'on appelle Dieu ou de ce qu'on adore" 2 Thessaloniciens 2 :4, Segond. Il n'avait pas hésité à modifier le seul précepte de la loi divine qui attire formellement l'attention de toute l'humanité sur le Dieu vivant et vrai. En désignant Dieu comme le Créateur des cieux et de la terre, le quatrième commandement distingue l'Eternel de tous les faux dieux. Or, c'est en tant que mémorial de la création que le septième jour fut sanctifié par l'homme comme jour du repos. Il était destiné à rappeler constamment aux humains que le Dieu vivant est la source de leur être, qu'il devrait être l'objet de leur vénération et de leur culte. Voilà pourquoi Satan s'efforce de détourner l'homme de sa fidélité envers Dieu, et l'incite à désobéir à sa loi. Voilà pourquoi il concentre ses efforts contre le commandement qui proclame Dieu comme Créateur.

Les protestants affirment que la résurrection du Christ survenue un dimanche a fait de ce jour le sabbat des chrétiens. Mais une telle affirmation ne repose sur aucune preuve biblique. Jamais Jésus ni ses apôtres n'ont attribué un tel honneur à ce jour. L'observation du dimanche comme jour de repos "chrétien" a pour origine "le mystère de l'iniquité" qui avait déjà commencé à se manifester au temps de l'apôtre Paul. Où et quand le Seigneur a-t-il adopté cet enfant de la papauté ? Quelle raison valable peut-on avancer en faveur d'un changement que les Ecritures ne justifient pas ?

Au sixième siècle, la papauté était solidement implantée. Le siège de son pouvoir avait été fixé dans la ville impériale et l'évêque de Rome était reconnu comme le chef de l'Eglise universelle. Le paganisme avait fait place à la papauté. Le dragon avait cédé à la bête "sa puissance, son trône et son grand pouvoir" Apocalypse 13 :2. Alors commencèrent les mille deux cent soixante années d'oppression papale annoncées par les prophéties de Daniel et de l'Apocalypse Daniel 7 :25 ; Apocalypse 13 :5-7. Les chrétiens furent placés dans l'alternative de choisir soit l'abandon de leurs principes et l'adoption des cérémonies et du culte papaux, soit la perspective de passer leur vie dans des cachots ou de mourir sur le chevalet, le bûcher ou sous la hache du bourreau. Alors s'accomplit cette prophétie de Jésus : "Vous serez livrés même par vos père et mère, vos frères, vos parents et vos amis ; on mettra à mort plusieurs d'entre vous. Tout le monde vous haïra à cause de moi" Luc 21 :16, 17. La persécution se déchaîna avec une fureur sans précédent, et le monde devint un vaste champ de bataille. Des siècles durant, l'Eglise de Jésus-Christ dut trouver refuge dans la retraite et l'obscurité, comme l'annonçait la prophétie : "La femme s'enfuit dans le désert, où Dieu lui avait préparé une place, pour qu'elle y soit nourrie pendant mille deux cent soixante jours" Apocalypse 12 :6.

Le moyen âge

L'avènement au pouvoir de l'Eglise romaine a marqué le commencement du moyen âge. A mesure que grandissait sa puissance, les ténèbres devenaient plus épaisses. Se substituant à Jésus-Christ, le véritable fondement, le pape devint l'objet de la foi. Au lieu de se confier dans le Fils de Dieu pour obtenir la rémission des péchés et le salut éternel, on comptait sur le pape, sur les prêtres et les prélats, auxquels le Seigneur avait soi-disant délégué son autorité. On enseignait aux croyants que le pape était leur médiateur et que nul ne pouvait s'approcher de Dieu que par lui. De plus, on affirmait qu'il tenait sur la terre la place de Dieu et qu'on lui devait une obéissance absolue. La moindre infraction à ses volontés attirait sur le corps et sur l'âme des coupables les plus terribles châtiments.

On détournait ainsi l'attention de Dieu pour la reporter sur des hommes faillibles et cruels — que dis-je ? sur le prince des ténèbres lui-même qui agissait par eux. Le péché prenait le déguisement de la sainteté. Quand les Ecritures sont éliminées et que l'homme en arrive à se considérer comme un souverain absolu, on ne peut que s'attendre à la tromperie, aux égarements et à la dégradation morale. Dès lors que les lois et les traditions humaines sont exaltées, il en résulte la corruption qui découle inévitablement du mépris de la loi divine.

Le règne de la peur

L'Eglise du Christ vivait des jours périlleux. Les chrétiens fidèles à l'Evangile étaient peu nombreux. Certes, la vérité ne fut jamais totalement privée de témoins ; mais parfois, l'erreur et la superstition parurent l'emporter au point que la vraie religion semblait avoir disparu de la terre. L'Evangile était perdu de vue, tandis qu'on multipliait les cérémonies religieuses et que le peuple était accablé d'exactions rigoureuses.

Les croyants étaient exhortés non seulement à considérer le pape comme leur médiateur, mais aussi à compter sur leurs propres mérites pour expier leurs péchés. C'est par de longs pèlerinages, des pénitences, le culte des reliques, la construction d'églises ou d'autels et le don de fortes sommes d'argent qu'il fallait soi-disant apaiser la colère de Dieu ou obtenir sa faveur — comme si Dieu était semblable aux hommes, prêt à s'irriter pour des vétilles ou à se laisser attendrir par des cadeaux ou des pénitences !

[342]

Au fil des siècles, les erreurs doctrinales se multipliaient dans l'Eglise romaine. Avant même l'établissement de la papauté, les théories de certains philosophes païens avaient commencé à susciter de l'intérêt dans l'Eglise et à y exercer une influence. De nombreux prétendus convertis restaient attachés aux enseignements de la philosophie païenne ; ils ne se contentaient pas d'étudier ses enseignements, mais ils encourageaient leur entourage à faire de même afin d'avoir plus de crédit auprès des païens. C'est ainsi que de graves erreurs s'infiltrèrent dans la foi chrétienne, dont la principale est la croyance en l'immortalité naturelle de l'âme et en l'état conscient des morts. C'est sur ce fondement que Rome a construit le culte des saints et l'adoration de la vierge Marie. Cette doctrine fut aussi à l'origine de l'apparition rapide, dans l'Eglise romaine, de la croyance aux peines éternelles des réprouvés.

Désormais, la voie était libre pour l'introduction d'une autre invention du paganisme, que l'Eglise romaine a appelée le purgatoire, et dont elle s'est servie pour terroriser les foules crédules et superstitieuses. Ceux qui croient en cette doctrine affirment que les âmes qui n'ont pas mérité la damnation éternelle doivent, avant d'être admises au ciel, être purifiées de leurs péchés dans un lieu de tourment.

Mais il fallait une autre doctrine, également forgée de toutes pièces, pour que Rome puisse tirer profit de la peur et des vices de ses adhérents : celle des indulgences. L'entière rémission des péchés passés, présents et futurs, et l'exemption des peines et amendes imposées par l'Eglise, étaient promises à ceux qui prenaient part aux guerres soutenues par le pape en vue d'étendre son pouvoir temporel, de châtier ses ennemis ou d'exterminer ceux qui osaient contester sa suprématie spirituelle. On enseignait aussi que, moyennant une certaine somme d'argent versée dans le trésor de l'Eglise, on obtenait soit le pardon de ses propres péchés, soit la délivrance des âmes de personnes de connaissance qui souffraient dans les flammes du purgatoire. De cette façon, Rome s'enrichissait et finançait les dépenses entraînées par sa magnificence, son luxe et les vices des soi-disant représentants de Celui qui n'avait pas un lieu où reposer sa tête Matthieu 8 :20.

L'ordonnance biblique de la sainte Cène instituée par notre Seigneur fut supplantée par le sacrifice idolâtre de la messe. Les prêtres soumis au pape prétendaient transformer le pain et le vin dans le vrai corps et le vrai sang du Christ. Ils avaient la prétention blasphématoire de pouvoir par là même "créer le Créateur". Et tous les chrétiens étaient tenus, sous peine de mort, de souscrire à cette abominable hérésie. Ceux qui refusaient d'y croire étaient condamnés au bûcher.

Le midi de la papauté coïncidait avec le minuit de l'humanité. Les saintes Ecritures étaient presque totalement inconnues, non seulement du peuple, mais aussi des prêtres. Comme autrefois les pharisiens, les membres du clergé haïssaient la lumière qui dévoilait leurs péchés. Après que la loi de Dieu, norme de la justice, eut été éliminée, ils pouvaient exercer le pouvoir de façon absolue et se livrer au vice sans retenue. La fraude, l'avarice et la dissolution régnaient. Pour obtenir des richesses ou pour accéder à un rang plus élevé, on ne reculait devant aucun crime. Les palais des papes et des prélats étaient le théâtre d'affreuses scènes de débauche. Certains pontifes commettaient des crimes si odieux que des souverains, les jugeant trop indignes du trône papal, tentèrent de les déposer. Pendant des siècles, l'Europe ne fit aucun progrès dans les sciences, les arts et la civilisation. Moralement et intellectuellement, la chrétienté était frappée de paralysie.

Chapitre 46 — Les premiers réformateurs

Les ténèbres qui régnèrent sur la terre au cours de la longue période de la suprématie papale ne réussirent pas à éteindre complètement le flambeau de la vérité. Il y eut toujours de vrais croyants attachés à la foi en Jésus-Christ, seul Médiateur entre Dieu et les hommes, prenant les saintes Ecritures pour leur unique règle de vie et sanctifiant le vrai jour de repos. Jamais on ne saura ce que le monde doit à ces hommes. Dénoncés comme hérétiques, diffamés, leurs mobiles incriminés, leurs écrits dénigrés, mutilés et prohibés, ils demeurèrent inébranlables et conservèrent la pureté de la foi pour en transmettre, de siècle en siècle, l'héritage sacré à la postérité.

La guerre faite à la Bible devint tellement acharnée que les exemplaires du saint Livre étaient parfois rares. Mais Dieu ne permit pas que sa Parole disparût. Ce trésor ne devait pas rester enfoui. L'auteur de cette Parole pouvait la faire sortir de l'obscurité tout aussi facilement qu'il ouvrait les portes des cachots ou brisait les barreaux des prisons où languissaient ses enfants fidèles. Dans plusieurs pays d'Europe, des hommes, poussés par le Saint-Esprit, cherchaient la vérité comme on cherche des perles. Ils furent dirigés providentiellement vers l'Ecriture sainte et ils en scrutèrent les pages avec le plus grand soin, bien décidés à y trouver la lumière. Ils acceptaient la lumière à n'importe quel prix. Bien que ne discernant pas tout, ils arrivèrent à comprendre de nombreuses vérités oubliées depuis longtemps. Devenus des messagers du ciel, ces hommes s'efforcèrent de briser les chaînes de l'erreur et de la superstition. Ils invitaient les captifs à faire valoir leur droit à la liberté.

Le moment était venu de traduire la Bible en langue vulgaire pour la mettre à la portée de tous. La nuit allait bientôt disparaître. Lentement, les ténèbres se dissipaient, et, dans plusieurs pays, on voyait déjà les premières lueurs de l'aurore.

L'étoile du matin de la Réforme

Au quatorzième siècle, naissait en Angleterre Jean Wiclef, "l'étoile de la Réforme". Son témoignage retentit non seulement en Grande-Bretagne, mais au sein de la chrétienté toute entière. Il fut l'ancêtre des puritains et son époque fut comme une oasis dans le désert.

Le Seigneur jugea bon de confier l'œuvre de la réforme à cet homme dont l'intelligence donnerait du caractère et de la dignité à ses travaux. Ceci réduisait au silence la voix du mépris et empêchait les adversaires de la vérité de discréditer sa cause en ridiculisant l'ignorance du défenseur. Après avoir maîtrisé l'enseignement scholastique, Wiclef entreprit l'étude des Ecritures. Il trouva dans la Bible ce qu'il avait vainement cherché ailleurs. Il y découvrit le plan de la rédemption, et contempla en Jésus-Christ l'unique Avocat de l'homme auprès de Dieu. Convaincu que les traditions humaines implantées par Rome avaient supplanté la Parole de Dieu, il se donna tout entier au service du Seigneur, et prit la résolution de proclamer les vérités qu'il avait découvertes.

L'œuvre la plus importante de sa vie fut la traduction de la Bible en langue anglaise. C'était la première fois que la traduction entière de l'Ecriture en anglais voyait le jour. L'art de l'imprimerie n'étant pas encore connu, ce n'est que par un procédé lent et laborieux qu'on obtenait des exemplaires de la Bible. C'est ainsi que le peuple de Grande-Bretagne eut entre les mains la Bible dans sa propre langue. La lumière de la Parole de Dieu commençait à répandre ses brillants rayons pour dissiper les ténèbres. La Providence divine préparait le chemin de la grande Réforme.

[347]

L'appel à la raison humaine arrachait bien des gens à leur soumission passive aux dogmes de Rome. Les classes favorisées qui seules pouvaient lire à cette époque acceptèrent la Bible avec enthousiasme. Wiclef enseignait exactement les croyances qui caractérisèrent plus tard le protestantisme : le salut par la foi en Jésus-Christ et l'infaillible et souveraine autorité des saintes Ecritures. Beaucoup de prêtres s'unirent à ses efforts pour répandre les Ecritures et prêcher l'Evangile. Ces prédicateurs obtenaient un tel succès en répandant les écrits de Wiclef que bientôt la moitié du peuple anglais avait accepté la nouvelle foi. Le royaume des ténèbres tremblait.

Les efforts des ennemis de cet homme de Dieu pour faire cesser son œuvre et détruire sa vie furent tous vains et il mourut en paix, à l'âge de soixante et un an, alors qu'il officiait devant l'autel.

La Réforme s'étend

C'est sous l'influence des écrits de Wiclef que Jean Hus fut amené à renoncer à plusieurs des erreurs du romanisme et à entreprendre l'œuvre de la réforme en Bohême. Tout comme Wiclef, Hus était un chrétien noble, un homme de savoir, possédant une dévotion inébranlable pour la vérité. En faisant appel à la Bible et en dénonçant hardiment la vie immorale et scandaleuse du clergé, il suscita beaucoup d'intérêt ; des milliers de personnes acceptèrent avec joie de suivre une vérité plus pure. Ceci attira les foudres du pape et des prélats, des prêtres et des moines, et Hus fut sommé de se présenter au Concile de Constance pour répondre à l'accusation d'hérésie. Hus avait obtenu un sauf-conduit de l'empereur allemand et, en arrivant à Constance, il reçut du pape l'assurance personnelle de sa protection.

[348]

Au cours d'un long procès, le réformateur soutint fermement la vérité. Mis en demeure de choisir entre la rétractation et la mort, il choisit cette dernière. Après avoir assisté à la destruction de ses ouvrages par le feu, il fut lui-même livré aux flammes. En présence de dignitaires réunis de l'Eglise et de l'Empire, il fit entendre une protestation solennelle contre les désordres de la hiérarchie papale. Son exécution, en violation flagrante de la promesse publique et solennelle au sujet de sa protection, démontra au monde entier la cruauté et la perfidie de Rome. Sans le savoir, les ennemis de la vérité avaient contribué au progrès de la cause qu'ils cherchaient en vain de détruire.

Malgré la persécution qui faisait rage, après la mort de Wiclef, on continua de protester d'une manière calme, pieuse et patiente contre la corruption de la foi religieuse. Tout comme les croyants de l'époque apostolique, beaucoup sacrifiaient joyeusement leurs biens pour la cause du Christ.

On déploya les plus grands efforts pour affermir et étendre le pouvoir papal, et tandis que les papes prétendaient toujours être les représentants de Jésus, leur vie corrompue écœurait le peuple.

Grâce à l'invention de l'imprimerie, les Ecritures furent largement distribuées et beaucoup se rendirent compte que les doctrines de la papauté n'étaient pas sanctionnées par la Parole de Dieu.

Quand un témoin était forcé de lâcher le flambeau de la vérité, un autre s'en saisissait et le brandissait de nouveau, avec un courage indomptable. La lutte qui avait commencé devait provoquer l'émancipation non seulement des individus et des églises, mais aussi des nations. Comblant l'abîme de centaines d'années, les hommes étendaient les mains pour saisir les mains des lollards à l'époque de Wiclef. C'est sous Luther que la Réforme commença en Allemagne. Calvin prêcha l'Evangile en France, et Zwingle en Suisse. Le monde se réveillait de son long sommeil et on entendait de pays en pays ces mots merveilleux : "Liberté religieuse".

[349]

[350]

Chapitre 47 — Luther et la grande Réforme

Martin Luther occupe le premier rang de ceux qui furent appelés à conduire l'Eglise hors des ténèbres de la papauté vers la lumière d'une foi plus pure. Zélé, ardent, pieux, ne connaissant aucune crainte sinon celle de Dieu, et n'admettant d'autre base religieuse que les saintes Ecritures, Luther fut un homme providentiel pour son temps. Par lui, le Seigneur accomplit une grande œuvre pour réformer l'Eglise et pour éclairer le monde.

Un jour, en examinant les livres de la bibliothèque de l'Université, Luther y trouva une Bible en latin. Certes, il avait entendu lire, aux services religieux, des passages des évangiles et des épîtres, mais il supposait que la Parole de Dieu se résumait à cela. Or, pour la première fois, il était en présence de la sainte Ecriture dans sa totalité, et, avec un étonnement mêlé de crainte, il en feuilletait les pages sacrées. Saisi par l'émotion et le cœur battant, il arrêtait de temps à autre sa lecture pour s'écrier : "Oh ! si seulement Dieu permettait que je posséde un jour personnellement un tel livre !" Des anges du ciel étaient à ses côtés et des rayons de lumière émanant du trône de Dieu lui révélaient les trésors de la vérité. Il avait toujours craint d'offenser Dieu ; mais ce jour-là, il éprouva plus que jamais le sentiment de sa culpabilité. Son désir de s'affranchir du péché et de trouver la paix avec Dieu fut si profond qu'il décida finalement d'entrer dans un couvent et de se consacrer à la vie monastique.

Tous les instants qu'il pouvait dérober à ses devoirs journaliers, à son sommeil et jusqu'à ses maigres repas, étaient réservés à l'étude. Il appréciait par-dessus tout celle de la Parole de Dieu. Il avait découvert, enchaînée au mur du couvent, une Bible qu'il alla souvent consulter.

Luther fut ordonné prêtre ; puis il fut appelé à quitter le couvent pour occuper une chaire de professeur à l'université de Wittenberg. Là, il s'attacha à l'étude des Ecritures dans les langues originales. Puis il commença à donner des cours de Bible. C'est ainsi que le livre des psaumes, les évangiles et les épîtres furent ouverts à la compréhension de nombreux auditeurs émerveillés. Luther expliquait les Ecritures avec puissance et la grâce de Dieu reposait sur lui. Il captivait son auditoire par son éloquence ; l'autorité et la clarté avec lesquelles il présentait la vérité convainquaient les esprits, et son enthousiasme touchait les cœurs.

Un chef de file des réformes

Il entrait dans les plans de Dieu que le brillant professeur se rendît à Rome. Le pape venait d'accorder une indulgence à ceux qui graviraient à genoux "l'escalier de Pilate". Or, tandis que Luther accomplissait — à Rome — cet acte de dévotion, il entendit en lui-même une voix semblable à un tonnerre qui lui disait : "Le juste vivra par la foi" Romains 1 :17, Segond. Alors, honteux et bouleversé, il se releva brusquement et s'éloigna. Cette parole fit toujours une profonde impression sur lui. A partir de ce jour, il comprit mieux que jamais combien il est vain de rechercher le salut par des œuvres humaines, et la nécessité de se confier sans cesse dans les mérites de Jésus-Christ. Désormais ses yeux étaient définitivement ouverts sur les erreurs sataniques de la papauté. En détournant son visage de la ville de Rome, il en avait aussi détourné son cœur, et, à compter de ce jour, l'abîme qui l'en séparait devait aller en s'élargissant jusqu'à la séparation complète.

[352]

A son retour de la ville éternelle, Luther obtint de l'université de Wittenberg le diplôme de docteur en théologie. Il pouvait donc se consacrer mieux que par le passé à l'étude des Ecritures qu'il aimait tant. Il avait fait le vœu solennel d'approfondir et de prêcher fidèlement non pas les décisions et la doctrine des papes, mais la Parole de Dieu. Il n'était plus simplement moine ou professeur, mais le porte-parole autorisé du Livre saint. Appelé à paître le troupeau de Dieu — un troupeau qui avait faim et soif de vérité — le nouveau docteur affirmait que le chrétien ne peut accepter d'autre doctrine que celle qui repose sur les Ecrits sacrés. Une telle affirmation sapait les fondements même de la suprématie papale et résumait le principe vital de la Réforme.

En tant que champion de la vérité, Luther entreprit courageusement son œuvre. Depuis la chaire, il fit entendre de solennels avertissements. Mettant en lumière le caractère odieux du péché, il enseignait que l'homme ne peut, par ses œuvres, atténuer sa culpabilité ou échapper au châtiment de Dieu. Seules la repentance et la foi en Jésus-Christ peuvent sauver le pécheur. La grâce du Christ, don gratuit de Dieu, ne pouvant s'obtenir à prix d'argent, Luther exhortait ses auditeurs non pas à acheter des indulgences, mais à se tourner avec foi vers le Sauveur crucifié. Evoquant sa douloureuse recherche du salut par des humiliations et des pénitences, il les assurait qu'il n'avait trouvé paix et joie qu'en détachant ses regards de lui-même pour les fixer sur Jésus-Christ.

[353] Les enseignements de Luther attiraient dans toute l'Allemagne l'attention des hommes réfléchis. De ses sermons et de ses écrits émanaient des flots de lumière qui éclairaient des milliers de personnes. Au formalisme qui avait si longtemps paralysé l'Eglise succédait une foi vivante, et jour après jour le peuple perdait confiance dans les superstitions de l'Eglise romaine. Les préjugés tombaient. La Parole de Dieu, à laquelle Luther soumettait toute doctrine et toute prétention, agissait comme une épée à deux tranchants qui pénétrait les cœurs. Partout se manifestait un désir de progrès spirituel. Partout on constatait une faim et une soif de justice qu'on n'avait pas vues depuis des siècles. Les regards du peuple, si longtemps figés sur des rites et des médiateurs humains, se tournaient maintenant, dans un élan de repentir et de foi, vers le Christ crucifié.

Les écrits et la doctrine du réformateur se répandirent dans toute la chrétienté. Leur influence s'étendit jusqu'en Suisse et en Hollande. Des exemplaires de ses écrits pénétrèrent en France et en Espagne. En Angleterre, ses enseignements furent accueillis comme la parole de vie. Les vérités qu'il prêchait pénétrèrent aussi en Belgique et en Italie. Des milliers de personnes étaient tirées de leur léthargie mortelle et goûtaient la joie d'une vie d'espérance et de foi.

Luther se sépare de l'Eglise romaine

Rome était résolue à supprimer Luther, mais Dieu était son défenseur. Ses enseignements étaient diffusés partout : dans les couvents, dans les chaumières, dans les châteaux des aristocrates, dans les universités et les palais des rois. Dans tous les pays, des membres de la noblesse lui prêtaient leur appui.

Dans un appel adressé à l'empereur et à la noblesse de la nation allemande en faveur de la réformation de la chrétienté, Luther écrivait à propos du pape : "C'est un spectacle effrayant et atroce qu'offre le chef suprême de la Chrétienté qui se vante d'être le Vicaire du Christ et le successeur de Saint Pierre, quand il mène une existence si pompeuse et si mondaine que sur ce point aucun Roi ni aucun Empereur ne peut l'atteindre ni l'égaler. (...) Il porte une triple couronne, alors que les plus grands rois ne portent qu'une seule couronne : si c'est là s'égaler au pauvre Christ et à Saint Pierre, c'est une nouvelle manière de les égaler ! (...) Ils disent qu'il est le maître du monde, mais c'est un mensonge, car le Christ, dont il se vante d'être le délégué et le représentant, a dit à Pilate : 'Mon royaume n'est pas de ce monde'. Un délégué ne peut avoir des pouvoirs plus étendus que son maître." — "A la noblesse chrétienne de la nation allemande", Oeuvres, Genève 2 :94, 95.

Concernant les universités, il déclarait : "Je crains fort que les universités ne soient les portails de l'enfer, si l'on ne s'applique pas à y expliquer la sainte Ecriture et à la graver dans le cœur des jeunes. Je ne conseille à personne de placer son enfant là où l'on n'accorde pas à la Bible la première place. Toute institution où la Parole de Dieu n'est pas l'objet d'un intérêt constant est vouée à la décadence".

Cet appel, qui eut un large retentissement à travers l'Allemagne, exerça une profonde influence sur toute la population, et la nation entière en vint à se rallier aux principes de la Réforme. Brûlant du désir de se venger, les ennemis de Luther pressèrent le pape de prendre des mesures décisives contre lui. Il fut décrété que ses doctrines seraient immédiatement condamnées. Soixante jours furent accordés au réformateur et à ses adhérents pour se rétracter, sous peine d'être excommuniés.

Quand il reçut la bulle papale, Luther s'écria : "Je la méprise et la flétris comme impie et mensongère.... C'est *le Christ* lui-même qu'elle condamne. ... Je me réjouis d'avoir à subir de tels maux pour la meilleure des causes. Mon cœur éprouve déjà une plus grande liberté, car j'ai enfin la certitude que le pape est l'antichrist, et que son trône est celui de Satan lui-même".

Cependant, la bulle du pontife romain ne resta pas sans effet. La prison, la torture et l'épée étaient des moyens puissants pour imposer la soumission. Tout semblait indiquer que l'œuvre du réformateur touchait à son terme. Les faibles et les superstitieux tremblèrent devant les foudres papales, et bien que Luther ait bénéficié de la sympathie générale, nombreux étaient ceux qui ne se sentaient pas prêts à risquer leur vie pour la cause de la Réforme.

Chapitre 48 — Les progrès de la Réforme

En Allemagne, un nouvel empereur, Charles Quint, était monté sur le trône. Les émissaires du pape s'empressèrent de venir le féliciter et l'engagèrent à user de son pouvoir contre la Réforme. Par ailleurs, l'électeur de Saxe, à qui l'empereur devait en grande partie sa couronne, suppliait ce dernier de ne rien faire contre Luther sans le consulter.

Sur ces entrefaites, l'attention de tous les partis se dirigea vers l'assemblée des Etats germaniques (appelée la diète) qui se tint à Worms peu après l'accession au trône de Charles Quint. Des questions politiques et des intérêts importants devaient être examinés par cette assemblée nationale. Pourtant, ces sujets ne semblaient que des vétilles comparativement au cas du moine de Wittenberg.

Charles Quint avait préalablement chargé l'électeur de Saxe d'amener avec lui Luther pour qu'il comparaisse devant la diète, en assurant le réformateur de sa protection et une entière liberté de discussion avec des personnes compétentes sur les questions en litige. De son côté, Luther désirait vivement rencontrer l'empereur.

Les amis de Luther furent pris de peur : connaissant les préjugés et la haine de ses ennemis, ils craignaient que le sauf-conduit qui lui avait été accordé ne soit pas respecté, et ils le supplièrent de ne pas exposer sa vie. Il leur répondit : "Les papistes ne désirent pas ma comparution à Worms, mais ma condamnation et ma mort. Qu'importe ! Priez non pour moi, mais pour la Parole de Dieu". [357]

Luther devant la diète de Worms

Le réformateur comparut finalement devant la diète présidée par l'empereur entouré des personnages les plus illustres de l'empire. Jamais homme n'avait dû affronter assemblée plus imposante que celle devant laquelle se trouvait Martin Luther pour confesser sa foi.

Le fait même de cette comparution était une victoire pour la vérité. Qu'un homme condamné par le pape soit jugé par un autre tribunal était un défi à l'autorité du souverain pontife. Le réformateur, que le pape avait frappé d'interdit et mis au ban de la société, était entendu par les plus hauts dignitaires de la nation, après avoir reçu l'assurance de n'être pas inquiété. Rome lui avait ordonné de se taire ; mais voici qu'il allait s'adresser à des milliers de personnes venues de tous les pays de la chrétienté. Calme et maître de lui, mais faisant preuve de beaucoup de courage et de noblesse, il se présenta comme un témoin de Dieu devant les grands de ce monde. Aux questions qui lui furent posées, Luther répondit avec humilité et douceur, sans aucune violence ni excitation. Bien que son attitude fût réservée et respectueuse, il manifesta une confiance et une joie qui surprirent l'assemblée.

En revanche, les esprits fermés à la lumière et résolus à ne pas se laisser gagner par la vérité écumèrent de rage en constatant la puissance qui émanait des paroles de Luther. Lorsque celui-ci eut cessé de parler, le porte-parole de la diète lui dit avec colère : "Vous n'avez pas répondu à la question qui vous a été posée ... On vous demande une réponse claire et précise ... Oui ou non, voulez-vous vous rétracter ?"

Le réformateur répondit : "Puisque votre sérénissime majesté et vos grandeurs exigent de moi une réponse simple, claire et précise, je la leur donnerai — la voici : Je ne puis soumettre ma foi ni au pape ni aux conciles, parce qu'il est clair comme le jour qu'ils se sont souvent trompés et se sont même contredits. A moins que je ne sois convaincu par le témoignage des Ecritures ou par des raisons évidentes, à moins que l'on me persuade par les textes mêmes que j'ai cités et que ma conscience soit ainsi rendue captive de la Parole de Dieu, *je ne puis et ne veux rien rétracter*, car il est dangereux pour un chrétien de parler contre sa conscience. Me voici ; je ne puis faire autrement. Dieu me soit en aide ! Amen".

Ferme comme un roc, Luther restait debout, battu en vain par les flots déchaînés des pouvoirs de ce monde. Ses paroles à la fois simples et énergiques, son attitude intrépide, son regard calme et éloquent, ainsi que l'inébranlable détermination qui se reflétait dans chacun de ses mots et de ses gestes, firent une profonde impression sur l'assemblée. Il était manifeste que rien — ni les promesses ni les menaces — ne pouvait l'amener à obéir aux ordres de Rome.

Le Christ avait parlé par la bouche de son serviteur avec une puissance et une dignité qui avaient momentanément suscité l'étonnement et la crainte de ses amis et de ses ennemis. L'Esprit de Dieu, présent dans cette assemblée, avait agi sur le cœur des chefs de l'empire. Plusieurs princes reconnurent ouvertement que la cause de Luther était juste. Un grand nombre d'entre eux furent convaincus de la vérité ; pour certains, ce ne fut qu'une impression passagère. En revanche, d'autres n'exprimèrent pas immédiatement leur conviction ; mais, après avoir sondé les Ecritures, ils prirent courageusement position en faveur de la Réforme.

L'électeur Frédéric, qui avait attendu avec anxiété la comparution de Luther devant la diète, avait écouté son témoignage avec une profonde émotion. Il admirait le courage, la fermeté et la maîtrise du jeune docteur, et il était fier d'être son protecteur. En comparant les partis en présence, Frédéric avait constaté que la puissance de la vérité avait réduit à néant la sagesse des papes, des rois et des prélats. La papauté essuyait là une défaite dont les conséquences allaient se faire sentir parmi toutes les nations et au cours des siècles.

Si le réformateur avait fléchi sur un seul point, Satan et ses armées auraient remporté la victoire. Mais son inébranlable fermeté fut le gage de l'émancipation de l'Eglise et fit se lever l'aube d'une ère nouvelle. L'influence de ce seul homme qui osait, en matière de religion, penser et agir par lui-même, allait se faire sentir dans les Eglises et dans le monde, non seulement à son époque, mais jusqu'à la fin des temps. Son énergie et sa fidélité devaient fortifier tous ceux qui, jusqu'au dernier jour, seraient appelés à traverser des circonstances semblables. La puissance et la majesté de Dieu avaient été exaltées au-dessus des conseils de l'homme et de la puissance de Satan.

Je vis que Luther était ardent et zélé, intrépide et décidé dans ses efforts pour réprouver le péché et défendre la vérité. Peu lui importait la méchanceté des hommes ou les démons ; Celui qui était à ses côtés était plus fort qu'eux tous. Son dynamisme, son courage et sa hardiesse le mettaient parfois en danger de tomber dans les extrêmes. Aussi le Seigneur suscita Mélanchton dont le tempérament était très différent, afin de seconder Luther dans l'œuvre de la Réforme. Mélanchton était timide, craintif, prudent, et doué d'une grande patience. Cet homme était particulièrement aimé de Dieu. Il était profondément versé dans la connaissance des Ecritures et il était doté d'un très bon discernement et d'une sagesse remarquable. Son amour pour la cause de Dieu n'avait d'égal que celui de Luther. Le Seigneur unit le cœur de ces deux hommes qui devinrent deux amis inséparables. Lorsque Mélanchton risquait de se montrer craintif et hésitant, Luther lui était d'une aide précieuse, et quand ce dernier risquait d'agir avec précipitation, Mélanchton intervenait pour que son collaborateur fasse preuve de plus de mesure.

Le perspicacité et la prudence de Mélanchton évitèrent bien souvent que la cause ne soit mise en difficulté si Luther avait été seul à prendre des responsabilités. En revanche, l'œuvre n'aurait guère fait de progrès si elle avait uniquement dépendu de Mélanchton. J'ai vu que Dieu avait manifesté sa sagesse en choisissant ces deux hommes pour mener à bien l'œuvre de la Réforme.

La lumière répandue en Angleterre et en Ecosse

Tandis que Luther ouvrait au peuple allemand la Bible qui jusqu'alors lui était restée fermée, Tyndale, poussé par l'Esprit de Dieu, faisait de même en Angleterre. Il étudiait assidûment les Ecritures, proclamait avec courage ses convictions touchant la vérité, et affirmait que toutes les doctrines doivent être appréciées à la lumière de la Parole de Dieu. Son zèle ne pouvait que susciter l'opposition des papistes. Un savant théologien catholique qui avait engagé un débat avec lui s'était exclamé : "Mieux vaut pour nous être sans la loi de Dieu que sans celles du pape !" A quoi Tyndale avait répondu : "Je n'ai que faire du pape et de toutes ses lois ! Et si Dieu épargne ma vie, je ferai en sorte qu'un valet de ferme qui conduit la charrue connaisse mieux que vous les Ecritures".

Déterminé plus que jamais à mettre à la disposition du peuple le Nouveau Testament dans la langue du pays, Tyndale se mit aussitôt à l'œuvre. Toute l'Angleterre lui paraissant hostile, il résolut de chercher refuge en Allemagne. Là, il commença à faire imprimer le Nouveau Testament en anglais. Trois mille exemplaires du Nouveau Testament furent bientôt disponibles, et une autre édition parut la même année.

Finalement, Tyndale scella son témoignage de son sang ; mais les armes qu'il avait forgées permirent à d'autres combattants de la foi de lutter avec succès jusqu'à nos jours.

En Ecosse, l'Evangile trouva un porte-parole en la personne de John Knox. Ce courageux réformateur ne craignait pas d'affronter les hommes. Les feux du martyre qu'il voyait flamber autour de lui ne faisaient qu'aviver son zèle. Sans se préoccuper de la hache menaçante du tyran suspendue au-dessus de sa tête comme une épée de Damoclès, il frappait à sa droite et à sa gauche des coups redoublés contre l'idolâtrie. Ainsi, il resta fidèle à ses objectifs, priant et combattant pour le Seigneur, jusqu'à ce que l'Ecosse fût libre.

En Angleterre, Latimer soutenait du haut de la chaire que la Bible doit être lue dans la langue du peuple. L'Auteur des saintes Ecritures, disait-il, "c'est Dieu luim-ême", et l'Ecriture participe de son Auteur. "Il n'y a ni roi, ni empereur, ni magistrat, ni maître ... qui ne soit tenu de lui obéir. ... Ne prenons aucun chemin détourné, mais laissons-nous diriger par la Parole de Dieu. Ne suivons pas la voie de nos pères, et ne cherchons pas à savoir ce qu'ils ont fait, mais ce qu'ils auraient dû faire".

Deux amis fidèles de Tyndale, Barnes et Frith, entreprirent de défendre la vérité. Les deux Ridley et Cranmer leur emboîtèrent le pas. Ces porte-parole de la Réforme en Grande-Bretagne étaient des hommes de grand savoir, et la plupart d'entre eux avaient été hautement estimés dans l'Eglise romaine à cause de leur zèle et de leur piété. Leur opposition à la papauté venait de ce qu'ils avaient découvert les erreurs du Saint-Siège. Leur connaissance des mystères de Babylone ajoutait à la puissance de leur témoignage contre elle.

[362]

Le grand principe défendu par Tyndale, Frith, Latimer et les deux Ridley était l'autorité divine des Ecrits sacrés et le fait que la Bible se suffisait à elle-même. Ils déniaient aux papes, aux conciles, aux pères (de l'Eglise) et aux rois le droit de dominer les consciences en matière religieuse. Pour eux, la Bible était la norme à laquelle ils soumettaient toute doctrine et toute déclaration. C'est la foi en Dieu qui soutint ces hommes lorsqu'ils acceptèrent d'offrir leur vie sur le bûcher.

[363]

Chapitre 49 — La Réforme reste en suspens

Luther n'a pas mis un point final à la Réforme comme beucoup le pensent, mais celle-ci doit se poursuivre jusqu'à la fin de l'histoire de cette terre. Luther avait une grande œuvre à accomplir pour communiquer au monde la lumière que Dieu lui avait révélée ; toutefois, il ne reçut pas toute la lumière qui devait être transmise à l'humanité. Depuis son époque jusqu'à nos jours, des lumières nouvelles n'ont cessé d'être dévoilées.

Luther et ses collaborateurs avaient accompli une noble tâche pour le Seigneur ; mais, étant eux-mêmes issus de l'Eglise romaine dont ils avaient cru et défendu les doctrines, on ne pouvait pas s'attendre à ce qu'ils discernent d'emblée toutes ses erreurs. Leur œuvre consistait à rompre les chaînes qui les liaient encore à Rome, et à diffuser la Bible dans le monde. Cependant, ils ne découvrirent pas certaines vérités importantes, et par ailleurs ils ne renoncèrent pas à certaines erreurs graves. La plupart des réformateurs continuaient à observer le dimanche et d'autres fêtes instituées par l'Eglise romaine. Certes, ils ne pensaient pas que le dimanche possédât le sceau de l'autorité divine, mais ils croyaient qu'il devait être sanctifié puisqu'il était généralement observé comme jour de culte dans la chrétienté. Toutefois, certains adeptes de la Réforme honoraient le sabbat prescrit dans le quatrième commandement. Parmi les réformateurs de l'Eglise, il faut rendre hommage aux hommes qui remirent en lumière une vérité généralement ignorée, même chez les protestants — notamment ceux qui ont souligné la validité du quatrième commandement et l'obligation d'observer le sabbat biblique. Quand la Réforme dissipa les ténèbres dans lesquelles la chrétienté tout entière était plongée, l'attention fut attirée sur les observateurs du sabbat en de nombreux pays.

[364]

Ceux qui héritèrent des grandes bénédictions de la Réforme ne continuèrent pas d'avancer sur le chemin que Luther avait si bien tracé. De temps à autre, quelques hommes fidèles se levèrent pour proclamer une nouvelle vérité et pour dénoncer une erreur longtemps caressée; mais, comme les Juifs du temps de Jésus ou comme les papistes à l'époque de Luther, la plupart se contentaient de croire ce que leurs pères avaient cru et de vivre comme ils avaient vécu. Ainsi, la religion dégénéra de nouveau en formalisme : les erreurs et les superstitions, qui auraient dû être abandonnées si l'Eglise avait continué à avancer en suivant les lumières de la Parole de Dieu, furent conservées et entretenues. L'esprit suscité par la Réforme s'éteignit peu à peu, au point qu'un aussi grand besoin de réforme se fit sentir dans les Eglises protestantes que celle qui avait été nécessaire dans l'Eglise romaine au temps de Luther. Dans le protestantisme régnaient la même apathie spirituelle, le même attachement pour l'opinion des hommes, le même esprit du monde et la même disposition à substituer des théories humaines aux enseignements de la Parole de Dieu. L'orgueil et l'extravagance étaient encouragés au nom de la religion. En s'alliant avec le monde, les Églises se corrompirent. C'est ainsi que furent détruits les grands principes pour lesquels Luther et ses collaborateurs avaient déployé tant d'efforts et supporté tant de souffrances.

Quand Satan vit qu'il n'avait pas réussi à éliminer la vérité par la persécution, il utilisa de nouveau la tactique qui avait abouti à la grande apostasie et à l'établissement de l'Eglise romaine : le compromis. Il incita les chrétiens à s'allier — cette fois non pas aux païens — , mais à ceux qui, en adorant le dieu de ce monde, sont de véritables idolâtres.

La Bible étant désormais à la disposition de tous, Satan ne pouvait plus cacher aux humains la saint Livre. Mais il encouragea des milliers de gens à souscrire à de fausses interprétations et à des théories erronées, sans chercher dans les Ecritures pour connaître la vérité par eux-mêmes. Le grand adversaire avait déformé les doctrines de la Parole de Dieu; de plus, il permettait aux traditions de prendre racine afin de conduire à la ruine des millions de personnes. Au lieu de combattre pour la foi confiée une fois pour toutes aux saints, l'Eglise prônait et défendait ces traditions. Totalement inconscients de leur condition et du danger qu'ils couraient, l'Eglise et le monde s'approchaient à grands pas de l'heure la plus solennelle de l'histoire : celle de l'apparition du Fils de l'homme.

Chapitre 50 — Le message du premier ange

La prophétie du message du premier ange, contenue dans le chapitre quatorze de l'Apocalypse, trouva sa réalisation dans le mouvement adventiste qui a vu le jour dans les années 1840-44. Tant en Europe qu'en Amérique, des hommes de foi et de prière dont l'attention avait été attirée par les prophéties, furent vivement intéressés et, en étudiant les textes inspirés, ils parvinrent à la conviction que la fin de toutes choses était proche. L'Esprit de Dieu engagea ses serviteurs à en avertir les humains. C'est ainsi que partout se répandit le message de l'Evangile éternel : "Craignez Dieu et rendez-lui gloire ! Car le moment est arrivé où il va juger les hommes" Apocalypse 14 :7.

Partout où ils pénétraient, les missionnaires annoncèrent l'heureuse nouvelle du prochain retour du Christ. Il y avait, dans différents pays, des groupes isolés de chrétiens qui, par la seule étude des Ecritures, étaient arrivés à la conclusion que l'avènement du Sauveur était proche. Dans certaines régions de l'Europe, où les lois étaient si sévères qu'elles interdisaient l'annonce du retour de Jésus, de jeunes enfants se sentirent poussés à proclamer ce retour, et de nombreuses personnes prêtèrent l'oreille à ce solennel avertissement.

William Miller et ses collaborateurs reçurent pour mission de prêcher le message en Amérique, et la lumière qui en résulta se répandit jusqu'en des pays lointains. Le Seigneur envoya son ange pour toucher le cœur de ce cultivateur qui en était arrivé à douter de la Bible, et pour l'encourager à étudier les prophéties. Des anges du ciel visitèrent à plusieurs reprises cet homme que le Seigneur avait choisi, afin de guider son esprit et lui faire comprendre les prophéties restées jusque-là obscures pour le peuple de Dieu. Il lui fut donné de découvrir le commencement de la chaîne de la vérité, puis un maillon après l'autre, jusqu'à ce qu'il puisse considérer, émerveillé, la Parole de Dieu dans son ensemble. Il constata qu'elle contenait un parfait enchaînement de vérités ; et cette Parole, dont il avait nié l'inspiration, se présentait maintenant à lui dans sa glorieuse beauté.

Il comprit qu'un texte de la Bible en explique un autre : lorsqu'il se trouvait devant un passge dont il ne comprenait pas le sens, il en trouvait un autre qui lui fournissait la lumière souhaitée. L'étude du Livre sacré était pour lui un sujet de joie, et lui inspirait le plus profond respect.

En continuant à sonder les prophéties, il vit que les habitants de la terre vivaient, sans le savoir, les dernières scènes de l'histoire de ce monde. Quant aux Eglises, il se rendit compte qu'elles étaient corrompues ; elles avaient détourné leurs affections de Jésus et les avaient reportées sur le monde ; elles recherchaient les honneurs d'ici-bas au lieu de rechercher les faveurs d'en haut ; elles s'attachaient aux biens terrestres, au lieu de s'amasser un trésor dans le ciel. Voyant partout l'hypocrisie, les ténèbres et la mort, Miller s'en émut. Le Seigneur l'appela à quitter sa ferme comme il avait appelé Elisée à laisser ses bœufs et sa charrue pour suivre le prophète Elie.

Non sans appréhension, William Miller commença à exposer en public les mystères du royaume de Dieu, en montrant à ses auditeurs que les prophéties aboutissaient à la seconde venue du Christ. Le témoignage des Ecritures indiquant — d'après lui — que le retour du Seigneur se produirait en 1843, suscita un très grand intérêt. De nombreuses personnes furent convaincues que les arguments fondés sur les périodes prophétiques étaient plausibles et, sacrifiant l'orgueil de leurs opinions, ils acceptèrent la vérité avec joie. Un certain nombre de pasteurs renoncèrent à leurs idées et à leurs sentiments sectaires, à leur salaire et à la charge de leurs églises, et prêtèrent main forte à la proclamation de l'avènement du Sauveur.

Mais étant donné que peu de pasteurs acceptèrent ce message, celui-ci fut en grande partie confié à de simples laïcs. Aussi, des agriculteurs abandonnèrent-ils leurs champs, des mécaniciens leurs outils, des commerçants leur marchandise, sans parler des hommes exerçant une profession libérale qui renoncèrent à poursuivre leur activité. Malgré cela, le nombre d'ouvriers était faible, en comparaison de l'œuvre à accomplir. La triste condition dans laquelle se trouvaient les Eglises et la corruption qui régnait dans le monde étaient un souci constant pour les vrais soldats du Christ ; aussi enduraient-ils volontiers fatigue, privations et souffrances pour pouvoir amener hommes et femmes à la repentence et au salut. En dépit de l'opposition de Satan, l'œuvre ne cessait de progresser, et des milliers de gens acceptaient la vérité du retour du Christ.

Un grand réveil religieux

Partout on entendait l'appel adressé aux pécheurs, à ceux qui appartenaient à des Eglises comme aux non-croyants, pour qu'ils fuient la colère à venir. Comme Jean-Baptiste, le précurseur du Christ, ces prédicateurs s'attaquaient à la racine des arbres (Matthieu 3 :10) et exhortaient les humains à produire des fruits dignes de la repentance. Leurs appels vibrants formaient un contraste frappant par rapport aux sermons rassurants et lénifiants que l'on entendait habituellement dans les églises ; et partout où le message du retour du Christ était prêché, les auditeurs étaient touchés.

Le témoignage simple et direct des Ecritures, pénétrant l'âme par la puissance du Saint-Esprit, créait une conviction telle que peu de personnes pouvaient y résister. Ceux qui se prétendaient chrétiens étaient arrachés à leur fausse sécurité. Ils prenaient conscience de leurs échecs, de leur mondanité, de leur manque de foi, de leur orgueil et de leur égoïsme. Nombreux étaient ceux qui cherchaient le Seigneur dans l'humilité et le repentir. Leur amour des biens terrestres était maintenant dirigé vers le ciel. L'Esprit de Dieu reposait sur eux et, avec des cœurs attendris et soumis, ils joignaient leurs voix à celle de l'ange : "Craignez Dieu et rendez-lui gloire ! Car le moment est arrivé où il va juger les hommes" Apocalypse 14 :7.

Les pécheurs demandaient en pleurant : "Que dois-je faire pour être sauvé ?" Ceux qui avaient usé de procédés malhonnêtes désiraient restituer ce qui ne leur appartenait pas. Tous ceux qui trouvaient la paix en Christ souhaitaient en faire bénéficier leurs semblables. Le cœur des parents se tournait vers leurs enfants, et le cœur des enfants se tournait vers leurs parents. Les barrières de l'orgueil et du dédain étaient renversées. On confessait sincèrement ses fautes, et les membres de la famille travaillaient avec ferveur au salut de leurs êtres les plus chers.

On entendait souvent monter des prières d'intercession fervente. Partout des âmes angoissées suppliaient le Seigneur. Beaucoup passaient la nuit à lutter en prière pour avoir l'assurance que leurs péchés étaient pardonnés ou pour la conversion de leurs amis ou de leurs voisins. Cette foi ardente produisait des résultats. Si le peuple de Dieu avait persévéré dans la prière, s'il avait assailli de ses requêtes le trône de la grâce, il jouirait d'une expérience spirituelle plus riche que celle dont il dispose actuellement. On prie trop peu, la véritable conviction du péché est trop faible, et le manque de foi vivante est tel que nombreux sont ceux qui sont privés de la grâce si généreusement accordée par notre miséricordieux Rédempteur.

Des personnes de toutes les classes de la société assistaient aux réunions adventistes. Riches et pauvres, gens de condition élevée ou modeste, étaient, pour des raisons diverses, désireux d'entendre personnellement le message du retour de Jésus. Le Seigneur tenait en échec l'esprit d'opposition pendant que ses serviteurs donnaient les raisons de leur foi, et l'Esprit de Dieu insufflait une puissance à la vérité. La présence des saints anges se faisait sentir dans ces réunions, et de nombreux adhérents s'ajoutaient chaque jour aux croyants. Tandis que les raisons permettant de croire au prochain retour de Jésus étaient exposées, les foules écoutaient dans un profond silence les solennels avertissements. Le ciel et la terre semblaient se rapprocher. La puissance de Dieu reposait sur tous, jeunes et vieux. Les gens rentraient chez eux, ayant sur les lèvres un cantique de louange dont l'écho retentissait dans le silence du soir. Aucun de ceux qui assistèrent à ces réunions ne pourra jamais les oublier.

L'opposition

La proclamation d'une date précise pour le retour du Christ suscita dans toutes les classes de la société une forte opposition à laquelle prirent part aussi bien le pasteur du haut de la chaire que le plus vil des pécheurs. "Nul ne connaît ni le jour ni l'heure !" — tel était le slogan utilisé par les prédicateurs hypocrites comme par les moqueurs les plus arrogants. Ils refusaient de prêter l'oreille aux explications claires et logiques données par ceux qui montraient l'aboutissement des périodes prophétiques et qui mettaient en lumière les signes de l'avènement que le Christ lui-même avait indiqués.

Parmi ceux qui professaient aimer le Sauveur, nombreux étaient ceux qui ne voyaient pas d'objection à ce que son retour soit annoncé ; ils s'opposaient seulement à la fixation d'une date précise. Mais Dieu qui voit tout lisait les pensées de leurs cœurs. En réalité, ces gens ne voulaient pas entendre parler du jour où le Seigneur viendrait juger le monde selon sa justice. Ayant été des serviteurs infidèles, leurs œuvres n'auraient pas résisté aux regards de Dieu, et ils craignaient de comparaître devant sa face. Comme les Juifs lors de la première venue de Jésus, ils n'étaient pas prêts à l'accueillir. Satan et ses suppôts exultaient de joie et accablaient de sarcasmes le Christ et ses anges en constatant que ses soi-disant disciples avaient si peu d'amour pour lui qu'ils ne désiraient même pas le rencontrer.

Des sentinelles infidèles à leur mission entravaient les progrès de l'œuvre de Dieu. Dès que les gens commençaient à témoigner de l'intérêt pour le message et à s'enquérir de la voie du salut, ces conducteurs religieux s'interposaient entre eux et la vérité, et ils s'efforçaient d'apaiser leurs craintes en déformant le sens de la Parole de Dieu. En agissant ainsi, ces pasteurs indignes faisaient cause commune avec Satan et s'écriaient : "Tout va bien, tout va très bien, alors que tout va mal" Jérémie 6 :14. A l'exemple des pharisiens du temps de Jésus, beaucoup refusaient d'entrer dans le royaume des cieux et empêchaient d'entrer ceux qui le voulaient. Le Seigneur les tiendra responsables de la perte de ces âmes.

Partout où le message de la vérité était proclamé, les membres d'église les plus humbles et les plus dévoués étaient les premiers à l'accepter. Ceux qui étudiaient la Bible par eux-mêmes se rendaient compte que les interprétations traditionnelles de la prophétie n'étaient pas conformes à l'Ecriture. Quand les fidèles n'étaient pas déroutés par les efforts du clergé visant à falsifier la vérité et qu'ils sondaient eux-mêmes le Livre sacré, il suffisait que la doctrine relative au retour du Christ soit comparée à la Bible pour que sa véracité divine soit établie.

De nombreux croyants souffrirent de la méchanceté de leurs frères incrédules. Certains, soucieux de préserver leur position dans leur Eglise, passèrent sous silence leurs convictions tandis que d'autres estimaient que leur fidélité à Dieu leur interdisait de cacher les vérités qui leur avaient été confiées. Bon nombre furent exclus de leurs Églises pour la seule raison qu'ils exprimaient leur foi au retour du Christ. Ceux qui furent ainsi éprouvés à cause de leurs convictions trouvèrent un grand encouragement dans ces paroles du prophète : "Vous avez des compatriotes qui vous détestent et vous excluent parce que vous lui êtes fidèles. Ils vous disent en se moquant : 'Que le Seigneur montre sa gloire, et nous vous verrons triompher !' Mais c'est eux qui seront humiliés" Ésaïe 66 :5.

Les anges de Dieu observaient avec un profond intérêt les conséquences de l'avertissement qui était donné. Quand les Eglises dans leur ensemble rejetèrent le message, les anges, attristés, se détournèrent d'elles. Toutefois, il y avait, dans ces Eglises, de nombreux chrétiens qui n'avaient pas encore eu l'occasion de prendre position à l'égard de la vérité du retour du Christ. Nombreux étaient ceux qui, induits en erreur par leur mari, leur femme, leurs parents ou leurs enfants, croyaient que le seul fait de prêter l'oreille aux prétendues hérésies enseignées par les adventistes était un péché. Des anges furent chargés de veiller spécialement sur ces précieuses âmes, car une autre lumière émanant du trône de Dieu devait briller sur leur sentier.

"Prépare-toi à rencontrer ton Dieu"

Ceux qui avaient accepté le message attendaient la venue du Sauveur avec une ardeur inexprimable. L'heure à laquelle ils croyaient pouvoir le rencontrer était proche. Ils s'y préparaient avec calme et solennité, jouissant d'une douce communion avec Dieu, gage du radieux avenir qui leur était réservé. Aucun de ceux qui goûtèrent cette espérance et cette assurance n'oubliera jamais l'intensité de cette attente. Quelques semaines avant l'échéance prévue, ils laissèrent de côté la plupart de leurs occupations temporelles. Ces croyants examinaient les pensées et les sentiments de leurs cœurs comme s'ils avaient été sur leur lit de mort et comme s'ils devaient dans quelques heures fermer définitivement leurs yeux sur la vie d'ici-bas. Nul d'entre eux ne songea à se confectionner des "robes d'ascension" (comme on les en a accusés), mais tous éprouvèrent le besoin d'être prêts à rencontrer le Sauveur. La pureté de l'âme et les cœurs affranchis du péché par le sang expiatoire de Jésus-Christ — c'est en cela que consistaient leurs "robes blanches".

Le Seigneur avait voulu mettre son peuple à l'épreuve. Il n'avait pas permis qu'une erreur dans le calcul des périodes prophétiques soit mise au jour. Elle ne fut pas plus découverte par les adventistes que par les plus savants de leurs adversaires. Ces derniers avaient pu dire : "Votre calcul des périodes prophétiques est juste. Un grand événement est sur le point de se produire, mais ce n'est pas ce que Miller annonce ; ce ne sera pas la seconde venue du Christ, mais la conversion du monde".

Le jour tant attendu passa, et Jésus-Christ ne vint pas délivrer son peuple. Ceux qui, animés d'une foi et d'un amour sincères, avaient attendu le Sauveur, furent amèrement déçus. Mais Dieu accomplissait ainsi son dessein : il mettait à l'épreuve les cœurs de ceux qui avaient prétendu attendre la venue de Jésus. Parmi ceux-ci, beaucoup n'avaient pas eu d'autre mobile que la crainte. Leur profession de foi n'avait changé ni leur cœur ni leur vie. Et quand ils constatèrent que l'événement attendu ne s'était pas produit, ils reconnurent ne pas être déçus, car en fait, ils n'avaient jamais cru que le Christ reviendrait, et ils furent les premiers à témoigner du mépris pour la tristesse des vrais croyants.

Jésus et toute l'armée céleste regardaient avec amour et sympathie ces fidèles éprouvés et désappointés. Si le voile séparant le monde visible du monde invisible avait pu être levé, on aurait pu voir des anges s'approcher de ces croyants inébranlables et les protéger des traits enflammés de Satan.

Chapitre 51 — Le message du deuxième ange

Les églises qui repoussèrent le message du premier ange rejetèrent par là même la lumière du ciel. Car il s'agissait d'un message de miséricorde destiné à leur faire prendre conscience de leur mondanité et de leur déchéance et de les exhorter à se préparer à rencontrer le Seigneur.

Le message du premier ange avait été adressé à l'humanité afin que l'Église du Christ se sépare des influences corruptrices du monde. Mais pour la majorité des humains — et même pour les soi-disant chrétiens — , les liens qui les retenaient à la terre étaient plus forts que ce qui les attiraient vers le ciel. Ils choisirent de prêter l'oreille à la sagesse du monde et se détournèrent du message de la vérité qui sonde les cœurs.

Quand Dieu accorde sa lumière, ce n'est pas pour qu'elle soit méprisée et rejetée, mais pour qu'elle soit appréciée et qu'on lui obéisse. La lumière qu'il envoie devint ténèbres aux yeux de ceux qui la négligent. Quand l'Esprit de Dieu cesse de faire pénétrer la vérité dans le cœur des hommes, c'est en vain qu'ils l'écoutent, et toute prédication est vaine.

Lorsque les Églises méprisèrent l'appel de Dieu en rejetant le message du retour du Christ, le Seigneur les rejeta. Le premier ange est suivi d'un deuxième qui proclame : "Elle est tombée, elle est tombée la grande Babylone ! Elle a fait boire son vin à toutes les nations, le vin de sa terrible immoralité !" Apocalypse 14 :8. Les adventistes interprétèrent ce message comme annonçant la chute morale des Églises consécutive à leur rejet du premier message. Le (deuxième) message : "Elle est tombée Babylone !" fut proclamé au cours de l'été de 1844, et, comme conséquence, environ cinquante mille personnes quittèrent ces Églises.

Ceux qui prêchèrent le premier message n'avaient nullement pour objectif d'engendrer des divisions dans les Églises ou de créer des organisations séparées. "Dans toute l'œuvre que j'ai entreprise, dit William Miller, je n'ai jamais eu ni le désir ni l'intention de créer un centre d'intérêt séparé des dénominations existantes, ou de favoriser l'une au détriment de l'autre. Mon désir était de faire du bien à toutes les Églises. Croyant que tous les chrétiens ne pouvaient que se réjouir dans la perspective du retour du Christ et que ceux qui ne partagent pas mon point de vue n'en aimeraient pas moins ceux qui adhèrent à cette doctrine, je ne voyais pas la nécessité d'organiser des réunions séparées. Mon seul but était la conversion des âmes à Dieu, d'avertir le monde de l'heure du jugement et d'exhorter mes semblables à préparer leurs cœurs afin de pouvoir rencontrer le Seigneur dans la paix. L'immense majorité de ceux qui se sont convertis à la suite de mes efforts se sont joints aux différentes Églises existantes. Lorsque certains me demandaient ce qu'ils devaient faire à ce sujet, je leur conseillais toujours de se rattacher à une Église où ils se sentiraient chez eux ; en répondant à de telles demandes, je n'ai jamais exprimé de préférence pour une Église particulière".

Pendant un certain temps, de nombreuses Églises accueillirent favorablement l'œuvre de Miller ; mais lorsque celles-ci décidèrent de s'opposer à la doctrine du retour du Christ, elles voulurent que cesse tout débat sur cette question. Ceux qui avaient accepté la vérité relative au retour du Sauveur se trouvèrent donc dans une situation des plus embarrassantes. Ils aimaient leur Église et répugnaient à s'en séparer, mais lorsqu'ils y étaient ridiculisés et maltraités, lorsqu'on leur interdisait de parler de leur espérance ou d'assister à des réunions où l'on prêchait sur l'avènement du Seigneur, beaucoup finalement rejetaient le joug qui leur était imposé.

En constatant que les Églises rejetaient le témoignage de la Parole de Dieu, les adventistes ne pouvaient plus les considérer comme l'Église du Christ, "la colonne et le soutien de la vérité" 1 Timothée 3 :15. Et quand le message "Elle est tombée Babylone !" commença à être proclamé, ils estimèrent avoir le droit de se séparer d'elles.

Après qu'elles eurent rejeté le premier message, un changement inquiétant se produisit dans les Églises. En effet, à mesure que la vérité est méprisée, l'erreur est acceptée et appréciée. L'amour pour Dieu et la confiance en sa Parole se refroidissent. Les Églises ayant contristé le Saint-Esprit, il s'est retiré d'elles dans une grande mesure.

"Comme l'époux tardait"

Une fois que l'année 1843 fut entièrement écoulée sans que le retour de Jésus se soit produit, ceux qui avaient attendu son avènement avec confiance furent, pendant quelque temps, plongés dans le doute et le désarroi. Mais malgré leur déception, de nombreux croyants continuèrent à sonder les Écritures, réexaminant les fondements de leur foi et étudiant attentivement les prophéties pour obtenir davantage de lumière. Le témoignage biblique semblait confirmer leurs convictions de façon claire et concluante. Des signes évidents indiquaient que la venue du Seigneur était proche. Sans pouvoir expliquer la raison de leur désappointement, ils avaient la certitude que Dieu les avait dirigés dans l'expérience religieuse qu'il avait vécue.

Leur foi fut grandement fortifiée par la lecture des passages de la Bible qui parlent d'un certain retard. Dès 1842, l'Esprit de Dieu avait poussé Charles Fitch à préparer un tableau prophétique généralement considéré par les adventistes comme la réalisation de l'ordre donné au prophète Habacuc : "Ecris ce que je te révèle, gravele sur des tablettes de telle sorte qu'on puisse le lire clairement" Habakuk 2:2. Pourtant, à l'époque, personne ne s'aperçut qu'il était question d'un retard dans la même prophétie. C'est seulement après la déception (de 1843-44) que l'on comprit plus clairement ce passage : "Ecris la prophétie : grave-la sur des tables, afin qu'on la lise couramment. Car c'est une prophétie dont le temps est déjà fixé, elle marche vers son terme, et elle ne mentira pas ; si elle tarde, attends-la, car elle s'accomplira, elle s'accomplira certainement" Habakuk 2:2, 3, Segond.

Les fidèles dans l'attente se réjouirent de ce que Celui qui au-delà des siècles, voit la fin dès le commencement, avait prévu leur déception et leur avait donné des paroles d'encouragement et d'espoir. S'il n'avait pas existé de tels passages de la Bible pour leur montrer qu'ils étaient sur la bonne route, leur foi eût sombré en cette heure d'épreuve.

Dans la parabole des dix vierges (Matthieu 25), l'expérience des adventistes est illustrée par les coutumes d'un mariage oriental : "Alors le royaume des cieux sera semblable à dix vierges qui, ayant pris leurs lampes, allèrent à la rencontre de l'époux. ... Comme l'époux tardait, toutes s'assoupirent et s'endormirent" Matthieu 25 :1, 5, Segond.

Le grand mouvement qui s'est fait jour lors de la proclamation du premier message correspondait à la démarche des dix vierges qui vont à la rencontre de l'époux, tandis que le retard succédant à l'attente de l'avènement du Christ et suivi de la grande déception est représenté par le retard de l'époux de la parabole. Après que le temps prévu pour le retour du Seigneur fut passé, les vrais fidèles continuèrent à croire d'un commun accord que la fin de toutes choses était proche ; mais bientôt, il devint évident qu'ils avaient perdu, dans une certaine mesure, leur zèle et leur ardeur, et qu'ils sombraient dans un état que la parabole des dix vierges décrit par le fait que "comme l'époux tardait, toutes *s'assoupirent*" Matthieu 25 :5.

A cette époque, on vit surgir une vague de fanatisme. Plusieurs de ceux qui avaient manifesté un grand zèle pour le message rejetèrent la Parole de Dieu comme seul guide infaillible, et, se prétendant dirigés par l'Esprit, ils donnèrent libre cours à leurs sentiments, à leurs impressions et à leur imagination. D'autres faisaient preuve d'un zèle aveugle et sectaire, condamnant tous ceux qui n'approuvaient pas leurs vues. La grande majorité des adventistes ne partagèrent pas leurs conceptions et leurs pratiques outrancières, mais ces fanatiques contribuèrent à ternir la réputation de la vérité.

La proclamation du premier message en 1843 et celle du cri de minuit en 1844 avaient précisément pour objet de s'opposer au fanatisme et aux dissensions. Ceux qui prêtèrent main forte à ces mouvements étaient mutuellement en harmonie ; leurs cœurs étaient remplis d'amour les uns pour les autres et pour le Seigneur qu'ils s'attendaient à voir bientôt. Leur grande foi et leur espérance bénie les élevaient au-dessus de toute influence humaine et leur servaient de bouclier contre les assauts de Satan.

Chapitre 52 — Le cri de minuit

"Comme l'epoux tardait, toutes s'assoupirent et s'endormirent. Au milieu de la nuit, on cria : Voici l'époux, allez à sa rencontre ! Alors toutes ces vierges se réveillèrent, et préparèrent leurs lampes" Matthieu 25 :5-7, Segond.

Durant l'été de 1844, les adventistes découvrirent l'erreur commise dans leur précédent calcul des périodes prophétiques, et ils adoptèrent l'interprétation convenable. Tous croyaient que les deux mille trois cents jours de (Daniel 8 :14) aboutissaient au retour du Christ et que cette période expirait au printemps de 1844. On s'aperçut alors que cette période se terminait en fait non pas au printemps mais à l'automne de la même année. Les adventistes s'attendirent donc à ce que le Seigneur revienne à cette époque-là. La proclamation de ce message concernant un temps défini représentait une autre étape de la réalisation de la parabole des dix vierges dont on avait vu clairement qu'elle s'appliquait à l'expérience des adventistes.

D'après la parabole, c'est à minuit que retentit le cri annonçant l'arrivée de l'époux. Par conséquent, dans sa réalisation, ce cri : "Voici l'époux, allez à sa rencontre !" devait se situer à mi-chemin entre l'été de 1844, où l'on pensait que devaient aboutir les deux mille trois cents jours, et l'automne de 1844 où l'on comprit ensuite que cette période devait s'achever.

Ce courant de pensée se répandit à travers le pays comme un raz de marée et se propagea de ville en ville et de village en village jusque dans les contrées les plus reculées, suscitant l'enthousiasme du peuple de Dieu dans l'attente. Sous l'influence de cette proclamation, le fanatisme disparut comme la gelée blanche sous les rayons du soleil. Les croyants adoptèrent une attitude convenable ; l'espérance et le courage ranimèrent tous les cœurs.

L'œuvre était exempte des outrances auxquelles on assiste généralement lorsqu'une excitation humaine se produit et que celle-ci n'est pas contrôlée par la Parole et l'Esprit de Dieu. Ce mouvement était comparable aux époques d'humiliation et de retour à l'Eternel qui, dans l'ancien Israël, accompagnaient les messages de réprimande adressés par ses serviteurs. Il revêtait les caractéristiques particulières à l'œuvre de Dieu dans tous les temps : peu d'exaltation, prise de conscience et confession des péchés, renoncement au monde. Se préparer à rencontrer le Seigneur : telle était la préoccupation des cœurs. On persévérait dans la prière et on se consacrait entièrement à Dieu.

Bien que fondé sur des preuves bibliques évidentes, le cri de minuit ne reposait pas sur des arguments ; il était diffusé grâce à une puissance irrésistible qui touchait les cœurs. Nul n'émettait des doutes ni ne posait des questions. Lors de l'entrée triomphale du Christ à Jérusalem, les gens venus de tout le pays pour célébrer la fête de Pâque s'étaient dirigés en foule vers le mont des Oliviers ; quand ils se joignirent au cortège qui accompagnait Jésus, gagnés par l'enthousiasme général, ils s'étaient écriés avec toute l'assistance : "Que Dieu bénisse celui qui vient au nom du Seigneur !" Matthieu 21 :9. Il en fut de même des incroyants qui se pressaient en foule dans les réunions adventistes, soit par curiosité, soit par dérision. Tous étaient subjugués par la puissance du message : "Voici l'époux !"

[382]

A ce moment-là, on vit se manifester la foi qui va de pair avec l'exaucement des prières, la foi qui compte sur la rémunération. Comme la pluie tombant sur une terre desséchée, l'Esprit de grâce se répandait sur ceux qui le recherchaient avec ferveur. Ceux qui s'attendaient à se trouver bientôt face à face avec leur Sauveur éprouvaient une joie profonde, inexprimable. La puissance du Saint-Esprit, abondamment déversée sur les croyants fidèles, remuait, attendrissait et brisait les cœurs.

Pleins de sérieux et de gravité, ceux qui avaient adhéré au message atteignirent le moment où ils espéraient rencontrer leur Seigneur. Chaque matin, leur premier désir était de s'assurer qu'ils étaient acceptés de Dieu. Ils étaient unis de cœur les uns aux autres et priaient beaucoup les uns pour les autres. Ils se réunissaient souvent dans des lieux retirés pour entrer en communion avec le Seigneur. Du milieu des champs ou des bosquets montait vers le ciel la voix de leurs intercessions. La certitude d'être approuvés de Dieu leur était plus précieuse que la nourriture corporelle, et si quelque nuage venait obscurcir leur âme, ils n'avaient de repos qu'il ne fût dissipé.

L'assurance intime de la grâce qui pardonne les faisait aspirer à contempler Celui qu'ils aimaient.

Désappointés, mais non abandonnés

Cependant, les fidèles allaient devoir essuyer une nouvelle déception : le jour tant espéré passa, et leur Sauveur ne revint pas. Ils avaient attendu sa venue avec une confiance inébranlable, et ils se trouvaient maintenant dans la situation de Marie, lorsqu'elle était venue au tombeau du Christ qu'elle avait trouvé vide et devant lequel elle s'était écriée en pleurant : "On a enlevé mon Seigneur, et je ne sais pas où on l'a mis" Jean 20 :13.

[383]

Les incrédules, en proie à une peur cachée à l'idée que le message pouvait être vrai, gardèrent pendant quelque temps une certaine réserve. Après la date fatidique, cette réserve ne disparut pas aussitôt ; ces non-croyants n'osaient pas chanter victoire devant les croyants désappointés. Mais ne voyant aucun signe de la colère divine, leurs craintes s'apaisèrent et ils donnèrent libre cours aux critiques et aux sarcasmes. Par ailleurs, une grande partie de ceux qui avaient prétendu croire à la proche venue du Seigneur ne tardèrent pas à renier leur foi. D'autres, qui avaient affiché une grande assurance, étaient tellement blessés dans leur amour-propre qu'ils auraient voulu disparaître sous terre. Comme Jonas, ils murmuraient contre Dieu et auraient préféré la mort à la vie. Ceux dont la foi était fondée sur les opinions des autres et non sur la Parole de Dieu étaient prêts à renoncer à leurs convictions. Les moqueurs attirèrent dans leurs rangs les faibles et les lâches, et tous d'un commun accord affirmèrent que désormais, il n'y avait plus de raisons de craindre ou d'attendre quoi que ce soit. Le jour attendu était passé ; le Seigneur n'était pas venu, et le monde risquait de rester tel quel pendant des milliers d'années.

Les croyants sincères avaient tout abandonné pour le Christ, et ils avaient joui de sa présence comme jamais auparavant. Ayant, croyaient-ils, donné au monde le dernier message d'avertissement, et s'attendant à être bientôt accueillis auprès de leur divin Maître et des anges, ils vivaient, dans une grande mesure, en marge de la multitude des incrédules. Ils avaient fait monter vers Dieu cette prière ardente : "Viens, Seigneur Jésus, viens bientôt !" Mais il n'était pas venu. Se charger à nouveau du lourd fardeau des nécessités et des soucis de la vie, et affronter les moqueries et les sarcasmes d'un monde cruel, était une rude épreuve pour leur foi et leur patience.

Pourtant, cette épreuve n'était pas aussi douloureuse que celle que les disciples de Jésus durent traverser lors de sa première venue. Quand le Sauveur entra triomphalement dans Jérusalem, ses fidèles croyaient qu'il était sur le point de monter sur le trône de David et de délivrer Israël de ses oppresseurs. Pleins d'espoir et de joie, ils rivalisaient d'ardeur pour acclamer leur Roi. Beaucoup avaient étendu leurs vêtements ou placé des branches de palmier en guise de tapis sur son chemin. Débordants d'enthousiasme, ils criaient : "Gloire au Fils de David !" Matthieu 21 :9.

Quand les pharisiens, troublés et irrités par ces explosions de joie, avaient demandé à Jésus de reprendre ses disciples, il leur avait répondu : "Je vous le déclare, s'ils se taisent, les pierres crieront !" Luc 19 :40. Cette prédiction devait s'accomplir, et ce, bien que les disciples fussent appelés à connaître une amère déception. En effet, quelques jours après, ils allaient être témoins de la mort affreuse de leur Sauveur, et ils le déposeraient au tombeau. Ainsi, loin de se réaliser, leurs espoirs s'étaient effondrés avec sa mort. Avant d'avoir vu le Seigneur libéré du sépulcre, ils ne comprirent pas tout ce que les prophéties avaient annoncé, à savoir que, "d'après elles, le Messie devait souffrir et être ramené de la mort à la vie" Actes 17 :3. De même, la prophétie devait être réalisée par les messages du premier et du deuxième ange qui furent proclamés à point nommé et qui accomplirent l'œuvre assignée par Dieu.

Le monde — qui avait assisté à ces événements — s'attendait à ce que, si la date fixée passait sans que le Seigneur revînt, tout l'édifice de l'adventisme s'écroulerait. Mais s'il est vrai que nombreux furent ceux qui ne purent supporter l'épreuve de la déception et qui renièrent leur foi, d'autres demeurèrent fermes. Ils ne voyaient aucune erreur dans le calcul des périodes prophétiques, et leurs adversaires les plus compétents n'avaient pas réussi à réfuter leur point de vue. Certes, il y avait eu méprise quant à l'événement attendu, mais cela ne suffisait pas à ébranler leur foi en la Parole de Dieu.

Quoi qu'il en soit, le Seigneur n'abandonna pas son peuple ; son Esprit continua de reposer sur ceux qui ne rejetèrent pas d'emblée la lumière qu'ils avaient reçue et qui ne s'opposèrent pas au mouvement adventiste. Projetant ses regards par-delà les siècles, l'apôtre Paul a écrit des paroles d'encouragement et d'avertissement destinées aux croyants éprouvés qui devaient vivre dans l'attente de l'accomplissement des promesses divines : "Ne perdez donc pas votre assurance : une grande récompense lui est réservée. Vous avez besoin de patience, afin d'accomplir ce que Dieu veut et d'obtenir ce qu'il promet. En effet, comme le déclare l'Écriture : 'Encore un peu de temps, très peu même, et celui qui doit venir viendra, il ne tardera pas. Cependant, celui qui est juste à mes yeux vivra par la foi, mais s'il retourne en arrière, je ne prendrai pas plaisir en lui'. Nous ne sommes pas de ceux qui retournent en arrière et se perdent. Nous avons la foi et nous sommes sur la voie du salut" Hébreux 10 :35-39.

Leur seule sécurité consistait à aimer la lumière qu'ils avaient déjà reçue de Dieu, à s'attacher à ses promesses, à continuer à sonder les Écritures, à attendre avec patience et à veiller, pour être en mesure de recevoir davantage de lumière.

[386]

Chapitre 53 — Le sanctuaire céleste

"Deux mille trois cents soirs et matins ; puis le sanctuaire sera purifié" Daniel 8 :14, Segond. Ce passage biblique, fondement et clef de voûte de la foi adventiste, était bien connu de tous ceux qui croyaient au prochain retour du Seigneur. Cette prophétie a été répétée par des milliers de croyants comme le mot d'ordre de leur foi. Tous étaient convaincus que leurs espérances les plus lumineuses et les plus chères dépendaient des événements prédits dans ce verset. Or, il avait été montré que ces jours prophétiques aboutissaient à l'automne de 1844. En accord avec l'ensemble du monde chrétien, les adventistes croyaient alors que la terre, en totalité ou en partie, constituait le sanctuaire, et que la purification du sanctuaire signifiait l'embrasement du globe par le feu au dernier jour, c'est-à-dire au retour du Christ qui, selon cette interprétation, devait se produire en 1844.

Mais le jour prévu était passé, et l'apparition du Seigneur n'avait pas eu lieu. Pourtant, les croyants savaient que la Parole de Dieu ne peut pas faillir à sa promesse : l'erreur ne pouvait donc venir que d'une interprétation erronée de la prophétie. Mais en quoi consistait cette erreur ? Nombreux furent ceux qui crurent trancher le problème en disant que les deux mille trois cents jours n'aboutissaient sûrement pas en 1844. Néanmoins, rien ne permettait de le dire, sinon que le Christ n'était pas revenu au moment où on l'attendait. Ceux qui adoptèrent cette position prétendaient que si les jours prophétiques étaient arrivés à expiration en 1844, Jésus serait revenu à cette date pour purifier par le feu le sanctuaire — qui était à leurs yeux la terre. Selon eux, puisqu'il n'était pas revenu, l'aboutissement de la prophétie des deux mille trois cents jours ne coïncidait pas avec 1844.

Bien qu'un grand nombre de croyants aient abandonné leur ancien calcul des périodes prophétiques et renié le grand mouvement qui s'en était inspiré, rares furent ceux qui se montrèrent disposés à rejeter des vérités fondées sur des faits, sur les Écritures et sur le témoignage évident de l'Esprit de Dieu. Convaincus d'avoir adopté, dans leur étude de la prophétie biblique, des principes d'interprétation justes, ils estimaient qu'il était de leur devoir de rester fidèles aux vérités déjà révélées et de continuer à sonder les textes sacrés. Ils réexaminèrent donc les Écritures afin de découvrir leur erreur et adressèrent à Dieu d'ardentes prières. N'en ayant trouvé aucune dans leur interprétation des périodes prophétiques, ils entreprirent une étude plus approfondie du sanctuaire.

Le sanctuaire terrestre et le sanctuaire céleste

Au cours de leurs recherches, ils découvrirent que le sanctuaire terrestre — construit par Moïse sur l'ordre de Dieu et selon le modèle qui lui avait été montré sur la montagne — était "une figure pour le temps actuel, où l'on présente des offrandes et des sacrifices", que ses lieux saints représentaient des "images des choses qui sont dans les cieux" (Hébreux 9 :9, 23, Segond), et que le Christ, notre souverain Sacrificateur, "ministre du sanctuaire et du véritable tabernacle, qui a été dressé par le Seigneur, et non par un homme", "n'est pas entré dans un sanctuaire fait de main d'homme, en imitation du véritable, mais (qu') il est entré dans le ciel même, afin de comparaître maintenant pour nous devant la face de Dieu" Hébreux 8 :2 ; 9 :24, Segond.

[388]

Le sanctuaire céleste dans lequel Jésus officie maintenant en notre faveur est l'archétype dont le sanctuaire construit par Moïse était une reproduction. De même que le sanctuaire terrestre comportait deux pièces — le lieu saint et le lieu très saint — , il en est de même dans le sanctuaire céleste. L'arche contenant la loi de Dieu, l'autel des parfums et d'autres ustensiles qui se trouvaient dans le sanctuaire ici-bas, ont aussi leur équivalent dans le sanctuaire céleste. Au cours d'une vision, il fut donné à l'apôtre Jean de pénéter dans le ciel où il put voir le chandelier et l'autel des parfums ; le temple de Dieu ayant été ouvert devant ses yeux, il eut aussi le privilège de contempler l'arche de son alliance Apocalypse 4 :5 ; 8 :3 ; 11 :19.

Ceux qui étaient à la recherche de la vérité prirent conscience de l'existence indéniable d'un sanctuaire céleste. Moïse, rappelons-le, avait construit le sanctuaire terrestre d'après une maquette qui lui avait été montrée. Paul déclare que cette maquette était une reproduction du véritable sanctuaire qui est dans le ciel (Hébreux 8 :2, 5), et que Jean affirme avoir vu en vision.

Au terme des deux mille trois cents jours — en 1844 —, le sanctuaire terrestre avait disparu depuis bien des siècles ; la déclaration : "Deux mille trois cents soirs et matin ; puis le sanctuaire sera purifié" ne pouvait donc s'appliquer à rien d'autre qu'au sanctuaire céleste. Mais dans quel sens le sanctuaire céleste avait-il besoin d'être purifié ? En approfondissant le saint Livre, les étudiants de la prophétie parvinrent à la conclusion qu'il ne pouvait s'agir de faire disparaître des impuretés physiques. En effet, la purification du sanctuaire étant accomplie avec du sang, celle-ci devait donc se rapporter au péché. L'apôtre déclare : "Presque tout, d'après la loi, est purifié avec du sang, et sans effusion de sang il n'y a pas de pardon. Il était donc nécessaire, puisque les images des choses qui sont dans les cieux devaient être purifiées de cette manière (par le sang des animaux), que les choses célestes elles-mêmes le fussent par des sacrifices plus excellents que ceux-là (c'est-à-dire par le sang précieux du Christ)" Hébreux 9 :22, 23, Segond.

La purification du sanctuaire

De même qu'autrefois, les péchés du peuple étaient transférés, en image, dans le sanctuaire terrestre par le sang de l'offrande pour le péché, de même, nos péchés sont transférés en réalité par le sang du Christ dans le sanctuaire céleste. Et de même que le sanctuaire terrestre était symboliquement purifié par l'élimination des péchés qui l'avaient souillé, de même, il faut que le sanctuaire céleste soit réellement purifié grâce à l'élimination — ou à l'effacement — des péchés qui y sont consignés. Mais cela suppose que les registres du ciel soient examinés afin de déterminer quels sont ceux qui, par la repentance et la foi en Jésus, pourront bénéficier de son expiation. La purification du sanctuaire implique donc un jugement préliminaire. Ce jugement doit avoir lieu avant la venue du Christ pour le salut de son peuple puisque, à son retour, "il accordera à chacun selon ce qu'il aura fait" Apocalypse 22 :12.

Voilà comment ceux qui marchaient dans la lumière croissante de la parole prophétique ont compris qu'au lieu de venir ici-bas en 1844 — au terme des deux mille trois cents jours —, le Christ est entré à ce moment-là dans le lieu très saint du sanctuaire céleste, en la présence même de Dieu, pour y achever l'œuvre de propitiation qui doit préparer sa venue en gloire.

[390]

Chapitre 54 — Le message du troisième ange

Lorsque le Christ entra dans le lieu très saint du sanctuaire céleste pour y achever son œuvre expiatoire, il confia à ses serviteurs le dernier message de miséricorde qui devait être annoncé au monde. Ce message est celui du troisième ange d'Apocalypse 14. Aussitôt après sa proclamation, le prophète vit l'apparition en gloire du Fils de l'homme revenant pour moissonner la terre.

Ainsi que les Écritures l'avaient annoncé, le ministère du Christ dans le lieu très saint du sanctuaire commença au terme des (2300) jours prophétiques, en 1844. A cette époque s'appliquent les paroles de l'apôtre Jean : "Le temple de Dieu, dans le ciel, s'ouvrit alors, et l'on vit le coffre de l'alliance dans son temple" Apocalypse 11 :19. Ce coffre de l'alliance de Dieu se trouve dans le second appartement du sanctuaire. Quand le Christ y pénétra, pour officier en faveur des pécheurs, le lieu très saint fut ouvert, et l'arche de Dieu s'offrit à la vue. La majesté et la puissance divines furent révélées à ceux qui, par la foi, contemplaient le Sauveur accomplissant son œuvre d'intercession. Quand le temple fut inondé de sa gloire, la lumière émanant du saint des saints resplendit sur son peuple ici-bas.

Par la foi, les fidèles avaient vu leur souverain Sacrificateur quitter le lieu saint, entrer dans le lieu très saint, et présenter son sang devant l'arche de Dieu. C'est dans cette arche sacrée que se trouve la loi du Père, celle-là même qui fut promulguée par Dieu au milieu des tonnerres du Sinaï, et qu'il écrivit de son doigt sur les tables de pierre. Aucun commandement n'a été annulé ; pas un seul trait de lettre, pas un seul iota n'a disparu. Le Seigneur avait donné à Moïse une copie de sa loi, mais il en conservait l'original dans le sanctuaire céleste. En examinant ces saints préceptes, ceux qui cherchaient la vérité pouvaient constater que le quatrième commandement figurait au cœur même du décalogue, tel qu'il avait été initialement énoncé : "N'oublie jamais de me consacrer le jour du sabbat. Tu as six jours pour travailler et faire tout ton ouvrage. Le septième jour, c'est le sabbat qui m'est réservé, à moi, le Seigneur ton Dieu ; tu ne feras aucun travail ce jour-là, ni toi, ni tes enfants, ni tes serviteurs ou servantes, ni ton bétail, ni l'étranger qui réside chez toi. Car en six jours j'ai créé le ciel, la terre, la mer et tout ce qu'ils contiennent, puis je me suis reposé le septième jour. C'est pourquoi moi, le Seigneur, j'ai béni le jour du sabbat et je veux qu'il me soit consacré" Exode 20 :8-11.

L'Esprit de Dieu impressionna les cœurs de ces étudiants de sa Parole. Ils acquirent la conviction qu'ils avaient involontairement transgressé le quatrième commandement en négligeant de sanctifier le jour du repos institué par le Créateur. Puis ils examinèrent les raisons pour lesquelles on observait le premier jour de la semaine au lieu de celui que Dieu avait mis à part, et ils ne trouvèrent dans la Bible aucun texte indiquant que le quatrième commandement aurait été aboli ou que le sabbat aurait été changé ; la bénédiction attachée dès les origines au septième jour n'avait jamais été annulée. Ils avaient en toute bonne foi cherché à connaître et à faire la volonté de Dieu, et quand ils se rendirent compte qu'ils étaient des transgresseurs de sa loi, leurs cœurs furent remplis de tristesse. Et, sans plus attendre, ils manifestèrent leur fidélité envers Dieu en observant son saint sabbat.

Les efforts déployés pour les en dissuader ne manquèrent pas. Cependant, tout le monde pouvait comprendre que si le sanctuaire terrestre était une image ou un modèle du sanctuaire céleste, la loi déposée dans l'arche sur la terre était la reproduction exacte de celle qui se trouvait dans l'arche céleste, et qu'en conséquence, l'acceptation de la vérité concernant le sanctuaire céleste impliquait la reconnaissance de l'autorité de la loi divine et l'impératif du sabbat prescrit dans le quatrième commandement.

Ceux qui acceptèrent la lumière concernant la médiation du Christ et la perpétuité de la loi de Dieu découvrirent que ces vérités étaient mises en relief dans le troisième message. En effet, l'ange déclare : "C'est ici la persévérance des saints, qui gardent les commandements de Dieu et qui ont la foi de Jésus" Apocalypse 14 :12, Segond. Cette déclaration est précédée par un avertissement d'une redoutable gravité : "Celui qui adore la bête et son image, et en reçoit la marque sur le front ou sur la main, boira lui-même le vin de Dieu, le vin de sa fureur, qu'il a versé pur dans la coupe de sa colère !" Apocalypse 14 :9, 10. Mais pour comprendre la signification de ce message, il fallait découvrir le sens des symboles employés. Que représentent la bête, l'image et la marque de la bête ? Une fois de plus, ceux qui cherchaient la vérité devaient réexaminer les prophéties.

La bête et son image

[393] Cette première bête représente l'Église romaine, corps ecclésiastique revêtu d'une autorité civile et ayant le pouvoir de sévir contre tous les dissidents. L'image de la bête représente un autre corps religieux revêtu de pouvoirs analogues. La mise sur pied de cette image est l'œuvre de la bête qui naît d'une manière pacifique et tranquille, symbole frappant des Etats Unis d'Amérique, et qui est également un reflet de la papauté. Quand les Églises de notre pays (les Etats Unis), ayant conclu un accord sur les points qu'elles partagent en commun, influenceront l'Etat pour imposer leurs décrets et pour soutenir leurs institutions, l'Amérique protestante aura formé une image à la hiérarchie romaine. Alors la véritable Église sera persécutée, comme l'a été autrefois le peuple de Dieu.

La bête dont les cornes sont semblables à celles d'un agneau "obligeait tous les hommes, petits et grands, riches et pauvres, esclaves et libres, à recevoir une marque sur la main droite et sur le front. Personne ne pouvait acheter ou vendre s'il n'avait pas cette marque, c'est-à-dire le nom de la bête ou le chiffre qui correspond à ce nom" Apocalypse 13 :16, 17. C'est à propos de cette marque que le troisième ange lance un avertissement. Il s'agit de la marque de la première bête, autrement dit celle de la papauté ; cette bête doit donc être identifiée d'après les caractéristiques particulières de cette puissance. Selon le prophète Daniel, l'Église romaine, symbolisée par la petite corne, devait espérer changer les temps et la loi (Daniel 7 :25) ; pour sa part, l'apôtre Paul la désignait comme étant l'homme du péché (2 Thessaloniciens 2 :3, 4, Segond) qui devait s'élever au-dessus de Dieu. Ce n'est qu'en osant modifier la loi divine que la papauté s'est élevée au-dessus du Législateur, et quiconque observe en connaissance de cause la loi de Dieu ainsi changée glorifie hautement le pouvoir qui a accompli ce changement.

Le quatrième commandement, que Rome s'est efforcé d'écarter, est le seul précepte du décalogue qui présente Dieu comme le Créateur des cieux et de la terre, et qui distingue ainsi le vrai Dieu de tous les faux dieux. Le sabbat fut institué pour commémorer l'œuvre de la création, afin de diriger l'esprit des hommes vers le Dieu vivant et vrai. Dans les Écritures, son pouvoir créateur est mentionné comme une preuve que le Dieu d'Israël est supérieur aux divinités païennes. Si les humains avaient toujours observé le sabbat, leurs pensées et leurs affections auraient été fixées sur le Créateur, qui aurait été l'objet de leur respect et de leur adoration, et il n'y aurait jamais eu ni idolâtre, ni athée, ni infidéle.

Cette institution, qui désigne Dieu comme le Créateur, est un signe de son autorité légitime sur les êtres qu'il a faits. Le changement du sabbat est le signe ou la marque de l'autorité de l'Église romaine. Ceux qui, tout en connaissant les termes du quatrième commandement, choisissent d'observer le faux sabbat au lieu du vrai, rendent hommage par là même au seul pouvoir qui a effectué ce changement.

Un message solennel

Le message du troisième ange contient le plus terrible avertissement jamais adressé à des mortels. La faute dont il est question doit être d'une exceptionnelle gravité puisqu'elle est passible de la colère de Dieu non tempérée de miséricorde. Aussi les humains ne doivent-ils pas être laissés dans l'ignorance sur ce sujet important ; et la mise en garde contre cette faute doit être portée à la connaisssance du monde entier avant que les jugements de Dieu ne fondent sur lui, afin que tous sachent le pourquoi de ces jugements et qu'ils aient la possibilité d'y échapper.

Lors de ce grand conflit, deux catégories de personnes bien distinctes apparaîtront en contraste l'une avec l'autre : l'une "adore la bête et son image, et en reçoit une marque sur son front ou sur sa main" et attire sur elle les redoutables jugements annoncés par le troisième ange ; l'autre offre un contraste saisissant par rapport au monde : ils "gardent les commandements de Dieu et la foi de Jésus" Apocalypse 14 :9, 12, Segond.

Telles furent les vérités importantes qui furent révélées à ceux qui acceptèrent le message du troisième ange. En se remémorant l'expérience qu'ils avaient vécue depuis la première proclamation du retour du Christ jusqu'à ce que passe le moment tant attendu de

1844, ils se rendirent compte que leur déception avait été expliquée et que l'espérance et la joie animaient de nouveau leurs cœurs. La lumière émanant du sanctuaire éclairait le passé, le présent et l'avenir, et ils savaient que Dieu les avait conduits grâce à son infaillible Providence. Maintenant, avec un nouveau courage et une foi plus solide, ils unissaient leurs voix pour annoncer le message du troisième ange. Depuis 1844, conformément à la prophétie contenue dans le message du troisième ange, l'attention du monde avait été attirée sur le véritable sabbat, et un nombre sans cesse croissant de chrétiens revenaient à l'observation du saint jour de Dieu.

Chapitre 55 — Un fondement solide

J'ai vu un groupe de gens qui se tenaient fermement sur leur garde et ne prêtaient aucune attention à ceux qui cherchaient à ébranler la foi établie de l'ensemble. Le Seigneur les regardait d'un œil approbateur. Il me fut montré trois marches qui conduisaient à une plateforme et représentaient les trois messages : du premier, du second et du troisième ange. L'ange qui m'accompagnait me dit : "Malheur à celui qui retranchera la plus minime partie de ces messages. Leur véritable signification est d'une importance vitale. La destinée des âmes dépend de la manière dont ils sont reçus".

Je fus de nouveau ramenée à considérer ces messages, et je vis à quel prix les enfants de Dieu avaient acquis leur expérience. Ils l'avaient obtenue à travers bien des souffrances et des luttes. Dieu les avait dirigés pas à pas, jusqu'à ce qu'ils soient placés sur une plateforme solide et inébranlable. Je vis quelques personnes s'approcher de cette plateforme pour en examiner la solidité. Certaines d'entre elles s'empressaient d'y prendre place avec joie, alors que d'autres la critiquaient, et auraient voulu y voir apporter quelques améliorations pour qu'elle s'approche davantage de la perfection et que le peuple soit beaucoup plus heureux.

D'aucuns en descendaient pour l'examiner et la déclaraient mal posée. Mais je vis que presque tous se tenaient fermement sur cette plateforme et suppliaient ceux qui en étaient descendus de cesser leurs plaintes ; car Dieu en était le grand Architecte, et c'était lui qu'ils critiquaient et qu'ils combattaient. Ils leur racontaient comment le Seigneur les avait amenés sur cette ferme plateforme, et, élevant ensemble les yeux au ciel, ils louaient Dieu à haute voix. Quelques-uns de ceux qui s'étaient plaints et avaient quitté la plateforme furent touchés, et ils reprirent humblement leurs places.

[397]

L'expérience des juifs se répète

Je fus ramenée à la proclamation de la première venue du Christ. Jean-Baptiste fut envoyé dans l'esprit et la puissance d'Elie pour préparer la voie du Sauveur. Ceux qui rejetèrent son témoignage ne purent bénéficier des enseignements de Jésus. Leur opposition au message qui proclamait sa venue les empêcha de reconnaître son caractère messianique. Satan poussa ceux qui rejetèrent le message du Baptiste à aller encore plus loin, à rejeter et à crucifier le Christ. Ils ne purent ainsi recevoir les bienfaits de la Pentecôte, ce qui leur aurait enseigné la voie du sanctuaire céleste.

Le voile du temple déchiré indiquait que les sacrifices et les ordonnances judaïques ne seraient plus agréés. Le sacrifice suprême avait été consommé et accepté, et le Saint-Esprit qui descendit au jour de la Pentecôte détourna les esprits des disciples du sanctuaire terrestre pour les reporter sur le sanctuaire céleste où, à son ascension, Jésus était entré avec son propre sang, afin de faire bénéficier les siens de sa propitiation. Mais les juifs en général furent plongés dans d'épaisses ténèbres. Ils ne purent comprendre le plan du salut, et ils continuèrent à placer leur confiance dans leurs sacrifices et leurs offrandes inutiles. Le sanctuaire céleste avait pris la place du terrestre ; mais les juifs n'en avaient aucune connaissance ; c'est pourquoi ils ne purent bénéficier de la médiation du Christ dans le lieu saint.

Aujourd'hui, il en est beaucoup qui considèrent avec une sainte horreur la conduite des juifs, qui rejetèrent et crucifièrent le Christ. En lisant le récit des mauvais traitements qu'ils lui infligèrent, ils se disent qu'ils ne l'auraient pas renié comme Pierre ou crucifié comme les juifs. Mais Dieu qui lit dans les cœurs a mis à l'épreuve cet amour pour Jésus qu'ils prétendent ressentir.

Tout le ciel suivait avec un profond intérêt la proclamation du premier message. Beaucoup de ceux qui disaient avoir tant d'amour pour Jésus et qui versaient des larmes en lisant le récit de sa crucifixion, se moquèrent de la bonne nouvelle de son retour. Au lieu de recevoir ce message avec joie, ils prétendirent que c'était une erreur. Ils haïrent ceux qui aimaient son apparition et les chassèrent des Églises. Ceux qui rejetèrent le premier message ne purent jouir des bénédictions du second, ni profiter du cri de minuit, qui devait les préparer à pénétrer, par la foi, avec Jésus, dans le lieu très saint du sanctuaire céleste. En rejetant les deux premiers messages, ils ont obscurci leur intelligence de telle manière qu'ils ne peuvent reconnaître aucune lumière dans le message du troisième ange, qui indique le chemin du lieu très saint.

Chapitre 56 — Les tromperies de Satan

Les tromperies de Satan ont commencé dans le jardin d'Eden. Il dit à Eve : "Vous ne mourrez pas" Genèse 3 :4. Telle fut la première leçon du diable sur l'immortalité de l'âme, et depuis lors, il a propagé cette erreur jusqu'à nos jours, et, il la maintiendra jusqu'à ce que la captivité des enfants de Dieu soit arrivée à son terme. Mon attention fut attirée sur Adam et Eve en Eden. Ils ont mangé de l'arbre défendu ; alors l'épée flamboyante leur interdit l'accès à l'arbre de vie, et ils furent chassés du paradis, afin qu'ils ne puissent prendre de cet arbre et devenir des pécheurs immortels. Car la vertu de l'arbre de vie était de conserver l'immortalité. J'entendis un ange demander : "Qui d'entre la famille d'Adam a passé outre à cette épée flamboyante et mangé de l'arbre de vie ?" Et j'entendis un autre ange lui répondre : "Aucun membre de la famille d'Adam n'a passé outre à cette épée flamboyante et n'a mangé de l'arbre de vie ; il n'existe donc pas un seul pécheur qui soit immortel". L'âme qui pèche mourra à jamais — d'une mort dont il n'y a aucun espoir de résurrection ; alors la colère divine sera apaisée.

Je fus étonnée de constater à quel point Satan réussissait à faire croire aux humains que la parole de Dieu : "L'âme qui pèche, c'est celle qui mourra" (Ezéchiel 18 :4, Segond) signifie que l'âme qui pèche ne mourra pas, mais qu'elle vivra une vie éternelle de souffrance. L'ange déclara : "Qu'il s'agisse de souffrance ou de joie, la vie est la vie. La mort est exempte de souffrance, exempte de joie et de haine".

[400]

Satan dit à ses anges de s'efforcer de répandre le premier mensonge exprimé à Eve en Eden : "Vous ne mourrez pas". A mesure que cette erreur fut acceptée par les humains, ceux-ci furent incités à croire que l'homme est immortel et que le pécheur est appelé à vivre une vie de souffrances sans fin. Ainsi, la voie était ouverte pour que Satan, agissant par ses représentants, répande l'idée que le Seigneur est un tyran vindicatif qui précipite en enfer tous ceux qui ne lui plaisent pas afin qu'ils subissent le feu de sa colère ; et tandis qu'ils souffrent d'une indicible torture et se tordent de douleur dans les flammes éternelles, Dieu les regarde avec satisfaction. Le diable savait que si cette erreur était admise, nombreux seraient ceux qui haïraient le Seigneur au lieu de l'aimer et de l'adorer, et qu'ils en arriveraient à croire que les avertissements de la Parole de Dieu ne seront pas suivis d'effet, car il serait contraire à sa bienveillance et à son amour de plonger dans des tourments éternels les êtres qu'il a créés.

Satan a également conduit les humains à tomber dans un autre extrême en ne tenant pas compte de la justice de Dieu et des avertissements des Saintes Écritures ; il veut qu'ils considèrent l'Eternel comme étant si plein de bonté que nul ne périra jamais, mais que tous, justes et pécheurs, seront finalement sauvés pour être admis dans son royaume.

Par suite des erreurs largement répandues de l'immortalité de l'âme et des souffrances éternelles, le diable exerce son influence sur une autre catégorie de personnes et les incite à considérer la Bible comme un livre qui n'est pas inspiré. Ces personnes croient que le saint Livre contient beaucoup de bonnes choses, mais par ailleurs elles ne peuvent pas lui faire confiance puisqu'on leur a dit que la Bible enseigne la doctrine des peines éternelles.

Satan entraîne d'autres humains encore plus loin, jusqu'à les faire nier l'existence du Très-Haut : s'il inflige pour l'éternité entière d'horribles tortures à une partie de la famille humaine, ils ne voient pas là un reflet fidèle du caractère du Dieu de la Bible. En conséquence, ils rejettent les Écritures et leur Auteur, et considèrent la mort comme un sommeil éternel.

Mentionnons encore une autre catégorie de personnes : celles qui sont craintives et facilement terrorisées. Satan les pousse à pécher ; après quoi, il les impressionne en leur faisant croire que le salaire du péché n'est pas la mort, mais une vie d'horribles tourments qui seront imposés aux réprouvés pendant toute l'éternité. En insistant, auprès de ces esprits faibles, sur les terreurs de l'enfer éternel, il les tient sous sa coupe, au point de leur faire perdre la raison. Alors, Satan et ses anges exultent, tandis que les infidèles et les athées s'unissent pour blâmer la religion chrétienne. Ils affirment que de telles conséquences proviennent de la foi dans la Bible et dans son

Auteur, alors qu'en fait, elles ont pour origine l'adhésion à une fausse doctrine.

Les Écritures, notre sauvegarde

Je vis qu'en considérant les audacieux stratagèmes de Satan, l'armée céleste était remplie d'indignation. Je demandai pourquoi on tolérait que de telles tromperies influencent l'esprit des humains, alors que les anges de Dieu étaient puissants et que, s'ils en recevaient l'ordre, ils pourraient facilement venir à bout de la puissance de l'ennemi. Alors je vis que le Seigneur savait que Satan utiliserait toutes les ruses possibles pour perdre l'homme ; c'est pourquoi Dieu avait voulu que sa Parole fût écrite, de manière que ses desseins concernant la race humaine soient si clairement exprimés que même les plus faibles ne puissent être induits en erreur. Après avoir donné sa Parole aux humains, le Seigneur a fait en sorte qu'elle ne fût pas anéantie par Satan, par ses anges ou ses représentants. Alors que d'autres livres risquaient d'être détruits, la Parole de Dieu était immortelle. De plus, vers la fin des temps, quand les tromperies de Satan s'accroîtraient, les exemplaires du saint Livre devaient se multiplier, si bien que tous ceux qui le souhaiteraient puissent en posséder un, afin qu'ils soient armés contre les séductions et les miracles mensongers du grand adversaire.

[402]

Je vis que Dieu avait particulièrement veillé sur la Bible. Cependant, lorsque le nombre d'exemplaires était encore peu élevé, des hommes instruits en ont parfois changé les mots, croyant que, de cette manière, ils en rendraient le texte plus explicite. Mais en fait, ils rendaient obscur ce qui était clair, car ils voulaient le faire concorder avec leurs idées reçues, qui étaient fondées sur la tradition. J'ai vu que dans son ensemble, la Parole de Dieu est un tout cohérent, dont les parties sont liées les unes aux autres et s'expliquent l'une par l'autre. Ceux qui cherchent sincèrement la vérité ne risquent pas de se tromper, car non seulement la Parole de Dieu énonce clairement et simplement le chemin de la vie, mais le Saint-Esprit est donné comme guide pour que le lecteur comprenne en quoi consiste ce chemin révélé dans le saint Livre.

Je vis que les anges de Dieu ne doivent en aucun cas dominer notre volonté. Dieu met devant l'homme la vie et la mort. C'est à l'homme qu'il appartient de choisir. Nombreux sont ceux qui désirent la vie, mais qui continuent à marcher dans le chemin large. Ils se révoltent délibérément contre l'autorité de Dieu, bien que, dans sa grande bonté et sa grande compassion, il ait donné son Fils en sacrifice pour eux. Ceux qui n'acceptent pas le salut acquis à un prix si élevé doivent subir un châtiment. Mais j'ai vu que le Seigneur ne les condamnerait pas à l'enfer pour y subir des souffrances sans fin, et qu'il ne les admettrait pas non plus dans le ciel. Si les infidèles étaient introduits dans la compagnie d'êtres saints et purs, ils y seraient profondément malheureux. C'est pourquoi Dieu les détruira totalement ; il en sera d'eux comme s'ils n'avaient jamais existé. Alors sa justice sera satisfaite. L'homme a été formé de la poussière de la terre ; les désobéissants et les infidèles seront consumés par le feu et retourneront donc dans la poussière. J'ai vu qu'à cet égard, la bienveillance et la compassion du Seigneur devraient conduire tous les humains à admirer son caractère et à adorer son saint nom. Quand les réprouvés auront totalement disparu de la terre, toute l'armée céleste dira : "Amen !"

Satan considère avec une grande satisfaction ceux qui, tout en se réclamant du nom du Christ, souscrivent sans réserve aux tromperies dont il est l'auteur. Son œuvre consiste à en imaginer de nouvelles, et dans ce domaine, son pouvoir et sa ruse ne cessent de grandir. Il a conduit ses représentants — les papes et les prêtres — à se glorifier, à inciter le peuple à persécuter cruellement et à détruire ceux qui refusent d'accepter ses supercheries. Quelles souffrances et quelles angoisses les fidèles disciples de Jésus n'ont-ils pas dû endurer ! Tout cela, les anges l'ont scrupuleusement consigné. Quant à Satan et à ses suppôts, ils ont, sur un air de triomphe, déclaré aux anges qui assistaient ces croyants éprouvés que ceux-ci seraient tous tués, de sorte qu'il ne resterait plus un seul vrai chrétien sur la terre. Je vis qu'alors l'Église de Dieu était pure. Il n'y avait pas à craindre que des hommes à l'âme corrompue y entrent, car les véritables chrétiens, qui confessaient ouvertement leur foi, risquaient le chevalet, le bûcher et d'autres tortures que Satan et ses démons pouvaient inventer ou inspirer à l'esprit des hommes.

Chapitre 57 — Le spiritisme

La doctrine de l'immortalité naturelle de l'âme a préparé la voie au spiritisme moderne. En effet, si les morts sont admis en la présence de Dieu, et s'ils jouissent de connaissances infiniment supérieures à celles qu'ils possédaient auparavant, pourquoi ne reviendraient-ils pas sur la terre pour éclairer et instruire les vivants ? Pourquoi ceux qui croient à l'état conscient des morts refuseraient-ils ce qui leur est présenté comme une lumière divine révélée par des esprits glorifiés ? Ce moyen de communication, considéré comme sacré, donne à Satan la possibilité de travailler à la réalisation de ses desseins. Les anges déchus, soumis à ses ordres, se présentent comme les messagers du monde des esprits. Tout en prétendant les mettre en rapport avec les morts, le prince du mal exerce sur les vivants son pouvoir de fascination.

Il a le pouvoir de faire apparaître aux hommes l'image de leurs amis décédés. La contrefaçon est parfaite ; les traits bien connus, les paroles, le son de la voix sont reproduits de façon merveilleusement fidèle. Ainsi, nombreux sont ceux qui sont réconfortés par l'assurance que leurs êtres chers jouissent de la félicité céleste, et, sans se douter du danger qu'ils courent, ils prêtent l'oreille "à des esprits trompeurs et aux enseignements des démons" 1 Timothée 4 :1.

Quand Satan les a convaincus qu'ils entrent réellement en communication avec les morts, il fait apparaître à leurs yeux des personnes descendues dans la tombe sans y être préparées. Elles se disent heureuses dans le ciel, et prétendent même y occuper une position élevée. Ainsi se répand largement l'erreur selon laquelle il n'y a pas de différence entre le juste et le méchant. Les soi-disant visiteurs du monde des esprits donnent parfois des avertissements opportuns. Puis, lorsqu'ils ont gagné la confiance, ils enseignent des doctrines en contradiction flagrante avec les Écritures. Tout en paraissant s'intéresser au bien de leurs amis sur terre, ils insinuent les erreurs les plus dangereuses. Le fait qu'ils énoncent certaines vérités et qu'ils peuvent parfois annoncer l'avenir, inspire confiance en leurs déclarations. Ainsi, leurs enseignements erronés sont acceptés aussi facilement et crus aussi implicitement par les foules que s'il s'agissait des vérités les plus sacrées de la Bible. La loi de Dieu est écartée, l'Esprit de la grâce est méprisé, le sang de l'alliance est considéré comme profane. Les esprits nient la divinité de Jésus-Christ et se mettent au niveau du Créateur lui-même. C'est ainsi que, sous un nouveau masque, le grand rebelle mène contre Dieu la lutte qu'il a déclarée dans le ciel et qu'il a poursuivie sur la terre pendant près de six mille ans.

Plusieurs tentent d'expliquer les manifestations spirites en les attribuant toutes à la fraude ou à la prestidigitation de la part des médiums. Mais s'il est vrai qu'on a souvent présenté des tours de passe-passe comme des phénomènes authentiques, il n'en reste pas moins qu'il existe des manifestations réelles d'une puissance surnaturelle. Les bruits mystérieux par lesquels le spiritisme moderne s'est fait connaître n'étaient pas le fruit de supercheries humaines mais bien le fait de mauvais anges, qui imaginaient ainsi une des séductions les plus dangereuses et les plus néfastes. L'idée que le spiritisme n'est qu'une imposture contribuera à égarer une foule de gens. Lorsqu'ils se trouveront en présence de manifestations qu'ils seront obligés de reconnaître comme surnaturelles, ils seront séduits, et ils finiront par les interpréter comme les signes d'une grande puissance divine.

[407]

De telles personnes ne tiennent pas compte des enseignements de l'Écriture concernant les miracles opérés par Satan et ses agents. C'est par la puissance de Satan que les magiciens de Pharaon imitèrent les prodiges d'origine divine. L'apôtre Jean déclare, à propos de la puissance miraculeuse qui se manifestera dans les derniers jours : "Elle faisait descendre le feu du ciel sur la terre en présence de tous les hommes. Elle égarait les habitants de la terre par les miracles qu'elle était autorisée à accomplir..." Apocalypse 13 :13, 14. Il n'est pas ici question d'impostures. Les habitants de la terre seront séduits non par de prétendus miracles, mais par de réels prodiges.

La sorcellerie sous sa forme actuelle

Le seul mot de sorcellerie est aujourd'hui pris en mauvaise part. L'idée que des hommes puissent avoir des relations avec des esprits méchants est assimilée à un conte du moyen âge. Mais le spiritisme, qui compte ses adeptes par centaines de milliers — que dis-je ? par millions — , qui s'est introduit dans les milieux scientifiques, qui a envahi les Églises et a été favorablement accueilli dans les assemblées législatives et jusque dans la cour des rois — cette tromperie monumentale n'est en fait que la résurgence sous un nouveau déguisement de la sorcellerie jadis condamnée et prohibée.

De nos jours, Satan séduit les humains comme il a séduit Eve : en les poussant à rechercher des connaissances défendues. "Vous serez comme des dieux, connaissant le bien et le mal" Genèse 3 :5, Segond. Mais la sagesse que le spiritisme communique est celle dont l'apôtre Jacques dit : "Une telle sagesse ne descend pas du ciel ; elle appartient à ce monde et à la nature humaine, elle vient du diable" Jacques 3 :15.

[408]

Le prince des ténèbres est un esprit supérieur, et il adapte avec habileté ses tentations aux gens de toute condition sociale et de toute culture. Il utilise le mal "sous toutes ses formes pour tromper" et pour dominer les enfants des hommes, mais il ne peut réaliser ses desseins que s'ils cèdent à ses tentations. Ceux qui se mettent sous sa coupe en donnant libre cours à leurs mauvais traits de caractère ne se rendent pas compte à quoi cela les conduira. Le tentateur travaille à leur perte ; puis il les utilise pour entraîner d'autres personnes à la ruine.

Résister à la séduction du spiritisme

Nul ne doit se laisser séduire par les affirmations mensongères du spiritisme. Dieu a donné au monde suffisamment de lumière pour échapper à ses pièges. Si les chrétiens ne disposaient pas d'autre indication sur la nature du spiritisme, le seul fait que les esprits ne font aucune différence entre la vertu et le péché, entre le plus noble, le plus fidèle des apôtres du Christ et le plus corrompu des serviteurs de Satan devrait leur suffire. En prétendant que les hommes les plus vils occupent des places d'honneur dans le ciel, le diable dit au monde : "Peu importe si vous vivez une vie de péché ; peu importe que vous croyiez en Dieu et à sa Parole. Vivez comme bon vous semble. Vous irez au ciel".

De plus, personnifiés par ces esprits mensongers, les apôtres contredisent ce qu'ils ont écrit sous l'inspiration du Saint-Esprit quand ils étaient sur la terre. Ils nient la divine origine des saints Livres, renversent les fondements de l'espérance chrétienne et masquent la lumière qui indique le chemin du ciel.

Satan fait croire au monde que la Bible n'est qu'une fable, ou tout au moins un livre qui convenait à l'enfance de l'humanité, et que l'on doit considérer désormais comme dépassé. Pour remplacer la Parole de Dieu, il nous présente les phénomènes spirites. Par ce moyen qui est entièrement sous son contrôle, il peut faire croire aux humains ce qui lui plaît. Il rejette délibérément dans l'ombre le Livre par lequel lui-même et ses suppôts sont condamnés, et il fait du Sauveur un homme comme le commun des mortels. De même que les soldats romains qui assuraient la garde du tombeau de Jésus répandirent la version mensongère suggérée par les sacrificateurs pour nier sa résurrection, de même les adeptes du spiritisme cherchent à montrer que les circonstances de la vie du Christ n'ont rien de miraculeux. Et, après avoir mis Jésus de côté, ils attirent l'attention sur leurs propres miracles, en prétendant qu'ils sont de beaucoup supérieurs aux siens.

"Certains déclarent : 'Consultez les esprits des morts, qui chuchotent et murmurent en prédisant l'avenir. Il est normal, disent-ils, qu'un peuple consulte ceux qui sont ses dieux, qu'il s'adresse aux morts en faveur des vivants'. Si l'on vous dit cela, affirme le prophète Esaïe, vous répondrez : 'C'est aux instructions et aux messages du Seigneur qu'il faut revenir'. Celui qui n'adoptera pas ce mot d'ordre ne verra pas l'aurore" Ésaïe 8 :19, 20. Si les humains avaient reçu la vérité clairement énoncée dans les Écritures selon laquelle les morts ne savent rien, ils discerneraient dans les enseignements et les manifestations du spiritisme l'œuvre de Satan agissant avec puissance par des signes et des miracles trompeurs. Mais au lieu de renoncer à une liberté agréable au cœur charnel et à l'amour du péché, les multitudes ferment les yeux à la lumière, continuent leur chemin au mépris des avertissements, et tombent dans les pièges de l'ennemi. "Ils se perdront parce qu'ils n'auront pas reçu et aimé la vérité qui les aurait sauvés. Voilà pourquoi Dieu envoie une puissance d'erreur agir en eux afin qu'ils croient ce qui est faux" 2 Thessaloniciens 2 :10, 11.

Ceux qui repoussent les enseignements du spiritisme ne font pas la guerre à des hommes seulement, mais au diable et à ses anges. Ils luttent "contre les puissances spirituelles mauvaises du monde céleste" Ephésiens 6 :12. Satan ne cédera pas un pouce de terrain, à moins d'y être contraint par la puissance des saints anges. Le peuple de Dieu doit pouvoir lui résister comme l'a fait notre Sauveur en disant : "Il est écrit". De nos jours comme au temps du Christ, Satan cite les Écritures et il en déforme le sens pour égarer ses victimes. Mais les déclarations limpides de la Parole de Dieu constituent des armes puissantes pour affronter tous les conflits.

Ceux qui veulent rester fermes à l'heure de l'épreuve doivent connaître les enseignements de la Bible concernant la nature de l'homme et l'état des morts, car dans un proche avenir, nombreux sont ceux qui seront confrontés à des esprits malins qui personnifieront des parents ou des amis décédés, et qui proféreront des hérésies dangereuses. Ces êtres surnaturels feront appel à nos affections les plus chères et appuieront leurs déclarations par des miracles. Pour être en mesure de surmonter de telles séductions, il nous faut connaître la vérité biblique selon laquelle les morts ne savent rien et de telles apparitions sont l'œuvre des esprits de démons.

Satan s'est préparé de longue date en vue de son assaut final pour séduire le monde. Il a jeté les bases de son action en faisant cette déclaration à Eve : "Vous ne mourrez point ; mais Dieu sait que, le jour où vous en mangerez (de l'arbre interdit), vos yeux s'ouvriront, et que vous serez comme des dieux, connaissant le bien et le mal" Genèse 3 :4, 5. Peu à peu, le diable a préparé le terrain pour son chef-d'œuvre de séduction : le spiritisme. Il n'a pas encore pleinement réalisé son plan, mais il le réalisera à la dernière heure. Alors, le monde sera submergé par cette redoutable séduction. Mais l'humanité se laisse bercer dans une sécurité fatale d'où elle ne sera tirée que par les coupes de la colère de Dieu.

Chapitre 58 — Le grand cri

J'ai vu des anges voler rapidement çà et là dans le ciel, descendre sur la terre, puis remonter au ciel, préparant l'accomplissement de quelque événement important. Ensuite j'en vis un autre, puissant, envoyé sur la terre pour joindre sa voix au troisième ange, afin de donner force et puissance à son message. Cet ange était doué d'une grande puissance et environné de gloire. Lorsqu'il descendit sur la terre, celle-ci fut éclairée de sa gloire. La lumière qui l'accompagnait pénétrait partout. Il criait d'une voix forte : "Elle est tombée, elle est tombée, la grande Babylone ! Elle est maintenant un lieu habité par des démons, un refuge pour toutes sortes d'esprits mauvais ; toutes sortes d'oiseaux impurs et détestables y vivent" Apocalypse 18 :2.

Le message proclamant la chute de Babylone, donné par le deuxième ange, est ainsi répété avec la mention additionnelle de la corruption qui a envahi les Églises à partir de 1844. L'œuvre de cet ange vient seconder celle du troisième message au moment où sa proclamation devient un grand cri. Le peuple de Dieu est ainsi préparé pour triompher à l'heure de la tentation qu'il doit bientôt affronter. Je vis ces deux anges environnés d'une grande lumière, proclamant sans crainte le message du troisième ange.

D'autres anges furent envoyés pour seconder l'ange puissant descendu du ciel. J'entendis des voix qui semblaient résonner partout, disant : "Sortez du milieu d'elle, mon peuple, afin de ne pas participer à ses péchés et de ne pas avoir part aux fléaux qui vont la frapper. Car ses péchés se sont entassés jusqu'au ciel et Dieu n'a pas oublié ses mauvaises actions" Apocalypse 18 :4, 5. Ce message semblait être une addition à celui du troisième ange, de même que le cri de minuit s'était joint au message du second ange, en 1844. La gloire de Dieu se posait sur les saints qui attendaient patiemment et proclamaient sans crainte le solennel et dernier avertissement, annonçant la chute de Babylone, et appelant les enfants de Dieu à sortir de son sein, afin de pouvoir échapper à son terrible sort.

La lumière qui avait éclairé ceux qui attendaient pénétra partout. Ceux qui, dans les diverses Églises, avaient reçu quelque lumière et qui n'avaient pas entendu ni rejeté les trois messages, obéirent à l'appel et quittèrent les Églises déchues. Un grand nombre était parvenu à l'âge de raison depuis que ces messages avaient été proclamés, la lumière luisait sur eux, ils avaient le privilège de choisir entre la vie et la mort. Quelques-uns firent un bon choix et se rangèrent avec ceux qui attendaient leur Seigneur et observaient tous ses commandements. Le troisième message devait faire son œuvre. Tous les enfants de Dieu devaient être éprouvés sur ce point et appelés à sortir des diverses congrégations religieuses.

Les âmes sincères étaient animées d'une puissance qui les faisait agir, tandis que la manifestation de la puissance divine inspirait de la crainte à leurs parents et à leurs amis qui n'avaient pas la même foi, de sorte qu'ils n'osèrent ni ne purent entraver ceux qui sentaient l'Esprit de Dieu opérer dans leurs cœurs. Le dernier appel parvint même jusqu'aux esclaves, et ceux qui étaient pieux furent transportés de joie à la perspective de leur heureuse délivrance*. Leurs maîtres ne pouvaient les contraindre ; la crainte et l'étonnement les rendaient muets. De puissants miracles furent opérés ; des malades étaient guéris, et les disciples étaient accompagnés de signes et de prodiges. Dieu était à l'œuvre, et tous les saints, sans en craindre les conséquences, suivaient la conviction de leurs propres consciences. Ils s'unissaient à ceux qui observaient tous les commandements de Dieu, et proclamaient au loin le troisième message. J'ai vu que celui-ci se terminerait avec une force et une puissance qui dépasseront de beaucoup le cri de minuit.

Les serviteurs de Dieu, revêtus de la puissance d'en haut, le visage resplendissant d'une sainte consécration, allèrent proclamer le message céleste. Les âmes, disséminées parmi les différents corps religieux, répondirent à leur appel en abandonnant les Églises condamnées, comme Lot sortir de Sodome avant la destruction de cette ville. Le peuple de Dieu, fortifié par la gloire excellente qui reposait sur

---

*. Note des compilateurs — Le prophète Jean déclare clairement que l'esclavage existerait au moment du retour de Jésus ; dans sa description vivante d'(Apocalypse 6 :15 et 16), il dit : "Tous les esclaves et les hommes libres ... disaient aux montagnes et aux rochers : Tombez sur nous, et cachez-nous devant la face de celui qui est assis sur le trône".

lui en abondance, fut préparé pour endurer l'heure de la tentation. De tous côtés, j'entendis une multitude de voix qui disaient : "Voilà pourquoi les membres du peuple de Dieu, ceux qui obéissent à ses commandements et qui sont fidèles à Jésus, doivent faire preuve de patience". Apocalypse 14 :12.

[415]

Chapitre 59 — La fin du temps d'épreuve

Il me fut montré le temps où se terminerait le troisième message. La puissance de Dieu avait reposé sur ses enfants ; ils s'étaient acquittés de leur tâche et se préparaient pour le temps d'épreuve qui allait venir. Ils avaient reçu la pluie de l'arrière-saison, le rafraîchissement de la part du Seigneur, et leur témoignage en avait été vivifié. Le dernier avertissement avait partout retenti ; il avait excité et irrité les habitants de la terre qui n'avaient pas voulu recevoir le message.

Je vis des anges accourir çà et là dans le ciel. L'un d'entre eux, muni d'un encrier, revenait de la terre et rapportait à Jésus que son œuvre était achevée, que les saints avaient été comptés et scellés. Puis je vis le Sauveur, qui avait exercé son ministère devant l'arche contenant les dix commandements, jeter à terre son encensoir. Il éleva les mains, et s'écria d'une voix forte : *"C'en est fait !"* Alors toutes les armées angéliques déposèrent leurs couronnes, tandis que Jésus faisait cette déclaration solennelle : "Que celui qui est mauvais continue à mal agir, et que celui qui est impur continue à être impur ; que celui qui est bon continue à bien agir, et que celui qui est saint continue à être saint". Apocalypse 22 :11.

Le sort de chacun avait été décidé, soit pour la vie, soit pour la mort. Pendant que Jésus avait exercé son ministère dans le sanctuaire, le jugement avait eu lieu pour les justes qui étaient morts, puis pour les justes vivants. Le Christ avait reçu son royaume, ayant fait propitiation pour son peuple et effacé ses péchés. Les sujets du royaume avaient été comptés ; les noces de l'Agneau, consommées. La grandeur et la domination des royaumes qui sont sous tous les cieux avaient été données à Jésus et à ceux qui doivent hériter du salut. Jésus allait régner comme Roi des rois et Seigneur des seigneurs.

Lorsque Jésus sortit du lieu très saint, j'entendis retentir les clochettes qui étaient sur ses vêtements, et un sombre nuage enveloppa les habitants de la terre. Alors il n'y avait plus de médiateur entre l'homme coupable et un Dieu offensé. Aussi longtemps que Jésus s'était tenu entre Dieu et le pécheur, il y avait une certaine retenue parmi le peuple, mais lorsqu'il ne fut plus entre l'homme et le Père, toute retenue disparut, et les impénitents furent complètement sous la direction de Satan.

Il n'était pas possible que les fléaux fussent versés tandis que Jésus officiait dans le lieu très saint; mais lorsque son œuvre fut achevée et que son intercession eut pris fin, rien ne put plus arrêter la colère de Dieu. Celle-ci atteignit le pécheur qui avait méprisé le salut et qui s'était moqué de la répréhension. Pendant la période terrible qui commença au moment où Jésus eut terminé son œuvre médiatrice, les saints n'avaient plus d'intercesseur auprès de Dieu. Le sort de chacun était décidé. Jésus s'arrêta un moment dans la partie extérieure du sanctuaire céleste, et les péchés qui avaient été confessés pendant qu'il était dans le lieu très saint furent placés sur Satan, l'auteur du péché, afin qu'il en souffrît le châtiment*.

Trop tard!

Alors je vis Jésus qui déposait ses vêtements sacerdotaux pour revêtir ses habits royaux. Il portait sur la tête plusieurs couronnes placées les unes dans les autres. Il quitta le ciel entouré de l'armée angélique. Les fléaux tombaient sur les habitants de la terre. D'autres accusaient et maudissaient Dieu; d'autres accouraient auprès des enfants de Dieu et les suppliaient de leur dire comment ils pourraient échapper à ces jugements. Mais les saints ne pouvaient rien faire pour eux. Les dernières larmes pour les pécheurs avaient été versées, la dernière prière avait été offerte, le dernier fardeau avait été porté, le dernier avertissement avait été donné. La douce voix de la miséricorde ne devait plus se faire entendre. Lorsque les saints et le ciel entier s'intéressaient au salut des pécheurs, ceux-ci n'en faisaient

---

*. Note des compilateurs — Cette souffrance de Satan n'est en aucune manière une expiation faite en faveur de quelqu'un. Comme cela est indiqué dans un chapitre antérieur: "Le Christ s'est substitué à nous, il a porté l'iniquité de tous." (Voir p. 246). Mais après que ceux qui avaient accepté le sacrifice du Christ fussent rachetés, il était juste que Satan, qui était à l'origine du péché, souffrît le châtiment final. Comme Mme White le dit ailleurs: "Lorsque l'oeuvre du sanctuaire céleste sera achevée en présence de Dieu, des anges célestes et de la multitude des rachetés, les péchés du peuple de Dieu seront, semblablement, placés sur Satan. Il sera déclaré responsable de tout le mal qu'il leur a fait commettre" La tragédie des siècles, 714, 715.

aucun cas. La vie et la mort leur avaient été présentées ; beaucoup avaient désiré la vie, mais n'avaient rien fait pour l'obtenir. Ils ne se souciaient pas de choisir la vie ; maintenant, il n'y avait plus de sang expiatoire pour purifier le coupable, plus de Sauveur compatissant pour intercéder pour eux, et pour dire : "Epargne, épargne le pécheur encore un peu de temps !" Tout le ciel s'unit au Christ pour leur faire entendre ces terribles paroles : "C'en est fait ! C'est fini !" Le plan du salut avait été accompli, mais bien peu avaient voulu l'accepter. Lorsque la douce voix de la miséricorde se tut, les méchants furent saisis de crainte et d'horreur ; ils entendirent d'une manière distincte ces paroles : "Trop tard ! Trop tard !"

Ceux qui avaient méprisé la Parole de Dieu couraient çà et là, du nord au sud, de l'est à l'ouest, pour la chercher. L'ange me dit : "Ils ne la trouveront pas ; il y a une famine dans le pays, non pas une famine de pain et d'eau, mais des paroles de Dieu. Que ne donneraient-ils pas maintenant pour entendre une parole d'approbation de la part du Seigneur ! Mais c'est trop tard, ils doivent souffrir la faim et la soif. Ils n'ont cessé jour après jour de mépriser le salut, estimant davantage les richesses et les plaisirs de la terre que les trésors et les promesses du ciel. Ils ont rejeté Jésus et méprisé ses saints. Souillés ils sont, souillés ils resteront".

Un grand nombre de méchants étaient fous de rage lorsqu'ils souffraient des effets des fléaux. C'était une scène d'angoisse terrible. Les parents accusaient leurs enfants et ceux-ci dénonçaient leurs parents, les frères leurs sœurs et les sœurs leurs frères. Partout c'étaient des lamentations et des reproches. Les gens se tournaient vers les pasteurs, et leur faisaient d'amers reproches. "Vous ne nous avez pas avertis de tout cela, leur disaient-ils. Vous nous disiez que le monde entier devait se convertir. Pour calmer toutes les craintes, vous nous criiez : 'Paix, paix !' Vous ne nous avez pas parlé de cette heure. Vous avez affirmé que ceux qui en parlaient étaient des fanatiques, des méchants qui nous perdraient". Je vis que les pasteurs n'échappèrent pas à la colère de Dieu ; ils durent souffrir dix fois plus que ceux qu'ils avaient trompés.

Chapitre 60 — Le temps de détresse de Jacob

J'ai vu les saints quitter les villes et les villages, se réunir par groupes et vivre dans les lieux les plus retirés. Les anges leur apportaient la nourriture et l'eau, alors que les méchants souffraient de la faim et de la soif. Puis je vis les grands de ce monde qui se consultaient, et Satan et ses anges très affairés autour d'eux. Je vis un écrit qu'on répandait dans différentes parties de la terre, prescrivant que si les saints n'abandonnaient pas leurs idées particulières, ne renonçaient pas à l'observation du sabbat pour observer le premier jour de la semaine, il serait permis après un certain temps de les mettre à mort. Mais au moment de cette épreuve, les saints conservaient leur calme, se confiant en Dieu et s'appuyant sur la promesse qu'il leur serait préparé un moyen pour en triompher.

Dans quelques endroits, avant même que le temps fût venu de mettre ces menaces à exécution, les méchants se jetaient sur les saints pour les faire mourir. Mais des anges, sous la forme d'hommes de guerre, combattaient pour eux. Satan aurait voulu détruire les saints du Souverain ; mais Jésus ordonna à ses anges de veiller sur eux. Dieu voulait être honoré en faisant alliance avec ceux qui avaient observé sa loi, à la vue des païens qui les entouraient. Et Jésus voulait aussi être honoré en enlevant au ciel, sans qu'ils eussent à passer par la mort, ses fidèles qui l'avaient attendu si longtemps.

Bientôt je vis les saints dans une grande angoisse ; ils paraissaient être entourés par les méchants habitants de la terre. Tout semblait se liguer contre eux. Quelques-uns commencèrent à craindre que Dieu ne les abandonnât entre les mains des impies. Mais si leurs yeux avaient pu être ouverts, ils auraient vu autour d'eux des anges de Dieu. Puis je vis la foule des méchants irrités, et ensuite une multitude de mauvais anges poussant les méchants à faire mourir les saints. Mais avant de pouvoir s'approcher du peuple de Dieu, les méchants devaient d'abord traverser la phalange des anges saints et puissants, ce qui leur était impossible. Les anges de Dieu les

[420]

obligeaient à reculer ; ils repoussaient les mauvais anges qui se pressaient autour d'eux.

Les saints crient pour être délivrés

C'était une heure d'angoisse, d'agonie terrible pour les saints. Ils criaient à Dieu jour et nuit pour être délivrés. A vues humaines, il n'y avait pour eux aucun moyen d'échapper. Déjà les méchants commençaient à triompher, et s'écriaient : "Pourquoi votre Dieu ne vous délivre-t-il pas de nos mains ? Pourquoi ne montez-vous pas au ciel pour sauver votre vie ?" Mais les saints ne tenaient aucun compte de ces paroles. Comme Jacob, ils luttaient avec Dieu. Il tardait aux anges de les délivrer ; mais ils devaient attendre encore un peu de temps. Les enfants de Dieu devaient boire cette coupe et être baptisés de ce baptême. Les anges fidèles à leur mandat continuaient de veiller. Dieu ne permettrait pas que son nom fût profané parmi les impies. Le temps s'approchait où il manifesterait sa puissance et délivrerait glorieusement ses saints. Pour la gloire de son nom, il allait délivrer tous ceux qui l'avaient patiemment attendu, et dont les noms étaient inscrits dans le livre de vie.

[421] Le fidèle Noé me fut rappelé. Lorsque tomba la pluie et que commença le déluge, lui et sa famille étaient entrés dans l'arche. Dieu avait fermé la porte sur eux. Le patriarche avait fidèlement averti ses contemporains, mais ils s'étaient moqués de lui. Lorsque les eaux tombèrent sur la terre, les engloutissant l'un après l'autre, ils voyaient l'arche dont ils s'étaient moqués, voguer calmement sur les eaux déchaînées, sauvant le fidèle Noé et sa famille. J'ai vu que les enfants de Dieu, qui avaient fidèlement averti le monde de la colère à venir, seraient délivrés de cette manière. Dieu ne permettra pas que les méchants fassent mourir ceux qui espèrent être transmués, et qui ne voudront pas s'incliner devant le décret de la bête ou recevoir sa marque. J'ai vu que s'il était permis aux méchants de faire mourir les saints, Satan et toute son armée diabolique, avec tous ceux qui se moquent de Dieu, seraient remplis de joie. Et quel triomphe ce serait pour sa majesté Satan que de remporter dans sa dernière lutte la victoire sur ceux qui ont attendu si longtemps l'apparition de Celui qu'ils adorent ! Ceux qui se sont moqués à l'idée de voir les saints

s'élever au ciel, verront le soin que Dieu prend de ses enfants et leur glorieuse délivrance.

Lorsque ceux-ci fuyaient les villes et les villages, ils étaient poursuivis par les méchants qui cherchaient à les faire mourir. Mais les épées dont ils allaient se servir se brisaient et n'avaient pas plus de pouvoir que des fétus de paille. Les anges de Dieu protégeaient les saints, qui criaient jour et nuit pour obtenir la délivrance. Leurs cris parvinrent jusqu'aux oreilles du Seigneur. [422]

Chapitre 61 — La délivrance des saints

Ce fut l'heure de minuit que Dieu choisit pour délivrer son peuple. Lorsque les méchants les assiégaient de leurs moqueries, le soleil parut tout à coup dans toute sa splendeur et la lune s'arrêta. Les impies regardaient cette scène avec étonnement, tandis que les saints contemplaient avec une joie solennelle ces gages de leur délivrance. Des signes et des prodiges se succédaient rapidement. Tous les éléments semblaient être détournés de leurs cours naturel ; les fleuves cessaient de couler ; de sombres nuages s'élevaient et s'entrechoquaient. Mais il y avait un endroit glorieux d'où la voix du Seigneur se faisait entendre ; c'était comme le bruit des grosses eaux ; elle ébranlait le ciel et la terre. Il y eut un grand tremblement de terre ; des tombes s'ouvrirent, et ceux qui étaient morts dans la foi pendant la proclamation du troisième message, qui avaient observé le sabbat, sortirent glorieux de leurs lits de poussière pour entendre l'alliance de paix que Dieu allait faire avec ceux qui avaient gardé sa loi.

Le ciel s'ouvrait, se fermait, était continuellement agité. Les montagnes s'inclinaient comme des roseaux agités par le vent, et jetaient de tous côtés des blocs de rochers. La mer bouillonnait et rejetait des pierres sur la terre. Lorsque Dieu annonça le jour et l'heure de la venue de Jésus, il prononçait une phrase, et s'arrêtait tandis que ses paroles parcouraient la terre. L'Israël de Dieu avait les yeux fixés en haut ; il écoutait les paroles qui sortaient de la bouche de l'Eternel qui résonnaient comme le bruit du tonnerre. C'était une scène d'une solennité effrayante. Après chaque phrase, les saints s'écriaient : "Gloire ! Alléluia !" Leurs visages éclairés de la gloire de Dieu rayonnaient comme celui de Moïse lorsqu'il descendit du Sinaï. Les méchants ne pouvaient pas les regarder à cause de l'éclat de leurs visages. Et lorsque la bénédiction éternelle fut prononcée sur ceux qui avaient honoré Dieu en observant son saint sabbat, on entendit un immense cri proclamant la victoire remportée sur la bête et son image.

Alors commença le jubilé, le temps durant lequel le pays devait se reposer. J'ai vu l'esclave pieux se lever victorieux et triomphant, faisant tomber les chaînes qui l'avaient lié, alors que son maître impie était dans la confusion, ne sachant que faire, car les méchants ne pouvaient comprendre les paroles prononcées par la voix de Dieu.

Le retour de Jésus

Bientôt apparut la grande nuée blanche où était assis le Fils de l'homme. Lorsqu'elle apparut au loin, cette nuée semblait très petite. L'ange dit que c'était le signe du Fils de l'homme. A mesure qu'elle s'approchait de la terre, nous pûmes contempler la gloire excellente et la majesté de Jésus qui avançait vers la victoire. Un cortège de saints anges, la tête ornée de magnifiques et étincelantes couronnes, l'escortait.

Nul langage ne saurait décrire la gloire de cette scène. Cette nuée vivante, d'une majesté et d'une gloire incomparables, s'approcha encore plus près de nous, et nous pûmes distinguer nettement la personne adorable de Jésus. Il ne portait pas une couronne d'épines ; mais son front était orné d'une couronne de gloire. Sur son vêtement et sur sa cuisse, on pouvait lire : Roi des rois et Seigneur des seigneurs. Son visage rayonnait comme le soleil en plein midi ; ses yeux étaient comme des flammes de feu, ses pieds avaient l'apparence de l'airain le plus pur. Sa voix retentissait comme le son d'instruments de musique. La terre tremblait devant lui ; le ciel se retira comme un livre qu'on roule, et les montagnes et les îles furent remuées de leurs places. "Les rois de la terre, les dirigeants, les chefs militaires, les riches, les puissants, et tous les autres hommes, esclaves ou libres, se cachèrent dans les cavernes et parmi les rochers des montagnes, et ils disaient aux montagnes et aux rochers : 'Tombez sur nous et cachez-nous loin du regard de celui qui est assis sur le trône et loin de la colère de l'Agneau'" Apocalypse 6 :15-17.

[424]

Ceux qui, peu de temps auparavant, auraient voulu faire disparaître de la terre les fidèles croyants, voyaient alors la gloire de Dieu s'arrêter sur eux. Au milieu de leur terreur, ils entendaient les saints chanter : "Le voici, c'est notre Dieu, en qui nous avons confiance, et c'est lui qui nous sauve" Ésaïe 25 :9, Segond.

La première résurrection

La terre fut fortement ébranlée à la voix du Fils de Dieu qui appelait les saints hors de leurs sépulcres. Ils répondirent à son appel, apparurent revêtus d'une glorieuse immortalité, et s'écrièrent : "'La mort est supprimée ; la victoire est complète !' 'Mort, où est ta victoire ? Mort, où est ton pouvoir de tuer ?'" 1 Corinthiens 15 :54, 55. Alors les saints vivants et les saints ressuscités élevèrent leurs voix et firent entendre un long cri de victoire. Ces corps qui avaient été déposés dans la tombe portant les marques de la maladie et de la mort en sortirent triomphants, pleins de santé et de force. Les saints vivants furent transformés en un instant, en un clin d'oeil, et enlevés avec ceux qui étaient ressuscités. Tous ensemble, ils allèrent au-devant du Seigneur dans les airs. Oh ! quelle glorieuse réunion ! Des amis que la mort avait longtemps séparés se retrouvaient pour ne plus jamais se quitter.

De chaque côté du chariot fait de nuées il y avait des ailes, et au-dessous, des roues vivantes. Lorsque le chariot montait, les roues s'écriaient : "Saint !" et lorsque les ailes s'agitaient, elles s'écriaient : "Saint !" Les saints anges, formant un cortège autour de la nuée, s'écriaient aussi : "Saint, saint, saint est le Seigneur Dieu tout-Puissant !" Apocalypse 4 :8. Et les saints qui étaient dans la nuée s'écriaient : "Gloire ! Alléluia !" Et le chariot montait vers la sainte cité. Avant d'y entrer, les saints furent disposés en un carré parfait. Jésus était au centre ; il dépassait de la tête et des épaules les saints et les anges. Tous ceux qui formaient le carré pouvaient contempler sa taille majestueuse et son visage adorable.

Chapitre 62 — La récompense des saints

Je vis ensuite un grand nombre d'anges qui apportaient des couronnes glorieuses — une pour chaque saint, gravée à son nom. Lorsque Jésus demanda les couronnes, les anges les lui présentèrent, et, de sa main droite, il les plaça sur la tête des saints. De la même manière, des anges apportèrent des harpes que Jésus présenta également aux saints. Les anges qui commandaient donnèrent les premiers le ton, puis chaque voix fit entendre de joyeuses actions de grâce, et chacun toucha habilement les cordes des harpes, faisant retentir l'air de la musique la plus mélodieuse.

Alors je vis Jésus conduire la troupe des rachetés à la porte de la cité. Il saisit cette porte, la fit tourner sur ses gonds étincelants, et fit entrer les nations qui avaient gardé la vérité. A l'intérieur de la cité, tout était de nature à réjouir la vue. Partout on voyait des choses riches et glorieuses. Alors Jésus posa son regard sur les saints qu'il avait rachetés. Leurs visages étaient resplendissants de gloire ; et lorsqu'il fixa sur eux ses yeux pleins d'amour, il dit de sa voix pure et musicale : "Je contemple le travail de mon âme et en suis rassasié. Vous pouvez jouir éternellement de cette gloire ; vos peines sont finies. Il n'y aura plus de mort, plus de deuil, de cris et de souffrance". Je vis l'armée des rachetés se prosterner devant lui et jeter à ses pieds leurs couronnes étincelantes. Ensuite, relevés par ses mains bienfaisantes, ils jouèrent de leurs harpes d'or et remplirent tout le ciel de leur musique magnifique et de leurs chants en l'honneur de l'Agneau.

[427]

Je vis alors Jésus conduire son peuple vers l'arbre de vie. Il fit entendre de nouveau sa voix aimable, plus sublime qu'aucune musique n'a jamais frappé l'oreille humaine. "Les feuilles de cet arbre, dit-il, sont pour la guérison des nations. Mangez-en tous". L'arbre de vie était chargé des plus beaux fruits : les saints pouvaient en cueillir librement. Dans la cité, il y avait un trône splendide d'où procédait un fleuve d'eau vive, pure comme du cristal. Sur chaque rive du fleuve était l'arbre de vie portant des fruits bons à manger.

Nul langage ne saurait décrire le ciel. Lorsque je pense à tout cela, je suis émerveillée. Remplie d'admiration pour ces splendeurs incomparables et ces gloires indescriptibles, je ne puis que poser la plume et m'écrier : "Oh ! quel amour ! Quel merveilleux amour !" Les paroles les plus sublimes ne sauraient décrire la gloire du ciel, ou les profondeurs incommensurables de l'amour du Sauveur.

[428]

Chapitre 63 — Le millénium

Mon attention fut de nouveau attirée vers la terre. Les méchants avaient été détruits et leurs corps gisaient à sa surface. La colère de Dieu s'était déchaînée contre les habitants de la terre durant les sept derniers fléaux. Ils s'étaient mordu la langue de douleur et avaient blasphémé contre Dieu. Les faux bergers avaient été particulièrement visés par la colère de Dieu. Leurs yeux s'étaient fondus dans leurs orbites et leur langue dans leur bouche pendant qu'ils étaient encore debout. Après que les saints eurent été délivrés, les méchants tournèrent leur rage les uns contre les autres. La terre paraissait inondée de sang et jonchée de cadavres.

Elle ressemblait à un affreux désert. Les villes et les villages, détruits par le tremblement de terre, formaient des monceaux de ruines. Les montagnes qui avaient été remuées de leur place avaient laissé d'immenses cavernes ; des roches brisées, lancées par les eaux de la mer ou arrachées du sein de la terre, étaient disséminées à sa surface. Des arbres énormes avaient été déracinés et couchés sur le sol. C'est dans cette désolation que devront demeurer Satan et ses anges pendant mille ans. C'est là qu'il sera confiné, qu'il errera çà et là, et qu'il pourra se rendre compte des effets de sa révolte contre la loi de Dieu. Pendant mille ans, il pourra savourer les fruits de la malédiction qu'il a provoquée.

Limité à la terre, il ne pourra errer sur d'autres planètes pour tenter ceux qui n'ont pas connu le péché. Sa souffrance sera terrible. Depuis sa chute, il n'a cessé d'avoir une activité dévorante. Mais alors il sera privé de sa force ; il pourra réfléchir à ce que fut sa conduite depuis sa chute, et considérer avec terreur l'avenir qui lui est réservé. Il devra souffrir pour tout le mal dont il s'est rendu coupable et pour tous les péchés qu'il a fait commettre.

[429]

J'entendis les anges et les rachetés pousser des cris de triomphe ; on aurait cru assister à un concert donné par dix mille instruments de musique. Ils se réjouissaient de ce que Satan ne pourrait plus jamais les contrarier ni les tenter, et aussi parce que les autres mondes n'avaient plus rien à craindre de sa présence ni de ses tentations.

Alors je vis des trônes où étaient assis Jésus et les rachetés ; car ceux-ci allaient régner comme rois et sacrificateurs. Le Christ, uni à son peuple, jugeait les méchants, qui étaient morts, examinant leurs actes à la lumière du livre de la loi : la Parole de Dieu, et décidant chaque cas selon les œuvres qu'ils avaient accomplies étant dans leurs corps. Puis ils fixaient le temps que les méchants devaient souffrir, d'après leurs œuvres. Tout cela était écrit en face de leurs noms dans le livre de mort. Satan et ses anges furent aussi jugés par Jésus et les rachetés. Le châtiment de Satan devait être beaucoup plus sévère que celui des hommes qu'il avait séduits. Aucune comparaison ne pouvait être faite entre ses souffrances et les leurs. Lorsque tous ceux qu'il a réussi à séduire auront été détruits, Satan devra leur survivre et souffrir beaucoup plus longtemps.

Quand le jugement des méchants fut achevé, à la fin des mille ans, Jésus quitta la sainte cité. Les rachetés et un cortège d'anges le suivirent. Il descendit sur une haute montagne qui, dès que son pied l'eut touchée, se sépara en deux et devint une immense plaine. Alors nous levâmes les yeux et nous vîmes la grande et merveilleuse cité aux douze fondements, aux douze portes, trois de chaque côté et un ange devant chacune d'elle. Nous nous écriâmes : "La cité ! La grande cité ! Elle descend du ciel d'auprès de Dieu". Elle descendit dans toute sa splendeur, dans toute sa gloire ; elle se posa sur l'immense plaine que Jésus lui avait préparée.

Chapitre 64 — La seconde résurrection

Jésus avec tout le cortège des anges et tous les rachetés quittèrent la sainte cité. Les anges escortaient leur chef, puis venait la suite des saints rachetés. Alors Jésus, déployant une majesté terrible, appela les morts hors de la tombe. Ils en sortirent avec les mêmes corps débiles, maladifs, qui étaient descendus dans la fosse. Quel spectacle ! A la première résurrection, les rachetés se réveillèrent dans la fleur de l'immortalité. Mais à la seconde résurrection, les méchants portent les marques visibles de la malédiction. Les grands de ce monde, les rois, les faibles et les forts, les savants et les ignorants, tous se relèvent ensemble ; tous voient le Fils de l'homme ; et ces mêmes créatures qui le méprisèrent, se moquèrent de lui, mirent une couronne d'épines sur son front sacré et le frappèrent avec un roseau, le voient dans toute sa royale majesté. Ceux qui lui avaient craché au visage à l'heure de sa passion, se détournent maintenant de son regard perçant et de l'éclat de son visage. Ceux qui enfoncèrent des clous dans ses mains et dans ses pieds voient maintenant les stigmates de sa crucifixion. Il en est de même pour ceux qui percèrent son côté. Tous peuvent se rendre compte que c'est bien Celui qu'ils ont crucifié et dont ils se sont moqués lorsqu'il allait mourir. Ils poussent maintenant un long cri d'angoisse, et s'enfuient pour se cacher loin de la présence du Roi des rois et du Seigneur des seigneurs.

Tous cherchent la protection des rochers pour ne pas voir la gloire terrible de Celui qu'ils ont autrefois méprisé. Puis, anéantis par la souffrance, devant sa majesté et l'éclat de sa gloire, ils élèvent tous ensemble la voix. Ils s'écrient : "Béni soit celui qui vient au nom du Seigneur !"

[432]

Alors Jésus et ses anges, accompagnés de tous les rachetés, retournent dans la cité. Les méchants, condamnés, remplissent les airs de leurs lamentations et de leurs gémissements. Je vis alors que Satan recommençait son œuvre. Il passait et repassait parmi ses sujets, fortifiait les faibles, et leur disait combien lui et ses anges étaient puissants. Il leur montrait les millions d'êtres qui étaient ressuscités. Il se trouvait parmi eux des guerriers fameux, des rois habiles à conduire des batailles, qui avaient conquis des royaumes. Il y avait là de puissants géants, des hommes vaillants qui n'avaient jamais perdu une bataille. Là se trouvait l'orgueilleux et ambitieux Napoléon, dont l'approche faisait trembler les royaumes. Il y avait des hommes de haute stature et au port digne, qui étaient tombés dans la bataille, assoiffés de conquêtes.

En sortant de leurs sépulcres, ils reprennent le cours de leurs pensées interrompu par la mort. Ils nourrissent le même désir de vaincre qui les animait quand ils tombèrent. Satan tient conseil avec ses anges, puis avec ces rois, ces conquérants, ces hommes puissants. Puis il regarde cette immense armée, et leur dit que ceux qui se trouvent dans la cité ne sont qu'une petite troupe, qu'ils peuvent monter contre elle, la prendre, en chasser les habitants et posséder toutes ses richesses et sa gloire.

Satan réussit à les tromper, et tous commencent à faire des préparatifs pour la bataille. Il y a beaucoup d'hommes habiles dans cette grande multitude, et ils se mettent à construire toutes sortes d'instruments de guerre. Ensuite, Satan à leur tête, cette immense armée se met en marche. Immédiatement après lui, viennent les rois et les guerriers, puis la multitude rangée par compagnies. Chacune d'elle a son chef. Dans leur marche à travers la terre désolée, ils observent un ordre parfait en se dirigeant vers la sainte cité. Jésus ferme les portes de la cité environnée par cette immense armée de méchants. Ceux-ci se placent en ordre de bataille, s'attendant à livrer un rude combat.

Chapitre 65 — Le couronnement du Christ

Alors le Christ reparaît à la vue de ses ennemis. Bien au-dessus de la ville, sur un fondement d'or étincelant, est dressé un trône très élevé. Le Fils de Dieu y est assis, entouré des sujets de son royaume. Aucune langue ne peut exprimer, aucune plume ne peut décrire la puissance et la majesté du Christ qui est enveloppé de la gloire du Père éternel. Sa présence resplendissante remplit la cité de Dieu, rayonne au-delà de ses portes et inonde la terre entière.

Tout près du trône se trouvent placés ceux qui avaient d'abord pris fait et cause pour Satan, mais qui, tels des brandons arrachés du feu, ont suivi leur Sauveur avec zèle et ferveur. Derrière eux se tiennent ceux qui se comportèrent en chrétiens au milieu de l'imposture et de l'infidélité, ceux qui honorèrent la loi de Dieu alors que le monde chrétien la déclarait sans valeur, et les millions de croyants de tous les temps qui furent martyrisés pour leur foi. Puis figure "une foule immense : personne ne pouvait compter tous ceux qui en faisaient partie. C'étaient des gens de toute nation, de toute tribu, de tout peuple et de toute langue. ... Ils se tenaient devant le trône et devant l'Agneau, habillés de robes blanches et avec des branches de palmier à la main" Apocalypse 7 :9. Pour eux, le combat est terminé : ils ont remporté la victoire, ils ont achevé la course et en ont obtenu le prix. Les branches de palmier qu'ils tiennent dans leur main sont l'emblème de leur victoire et leurs robes blanches représentent la justice immaculée du Christ qui leur appartient désormais.

[435]

Les rachetés entonnent un chant de louanges qui se répercute à l'infini sous les voûtes du ciel : "Notre salut vient de notre Dieu, qui est assis sur le trône, ainsi que de l'Agneau !" Puis les anges et les séraphins unissent leurs voix à ce cantique d'adoration. Ayant mesuré le pouvoir et la perversité de Satan, ils comprennent mieux que jamais que seule la puissance du Christ pouvait les rendre vainqueurs. Parmi cette brillante multitude, nul ne s'attribue le salut, comme s'il avait vaincu par sa propre puissance et par sa propre vertu. Ils ne soufflent pas un mot de ce qu'ils ont fait ou de ce qu'ils ont souffert ; le thème et la pensée dominante de chaque hymne est : "Notre salut vient de notre Dieu…, ainsi que de l'Agneau !" Apocalypse 7 :10.

Puis a lieu le couronnement définitif du Fils de Dieu en présence des habitants du ciel et de la terre. Alors, investi de la majesté et du pouvoir suprêmes, le Roi des rois prononce la sentence sur ceux qui se sont révoltés contre son gouvernement, et il exécute ses jugements contre ceux qui ont transgressé sa loi et opprimé son peuple. "Puis, dit le prophète, je vis un grand trône blanc et celui qui y est assis. La terre et le ciel s'enfuirent devant lui, et on ne les revit plus. Ensuite, je vis les morts, grands et petits, debout devant le trône. Des livres furent ouverts. Un autre livre encore fut ouvert, le livre de vie. Les morts furent jugés selon ce qu'ils avaient fait, d'après ce qui était écrit dans les livres" Apocalypse 20 :11, 12.

Dès que les livres sont ouverts et que les regards de Jésus se portent sur les réprouvés, ceux-ci prennent conscience de tous les péchés qu'ils ont commis. Ils voient exactement où leurs pieds se sont écartés du sentier de la pureté et de la sainteté, et dans quelle mesure l'orgueil et la révolte les ont amenés à transgresser la loi de Dieu. Tentations caressées, bénédictions détournées de leur but, manifestations de miséricorde repoussées par leurs cœurs obstinés et impénitents — tout cela leur apparaît comme inscrit en lettres de feu.

Un panorama du grand conflit

Au-dessus du trône on voit la croix, et comme dans une série de tableaux panoramiques, on voit défiler les scènes de la tentation et de la chute d'Adam, puis les phases successives du grand plan de la rédemption. L'humble naissance du Sauveur ; son enfance et son adolescence toutes de candeur et d'obéissance ; son baptême dans le Jourdain ; son jeûne et sa tentation dans le désert ; son ministère public durant lequel il révéla aux humains les plus précieuses bénédictions du ciel ; ses journées remplies d'actes d'amour et de miséricorde ; ses nuits de prière et de veille dans la solitude de la montagne ; les complots, fruits de l'envie, de la haine et de la méchanceté qui le récompensaient de ses bienfaits ; son angoissante et mystérieuse agonie dans le jardin de Gethsémané où il porta le poids écrasant des péchés du monde entier ; sa trahison et son arrestation par une troupe assoiffée de sang ; les tragiques événements de cette nuit d'horreur ; sa docilité ; la désertion de ses disciples ; la violence de la soldatesque dans les rues de Jérusalem ; les comparutions chez Anne, au palais de Caïphe, au tribunal de Pilate, et devant le lâche et cruel Hérode ; les sarcasmes, les injures, la flagellation, la condamnation à mort : tout cela défile avec une réalité saisissante.

Puis, sous les yeux de la multitude remuante, passent les scènes finales. On voit le doux Martyr fouler le sentier qui mène au calvaire ; le Roi du ciel est cloué sur la croix ; tandis que le Fils de Dieu agonise, les prêtres arrogants se joignent à la populace pour l'insulter. Au moment où le Rédempteur expire, des ténèbres surnaturelles envahissent la scène ; la terre tremble, les rochers se fendent et des tombeaux s'ouvrent.

Ce spectacle effarant est d'une poignante exactitude. Satan, ses anges et ses sujets — qui reconnaissent leur œuvre — ne peuvent en détourner les regards. Chacun des acteurs de ce drame se reconnaît dans le rôle qu'il a joué. Hérode, qui massacra les enfants innocents de Bethléhem pour essayer de faire mourir le Roi d'Israël ; l'infâme Hérodias, qui chargea sa conscience du sang de Jean-Baptiste ; Pilate, faible et opportuniste ; les soldats moqueurs ; les sacrificateurs, les chefs religieux et la foule en démence qui criaient : "Que les conséquences de sa mort retombent sur nous et sur nos enfants !" — tous prennent alors conscience de la gravité de leur faute. Ils tentent en vain de se dérober à la vue de Celui dont la majesté divine et l'éclat surpassent la lumière du soleil, tandis que les rachetés jettent leurs couronnes aux pieds du Sauveur en s'écriant : "Il est mort pour moi !"

Parmi la multitude des rachetés, figurent les apôtres du Christ : le courageux Paul, l'ardent Simon Pierre, Jean le disciple aimant et bien-aimé, leurs fidèles convertis et avec eux le long cortège des martyrs. Mais, à l'extérieur des murailles (de la nouvelle Jérusalem), en compagnie d'êtres vils et méchants, on voit ceux qui ont persécuté, emprisonné et mis à mort les chrétiens. Néron, ce monstre de vice et de cruauté, voit la joie et l'enthousiasme de ceux qu'il torturait autrefois, ce à quoi il prenait un plaisir sadique. Sa mère, présente elle aussi, peut constater que les défauts transmis à son fils et les passions encouragées et développées chez lui par son exemple, ont abouti à des crimes qui ont fait frémir le monde.

[438] Là sont des prêtres et des prélats de l'Eglise romaine qui, tout en prétendant être des ambassadeurs du Christ, recouraient au supplice du chevalet, à la prison et au bûcher pour asservir les consciences des disciples du Sauveur. Là se trouvent les orgueilleux pontifes qui se sont élevés au-dessus de Dieu et ont prétendu avoir le droit de modifier la loi du Très-Haut. De soi-disant Pères de l'Eglise doivent maintenant rendre compte à Dieu de ce dont ils voudraient bien être dispensés. Ils constatent — mais trop tard — que le Tout-Puissant est jaloux de sa loi, et qu'il ne tiendra pas le coupable pour innocent. Ils voient que Jésus-Christ s'identifie avec son peuple persécuté, et ils mesurent la force de ses propres paroles : "Toutes les fois que vous avez fait ces choses à l'un de ces plus petits de mes frères, c'est à moi que vous les avez faites" Matthieu 25:40, Segond.

A la barre du tribunal

Tous les réprouvés sont à la barre du tribunal divin sous l'inculpation de crime de haute trahison contre le gouvernement du ciel. Il n'y a là personne pour plaider en leur faveur. Ils sont sans excuse, et le châtiment de la mort éternelle est prononcé contre eux.

Il est désormais évident que le salaire du péché n'est ni une noble indépendance ni la vie éternelle, mais l'esclavage, la ruine et la mort. Les réprouvés se rendent compte de ce qu'ils ont perdu à cause de leur vie de révolte. Ils ont méprisé le poids éternel de gloire qui leur était offert ; mais combien cette gloire leur paraît désirable aujourd'hui ! "Tout cela, s'écrient les impénitents, j'aurais pu le posséder, mais j'ai préféré le repousser. Quelle aberration de ma part ! J'ai échangé la paix, le bonheur et la gloire contre la douleur, la honte et le désespoir". Tous ces réprouvés reconnaissent que leur

[439] exclusion du ciel est juste. Par leur manière de vivre, ils ont déclaré : "Nous ne voulons pas que ce Jésus règne sur nous".

Comme fascinés, les perdus ont suivi des yeux le couronnement du Fils de Dieu. Ils voient dans ses mains les tables de la loi divine, qui contient les préceptes qu'ils ont méprisés et transgressés. Ils assistent aux transports de ravissement et aux élans d'adoration des rachetés. Ils entendent leur cantique dont les ondes mélodieuses, montant de la sainte cité, passent sur la mer humaine qui l'entoure. Alors, tous ensemble, ils s'écrient d'une même voix : "Seigneur Dieu tout-puissant, que tes œuvres sont grandes et merveilleuses ! Roi des nations, que tes plans sont justes et vrais !" Apocalypse 15 :3. Et, tombant sur leurs faces, ils adorent le Prince de la vie.

[440]

Chapitre 66 — La seconde mort

En voyant la gloire et la majesté du Christ, Satan semble paralysé. Ancien "chérubin protecteur", il se souvient d'où il est tombé. Quelle chute pour ce brillant séraphin, pour ce "fils de l'aurore" !

Satan se rend compte que sa révolte délibérée lui ferme le ciel. Ayant utilisé ses capacités pour lutter contre Dieu, la pureté, la paix et l'harmonie du ciel équivaudraient pour lui à une intolérable torture. Ses accusations contre la bonté et la justice divines sont réduites au silence. Les attaques qu'il a tenté de lancer contre le Très-Haut se retournent maintenant contre lui. Aussi s'incline-t-il profondément et reconnaît-il la justice de la sentence qui le frappe.

Toutes les questions concernant la vérité et l'erreur qui ont été soulevées au cours de la tragédie des siècles sont désormais tranchées. La justice de Dieu est pleinement manifestée. Le grand sacrifice consenti par le Père et le Fils en faveur de l'homme apparaît clairement aux yeux du monde entier. L'heure est venue où Jésus-Christ va occuper la position qui lui revient de droit, et où il va être placé "au-dessus de toute autorité, de tout pouvoir, de toute puissance et de tout autre nom qui puisse être cité" Ephésiens 1 :21.

Bien que Satan ait été contraint de reconnaître la justice de Dieu et de s'incliner devant la souveraineté du Christ, son caractère n'a pas changé : l'esprit de rébellion gronde en lui comme un torrent impétueux. Enflammé de colère, il refuse d'abandonner la partie car le temps lui paraît venu de lancer un ultime assaut contre le Roi du ciel. Se précipitant au milieu de ses sujets, il s'efforce de leur inspirer sa fureur et de les pousser à s'engager aussitôt dans la bataille. Mais parmi les millions d'êtres qu'il a entraînés dans sa révolte, aucun ne veut maintenant reconnaître sa suprématie. Il est dépossédé de son pouvoir. Les méchants nourrissent contre Dieu la même haine que celle qui anime le grand adversaire, mais ils se rendent compte que leur cause est désespérée et qu'ils ne peuvent l'emporter sur lui. Leur rage se tourne alors contre Satan et contre ceux qui l'ont aidé à les tromper. Avec une fureur démoniaque, ils s'en prennent à eux, et il s'ensuit une scène de combat universel.

Le feu du ciel

Alors s'accomplissent les paroles du prophète : "Le Seigneur est indigné contre l'ensemble des nations, il en veut à toute leur troupe. Il les a destinées à l'extermination" Ésaïe 34 :2. "Qu'il fasse tomber sur les méchants une pluie de braises et de soufre ! Un vent de tempête fondant sur eux, voilà le sort qui les attend" Psaumes 11 :6. Dieu envoie du ciel des flammes de feu. La terre s'entrouvre ; les explosifs qu'elle recèle jaillissent de ses entrailles. Les rochers eux-mêmes prennent feu. Le jour est venu, "semblable à une fournaise ardente" Malachie 4 :1. "Les éléments embrasés se dissoudront, et la terre avec les œuvres qu'elle renferme sera consumée" 2 Pierre 3 :10, Segond. Le feu de Topheth est préparé pour le roi, le chef de la rébellion ; "on l'a préparé dans un espace rond, large et profond, où flambera le feu, avec du bois en quantité. Alors le souffle du Seigneur y mettra le feu, comme un torrent de soufre enflammé" Ésaïe 30 :33. La surface de la terre ressemble à une masse de métal en fusion, à un immense lac de feu bouillonnant. Ce sera l'heure du jugement et de la ruine des hommes impies. "Pour le Seigneur, c'est en effet le jour de la revanche ; pour le défenseur de Sion, c'est l'année du règlement des comptes" Ésaïe 34 :8.

Les réprouvés reçoivent leur rétribution sur la terre. "Ce jour-là les arrogants et les malfaiteurs seront brûlés comme de la paille" Malachie 4 :1. Les uns périssent en un instant, tandis que d'autres souffrent durant plusieurs jours. Chacun est rétribué selon ses œuvres. Les péchés des justes ont été transférés sur Satan, l'instigateur du mal, qui doit purger leur peine*. Le diable doit donc souffrir non seulement pour sa propre rébellion, mais aussi pour tous les péchés qu'il a fait commettre aux membres du peuple de Dieu. Son châtiment sera beaucoup plus sévère que celui de ses victimes. Une fois que tous ceux qui seront perdus à cause de ses tromperies auront péri, il continuera à vivre et à souffrir. Mais finalement, tous les méchants seront détruits, racine et rameaux. Satan est la racine, ses disciples sont les rameaux. Les exigences de la justice divine

---

*. Voir la note au bas de la p. 416.

sont satisfaites ; les élus et toute l'armée des anges disent d'une même voix : "Amen".

Tandis que la terre est entourée du feu de la colère de Dieu, les justes sont en sécurité dans la sainte cité. La seconde mort n'a aucun pouvoir sur ceux qui ont eu part à la première résurrection Apocalypse 20 :6. Le Seigneur, qui est un feu consumant pour les réprouvés, est pour son peuple un soleil et un bouclier Psaumes 84 :12.

Chapitre 67 — La nouvelle terre

"Puis je vis un nouveau ciel et une nouvelle terre. Le premier ciel et la première terre avaient disparu, et il n'y avait plus de mer" Apocalypse 21 :1. Le feu qui a consumé les méchants a purifié la terre. Toute trace de malédiction a disparu. Aucun enfer éternel ne rappellera aux élus les terribles conséquences du péché. Il en restera toutefois un souvenir : notre Rédempteur gardera à jamais les cicatrices de sa crucifixion. Seuls sa tête, ses mains et ses pieds garderont les traces cruelles que le péché a produites.

"Et toi, colline de Jérusalem, qui veilles sur le peuple comme une tour de garde, tu vas bientôt retrouver ton autorité d'autrefois" Michée 4 :8. Jésus-Christ a reconquis le royaume qui avait été perdu à cause du péché, et dont les élus bénéficieront avec lui. "Les fidèles posséderont le pays, ils y habiteront définitivement" Psaumes 37 :29. La crainte de matérialiser à outrance l'héritage des rachetés a conduit plusieurs à spiritualiser les vérités qui concernent la nouvelle terre, notre futur séjour. Jésus a promis à ses disciples de leur préparer des demeures. Ceux qui acceptent les enseignements de la Parole de Dieu ne sauraient être totalement dans l'ignorance concernant ces demeures. Cependant, l'apôtre Paul écrit à ce sujet : "Ce sont des choses que l'œil n'a point vues, que l'oreille n'a point entendues, et qui ne sont point montées au cœur de l'homme, des choses que Dieu a préparées pour ceux qui l'aiment" 1 Corinthiens 2 :9, Segond. Le langage humain est incapable de décrire la récompense des justes. Seuls pourront s'en rendre compte ceux qui en bénéficieront. Notre esprit limité ne peut comprendre la gloire du paradis de Dieu.

Dans les Ecritures, l'héritage des élus est appelé une "patrie" Hébreux 11 :14-16. Le divin Berger y conduit son troupeau à la source des eaux vives. L'arbre de vie y donne son fruit chaque mois, et ses feuilles sont utilisées par les nations. Des ruisseaux intarissables d'une eau claire comme le cristal sont bordés d'arbres verdoyants qui jettent leur ombre sur les sentiers préparés pour les rachetés du Seigneur. D'immenses plaines ondulées en collines gracieuses alternent avec les cimes altières des montagnes de Dieu. C'est sur ces plaines paisibles et le long de ces cours d'eau vive que le peuple de Dieu, si longtemps pèlerin et errant sur la terre, trouvera enfin un foyer.

La nouvelle Jérusalem

L'Ecriture nous parle aussi de la nouvelle Jérusalem, "resplendissante de la gloire de Dieu", qui "brillait d'un éclat semblable à celui d'une pierre précieuse, d'une pierre de jaspe transparente comme du cristal" Apocalypse 21 :11. Le Seigneur déclare : "Je suis enthousiasmé pour cette Jérusalem, et débordant de joie en pensant à mon peuple" Ésaïe 65 :19. "Maintenant la demeure de Dieu est parmi les hommes ! Il demeurera avec eux et ils seront son peuple. Dieu lui-même sera avec eux et il sera leur Dieu. Il essuiera toute larme de leurs yeux. Il n'y aura plus de mort, il n'y aura plus ni deuil, ni lamentations, ni douleur. Les choses anciennes auront disparu" Apocalypse 21 :3, 4.

Dans la cité de Dieu, "il n'y aura pas de nuit" Apocalypse 21 :25. Nul n'éprouvera le besoin ou le désir de se reposer. On ne se lassera pas d'accomplir la volonté de Dieu et de louer son nom. Nous éprouverons toujours la fraîcheur d'un éternel matin. "Ils (les élus) n'auront besoin ni de la lumière d'une lampe, ni de celle du soleil, parce que le Seigneur Dieu répandra sur eux sa lumière" Apocalypse 22 :5. Les rayons du soleil seront éclipsés par une clarté qui n'éblouira pas le regard, et qui pourtant sera beaucoup plus intense que l'éclat de midi. La gloire de Dieu et de l'Agneau inondera la sainte cité d'une lumière constante. Les rachetés marcheront à la glorieuse clarté d'un jour perpétuel.

"Je ne vis pas de temple dans cette ville, car elle a pour temple le Seigneur tout-puissant, ainsi que l'Agneau" Apocalypse 21 :22. Le peuple de Dieu jouira d'un privilège : celui de vivre en communion directe avec le Père et le Fils. "A présent, ce que nous voyons est semblable à une image obscure reflétée par un miroir" 1 Corinthiens 13 :12. Aujourd'hui, l'image de Dieu se reflète à nos yeux comme dans un miroir, par l'intermédiaire de la nature et des interventions divines en faveur des humains ; mais alors, nous verrons le Seigneur face à face, sans voile. Nous nous tiendrons en sa présence et nous contemplerons sa gloire.

Des intelligences immortelles étudieront avec émerveillement les splendeurs de la puissance créatrice et les mystères de l'amour rédempteur. Plus d'ennemi cruel et rusé pour entraîner l'homme à oublier Dieu. Toutes les facultés pourront se développer, tous les talents s'épanouir. L'acquisition de connaissances nouvelles ne fatiguera pas l'esprit et n'épuisera pas les énergies. Les plus grandes entreprises pourront être menées à bien ; les plus hautes aspirations seront satisfaites ; les plus sublimes ambitions, réalisées. Néanmoins, il y aura toujours de nouveaux sommets à gravir, de nouvelles merveilles à admirer, de nouvelles vérités à sonder, de nouveaux sujets à étudier, mobilisant toutes les facultés de l'esprit, de l'âme et du corps.

A mesure qu'ils se dérouleront, les siècles éternels mettront en évidence des révélations toujours plus glorieuses de Dieu et de son Fils. Le progrès dans l'amour, la révérence et le bonheur ira de pair avec celui des connaissances. Plus les humains apprendront à connaître Dieu, plus ils admireront son caractère. Et à mesure que Jésus dévoilera aux élus les beautés de la rédemption et le prodigieux aboutissement du grand conflit avec Satan, leurs cœurs tressailliront d'adoration ; ils feront vibrer leurs harpes d'or, et le chœur de louanges exécuté par la multitude des rachetés s'enflera, puissant et sublime.

"J'entendis aussi toutes les créatures dans le ciel, sur la terre, sous la terre et dans la mer — toutes les créatures de l'univers entier — qui chantaient : 'A celui qui est assis sur le trône et à l'Agneau soient la louange, l'honneur, la gloire et la puissance pour toujours !'" Apocalypse 5 :13.

Le péché et les pécheurs ne sont plus. Tout l'univers de Dieu est purifié, et la grande tragédie est définitivement terminée.